PAIDEIA: PERSPECTIVAS JURÍDICO-PROCESALES EN UN MUNDO DIGITAL CAMBIANTE

PAIDEIA: PERSPECTIVAS JURÍDICO-PROCESALES EN UN MUNDO DIGITAL CAMBIANTE

Directores

Sonia Calaza López
Catedrática de Derecho Procesal
Universidad Nacional de Educación a Distancia

Leticia Fontestad Portalés
Catedrática de Derecho Procesal
Universidad de Málaga

Paulo Ramón Suárez Xavier
Profesor Ayudante Doctor de Derecho Procesal
Universidad de Sevilla

Coordinadoras

Maria de las Nieves Jiménez López
Profesora Contratada Doctora de Derecho Procesal
Universidad de Málaga

Laura Andrea Flórez Álvarez
Personal Investigador en Formación
Universidad de Málaga

COLEX 2024

PROYECTOS: (i) **«Vías emergentes para la resolución extrajudicial de litigios en la Sociedad digital»**, en el marco del programa operativo FEDER 2014-2020 (Universidad de Málaga) (UMA20-FEDERJA-043), IP. Leticia Fontestad Portalés; (ii) **«Ejes de la Justicia en tiempos de cambio»**, IP. Sonia Calaza López, PID2020-113083GB-I00 financiado por MCIN/AEI/ 10.13039/501100011033; (iii); **«Transición Digital de la Justicia»**, IP. Sonia Calaza López, TED2021-130078B-I00 financiado por MCIN/AEI/ 10.13039/501100011033 y por la «Unión Europea NextGenerationEU/PRTR».

Calle Costa Rica, número 5, 3.º B (local comercial)
A Coruña, C. P. 15004
info@colex.es
www.colex.es

I. S. B. N.: 978-84-1194-337-6
Depósito legal: C 295-2024

SUMARIO

PRESENTACIÓN: «PAIDEIA» O EL ARTE DEL CRECIMIENTO PERSONAL, CULTURAL E INTELECTUAL

Sonia Calaza López, Leticia Fontestad y Paulo Ramón Suárez Xavier

MEDIACIÓN DIGITAL, MEDIACIÓN FAMILIAR Y RESPONSABILIDAD CIVIL

TECNOLOGÍA DISRUPTIVA Y JUSTICIA RESTAURATIVA: HACIA UNA RESOLUCIÓN DE CONFLICTOS DIGITALMENTE AVANZADA

Rodrigo Miguel Barrio

NUEVO RÉGIMEN JURÍDICO DE LA MEDIACIÓN FAMILIAR: ANÁLISIS DESDE EL REFERENTE ESPAÑOL

Raúl José Vega Cardona

EDUCACIÓN PÚBLICA, RESPONSABILIDAD EXTRACONTRACTUAL Y VULNERABILIDAD DE MENORES DE EDAD

Luis Pérez Orozco

NUEVAS TECNOLOGÍAS, PROCESO PENAL, SEGURIDAD Y EL DISCURSO DE ODIO EN LA RED

LA DIRECTIVA SOBRE REPRESENTANTES LEGALES PARA RECABAR PRUEBAS ELECTRÓNICAS EN EL PROCESO PENAL

Juan A. Muriel Diéguez

LA TUTELA PENAL DEL CIBERODIO. UNA APROXIMACIÓN RESTAURATIVA TRAS EL CONFLITO DIGITAL

Celia Carrasco Pérez

PROBLEMAS Y LIMITACIONES DE LA POLICÍA PREDICTIVA COMO HERRAMIENTA EN LA PREVENCIÓN DEL DELITO

Jonathan Torres Téllez

MANIPULACIÓN DE MERCADO Y NUEVAS TECNOLOGÍAS: EL CASO DE LAS NEGOCIACIONES DE ALTA FRECUENCIA (HIGH-FREQUENCY TRADING)

Túlio Felippe Xavier Januário

NUEVOS PARADIGMAS DE LA JUSTICIA DESDE LA PERSPECTIVA EUROPEA E INTERNACIONAL

EL PAPEL DE LA UNIÓN EUROPEA Y DEL CONSEJO DE EUROPA EN ARAS DEL ESTADO DE DERECHO EN LOS BALCANES OCCIDENTALES

Iván Ojeda Legaza

LAS CIUDADES Y SUS REGULACIÓNES: REGULACIONES MUNICIPALES COMO FUENTE DE INVESTIGACIÓN PARA LA HISTORIA DEL DERECHO

Otávio Weinhardt

LA TESIS DE LA RESPUESTA CORRECTA EN CASOS PARADIGMÁTICOS EN EL SUPREMO TRIBUNAL FEDERAL BRASILEÑO: ELLWANGER, GOMES LUND Y HERZOG

Felipe Rodrigues Xavier

JUSTICIA PREDICTIVA: ADR, DATOS Y ACCESO A JUSTICIA

Paulo Ramón Suárez Xavier

LA INVESTIGACIÓN PREVENTIVA Y LA TRANSFORMACIÓN DEL PROCESO PENAL

Juan Manuel Alcoceba Gil

LA PROTECCIÓN JURÍDICA DEL MENOR EN EL CONTEXTO DE LA SOCIEDAD DIGITAL

Serena Cacciatore

PRESENTACIÓN: «PAIDEIA» O EL ARTE DEL CRECIMIENTO PERSONAL, CULTURAL E INTELECTUAL

La «Paideia» es un concepto que se originó en la antigua Grecia y que tiene profundas implicaciones en el campo de la educación y la formación integral de los individuos. Este término proviene del griego «παιδεία» que se pronuncia «paideía», y se utiliza para describir un ideal educativo que abarca mucho más que la simple —que no sería poco— adquisición de conocimientos intelectuales.

La «Paideia» se refiere a una educación completa que busca formar no solo la mente, sino también el carácter y la ética de una persona.

En la antigua Grecia, la «Paideia« era una parte fundamental de la educación de los ciudadanos y se centraba en el desarrollo de individuos que no solo fueran cultos, sino también virtuosos y cívicos. Este enfoque educativo tenía como objetivo principal la formación de ciudadanos responsables y éticos que pudieran contribuir de manera positiva a la sociedad y participar activamente en la vida pública y política de la ciudad-estado.

La «Paideia» abarcaba una variedad de disciplinas y actividades, incluyendo la música, la gimnasia, la filosofía y la retórica, además de las materias académicas tradicionales. La educación se basaba en el cultivo del cuerpo y el alma, y no se limitaba a la transmisión de conocimientos, sino que también se centraba en el desarrollo de la sabiduría, la empatía y la habilidad para tomar decisiones éticas.

Este concepto educativo ha influido en la filosofía de la educación a lo largo de la historia y ha dado lugar a debates sobre la naturaleza de una educación completa y equilibrada. La «Paideia» se ha convertido en un símbolo de una educación que busca no solo la acumulación de información, sino la formación de individuos capaces de pensar críticamente, tomar decisiones éticas y, con ello, contribuir positivamente a la sociedad.

En el contexto de la tu obra colectiva de Derecho Procesal y Tecnología que hoy tenemos el gusto de p resentar, la idea de los distintos trabajos se vincula la «Paideia» como enfoque jurídico-procesal y ético que los autores aportan a la comprensión de los desafíos legales en un mundo digital cambiante.

La «Paideia» en este contexto implica una educación legal que no solo se centra en la interpretación de leyes, sino que también aborda la ética, la responsabilidad y la adaptación a un entorno legal en constante evolución.

De esta manera, nos referimos en esta obra al concepto de «Paideia» con relación a la búsqueda de una formación integral en el campo del Derecho en la era digital en una serie de obras que, en cada edición anual, tratará de una diversidad de temas de la mano de jóvenes investigadores.

Esta obra —«PAIDEA: Perspectivas jurídico-procesales en un mundo digital cambiante»— es el feliz desenlace de un movimiento universitario, científico y cultural impulsado por un ingente número de científica/os en el marco de tres Proyectos de investigación altamente competitivos: (i) **«Vías emergentes para la resolución extrajudicial de litigios en la Sociedad digital»**, en el marco del programa operativo FEDER 2014-2020 (Universidad de Málaga) (UMA20-FEDERJA-043), IP. Profra. Leticia Fontestad Portalés; (ii) **«Ejes de la Justicia en tiempos de cambio»**, IP Sonia Calaza López, PID2020-113083GB-I00 financiado por MCIN/AEI/ 10.13039/501100011033; (iii); **«Transición Digital de la Justicia»**, IP Sonia Calaza, TED2021-130078B-I00 financiado por MCIN/AEI/ 10.13039/501100011033 y por la «Unión Europea NextGenerationEU/PRTR».

Pero la historia de este crecimiento personal, cultural e intelectual en un territorio netamente procesal no empieza hoy. El/la lector/a debe conocer esta obra en el conjunto de nuestra armónica investigación conjunta y no de manera aislada. Así, y tan sólo durante el último año —2023— hemos celebrado en la querida Universidad de Málaga dos relevantes Congresos internacionales; concretamente los siguientes: (i) «Vías emergentes para la resolución extrajudicial de litigios en la Sociedad digital», bajo la Dirección de las Profesoras Leticia Fontestad Portalés y Sonia Calaza López; y la coordinación del Prof. José Carlos Muinelo Cobo, UNED-Málaga, 1 y 2 de febrero de 2023; (ii) «Justicia extrajudicial en un sistema digital», Directoras: Leticia Fontestad y Sonia Calaza, Coordinadores: José Carlos Muinelo, Nieves Jiménez y Francesc Pérez Tortosa, Universidad de Málaga, 13 y 14 de septiembre de 2023. Y como fruto de estos dos relevantes eventos universitarios, hemos podido ofrecer, nada menos que cinco obras científicas; las siguientes: (i) «Justicia colaborativa online: mediación digital», bajo la dirección de Leticia Fontestad Portalés y Sonia Calaza López; bajo la coordinación de M.ª de las Nieves Jiménez López, José Carlos Muinelo Cobo y Paulo Ramón Suárez Xavier, Ed. Dykinson, ISBN 978-84-1170-466-3, Madrid, 2023; (ii) «Justicia en red para la Paz», bajo la dirección de Leticia Fontestad Portalés y Sonia Calaza López; bajo la coordinación de M.ª de las Nieves Jiménez López, José Carlos Muinelo Cobo y Francesc Pérez Tortosa, Ed. Dykinson, ISBN 978-84-1170-467-0, Madrid, 2023; (iii) «Justicia en REDefinición: Inteligencia artificial en los métodos adecuados de resolución de controversias» bajo la dirección de Leticia Fontestad Portalés y Sonia Calaza López; bajo la coordinación de Paulo Ramón Suárez Xavier e Ixusko Ordeñana Gezuraga, Ed. Dykinson, ISBN 978-84-1070-010-9, Madrid, 2024.; (iv) «Alternative Justice: Arbitraje 5.0», bajo la dirección de Sonia Calaza López y Leticia Fontestad Portalés; bajo la coordinación de Ixusko Ordeñana Gezuraga y Paulo Ramón Suárez Xavier, Ed. Dykinson, ISBN 978-84-1070-011-6, Madrid, 2024; y (v) «PAIDEA: Perspectivas jurídico-procesales en un mundo digital cambiante», que hoy ve la luz.

Pero esto no concluye ahí, puesto que, un buen número de jóvenes investigadores, al tiempo en que otros también nóveles nos ofrecían aquellos extraordinarios resultados, pudieron sorprendernos, en esta misma Editorial con la obra «La Justicia en la Sociedad 4.0: Nuevos Retos para el siglo XXI», dirigido por D.ª Leticia Fontestad Portalés y coordinado por D. Francesc Pérez Tortosa, Colección científica de nueva creación —«Jóvenes investigadores»— de la Editorial Colex, ISBN 978-84-1359-710-2, 2023, 792 pp. Enlace abierto: https://www.colexopenaccess.com/libros/justicia-sociedad-4-0-nuevos-retos-siglo-xxi-3669?fbclid=IwAR331X9opJAax4a3jxmtGkdqhwJyUTvUwS-Jh49xqAQQLrCSAKA4bvlwvdtw

Y todo ello, como decimos, en 2023. De remontarnos un poco más atrás, podríamos mencionar muchos otros eventos y comprometidos trabajos de investigación en este mismo campo; pero no es el momento de mirar (demasiado) atrás, sino de afrontar, con la inmediatez que reclama una sociedad tan cambiante como la actual, un nuevo sistema procesal —judicial y extrajudicial— en clave digital.

El reciente Real Decreto-ley 6/2023, de 19 de diciembre, por el que se aprueban medidas urgentes para la ejecución del Plan de Recuperación, Transformación y Resiliencia en materia, entre otras, de servicio público de Justicia ha digitalizado, completamente, nuestros procesos judiciales. Contra todo pronóstico, no ha asumido la regulación de los —en fase de proyecto— denominados «medios adecuados de solución de controversias»; pero toda/os sabemos —también somos conscientes de que— son una de las principales recomendaciones europeas en un tiempo —y en un espacio— en que la tendencia a la unificación legislativa resulta —casi— imprescindible. De ahí que ningún esfuerzo se haya realizado en vano: seguimos esperando una regulación que refuerce esta pieza clave de la Justicia: los medios complementarios (unas veces) y alternativos (otras) pero siempre (en todo caso) extrajudiciales de resolución de controversias en un escenario práctica o exclusivamente digital: Estamos segura/os de que acciones de investigación tan potentes como los resultados que exportamos —con los eventos y libros recién mencionados— mantendrán candente la oportunidad de revelarnos, por fin, como un país avanzado, en el que la mayoría de nosotros —convencidos del poder transformador de la «Paideia»— seremos capaces —con toda responsabilidad— de resolver nuestros propios conflictos, en el marco de un servicio público de Justicia, altamente tecnológico y convenientemente regulado tanto en la esfera puramente jurisdiccional —con los clásicos contenciosos de siempre— como en la extrajurisdiccional, con toda suerte de nuevos mecanismos de resolución de controversias creativos, innovadores, confiables, seguros, flexibles, digitales y adaptados, no sólo a los peculiares conflictos de la modernidad, sino también a la distinta sensibilidad de una sociedad, cada vez más consciente de su necesario crecimiento personal, cultural e intelectual en todos los ámbitos; también en la resolución amistosa —ética, amable, proporcionada y justa— de sus propias controversias. Muchas gracias a la/os autores por sus excelentes trabajos: *Rodrigo Miguel Barrio*, «Tecnología disruptiva y justicia restaurativa: hacia una resolución de conflictos digitalmente avanzada»; *Raúl José Vega Cardona*, «Nuevo régimen jurídico de la mediación familiar: análisis desde el referente español educación pública, responsabilidad extracontractual y vulnerabilidad de menores de edad»; *Luis Pérez Orozco*, «Educación pública, responsabilidad extracontractual y vulnerabilidad de menores de edad»; *Juan A. Muriel Diéguez* «La Directiva sobre representantes legales para recabar pruebas electrónicas en el proceso penal»; *Celia Carrasco Pérez* «La tutela penal del ciberodio. Una aproximación restaurativa tras el conflicto digital»; *Jonathan Torres Téllez* «Problemas y limitaciones de la policía predictiva como herramienta en la prevención del delito»; *Túlio Felippe Xavier Januário* «Manipulación de mercado y nuevas Tecnologías: El caso de las negociaciones de alta frecuencia (High-frequency trading)»; *Otávio Weinhardt* «Las ciudades y sus regulacióнes: Regulaciones municipales como fuente de investigación para la historia del derecho»; *Felipe Rodrigues Xavier* «La tesis de la respuesta correcta en casos paradigmáticos en el supremo tribunal federal brasileño: Ellwanger, gomes lund y Herzog»; *Paulo Ramón Suárez Xavier* «Justicia predictiva: ADR, datos y acceso a la Justicia»; y *Juan Manuel Alcoceba Gil* «La investigación preventiva y la transformación del proceso penal». Muchas gracias a la/os lectora/es por leernos. Y muchas gracias, por supuesto, a Colex, por esta transferencia constante del conocimiento científico a la sociedad. Deseamos que esta obra, feliz desenlace de un conjunto de monográficos enmarcados en la conversión del proceso contencioso —cuando sea posible— en una resolución armoniosa de controversias en sede digital, sea de tu/su máximo agrado y contribuya a mejorar la «Paideia» —o el noble arte del crecimiento personal, cultural e intelectual— que todos llevamos dentro.

En Málaga, 17 de febrero de 2024

Leticia Fontestad, Sonia Calaza y Ramón Suárez

MEDIACIÓN DIGITAL, MEDIACIÓN FAMILIAR Y RESPONSABILIDAD CIVIL

TECNOLOGÍA DISRUPTIVA Y JUSTICIA RESTAURATIVA: HACIA UNA RESOLUCIÓN DE CONFLICTOS DIGITALMENTE AVANZADA

Rodrigo Miguel Barrio
Profesor ayudante doctor
Universidad de Burgos

1. Introducción

Los conflictos son inherentes a la vida en sociedad. Es la búsqueda de su resolución lo que mueve la vida (jurídica) y permite la articulación del sistema judicial. Sin embargo, en los últimos años el sistema penal se ha vuelto frágil para la opinión pública, presenciándose una creciente demanda de nuevos enfoques, ya sean más o menos punitivistas. En relación a estos últimos, la justicia restaurativa viene convirtiéndose en un nuevo soplo de aire fresco dentro del sistema penal. Su enfoque como una filosofía basada en la reparación a la víctima y a la sociedad, así como en la resocialización del infractor, ofrece novedosas ideas aplicables al proceso penal.

Estas prácticas o servicios restaurativos, que de unos años atrás a ahora vienen estableciéndose como un nuevo impulso hacia una justicia más pacífica, se encuentran con dos desafíos. El primero de ellos es su integración dentro del ordenamiento jurídico español, más enfocado en una justicia retributiva que en aquella de carácter reparadora. En segundo lugar, y aun sin haberse solucionado el primero de ellos, ante la aparición de nuevos métodos tecnológicos que obligan a adaptar la clásica noción de proceso restaurativo. El avance de las tecnologías disruptivas permite que las sesiones puedan transcurrir de maneras insospechadas, pudiéndonos encontrar con muy diferentes oportunidades. Así, la Inteligencia Artificial, la cual viene modificando a pasos agigantados la sociedad actual, puede convertirse en un pilar básico sobre el que se asienten los procesos restaurativos, y con ellos, ofrecer una mayor satisfacción a todos los interesados.

El presente trabajo va a enfocar su interés en un análisis de cómo la justicia restaurativa puede verse afectada por la Inteligencia Artificial. Así, y en primer lugar, se procederá, de forma concisa, a la aplicación de esta tecnología disruptiva dentro del marco de la resolución adecuada de conflictos. En segundo lugar, se ofrecerá un análisis del concepto de justicia restaurativa, sus virtualidades y tipología de prácticas habidas. De esta forma, y en tercer y cuarto lugar, serán estos los apartados idóneos para conjugar ambas realidades y entender la posibilidad de aplicación de instrumentos algorítmicos al proceso restaurativo, entendiendo las ventajas y desafíos que de tal conjugación pueden aparecer. Por último, se finalizará el trabajo con unas breves reflexiones del estudio llevado a cabo.

De esta forma, la pregunta de investigación del presente trabajo es doble: ¿Cabe la aplicación de la Inteligencia Artificial en un proceso restaurativo? ¿Cabe la Inteligencia Artificial en un proceso basado en las emociones y sentimientos? Las próximas líneas se enfocarán en la búsqueda de una respuesta a tales interrogantes.

2. La tecnología disruptiva: un catalizador para la transformación de la resolución de conflictos

La inteligencia artificial[1] se erige como un recurso de notable valía en los procesos de ADR/ODR, especialmente en lo que concierne a la gestión y desenvolvimiento del procedimiento, así como en la planificación automática de otros procedimientos afines de resolución en línea de disputas, tales como el arbitraje, la mediación o la conciliación. Además, la IA puede fungir como una herramienta auxiliar durante las negociaciones, donde ya se han desarrollado plataformas que ofrecen soluciones automáticas cimentadas en bases de datos de reclamaciones análogas. En líneas generales, la IA tiene la capacidad de auxiliar a las partes a lo largo de las diversas etapas del procedimiento, desde su génesis hasta su culminación, simplificando la comunicación entre los litigantes y la institución de ADR/ODR, digitalizando y organizando las

---

1 La IA, sobre la cual existen tantas definiciones como analistas que han procurado un estudio de tal terminología (De Hoyos Sancho, M., «El libro blanco sobre inteligencia artificial de la Comisión Europea: reflexiones desde las garantías esenciales del proceso penal como sector de riesgo», *REDE. Revista española de derecho europeo*, n.° 76, 2020, pp. 9-43, esp. p. 12), ha sido definido conforme al *Libro Blanco sobre la Inteligencia Artificial de la Comisión Europea* (p. 20, nota 47) como aquellos «los sistemas de inteligencia artificial (IA) son programas informáticos (y posiblemente también equipos informáticos) diseñados por seres humanos que, dado un objetivo complejo, actúan en la dimensión física o digital mediante la percepción de su entorno mediante la adquisición de datos, la interpretación de los datos estructurados o no estructurados, el razonamiento sobre el conocimiento o el tratamiento de la información, fruto de estos datos y la decisión de las mejores acciones que se llevarán a cabo para alcanzar el objetivo fijado».

comunicaciones y documentos, y garantizando la celebración de las audiencias, tanto en presencia física como por medio de videoconferencia.

Las posibilidades de implementar la IA en el contexto de los ADR/ODR son múltiples y prometedoras. Algunas áreas en las cuales la IA puede ser empleada con aprovechamiento abarcan: (1) La asistencia en la administración de los casos, automatizando tareas tales como la organización de documentos, la programación de audiencias y la intercomunicación entre las partes involucradas; (2) El análisis de extensos volúmenes de datos históricos de casos semejantes, proporcionando información predictiva acerca de los posibles desenlaces de un conflicto, lo cual puede asistir a las partes a adoptar decisiones fundamentadas en cuanto a la resolución de dicho conflicto; (3) La mediación y la conciliación asistidas, otorgando apoyo a los mediadores y conciliadores mediante la provisión de sugerencias y opciones de solución fundadas en el análisis de datos y patrones; (4) La resolución automatizada de disputas, donde las partes tienen la facultad de presentar sus argumentos y pruebas a través de una plataforma en línea, y la IA puede generar una decisión o propuesta fundamentada en los datos aportados, de manera semejante a lo que acontecería en una instancia de arbitraje.

La utilización de la IA como instancia decisoria en el marco de los mecanismos alternativos de resolución de disputas se erige como un tema que suscita fervientes debates y plantea retos éticos y jurídicos de envergadura. De forma general, se sostiene la noción de que la IA «débil» y especializada puede desempeñar un rol auxiliar en la resolución de conflictos, pero no como agente investido de facultades decisivas. El fundamento primordial radica en que la IA puede verse sujeta a la influencia de los datos y algoritmos empleados en su instrucción, engendrando la posibilidad de decisiones injustas o discriminatorias. Además, la adopción automatizada de decisiones puede minar la transparencia y la obligación de rendir cuentas, ya que puede resultar complejo comprender la manera en que se arriba a una decisión específica por parte del sistema algorítmico. De esta forma, se sostiene que la IA debe ser empleada como una herramienta de apoyo para los mediadores, conciliadores y árbitros, otorgando información predictiva y opciones de solución fundadas en el análisis de datos y patrones. En última instancia, la decisión final ha de reposar en un ser humano competente y experimentado en el arte de la resolución de disputas, quien ha de tener en cuenta todos los elementos relevantes y aplicar su juicio y criterio a fin de llegar a una determinación equitativa y justa.

Un sistema algorítmico puede desplegar una función de notoria relevancia en el proceso de resolución de conflictos en el ámbito de los ADR/ODR. Su enfoque se erige como un recurso auxiliar en la gestión del procedimiento, la planificación automática, la asistencia en la negociación y la mediación, así como en el análisis de datos y la predicción de resultados. Sin embargo, su utilización en esta calidad conlleva un sinnúmero de beneficios para las partes inmersas, las cuales experimentarán un procedimiento más fluido, accesible y enaltecedor gracias a la asistencia dispensada por el modelo de IA. Contrariamente, su empleo como instancia decisoria, particularmente si se tiene en cuenta el incipiente desarrollo de estos sistemas algorítmicos, podría ocasionar más perjuicios que beneficios. Los desafíos a los que se enfrenta este enfoque son sumamente amplios, y los riesgos se revelan suficientemente evidentes como para desechar su aplicación en calidad de sustituto del profesional humano. Los ADR ostentan un componente emocional de magnitud que aún no ha sido abarcado plenamente por los «robots», pudiendo ofrecer soluciones que se alejen de las auténticas necesidades de los litigantes. Igualmente, este desafío debe ser sopesado en consonancia con otros aspectos previamente mencionados, tales como la asignación de responsabilidad y el sesgo inherente a las actuaciones algorítmicas.

Desde una perspectiva de justicia restaurativa, se advierte la necesidad de abordar un enfoque asistencial. El tercero imparcial nunca podrá resolver el conflicto en sí, sino que dicha función recae en las partes litigantes, con la ayuda del facilitador, quien se encarga de buscar —ya sea de manera consensuada con la sociedad o no— una respuesta que ponga fin a la disputa. En esta situación, al no existir un órgano resolutivo ajeno al conflicto, las herramientas algorítmicas desempeñarán una función auxiliar para todos los participantes, brindándoles la posibilidad, de acuerdo a diversas necesidades y prácticas utilizadas, de llevar a cabo el análisis de datos, proporcionar asistencia virtual, dar a conocer situaciones relevantes, planificar sesiones e incluso dar seguimiento al plan de reparación. Todos estos aspectos serán examinados en la sección cuarta del presente estudio, sin dejar de tener en cuenta los desafíos que implica esta tecnificación de la justicia restaurativa.

3. La justicia restaurativa: un enfoque centrado en las personas

El presente apartado desarrollará una definición del término justicia restaurativa y sus características y objetivos más notables para, y a continuación, abordar la amplia tipología de figuras existentes y el reflejo que vienen teniendo en la legislación nacional.

3.1. Breve aproximación al concepto de justicia restaurativa

Tal y como manifiesta De la Cuesta Arzamendi y Germán Mancebo[2], es complicado poder efectuar una definición del término Justicia Restaurativa[3].

---

2 De la Cuesta Arzamendi, J. L. y Germán Mancebo, I., *La Justicia restaurativa en España*, Iustel, Madrid, 2022, p. 35.

3 Manifiesta igualmente Miguel Barrio, R., «La Justicia Restaurativa a tenor del artículo 15 del Estatuto de la Víctima y la necesidad de incluir otras prácticas: los círculos restaurati-

La valentía sobre el mismo puede llevar a un enfoque como una filosofía o un proceso[4], cuyo objetivo es la resolución derivada de la comisión de un ilícito injusto y penal contra un individuo o contra algún valor de la sociedad. Lo que se pretende a través de esta figura, o mejor dicho, conjunto de figuras, es crear un proceso colaborativo para, y a través de una respuesta no punitiva[5], «sanar y poner las cosas tan correctas como sea posible»[6], transformando las relaciones sociales de forma pacífica[7]. En general, todas las definiciones deben de contar con una serie de características comunes que categorizan y definen tal término, tales y como[8]: (a) Un enfoque centrado en el perjuicio ocasionado por la conducta delictiva; (b) Participación voluntaria de los individuos más afectados por el perjuicio, incluyendo a la víctima, al infractor y, en determinados procedimientos y prácticas, a sus seguidores o familiares, miembros de una comunidad de interés y profesionales apropiados; (c) Preparación de las partes y facilitación del proceso a cargo de profesionales restaurativos debidamente capacitados; (d) Establecimiento de un diálogo

vos», *Revista de Victimología*, n.° 10, 2020, pp. 71-98, esp. pp. 73-74, no únicamente una amplia dificultad para definir tal concepto, sino para incluso llevar a cabo una concreción temporal, ante las distintas visiones habidas y las distintas teorías en cuanto a su origen. Así, el autor afirma que la justicia restaurativa, aunque como moderno concepto tiene su origen en la década de los años 70' en Ontario, no ha de obviarse aquellas tesis que acercan su germen en textos sagrados de algunas religiones como el cristianismo o el islam (véase Domingo de la Fuente, V., «Origen tradicional y cultural de la justicia restaurativa», *Blog Justicia Restaurativa*, 11 de septiembre de 2022. Disponible en: https://www.lajusticiarestaurativa.com/origen-tradicional-y-cultural-de-la). Esta última opinión, muy alejada de la realidad restaurativa, lleva a una confusión acerca de la realidad de esta filosofía, entendiendo todo acto de buena fe como justicia restaurativa. No ha de equivocarse ciertas expresiones de convivencia pacífica con Justicia restaurativa, pues la misma palabra delimita su verdadero carácter: es una forma de aplicar justicia, distinta de la retributiva. Así, sería acorde situar el origen de estas prácticas en la ya citada ciudad canadiense, pero, a su vez, delimitar que diferentes pueblos indígenas —como las *First Nations* de Norteamérica, la jirga de Afganistán o los pueblos maoríes neozelandeses—, a través de sus prácticas de justicia primigenias, aplicaban ideas que han sido utilizadas posteriormente para confeccionar el actual panorama restaurativo y sus distintos instrumentos.

4 En esta línea, entendiéndolo como un proceso véase la definición de UNODC, *Manual sobre Programas de Justicia Restaurativa*, Naciones Unidas, Nueva York, 2006, p. 6: «Un proceso restaurativo es cualquier proceso en el que la víctima y el ofensor y, cuando sea adecuado, cualquier otro individuo o miembro de la comunidad afectado por un delito participan en conjunto de manera activa para la resolución de los asuntos derivados del delito, generalmente con la ayuda de un facilitador».

5 Tamarit Sumalla, J. P., «El necesario impulso de la justicia restaurativa tras la Directiva europea de 2012», *Ars iurs salmanticensis*, n.° 1, 2013, pp. 135-156, esp. p. 139.

6 Zehr, H., «The little book of restorative justice», PA: Good Books, 2002, p. 37.

7 Parmentier, S., «Necesidades y derechos de las víctimas de crímenes internacionales. Repasando la contribución del prof. Tony Peters a la Victimología», *Cuaderno del Instituto Vasco de Criminología*, n.° 27, 2013, pp. 81-92, esp. p. 89.

8 UNODC, *Handbook on estoriativa justice programmes*, 2.ª Edición, Naciones Unidas, Viena, 2020, p. 4

entre las partes con el fin de alcanzar una comprensión mutua de los hechos, sus consecuencias y un acuerdo sobre las medidas a adoptar; (e) Los resultados del proceso restaurativo pueden variar e incluir una manifestación de arrepentimiento y reconocimiento de responsabilidad por parte del infractor, así como un compromiso de llevar a cabo acciones reparadoras en beneficio de la víctima o de la comunidad; (f) Ofrecimiento de apoyo a la víctima para contribuir a su recuperación y al infractor para facilitar su reintegración y abstención de futuros actos perjudiciales.

Existen dos vertientes, la filosófica y la jurídica. No son distintas, sino que se han de conjugar. No obstante, aun cuando en el pasado hemos partido de definir a la misma como una filosofía[9], en la actualidad entendemos que, y más aún abordando la figura en un trabajo jurídico y con consecuencias procesales, la justicia restaurativa es un proceso. De esta forma, se parte de un concepto filosófico desde un prisma de entendimiento moral de la justicia restaurativa. La filosofía que subyace en la misma se basa en valores sociales como la reparación, la responsabilidad, la participación activa y la búsqueda de resocialización y reestructuración de las relaciones humanas rotas por la comisión del delito. Este enfoque más humano y holístico de la justicia tiene su base en un entendimiento, no legal, sino emocional y filosófico. Empero, para que esta filosofía pueda materializarse en un resultado real, es necesario entender la misma como un proceso. Desarrollar la justicia restaurativa como un modelo práctico y jurídico, con efectos y repercusiones que van más allá de conceptos abstractos y morales, y centran su atención en cuestiones meramente jurídicas. Así, se puede determinar como un proceso que permite la participación de las partes procesales afectadas por el delito, que potencia el diálogo como una forma de resolver la disputa, comprender lo que ha sucedido y poner fin a la misma a través de un acuerdo reparador. Todas las actuaciones tendrán que llevarse a cabo conforme la ley y bajo el paraguas protector del ordenamiento jurídico y sus agentes judiciales, en aras de no generar desigualdades o acuerdos contrarios a la norma.

En virtud de lo expuesto, existe una dicotomía inherente entre lo conceptual y lo práctico, cuyo objetivo es armonizar los preceptos filosóficos subyacentes con la materialización de un procedimiento específico. A través de amalgama se puede abordar los conflictos desde una óptica más humanista, en la cual se reconoce la trascendencia intrínseca de la reparación, resocialización, sanación y reconciliación como pilares fundamentales, sin obviar el proceso judicial. Su sustento en un conjunto de principios éticos y morales se complementan con su carácter de proceso judicial. Este enfoque filosófico no es por sí mismo suficiente para generar el necesario impacto tangible en la resolución de conflictos, debiendo de traducirse sus características y valores en una realidad jurídica, la cual albergue, ordene y proteja a los diferentes

9 Véase Miguel Barrio, R. *Justicia Restaurativa y Justicia Penal. Nuevos modelos: mediación penal, conferencing, sentencing circles*, Atelier, Barcelona, 2019, p. 38.

instrumentos restaurativos. Una conjunción entre lo abstracto y lo práctico que permite que la filosofía restaurativa cobre vida a través de la diferente tipología de prácticas restaurativas, las cuales se insertan en el propio proceso penal. Así, podría indicarse que la justicia restaurativa, como concepto, es una realidad filosófica. Pero, por su parte, la justicia restaurativa, entendida desde un plano práctico y desglosada en la totalidad de figuras habidas, es una realidad jurídica, y más concretamente, procesal.

Las características de la Justicia restaurativa, las cuales son comunes en la mayoría de los diferentes instrumentos utilizados (dependiendo de la práctica llevada a cabo pude enfocarse en algún objetivo concreto, y por consiguiente, tener unas características distintas ante una finalidad dispar) se ponen de manifiesto en sus propios objetivos. Aun cuando históricamente se ha denominado como un método alternativo, este ha de ser un complemento del actual sistema retributivo. No puede sustituirse el sistema clásico penal ante la viabilidad de tal situación. No todos los asuntos pueden o deben de resolverse a través de métodos restaurativos, ya sea por las propias características del conflicto, de las partes, o incluso por su propia voluntad. Así, debe de articularse un método complementario dentro del proceso penal (si bien es cierto, tal y como manifiesta la profesora Jimeno Bulnes[10], las propias características de estos instrumentos llevan a entenderlos con mayor encaje en los sistemas jurídicos de *Common Law*), enfocado en potenciar el diálogo, la sanación y reparación efectiva del daño ocasionado[11], tanto de la víctima como de la comunidad, y la resocialización del victimario.

De tales finalidades se puede entender que nacen un conjunto de caracteres que definen la esencia restaurativa y le diferencian de la justicia punitiva: (a) enfoque en el daño causado a la víctima, para comprender y abordar la lesión ocasionada en una persona, no en una infracción de la norma[12]; (b) participación voluntaria de todas las partes involucradas en el delito, fomentando la autonomía de los sujetos; (3) promoción de una comunicación directa, un diálogo abierto y respetuoso, una escucha empática, comprensión y colaboración mutua; (4) abordar las necesidades de la víctima, el victimario y la comunidad, a través de un proceso enfocado en la reparación y la responsabilización; (5) la toma de decisiones a través de un papel activo permite el empoderamiento de las personas involucradas, especialmente las víctimas; (6) prevención de los conflictos a través de cambios positivos en las

10 Jimeno Bulnes, M., «Restorative Justice in Spain», en L. Luparia (ed.), *Victims and Criminal justice*, Wolters Kluwer, Roma, 2015, pp. 163-180, esp. p. 164.

11 Karp, D. R., y Sacks, C., «Student conduct, restorative justice, and student development: findings from the STARR project: a student accountability and restorative research Project», *Contemporary Justice Review*, vol. 17, n.º 2, 2014, pp. 154-172, esp. p. 156.

12 Greene, D., «Repeat performance: is restorative justice another good reform gone bad?», *Contemporary Justice Review*, vol. 16, n.º 3, 2013, pp. 359-390, esp. p. 371.

personas integrantes de la comunidad; (7) resocialización del infractor y su reintegración en la sociedad de manera constructiva y pacífica[13]; (8) creación de lazos positivos en la comunidad[14].

3.2. Tipología de prácticas y su reflejo en el marco normativo

Para conocer exactamente cómo ha sido desarrollada la justicia restaurativa en el ordenamiento jurídico nacional, es de obligado estudio previo la tipología de prácticas restaurativas existentes. A grandes rasgos, puede sintetizarse, de mayor a menor carácter restaurativo, en: círculos de sentencia (también denominados círculos de paz), Conferencias de grupo familiar (*Family Group Conference*), conferencias comunales, círculos de apoyo a víctimas, mediación penal víctima-infractor, restitución, círculos de apoyo a ofensores, servicios de víctimas, medidas de compensación, servicio comunitario, programas de concienciación, paneles reparativos, servicios de asistencia a familiares del ofensor, entre otras. De todas ellas, las más trascendentes, y recogidas en los diferentes ordenamientos jurídicos, son la mediación penal, *Family Group Conference* y *sentencing circles*.

En cuanto a la primera de ellas, consiste en un mecanismo autocompositivo, aun cuando existen opiniones que lo determinan como heterocompositivo dada la intervención de un tercero imparcial[15], de resolución de conflictos, usualmente erigido como una alternativa al proceso retributivo, que promueve un proceso basado en un encuentro víctima y victimario para la búsqueda de un acuerdo que ponga fin a la disputa, con la asistencia de un tercero imparcial, el mediador. Su fundamento se basa en la plena capacidad de víctima y victimario para poder tomar decisiones y abordar conjuntamente las consecuencias derivadas del delito. Es por esta última cuestión por la cual se ha venido entendiendo su mayor viabilidad en delitos de un menor carác-

---

13 Señala Ríos Martín, J., Segovia Bernabé, J. L. y otros, «Reflexiones sobre la viabilidad de instrumentos de justicia restaurativa en delitos graves», en M. Martínez Escamilla (coord.) y M. P. Sánchez Álvarez (coord.), *Justicia restaurativa, mediación penal y penitenciaria: un renovado impulso*, Reus, Madrid, 2011, pp. 127-172, esp. p. 157, que la resocialización se complementa con «la paz consigo mismo y eventualmente contar con el perdón del otro al reconocer la responsabilidad de su conducta. El ejercicio de perdonar no deja de ser una forma de empoderamiento. También podrían producirse consecuencias jurídicas favorables para el infractor en el orden jurídico y político».

14 Karp, D. R., *The little book of restorative justice for colleges and universities: Repairing harm and rebuilding trust in response to student misconduct*, Pennsylvania, Good Books, 2013.

15 En esa idea véase Jimeno Bulnes, M., «Mediación penal: estado de la cuestión», en A. Fernández Pérez (coord.), *Avances para una justicia sostenible: ponencias y comunicaciones de la Jornada sobre «Métodos alternativos de resolución de controversias y cultura de la paz»*, Aranzadi, Madrid, 2023, pp. 235-265, esp. p. 246.

ter lesivo[16]. Aun cuando no es recomendable establecer un *numerus clausus* de delitos «mediables»[17], sí que puede ser interesante incorporar esta figura de manera progresiva[18], para adaptar su aplicación con aquellos delitos de menor lesividad, y así tener la suficiente experiencia para abordar aquellos de carácter más grave, aun cuando cabe en cualquier ámbito delictivo y en cualquier momento procesal, incluso *postsententiam*[19]. Sin embargo, se evidencian otras prácticas restaurativas de mayor eficacia para afrontar y solventar los conflictos emergentes de la perpetración de delitos de índole más gravosa. Es la mediación penal la figura restaurativa mayormente practicada en nuestro Estado[20], y por ello, en nuestras fronteras se parte de una limitada idea sobre la misma, en la cual se llega a equiparar, erróneamente, con la justicia restaurativa. Esta segunda es un nuevo modo de hacer justicia penal, de entender el funcionamiento del proceso penal, y a sus objetivos se llega a través de las distintas figuras, entre ellas la mediación penal.

Respecto al *Family Group Conference* (FGC), y en segundo lugar, esta institución restaurativa ofrece un enfoque innovador en el ámbito de la justicia familiar y de menores, al permitir la participación activa de la comunidad, pero especialmente de la familia del menor ofensor, en la toma de

16 Véase JIMENO BULNES, M., «¿Mediación penal y/o justicia restaurativa? una perspectiva europea y española», *Diario La Ley*, n.º 8624, 2015, pp. 1-35, esp. p. 13. En mismo sentido se posicionan CERVELLÓ DONDERIS, V., «La mediación en el sistema penal español», en V. Cervelló Donderis (Dir.), *Cuestiones prácticas para la aplicación de la mediación penal*, Tirant lo Blanch, Valencia, pp. 69-108, esp. p. 76 y QUINTERO OLIVARES, G., «Sobre la mediación y la conciliación en el sistema penal español: Situación y perspectiva de futuro», en R. CASTILLEJO MANZANARES y Mª. C. CATALINA BENAVENTE (coords.), *Violencia de género, justicia restaurativa y mediación*, La Ley, Madrid, 2011, pp. 501-528, esp. p 523.

17 Ya pone de manifiesto BARONA VILAR, S., «El presente y el futuro de la mediación en España», en J. TAMARIT SUMALLA (coord.), *Víctimas olvidadas*, Tirant lo Blanch, Valencia, 2010, pp. 229-254, esp. p. 243. Son cada vez menos los países que vienen imponiendo un elenco cerrado de delitos susceptibles de ser resueltos a través de un proceso de mediación penal

18 En tal idea véase MIGUEL BARRIO, R. *Justicia Restaurativa y Justicia Penal. Nuevos modelos: mediación penal, conferencing, sentencing circles*, *op. cit.*, p. 82.

19 Sobre tal cuestión véase BARONA VILAR, S., «Mediación «Post sententiam» en delitos de terrorismo. De la «Restorative justice» a la «Reconstructive justice»: (especial referencia a los encuentros entre víctimas y condenados ex miembros de la banda terrorista ETA)», M. JIMENO BULNES (coord.) y J. PÉREZ GIL (coord.), *Nuevos horizontes del derecho procesal: libro-homenaje al Prof. Ernesto Pedraz Penalva*, J. M. Bosch Editor, Barcelona, pp. 477-491.

20 JIMENO BULNES, M., «Mediación penal: estado de la cuestión», *op. cit.*, p. 239.

decisiones[21]. Su origen radica en Nueva Zelanda[22], aunque sus prácticas ya se han extendido a otros países, llegando a adaptarse al ámbito penal de adultos[23]. Su carácter diferenciador respecto a la práctica de la mediación penal se muestra en dos aspectos clave. El primero es su utilización, casi en exclusiva, en el ámbito penal de menores, aunque ello no es óbice para su práctica en el proceso penal de adultos. El segundo, y más trascendental, es el número de intervinientes. El FGC se caracteriza por su carácter inclusivo y colaborativo, promoviendo la participación de los miembros familiares, miembros de servicios sociales así como de personas significativas para el menor. A través de ellos se pretende fortalecer los vínculos familiares y fomentar una responsabilidad compartida, que vaya más allá del menor infractor y pueda afectar igualmente a aquellos familiares que pueden ser consecuencia del acto delictivo, ya sea directa o indirectamente.

En cuanto a los círculos restaurativos, estos a su vez tienen una múltiple tipología. Puede decirse que existen tantos círculos como ideas tenga una persona. La explicación a tal fenómeno es su adaptación a las necesidades de las partes en cada proceso concreto, así como el territorio geográfico donde se lleve a cabo[24]. Esto lleva que, una misma práctica, pero con un breve cambio, pueda tener una denominación distinta. O incluso que un círculo, al ser desarrollado en dos lugares diferentes, pueda conllevar que se denomine círculo de paz o círculo de sentencia conforme a las propias tradiciones históricas

21 Podría definirse como «un tipo de proceso de toma de decisiones que implica un encuentro cara a cara entre el ofensor, su familia, las víctimas y sus personas de apoyo, un representante de la policía y, si el caso lo requiere, otras personas». MACRAE, A. y ZEHR, H., *The little book of family group conference*, Good Books, Nueva York, 2004, definición recogida en GUARDIOLA, M. J., ALBERTÍ, M., CASADO, C., MARTINS S., y SUSANNE, G., ¿Es el conferencing una herramienta útil para los programas de mediación en el ámbito penal del Departamento de Justicia?, Generalitat de Catalunya, Barcelona, 2011, p. 67.

22 Véase el informe del gobierno neozelandés *Ministerial Advisory Committee* de 1986, por el cual se sientan las bases de este nuevo paradigma restaurativo, y la posterior Children, Young Persons and Their Families Act de 1989 (Disponible en: http://www.legislation.govt.nz), integrándose el modelo FGC como eje central en el sistema de justicia juvenil penal.

23 Para un estudio pormenorizado acerca del origen del *Family Group Conference* en Nueva Zelanda y su aplicación en otros países véase MIGUEL BARRIO, R., *Justicia Restaurativa y Justicia Penal. Nuevos modelos: mediación penal, conferencing, sentencing circles*, *op. cit.*, pp. 121-154.

24 El territorio geográfico es clave para determinar ante qué tipología de círculo nos encontramos. Básicamente, cada práctica llevada a cabo por los distintos grupos sociales ubicados en distintos puntos geográficos deriva de sus propias experiencias históricas. Es cierta aquella frase de Isaacs (ISAACS, W., *Dialogue the Art of Thinking Together, Doubleday*, Currency, New York, 1999, p. 16.) por la cual «no se ha encontrado todavía ninguna cultura indígena que no tenga la práctica de sentarse en círculo y dialogar». Pero ha de ser completada con que cada cultura indígena aportaba características propias a su práctica, llevando a la actual tipología, así como distintas denominaciones.

del lugar[25]. En nuestro interés se va a proceder a desarrollar conceptualmente estos últimos, los cuales tienen verdaderos efectos procesales.

El círculo de sentencia es aquella institución restaurativa que se caracteriza por dar un paso más allá dentro de las prácticas reparadoras. Es aquel proceso por el cual, en la solución al conflicto, enfocada en la reparación a la víctima y la resocialización del victimario, está involucrada la comunidad. Esto es, se crea un proceso con un diálogo abierto y participativo a víctima, ofensor, personas cercanas a ambos, profesionales del derecho y de la psicología, otras víctimas de delitos pasados, victimarios ya resocializados, y en general, cualquier miembro de la sociedad que pueda ayudar en la consecución de los objetivos del círculo. Lo trascendental es permitir que todos los intervinientes expresen sus preocupaciones y necesidades para, y a través del consenso, llegar a un acuerdo o sentencia lo más apropiada posible. La filosofía[26] subyacente a este instrumento es la creencia en que la comunidad tiene un papel activo en la justicia, pudiendo ayudar a elaborar una respuesta al delito más adaptada a las necesidades que en el castigo retributivo[27].

Las prácticas restaurativas aún no han encontrado una plena manifestación en la normativa nacional, apareciendo pequeñas referencias, más cercanas a la idea de la conformidad y mediación penal[28], e incluso de carácter negativo, tal y como sucede en los supuestos de violencia de género (art. 87 ter, apartado quinto). Esta previsión en clave restrictiva[29] tiene su funda-

25 Para un estudio relativo a las diferentes tipologías de círculos y su desarrollo geográfico, véase MIGUEL BARRIO, R., *Justicia Restaurativa y Justicia Penal. Nuevos modelos: mediación penal, conferencing, sentencing circles*, *op. cit.*, pp. 163-208.

26 Desde su prisma filosófico, PRANIS, K., *Manual para facilitadores de Círculos*, CONAMAJ, Costa Rica, 2006, p. 7, lo define como una «forma de ser y de relacionarse grupalmente, que llevan al empoderamiento individual y colectivo de aquellas personas que participan de ellos».

27 Pone de manifiesto BELTRÁN MONTOLIU, A., «Modelo de mediación en los Estados Unidos de América», en S. BARONA VILAR (coord.), *La mediación penal para adultos. Una realidad en los Ordenamientos jurídicos*, Tirant lo Blanch, Valencia, 2009, pp. 53-84., p. 59., que la comunidad tiene un interés en involucrarse en el delito, así que «todos ellos se aplican como herramientas para la consecución de un fin último, la pacificación de la sociedad y la restauración del daño causado a la víctima y comunidad».

28 Es en el proceso penal de menores donde mejor funcionamiento tiene la mediación penal. La LO 5/2000, de 12 de enero, reguladora de la Responsabilidad Penal de los Menores, aun sin recoger específicamente tal contexto, si hace alusión indirecta al mismo en los arts. 18 y 19 cuando regula el desistimiento de la incoación del expediente por corrección en el ámbito educativo y familiar y el sobreseimiento del expediente por conciliación o reparación entre el menor y la víctima respectivamente. En ambos supuestos, esta especie de mediación penal, aunque sería más un acuerdo reparador entre menor infractor y víctima, debe de llevarse a cabo exclusivamente en aquellos delitos menos graves acaecidos sin violencia o intimidación en las personas.

29 Recogiendo una posición favorable, entre otras muchas, véase CASTILLEJO MANZANARES, R., Mediación con víctimas especialmente vulnerables. Violencia de género, en M. DE

mento en el desequilibrio y desigualdad procesal existente entre ambas partes procesales[30], lo que, en el supuesto de llevarse a cabo la práctica de un proceso de mediación penal en esta materia, llevaría a una fuerte necesidad de articular instrumentos, medidas y precauciones que puedan garantizar el principio de igualdad procesal[31]. Empero, la norma, a consecuencia de la limitada visión del legislador, enfocó su interés en vedar a la mediación penal, no diciendo nada de otras posibles prácticas restaurativas[32], como el *conferencing*[33] o círculos restaurativos.

Es de interés para el presente estudio únicamente exponer el reflejo que la justicia restaurativa ha tenido en dos cuerpos normativos. El primero de ellos es la Ley 4/2015, de 27 de abril, del Estatuto de la víctima del delito, a través la cual, en su art. 15, se crean los servicios de justicia restaurativa en aras de obtener una reparación material y moral de aquellos perjuicios ocasionados por la comisión del ilícito penal, siempre y cuando se cumplan los requisitos desarrollados en las letras a) a d) del apartado primero del citado precepto.

Hoyos Sancho (coord.), Garantías y derechos de las víctimas especialmente vulnerables en el marco jurídico de la Unión Europea, Tirant lo Blanch, Valencia, 2013, pp. 483-502; Martínez García, E., «Mediación penal en los procesos por violencia de género: entre la solución real del conflicto y el «ius puniendi» del Estado», *Revista de Derecho Penal*, n.º 33, 2011, pp. 9-32, esp. p. 14. Recoge Fuentes Soriano, O., «Sobre la mediación penal y su prohibición en violencia de género», en J. Sigüenza López (dir.) y G. García-Rostán Calvín (dir.), *Estudios sobre mediación y arbitraje desde una perspectiva procesal*, Thomson Reuters Aranzadi, Cizur Menor, 2017, pp. 239-280, esp. p. 275, que estas posturas han sido tildadas como «postmachismo latente».

30 Martín Diz, F., «Mediación en materia de violencia de género: análisis y argumentos», en De Hoyos Sancho, M. (dir.), *Tutela jurisdiccional frente a la violencia de género: Aspectos procesales, civiles, penales y laborales*, Lex Nova, Valladolid, 2009, pp. 669-688, esp. p. 682.

31 Manifiesta Castillejo Manzanares, R., Torrado Tarrío, C. y Alonso Salgado, C., «Mediación en violencia de género», en *Revista de Mediación*, n.º 7, 2011, pp. 38-45, esp. p. 44, «en cualquier caso, admitir la mediación en supuestos de violencia de género, debe implicar necesariamente asumir una serie de precauciones como son: la absoluta necesidad de que las y los mediador es se especialicen en este campo y estén sometidos permanentemente a un continuo reciclaje de conocimientos, prácticas, etc.; la garantía de total seguridad para la víctima, tanto mientras dure el proceso mediador, como con carácter posterior al mismo; y la aceptación preceptiva por parte de la víctima de someterse, con carácter previo a la mediación, a un proceso de empoderamiento, quedando por tanto condicionada su participación, no sólo a su consentimiento personal, sino también al informe positivo del profesional de la psicología que evalúe su estado».

32 Manifiesta Sáez Rodríguez, C., *La mediación familiar. La mediación penal y penitenciaria. El estatuto del mediador. Un programa para su regulación*, Aranzadi, Cizur Menor, 2008. p. 324, que «es significativo que se prohíba lo que ni siquiera está previsto en la ley. Es posible que el legislador estuviera pensando en la mediación civil toda vez que dicha prohibición recae en un artículo referido al proceso civil».

33 Tamarit Sumalla, J. M., «La reparación y el apoyo a las víctimas», J. M. Tamarit Sumalla (coord.), C. Villacampa Estiarte (coord.) y M. Serrano Masip (coord.), *El estatuto de las víctimas de delitos: comentarios a la Ley 4/2015*, Tirant lo Blanch, Valencia, 2015, pp. 305-354, esp. p 329.

De mayor interés es la Ley Foral 4/2023, de 9 de marzo, de justicia restaurativa, mediación y prácticas restaurativas comunitarias de la Comunidad Foral de Navarra, siendo la primera normativa, aun de carácter autonómico, que regula la justicia restaurativa en España, al amparo del servicio de justicia restaurativa de dicha Comunidad Autónoma. La norma centra su interés en diferentes instituciones reparativas. Enmarcados dentro de los servicios de justicia restaurativa, tales y como las conferencias, círculos, talleres y programas así como mediación penal. Es cierto que centra su mayor desarrollo en esta última, habiendo 16 artículos que tratan la figura de la mediación, por los 7 preceptos dedicados a las prácticas restaurativas comunitarias.

De este breve análisis se pueden identificar las fortalezas y limitaciones de la justicia restaurativa, permitiendo una posterior mejor reflexión acerca de la aplicación de la IA en este contexto. Entender la variedad de enfoques existentes permitirá evaluar de manera crítica cómo la IA puede influir en cada una de estas prácticas, considerando tanto los beneficios potenciales como los desafíos éticos y prácticos que surgen al introducir tecnologías disruptivas en la resolución de conflictos.

4. La inteligencia artificial: ¿un asistente o reemplazo humano en la justicia restaurativa?

En un proceso restaurativo, llámese mediación, conferencia, círculo, panel o conciliación, el tercero imparcial que interviene en las sesiones, ya sea a través del status de mediador o de facilitador, no tiene competencia asignada para resolver el conflicto surgido a través del delito. Su función se enfoca en un prisma meramente asistencial, procurando ayudar a las partes a resolver la disputa a través de; (a) crear un entorno seguro y respetuoso (*safe place*) para que pueda fluir el diálogo abierto y seguro entre los intervinientes; (b) facilitar la comunicación efectiva, abierta y constructiva, asegurando que todas las personas puedan participar y expresas sus sentimientos, preocupaciones y necesidades libremente; (c) facilitar un ambiente de diálogo respetuoso y colaborativo, en el cual se promueva la empatía, el respeto mutuo y la igualdad de los intervinientes; (d) Estructurar y dirigir las diferentes sesiones y etapas del proceso restaurativo, asegurándose del cumplimiento de los objetivos propuestos y la agenta de las diferentes reuniones; (e) Promover la responsabilidad y la reparación del daño causado, ayudando a explorar las diferentes opciones o vías reparatorias y a llegar a acuerdos mutuamente satisfactorios; (f) gestión y manejo de las emociones intensas surgidas durante las diferentes sesiones, brindando apoyo emocional a los participantes; (g) mantener el equilibrio y la imparcialidad de todas las actuaciones, asegurando que todas las partes disfruten de igualdad de oportunidades para expresarse y participar, evitándose cualquier forma de sesgo o favoritismo en favor de alguno de ellos; (h) proporcionar aquella información relevante que pueda auxiliar a las partes en la toma de sus decisiones particulares y colectivas, comprendiendo las implicaciones de las mismas a través de un método reflexivo.

Un facilitador debe de tener una serie de características propias de su propia función, tales y como neutralidad, imparcialidad, empatía, reflexión, capacidad para establecer estrategias comunicativas y técnicas para reconducir el diálogo y evitar bloqueos y atascos en el proceso. Estas habilidades, las cuales pueden entrenarse, en su medida provienen del propio sujeto, llevando a que cualquier persona no pueda disponer innatamente de ellas. Razón de ello la figura de este profesional es tan peculiar y tan acechada por los servicios que ofrecen prácticas restaurativas. Estas capacidades le llevan a poder afrontar todos los desafíos nacientes de cada proceso restaurativo, el cual no es lineal, sino que va modulando conforme las diferentes emociones y necesidades de aquellos que intervienen en cada sesión. Esto lleva a una necesidad de adaptarse a todas las circunstancias que devienen, debiendo de aplicar diferentes técnicas para paliar los efectos negativos que se vayan ocasionando si el proceso no avanza.

De tales funciones, se entiende que la IA no puede, ni debe, desempeñar una función que vaya más allá de asistencia a los participantes del proceso restaurativo. El facilitador no es un sujeto imparcial que resuelve el conflicto y pone fin a la disputa. El interés del proceso restaurativo se basa en uno de sus principios más determinantes: la autodeterminación de las partes. Son aquellas personas involucradas en el delito, así como los terceros que vengan a acompañarles a las sesiones, quienes han de procurar resolver por ellos mismos el conflicto. Aun cuando el avance tecnológico permita el desarrollo de algoritmos y sistemas de IA ampliamente capacitados para tomar decisiones autónomas, entendiendo las consideraciones morales y éticas derivadas de los términos «justicia» y «reparación», esto supondría un «choque» con el concepto propio de justicia restaurativa.

El principio de autodeterminación de las partes hace referencia a la capacidad de las personas involucradas en el conflicto de participar activamente en el proceso y tomar decisiones informadas sobre la resolución del mismo. La justicia restaurativa procura que todas las personas que acudan a las sesiones, aunque principalmente se enfoca en la víctima y el victimario, tengan reconocida la autonomía y dignidad propia de un individuo, pudiendo tener voz y poder de elección en el proceso, expresando sus necesidades, intereses y perspectivas. No lleva a un total aislamiento de las mismas respecto a las disposiciones legales o incluso éticas. Su interés radica en otorgar capacidad a las partes, empoderarlas, especialmente a la víctima y a la comunidad en general, para que puedan abordar los hechos que han sucedido, sus antecedentes, causas y consecuencias, tanto de valor jurídico como personal. Permite así que la respuesta al delito provenga exclusivamente de aquellos damnificados por el ilícito penal, y no así de un tercero imparcial, el cual únicamente asiste a las mismas a conseguir sus objetivos. Se obtiene un acuerdo adaptado a las necesidades reales de las partes, más auténtico y significativo para todos los intervinientes, lo que a su vez contribuye a una mayor satisfacción y aceptación de los resultados. Ello no quiere decir que el acuerdo sea ajeno al derecho, sino que respetará la norma y se encontrará bajo el control y vigilancia judicial, pero a su vez estará bajo los postulados emocionales que han establecido las partes.

Entendiendo ya la imposibilidad de establecer la figura de un facilitador que decida el proceso, ha de valorarse el verdadero papel que puede desempeñar un modelo algorítmico. Sus actuaciones pueden ser autónomas y ejercer el rol de mediador-facilitador o, por el contrario, que un humano se sirva del algoritmo para mejorar el proceso y poder ofrecer un servicio más eficaz y satisfactorio. Tal y como ya se ha venido señalando, el papel que ejerce este profesional se desarrolla en un plano emocional, puesto que debe de dirigir el proceso conforme a las necesidades, emociones y sentimientos de las partes. Debe de tener capacidad para interpretar el desarrollo de las sesiones y cómo ha de conducirlas. Atacar aquellas situaciones críticas, como un bloqueo o una situación de desigualdad (normalmente en un plano emocional), deben de ser debidamente interpretadas y abordadas, cuestiones que necesitan de una visión humana. Los modelos algorítmicos actuales carecen de esta capacidad sensitiva, no pueden interpretar ciertas necesidades humanas, así como sus carencias en estos planos tan propios del ser humano como la empatía.

Estas limitaciones de ser, en la actualidad, le llevan a la IA a una falta de empatía y comprensión emocional con las experiencias humanas, teniendo dificultades para captar matices sutiles, interpretar el lenguaje no verbal o establecer conexiones con los seres humanos. Igualmente, tal y como ya se ha advertido en los anteriores apartados, los procesos restaurativos se desarrollan en contextos y culturas diversas, lo cual conduce a la existencia de características propias, normas sociales y valores de diferentes comunidades que pueden ser difíciles de interpretar y asimilar por un «robot». Su actual falta de flexibilidad y creatividad le llevaría al sistema a no poder amoldarse a las circunstancias específicas de cada caso y de cada partícipe, no pudiendo generar opciones y espacios creativos ni explorar diferentes enfoques adaptados a estos contextos particulares. A parte, los sesgos pueden propiciar el desarrollo de un proceso basado en desigualdades y decisiones injustas, que vaya en contra de los valores y objetivos de la propia justicia restaurativa.

Es por ello que desde la presente opinión no se parte de una IA que sustituya al ser humano. La función del facilitador es clave, y el actual desarrollo tecnológico, aunque sorprendente en cuanto a su avance diario, no es lo suficientemente adaptado a las propias cualidades humanas. Sustituir a un ser humano, profesional en la materia, por un modelo algorítmico, únicamente puede llevar a procesos insatisfactorios y alejados de las premisas restaurativas que en los años setenta situaban a este modelo de justicia como una alternativa (complemento diría yo) a la justicia retributiva. No obstante, la IA no ha de ser defenestrada, puesto que, aunque no pueda sustituir al facilitador, sí que puede, bajo una correcta vigilancia y control, auxiliar al proceso, idea realista conforme al desarrollo tecnológico actual[34]. Estos modelos tienen un amplio potencial de apoyo y complemento de estos instrumentos, pudiendo servir para ofrecer una mejor organización, asistencia y dirección de las distintas sesiones restaurativas, aun ante una supervisión de un grupo de personas físicas. Se procede en las próximas líneas a ofrecer una visión acerca de las potencialidades y desafíos nacientes de la utilización de un sistema de IA como instrumento asistencial en los procesos restaurativos. De ello se podrá entender que, en aquellas actividades relativas a la organización de las sesiones, propuestas o recomendaciones, existen aptitudes paralelas entre el facilitador humano y el robot; en aquellas en las cuales las actividades tengan su base en cuestiones emocionales y empáticas, primordiales en los procesos restaurativos, el facilitador humano será insustituible; pero aquellos actuares basados en la minería de datos, patrones, reducción de costes y establecimiento de perfiles conforme al análisis de los datos, el facilitador robot parte en una clara ventaja frente al humano a consecuencia de sus propias características. Se ha de discernir las carencias y ventajas que pueden ofrecer estos modelos a la ciudadanía, e intentar aprovechar al máximo sus virtualidades.

5. Beneficios y aplicaciones de la inteligencia artificial en la justicia restaurativa como método asistencial

En el presente apartado se va a proceder a analizar los beneficios que puede aportar la aplicación de sistemas de IA en los procesos de justicia restaurativa. El actual desarrollo de la IA viene demostrando el potencial del que esta dispone para mejorar la resolución de conflictos humanos, ofreciendo ventajas tanto a las partes involucradas en el conflicto como a los profesionales que intervienen en el proceso restaurativo. Se examinarán los beneficios clave que la IA puede aportar en caso de su aplicación en este tipo de procedimientos reparativos, los cuales pueden ser muy variados, como el análisis de datos y patrones, la predicción de resultados, la propuesta de soluciones, la asistencia virtual, la automatización de tareas, la planificación de las sesiones, la reducción de costos, el aumento de la imparcialidad y el seguimiento del plan reparador y resocializador.

34 Martín Diz, F., «Inteligencia artificial y medios extrajudiciales de resolución de litigios online (ODR): evolución de futuro en tiempos de pandemia global (Covid-19)», *La Ley: mediación y arbitraje*, n.º 2, 2020, pp. 1-47, esp. p. 7

5.1. Análisis de datos y patrones: Potenciando la eficacia de la justicia restaurativa mediante la inteligencia artificial

Para dar comienzo a los beneficios que la IA puede ofrecer a los procesos restaurativos, el análisis de datos y patrones es el primer área de interés a estudiar. El uso de algoritmos ofrece al sistema la capacidad de examinar grandes volúmenes de datos e informaciones del caso que se va a conocer, así como de asuntos previos resueltos por procesos restaurativos, e incluso, aquellos que acudieron a juicios previos. Igualmente puede efectuar análisis de otros elementos que sean relevantes para el asunto concreto, como factores contextuales o perfiles delictivos. Todo ello con la finalidad de identificar aquellas tendencias y correlaciones que puedan ser de utilidad para las partes como los profesionales.

El proceso de datos puede llevar a estructurar aquellas intervenciones realizadas de manera previa o durante las sesiones restaurativas, diligencias de investigación o cualquier otra actuación de interés. Para ello, la institución de mediación deberá proceder a introducir, de forma escrita o en cualquier otro formato, toda esta información al sistema algorítmico para el oportuno análisis de los datos. Esto puede llevar a extraer información compleja que puede ser de interés para abordar el suceso y las consecuencias, como por ejemplo el pasado del infractor (quizás su conducta delictiva se ocasione a consecuencia de un hecho sucedido en el pasado o de alguna necesidad subyacente a los motivos que se observan a simple vista).

El lector se preguntará cómo un sistema algorítmico puede efectuar un análisis de datos, y el proceso es sencillo. En primer lugar, se reúnen todos los datos relevantes y se procede a su integración en el sistema. Una vez recopilados, se debe de efectuar un proceso de preprocesamiento, por el cual se garantice la calidad y uniformidad e los mismos, eliminándose a su vez aquellos que sean duplicados o irrelevantes. El agente humano que quiere aportar la documentación efectuará una identificación de los aspectos más significativos y de mayor importancia para, y a posteriori, iniciar el entrenamiento del modelo algorítmico con todos los datos ya depurados. Esto implica la «alimentación» del sistema de IA para que efectúe un estudio de los datos etiquetados, y ajustando sus parámetros para aprender a identificar los patrones y características deseadas en aras de asistir correctamente a los intervinientes en el proceso restaurativo. Antes de proceder a su puesta en práctica, el modelo deberá ser validado para verificar su precisión y eficacia en las actuaciones debidas. Con esta primera base de entrenamiento, posteriormente podrá ser completado con nuevos volúmenes de datos, ya sean insertados en su propia práctica diaria o como un nuevo modelo de entrenamiento, que conseguirá que el sistema algorítmico vaya refinándose y ajustándose a los parámetros y técnicas necesarias.

Este aprendizaje automático generará en la IA una serie de modelos predictivos que le permita clasificar casos por tipos de delitos o tipos de víctimas, identificar características trascendentales en los asuntos que conozca, e incluso predecir el desarrollo de las sesiones y posibles reparaciones a llevar a cabo. A cuantos más asuntos vaya conociendo, su procesamiento del lenguaje humano —ya sea escrito o hablado— será más completo, pudiendo analizar cada vez mayores volúmenes de documentos, informes o testimonios, identificando en ellos la información relevante del suceso y que puede estar siendo obviada inclusive. Ello a través, no sólo de acceso a escritos, sino también de imágenes y videos, pudiendo utilizar técnicas de visión por computadora para reconocer aquellos patrones de interés y evaluar el contenido visual en búsqueda de información especialmente útil para el proceso.

Una eficaz minería de datos para descubrir patrones va a llevar a identificar correctamente los grupos de actuación y perfiles aproximados de los intervinientes, evaluar el riesgo de reincidencia y predecir posibles resultados, optimizando los recursos judiciales. Igualmente, podrá identificar los posibles sesgos que se puedan producir en el asunto, tanto cometidos por el sistema algorítmico como por un mediador humano, conllevando una mayor equidad en el proceso. Se entiende así que el análisis de datos es el primer camino a todos los beneficios que de la IA se pueden obtener, las cuales serán analizadas individualmente en las próximas páginas del presente trabajo.

5.2. Identificación precisa de grupos y perfiles de intervinientes

Tal y como ya se ha explicado en el apartado tercero del presente trabajo, las prácticas restaurativas tienen un alto componente social, involucrando a la comunidad en la búsqueda de una resolución que ponga fin a la disputa derivada del delito. Se entiende que una figura tiene un mayor carácter restaurativo cuando esta involucra a diferentes miembros de la comunidad. Este aspecto es sencillo, procurar la intervención de múltiples sujetos puede ayudar a obtener una resolución lo más adecuada posible, entre ellos el mediador o facilitador. La selección de ellos —aunque en algunos círculos se indique que se encuentran abiertos a cualquier persona que quiera acudir— no es cuestión baladí. Es necesario diseñar una estrategia que permita la participación de sujetos que, por sus características personales, profesionales o emocionales, puedan aportar algo significativo al asunto. Esta tarea puede quedar en manos de las propias partes, y ser ellos quienes decidan con quién van a ir acompañados al proceso, pero también del facilitador humano, quien deberá de controlar las personas que accedan a las sesiones. Pero igualmente, el instituto restaurativo puede tener asignada esta función, y no únicamente nombrar al tercero imparcial que guiará las actuaciones. Esta función puede ser llevada a cabo por un sistema algorítmico, herramienta a la que habrá que, previa a su puesta en funcionamiento, integrarle (y actualizarle) los datos de diferentes profesionales que puedan participar en tales sesiones y voluntarios que se ofrezcan.

En cuanto a los participantes, el sistema podrá designar a las personas más idóneas para asistir al proceso a través de una recopilación de datos del propio asunto. En este caso, y conforme al delito cometido, puede estimar qué tipo de personas serían convenientes para acudir, esto es, profesionales de alguna materia específica —por ejemplo, si es un delito de violencia sobre menores, profesionales de asociaciones específicas en tales delitos— o incluso testigos de los hechos conforme a los datos policiales y diligencias de investigación llevadas a cabo. Igualmente, y respecto a terceras personas ajenas al delito, el procesamiento de datos que efectúe el sistema podrá llevarle a identificar, del conjunto de sujetos integrados en la base de datos, quienes podrán ser las personas más indicadas, analizando inclusive su participación previa en casos similares, y por ello, su posible idoneidad. Esta propuesta de candidatos se realizará conforme a distintos criterios como la relación con el delito, el grado de resocialización del victimario, la disponibilidad de otros participantes clave como familiares o testigos y la experiencia y cualificaciones de los profesionales involucrados. La IA generará un listado de personas recomendadas, identificando perfiles genéricos (como por ejemplo miembros de la familia más relevantes o miembros de una comunidad) o específicos, como un psicólogo, víctimas que superaron los efectos de delitos similares en tiempos pretéritos o victimarios ya resocializados. Ante esta situación, sería lógico que un humano (ya sea el mediador o el profesional del instituto restaurativo encargado de la selección) compruebe el listado, lo examine y determine si este grupo de miembros es escaso, suficiente o excesivamente amplio, recayendo finalmente en un humano el control del mismo. Y si aceptare, la propia comunicación podrá llevarla a cabo automáticamente la IA, siempre y cuando tenga los datos personales de los sujetos de la lista para poder efectuar las notificaciones.

La selección del tercero imparcial será en similares condiciones. El instituto restaurativo deberá incluir en la base de datos del modelo algorítmico un listado de facilitadores conforme a las distintas materias en las que tienen mayores competencias. De ahí, la IA, y conforme el delito ocasionado y las características de las personas implicadas, deberá de seleccionar al facilitador idóneo. Este procesamiento de los datos de los facilitadores potenciales se realizará conforme a los criterios que hayan sido establecidos, pudiendo analizar su historial profesional, identificar patrones y relaciones entre su experiencia y habilidades, y compararlos con los requisitos específicos del caso o del tipo de conflicto a tratar, o incluso por cuestionarios rellenados por las partes[35]. De todo el conocimiento incluido en la base de datos, se genera-

35 Marcos Francisco, D., «Smart ODR y su puesta en práctica: el salto a la Inteligencia Artificial», *Revista General de Derecho Procesal*, n.º 59, 2023, pp. 1-41, esp. p. 21.

rán una serie de recomendaciones conforme a las competencias del facilitador y su historial en casos previos[36], ordenados según su grado de idoneidad para el asunto específico. La toma de decisión final será responsabilidad del profesional humano encomendado en tal función.

Estas actuaciones de selección y filtración del personal que va a participar, dependerán de la práctica restaurativa llevada a cabo, siendo más sencillo en un proceso de mediación, pero más laboriosa en un círculo. Lo que es evidente es que la IA puede filtrar grandes volúmenes de datos es pocos minutos, pudiendo ofrecer una respuesta más veloz que la que daría un ser humano.

5.3. Asistencia virtual y automatización de tareas

Tanto la asistencia virtual como la automatización de tareas son aquellas capacidades que permiten a un modelo de IA tener el potencial para agilizar y mejorar la eficiencia de los procesos restaurativos. Ofrecen la posibilidad de liberar tiempo y recursos para que los distintos participantes y profesionales puedan centrar sus esfuerzos en aspectos complejos y fundamentales del proceso.

En cuanto a la asistencia virtual, lo que se pretende es ofrecer un servicio de asistencia y apoyo a las partes, para que puedan obtener aquello que necesiten en un breve periodo de tiempo. Al realizarse a través de un sistema algorítmico, su principal ventaja frente al facilitador humano o servicio de justicia restaurativa clásico, es su disponibilidad las veinticuatro horas del día. Su modo de proceder puede ser a través de sistemas de *chatbot*, respuesta automática o asistentes virtuales, permitiendo una interacción tanto por escrito como oral con los intervinientes. Su objetivo es que se pueda, en cualquier momento, acceder a información y obtener respuestas en la materia que se necesite, lo que da un apoyo inmediato en situaciones de emergencia emocional. Al haberse analizado previamente los datos de los partícipes y sus intervenciones, puede amoldarse el algoritmo a las necesidades individuales de aquel que le requiera, ofreciendo recursos relevantes y específicos para cada caso. El obtener una atención personalizada provoca un mayor sentimiento de cercanía y seguridad en la persona.

---

36 Todo ello sin obviar otros criterios propios de un facilitador, como experiencia en mediación, conocimientos legales, habilidades de comunicación efectiva, empatía, imparcialidad y capacidad para gestionar conflictos, entre otros. Estos se entienden ya debidamente intrínsecos a la propia persona que ejerce tal profesión, debiendo de ser supervisados por los profesionales humanos. Igualmente, sería de interés realizar encuestas a las personas participantes una vez finalizado el proceso para que, incluyendo las mismas en la IA, pueda efectuar un perfil personal de cara mediador y que lo haga más o menos acorde a distintos casos, más o menos empático, con mayor o menor conocimiento de la psicología o del derecho. Esta retroalimentación es clave para generar un *feedback* clave en mejor el sistema y su eficacia.

De importancia es el tipo de lenguaje que es utilizado por el modelo asistente. Se ha de procurar que este sea claro y accesible, evitando aquellas terminologías muy reducidas a un ámbito profesional. Si el sistema utiliza un vocabulario que no se le pueda entender a consecuencia de la jerigonza de su modelo de lenguaje, será imposible ofrecer un servicio efectivo que procure satisfacer las necesidades de los intervinientes. Esta idea está especialmente pensada para cuando se utilice terminología legal, la cual es ampliamente desconocida y extraña por las personas legos en derecho. Este sistema debe de tratar de ofrecer una traducción de esa jerga jurídica a una serie de vocablos comunes y que pueda entender, así como evitar su utilización en las respuestas que efectúe. Por ello, deberá de adaptarse a las características de la persona que de uso del sistema. De esta manera se garantiza que las partes, e incluso el facilitador si carece de conocimientos jurídicos, puedan comprender las consecuencias jurídicas del delito, los derechos reconocidos a las partes, las fases procesales habidas y por haber y las opciones disponibles durante el proceso restaurativo y legal.

En cuanto a la automatización de tareas, esta función puede conllevar un conjunto de ventajas significativas para la correcta finalización del proceso. Es trascendental poder utilizar cualquier método que reduzca el tiempo de aquellas tareas rutinarias o repetitivas que, obligatorias para que el proceso pueda desarrollarse, en muchas ocasionen generan trastornos y dilaciones en las actuaciones. Puede ser útil que la IA automatice tareas como el procesamiento de documentos, de registros o la simple gestión de información. En general, todo aquello que suponga una recopilación de información —como por ejemplo antecedentes penales, historiales médicos, informes de evaluación o documentos legales— puede ser automatizado a través de un modelo algorítmico.

Las virtualidades de tal tarea es suprimir la clásica labor humana, en la cual los documentos se tenían que recopilar manualmente, llevando a los facilitadores a buscar en bases de datos y registros judiciales aquellos que les era de interés. Cuando esto está accesible y visible a primera vista, no existía mayor inconveniente, pero cuando el archivo donde se encuentra es muy amplio y lioso, la pérdida de tiempo e interés para el proceso era evidente, provocando un mayor descrédito en la herramienta, e incrementándose el riesgo de un error humano al ingresar la información manualmente. Que una IA se encargue de estas tediosas tareas permite un acceso más rápido y eficiente a la información, lo que facilita la toma de decisiones informadas por los diferentes intervinientes, y especialmente el facilitador. Esta síntesis de las informaciones proporciona un resumen conciso y organizado de los datos recopilados, facilitando la comprensión de los mismos por los intervinientes, especialmente cuando son grandes cantidades de ellos y versan sobre materias jurídicas, las cuales se encuentran alejadas del conocimiento usual de los distintos participantes.

Al utilizarse algoritmos de búsqueda y análisis de datos, la IA puede identificar patrones y correlaciones relevantes en la información que se pretende indagar, proporcionando así una información que va más allá de la petición inicial. Unificando la capacidad de búsqueda junto con las relativas al análisis de datos, síntesis y correlación de los mismos, se transforma el proceso restaurativo en un paso más allá, permitiendo al facilitador tomar decisiones más fundadas y estrategias más acordes y efectivas. La posibilidad de indexación de los documentos ayuda a la recuperación de información que sea relevante.

La posibilidad de recopilar datos y gestionar grandes volúmenes de los mismos no es la única posibilidad que se desprende de las ventajas que ofrece la automatización de datos. De vital importancia puede transformarse este instrumento cuando lo que se trata es la programación y gestión de reuniones, sesiones o audiencias. Una de las ventajas que tiene un proceso restaurativo es que la gestión de las sesiones y reuniones se efectúa conforme a las necesidades de las partes. Si estas únicamente pueden acudir al servicio, ya sea mediación, conferencia o círculo, en horario de tarde, las sesiones se llevarán a cabo en esos lapsos temporales. Eso supone una mayor cercanía, especialmente con las necesidades de víctima y victimario, permitiendo un proceso más humano. Si la gestión se realiza de forma virtual y, respecto a lo estipulado por las partes, es una IA la que se encarga de efectuar tal gestión, la programación de citas será mucho más ágil, tanto en cuanto a su organización como comunicación. El trabajo fluirá más eficientemente, y la gestión de la logística llevará a un mejor enfoque de los recursos, optimizando el tiempo de los participantes. A través de esta herramienta se pueden crear sistemas centralizados y actualizados que gestionen la programación de dichas sesiones. El modelo algorítmico analizará los horarios y disponibilidades de los intervinientes, ofreciendo fechas y horas adecuadas a sus necesidades. Esto evita los procesos manuales de coordinación, los cuales son largos y crean conflictos de agenda.

Otra ventaja que ofrece este modelo es la posibilidad de efectuar recordatorios y notificaciones automáticas a todos los participantes, lo que lleva a evitar posibles olvidos o retrasos. Para ello se podrá utilizar cualquier canal que se encuentre operativo y disponible por los intervinientes, tales y como correos electrónicos, aplicaciones de mensajería instantánea, mensajes de texto o incluso llamadas de teléfono a través del sistema de *chatbot*.

Adicionalmente, la automatización de datos puede generar informes y análisis estadísticos sobre la gestión de reuniones, sesiones o audiencias, proporcionando valiosa información sobre diversos aspectos. Estos informes abarcan datos como la duración promedio de las sesiones, la participación de los diferentes actores involucrados, el grado de cumplimiento de los acuerdos alcanzados y otros indicadores relevantes. Estas métricas adquieren una relevancia significativa al evaluar de forma continua el proceso restaurativo, permitiendo identificar áreas de mejora y aplicar cambios basados en evidencia sólida.

Al eliminar la necesidad de realizar de manera manual todas estas tareas, se evidencia una agilización en los procedimientos, reduciéndose el tiempo requerido para completarlos. Ello permite una mayor capacidad de respuesta ante las necesidades de los intervinientes, minimiza los errores humanos asociados a tales tareas administrativas, y permite que los profesionales de la figura restaurativa puedan enfocar sus esfuerzos en ayudar a la víctima y victimario en la reparación y resocialización.

A su vez esto genera un significativo ahorro en los costos del procedimiento. Al reducirse la carga de trabajo administrativa, menos recursos humanos van a ser asignados a estas tareas. Igualmente, la reducción de gastos va correlativa a la eficiencia. Si se acelera el proceso, se reducen los tiempos de espera, y con ello, los costes asociados a la duración prolongada de este tipo de procedimientos. No es menos cierto que este planteamiento es a largo plazo, puesto que el desembolso inicial para la adquisición de la tecnología, su configuración y la formación al personal acerca del uso del sistema, puede ser importante. Empero, hay que partir de la idea de que la máxima de un proceso restaurativo no se enfoca en la optimización de gastos, sino en la mayor eficiencia para la resolución de los conflictos derivados del delito. Así, un importante desembolso no es óbice alguno, puesto que las ventajas posteriores —inclusive la sostenibilidad económica— superan estos riesgos y pérdidas iniciales.

5.4. Mejora de la equidad y la imparcialidad en la justicia restaurativa

La incorporación de modelos de IA en los procesos restaurativos tiene un importante potencial en la equidad e imparcialidad del proceso, tanto positivo como negativo. Es por ello que aquí se desarrollarán las virtudes que pueden obtenerse de tales actuaciones, aun cuando también existen riesgos de su uso. Al tratarse de un modelo algorítmico, en principio puede entenderse la total objetividad del sistema, el cual no puede verse afectado por cuestiones subjetivas, como cercanía con alguno de las partes, amistad o conexión emocional. El desarrollo de las actuaciones por un sistema de IA lleva a evitar aquellos sesgos cognitivos y emocionales a los que los seres humanos son propensos e inherentes a la propia naturaleza humana. Las experiencias pasadas, creencias y valores van a ser parte del pilar clave para buscar cumplir con los objetivos del proceso restaurativo. Pero a su vez, estas pueden sesgar la percepción de los intervinientes, especialmente del facilitador, lo que llevaría a una toma de decisiones y estructuración del proceso potencialmente sesgada a consecuencia de esta subjetividad. El algoritmo carece de esta visión. Este modelo tendrá un procesamiento de datos neutral, ofreciendo recomendaciones basadas en evidencias y ajenas a cuestiones personales, y a su vez desapercibidas por los propios seres humanos.

La evidencia empírica de la IA puede llevar a ciertas ventajas, especialmente cuando es necesario un punto de vista justo y equitativo, sustituyendo a las intuiciones por recomendaciones fundadas. Todo ello sin obviar la capacidad del sistema para mejorar a través del aprendizaje, refinando y ajustando sus capacidades a cuanta mayor información viene acumulando. Las ventajas que esto ofrece, a la vez pueden entenderse como desventajas, tal y como se verá en el apartado sexto, especialmente subapartados segundo y tercero.

La equidad igualmente se observa con el propio tratamiento de datos. La IA puede analizar patrones y datos socioeconómicos y demográficos, identificando si existieren desigualdades. Ello puede conducir a que, en conjunto al facilitador humano, se puedan elaborar estrategias para abordar estas disparidades entre ambos intervinientes, tales y como la asignación equitativa de recursos o la adaptación de los procesos a las necesidades de grupos vulnerables. Esto puede suceder en varios casos. Por ejemplo, en el supuesto de personas con discapacidades visuales o auditivas, empleándose la IA como asistencia para traducir y adaptar los materiales, como lectores de pantalla o subtítulos automáticos. Igualmente, y en cualquier tipo de víctima, la IA puede contribuir a crear espacios y entornos seguros y confidenciales para facilitar un diálogo sano. La creación de plataformas o aplicaciones seguras en la comunicación con los demás intervinientes o profesionales, lleva a evitar los temores. Esta idea se desarrollaría a través de *chatbots* o asistentes virtuales, que permitan a la víctima «navegar» por el complejo mundo jurídico.

La equidad igualmente puede obtenerse mediante una coordinación, llevada a cabo por la IA, de los encuentros de manera eficiente, teniendo en cuenta la disponibilidad y necesidades individuales de las víctimas, evitando de este modo que se produzca una victimización secundaria o cualquier otro inconveniente. Estas estrategias conjuntas ayudan a identificar factores de riesgo o patrones de comportamiento delictivo, llevando a poder implementar medidas preventivas más efectivas. Estas pueden ir enfocadas en determinar cómo debe de ser la medida reparativa y su desarrollo, o hasta entender que el desarrollo del proceso puede no estar siendo beneficioso para la víctima, para el victimario o para ambos, conllevando la toma de medidas proactivas para dar respuesta frente a estos delitos.

5.5. El potencial predictivo de la inteligencia artificial en la justicia restaurativa

Tal y como viene analizándose en los apartados precedentes, la justicia restaurativa puede verse enriquecida a través del uso de la IA. La tecnología, a través de la captación y análisis de datos, puede desarrollar un papel crucial para el correcto desarrollo del proceso reparador. La mejora en la eficiencia, la automatización de tareas, el desarrollo de un planteamiento y del desarrollo del calendario de las sesiones, convierten a esta tecnología disruptiva en un importante y potencial planteamiento para un efectivo proceso.

No ha de olvidarse que, en materia de ADR, viene estableciéndose un novedoso, pero ya amplio, debate acerca de las virtualidades de la IA como tercero imparcial. Analizar sus virtualidades como instrumento en tales figuras es una obligación de la academia, pero igualmente ha de establecerse correctamente el real papel que esta tecnología puede desempeñar en los procesos «adecuados de resolución de disputas». La pregunta que aquí viene elaborándose es clara, ¿puede un sistema algorítmico resolver un conflicto o debe de ser únicamente un asistente? En este último supuesto hay que preguntarse hasta qué punto se expande su ámbito asistencial, qué tareas debe de desempeñar y, por tanto, si tiene cabida que la IA proponga soluciones.

Como ya se ha analizado en el apartado cuarto del presente trabajo, el rol del facilitador nunca puede ser decisorio, sino que debe de guiar a las partes para que estas puedan encontrar una resolución. Valorando así la intervención de una IA, la cual enfocará sus funciones exclusivamente en la asistencia a los participantes del proceso, puede ser chocante desarrollar, como una actuación que pueda llevar a cabo, la predicción de resultados y propuesta de soluciones. Al utilizar algoritmos y técnicas de aprendizaje automático, el sistema puede identificar tendencias y correlaciones conforme a la información que se está exponiendo en las diferentes sesiones. De todos estos grandes volúmenes de datos, así como de aquellos analizados en los anteriores procesos en los que haya participado, podrá generar pronósticos sobre los posibles resultados.

Estas tendencias, derivadas de su propio *machine learning* en asuntos históricos similares, en conjunción a los datos procesados del asunto que está conociendo, puede llevar al sistema a obtener múltiples variables relevantes. A través de los modelos predictivos estima la probabilidad de los diferentes resultados, información que será de especial utilidad tanto a la víctima, victimario, como profesionales. Aun cuando parezca que una predicción de lo que puede suceder es una variable azarosa y sin trascendencia en el asunto, esta puede tener trascendencia para la comprensión de las consecuencias de las decisiones que vienen tomándose, y «determinar el sentido o estrategia a seguir»[37]. Al considerar la IA múltiples factores y patrones muy diferentes, puede ofrecer una evaluación muy completa y precisa, en la cual se expresen los efectos de las sesiones llevadas a cabo. De estas predicciones expuestas, el facilitador, si entiende que la misma es plausible, podrá tomar mejores decisiones, ayudando a anticiparse a posibles desafíos que vayan a surgir, fomentando un proceso más cooperativo y exitoso.

37 Barona Vilar, S., «Psicoanálisis de las ADR. Retos en la sociedad global del siglo XXI», *La Ley: mediación y arbitraje*, n.º 1, 2020, pp. 1-22, esp. p. 16.

Igualmente, este análisis de patrones no únicamente va a servir para revelar posibles predicciones de resultados, sino que su función puede ir más allá. El análisis de los datos ofrece virtualidades que se enfocan en la propuesta de soluciones al problema. Ha de remarcarse que las mismas no podrán en ningún momento dejar de ser recomendaciones. Esto es, si tras el análisis de todas las variables relevantes del asunto, así como los restantes factores como las características de los participantes, dinámicas familiares y comunales, enfoques de reparación llevados a cabo o propuestos, el sistema algorítmico efectúa una propuesta de solución, esta no tiene por qué ser aceptada. En este supuesto, al igual que podría realizar un facilitador humano, el robot únicamente expondrá posibles estrategias y enfoques para resolver el conflicto. Nunca reemplazará la toma de decisiones humanas, sino que lo complementará.

Esta función de la IA puede ser de amplio interés cuando se observe un estancamiento en las sesiones que haga peligrar el correcto desarrollo del proceso. Ante tal peligro de dilaciones en el proceso, y finalización sin un acuerdo reparador, la IA podrá servir para, una vez identificados todos los casos y escenarios, proponer estrategias, enfoques o incluso acuerdos de reparación[38]. Es de interés esta situación al fomentarse un enfoque nuevo más completo y personalizado, mediante la exploración de soluciones fuera de los enfoques tradicionales, a través del proceso creativo e imparcial que supone el uso de estos modelos algorítmicos. Igualmente, una virtualidad ofrecida es la posibilidad de considerar todos estos escenarios reparativos potenciales en un escaso período de tiempo, lo que permite reducir el tiempo de respuesta ante estos bloqueos en el proceso reparativo.

En ambos supuestos, tanto en las predicciones como en las propuestas de acuerdos, se ha de manifestar que los mismos no tienen un carácter vinculante para las partes. Su única función es el intento de dar una respuesta acorde ante posibles soluciones que hayan surgido, ya sea, y en primer lugar, ante actuaciones erróneas de las partes que puedan desencadenar en un resultado no conveniente o, y en segundo lugar, ante posibles situaciones en las cuales las partes, por la razón que fuere, no encuentran una solución a la disputa o no se ponen de acuerdo en los términos. Todo ello bajo el control y supervisión del facilitador humano y del servicio de justicia restaurativa encargado del desarrollo de las actuaciones.

38 Manifiesta Bueno de Mata, F., «Mediación electrónica e inteligencia artificial», *Actualidad Civil*, n.º 1, 2015, pp. 1-10, esp. p. 6 que el mediador que tenga su base en un modelo de IA deberá designar una propuesta de acuerdo para que las partes lo ratifiquen, y si no lo aceptan, podrá efectuar nuevas propuestas.

5.6. Seguimiento del plan reparador y resocializador

La reparación constituye el eje vertebrador de todo proceso restaurativo. El propósito de todas las intervenciones es alcanzar un pacto que resuelva el conflicto, y en función de la práctica seleccionada, dicho pacto se orientará más hacia la restitución efectiva de la víctima, o por el contrario, hacia la reinserción social del infractor. El foco de toda figura restaurativa se dirige a uno de estos dos fines, siendo la labor principal del facilitador asistir a las partes para que logren un acuerdo que ponga término al conflicto. La tarea del seguimiento de dicho plan, la cual no siempre ha sido debidamente llevada a cabo en todas las instituciones restaurativas llevadas a cabo en el globo terráqueo, debe de ser llevada a cabo por las personas estipuladas en dicho plan o acuerdo reparador, pero usualmente puede recaer en la persona del facilitador.

La inteligencia artificial puede contribuir a esta labor, desempeñando un papel clave en dicha misión. El modelo algorítmico puede realizar una tarea de supervisión y monitoreo continuo de la implementación de estos planes. Así, se desarrollaría un sistema de seguimiento automatizado que recopile, analice y gestione la información relacionada con el proceso reparador y resocializador. Por ejemplo, se pueden gestionar los datos y algoritmos para efectuar un rastreo del cumplimiento de los compromisos acordados, del avance de los objetivos que se han establecido y la actitud (y su evolución) de los participantes.

La virtualidad de estos modelos es que los diferentes seres humanos implicados en el plan pueden realizar un seguimiento del mismo, incluyendo en el sistema la información relativa a este. Una vez almacenados todos los datos, se podrá realizar una minería, comparando todas las informaciones añadidas para generar informes actualizados y detallados sobre el progreso de cada individuo participante. Esta documentación contendrá información relevante, como la asistencia a sesiones de apoyo, participación en programas de rehabilitación, cumplimiento de las actividades reparadoras acordadas o cualquier otro aspecto que se considere de relevancia.

Una posibilidad de gran interés es que la inteligencia artificial, además de las actuaciones indicadas, sirva como medio comunicativo entre los intervinientes, proporcionándoles en tiempo real la información necesaria. Se enviarán así recordatorios de actuaciones, alertas y notificaciones automáticas para garantizar el cumplimiento de los plazos y de las acciones acordadas.

Esta función será de gran interés en los denominados círculos CoSA, donde se busca realizar un seguimiento exhaustivo del plan resocializador del victimario. En este contexto, se requiere la participación de diversos agentes, que desempeñan un papel fundamental en el acompañamiento y registro de la evolución del ofensor o miembro central del círculo. Es aquí donde la inteligencia artificial puede desempeñar un papel crucial al facilitar la recopilación y análisis de la información proporcionada por los diferentes intervinientes, con el fin de evaluar el grado de cumplimiento del plan establecido.

Para ilustrar este asunto, imaginemos un círculo CoSA para dar apoyo reintegrativo a un delincuente. En este escenario, el círculo está compuesto por el ofensor, su apoyo cercano, un facilitador y profesionales especializados en el ámbito de la justicia y la psicología, desempeñando cada uno el papel específico necesario. En este caso, la actuación de la inteligencia artificial no es nada despreciable, ya que puede recopilar la información proporcionada por los diferentes participantes mediante las plataformas digitales. Cada interviniente tendrá disponible una interfaz donde podrá registrar los avances, obstáculos y observaciones relevantes. Una vez introducidos, estos datos serán recopilados y sintetizados, eliminando lo reiterativo y clasificándolo según las materias. El sistema generará informes que permitan una evaluación del cumplimiento de los objetivos y los posibles ajustes necesarios. La inteligencia artificial puede ofrecer una mejor identificación de las áreas de actuación, determinando la calidad de las interacciones entre el miembro central y el círculo de apoyo, cuestión que se hará constar en el informe, así como la evolución en cuanto al posible riesgo de reincidencia, como por ejemplo por lugares que frecuenta, compañías, actividades peligrosas, etc. Esta figura no resocializará al victimario, pero se convertirá así en una herramienta valiosa para asegurar un seguimiento exhaustivo y eficiente del plan resocializador en beneficio tanto del ofensor como de la comunidad.

6. Desafíos y desventajas de la utilización de la inteligencia artificial en la justicia restaurativa

Este apartado tiene como objetivo exponer de forma sucinta los principales retos que plantea la aplicación de modelos de IA en procesos restaurativos. Se parte de la premisa de que estos sistemas se usan siempre desde una perspectiva garantista y respetuosa con los derechos fundamentales, frente a los riesgos que pueden derivarse de su uso indebido o malintencionado[39]. Así, aun cuando el modelo algorítmico no tenga una finalidad fraudulenta o lesiva, emergen una serie de desafíos inherentes al propio sistema, tales como los sesgos o discriminaciones algorítmicas, la falta de comprensión y explicabilidad de las decisiones, la posible vulneración de la privacidad de los datos, la dependencia excesiva de la tecnología y el riesgo de agravar las desigualdades ante la brecha tecnológica existente en la sociedad.

---

39 Como pone de relieve Martín Diz, F., «Inteligencia artificial y medios extrajudiciales de resolución de litigios online (ODR): evolución de futuro en tiempos de pandemia global (Covid-19)», *op. cit.*, p. 8, su aplicación en el ámbito procesal tiene que realizarse de un modo «atemperado, suave, sin estridencias y [...] absolutamente respetuoso de los derechos fundamentales procesales».

6.1. Desafíos emocionales: La falta de empatía en los robots facilitadores

El proceso restaurativo se caracteriza por ser un método de solución de conflictos penales altamente enfocado en cuestiones sensitivas. Las emociones se convierten en aspecto clave para el correcto desarrollo de las sesiones. Tal y como manifiesta Nieva Fenoll, «las decisiones de las personas pueden cambiar por completo cuando la emoción está presente»[40]. De ahí radica la importancia de seleccionar un facilitador con las suficientes habilidades para poder comprender cómo se sienten las partes y estructurar el modo de actuar conforme a este aspecto sensitivo.

El robot se basa en algoritmos, lo que genera aspectos positivos y negativos. Los primeros ya se han expuesto, y se resumen en que esa objetividad le hace inmune a todas esas emociones humanas que pueden influir en la toma de decisiones y la estrategia a seguir. Los segundos se van a desarrollar en este apartado. El aspecto emocional es esencial en un proceso restaurativo, puesto que es preciso poder gestionarlas para diseñar el modo de actuar. Un robot, al operar a base de datos, adolece de objetividad al no disponer de los elementos clave para mediar, como las emociones o las percepciones[41]. Sin ellas, ganará en objetividad, pero esta no es una cualidad prioritaria en este tipo de instrumentos al no tener un ánimo decisorio (aunque puede incidir en la cuestión relativa a la dirección a seguir y el posible posicionamiento a favor de alguno de los participantes).

Un facilitador debe establecer una conexión emocional y empática con víctima y victimario, aspecto que no se da cuando interviene un robot. Las emociones juegan un papel crucial en la comunicación humana, y nos ayudan a construir relaciones. Para el facilitador, es una forma de crear un espacio seguro, un ambiente con confianza que estimule una participación activa y abierta. Le permiten también percibir y atender las necesidades de los participantes, ya sean dolor, frustración, odio, rabia, alegría o arrepentimiento. Esta idea parece tener mayor relevancia desde una óptica en la que el facilitador humano sea reemplazado por el robot, pero también puede verse afectada en caso de ser un instrumento asistencial. La estrategia a seguir puede requerir de este carácter sensitivo. El enfoque de las sesiones dependerá de la situación particular de la víctima y el agresor.

Sin embargo, un obstáculo para la comunicación efectiva es la falta de expresividad, empatía y comprensión por parte de los robots, que aún no pueden simular emociones humanas. Esto puede generar un clima desfavo-

40 Nieva Fenoll, J., *Inteligencia artificial y proceso judicial*, Marcial Pons, Madrid, 2018, p. 55.

41 Barona Vilar, S., «Una justicia «digital» y «algorítmica» para una sociedad en estado de mudanza», en S. Barona Vilar (Dir.), *Justicia algorítmica y neuroderecho: una mirada multidisciplinar*, Valencia: Tirant lo Blanch, Valencia, 2021, pp. 21-63, esp. pp. 52-53.

rable para el diálogo, al no establecer una conexión adecuada con el usuario o la usuaria. Pensemos en un *chatbot*. Su interacción es inerte, lo que produce una sensación de distancia, y puede provocar recelo para compartir sus vivencias y sentimientos de forma sincera, incluso si hay un facilitador humano que supervisa a la IA y orienta el proceso.

La falta de expresiones faciales, empatía y comprensión por parte de los robots, que aún no pueden imitar las emociones humanas, dificulta el establecimiento de un clima propicio para el diálogo, al no generar una conexión adecuada con el usuario o la usuaria. Por ejemplo, un *chatbot* tiene una interacción inerte, que produce una sensación de distancia, y puede provocar recelo para compartir sus vivencias y sentimientos de forma sincera, incluso si hay un facilitador humano que supervisa a la IA y orienta el proceso. El método asistencial es el que mejor se adapta a esta limitación emocional de los robots. Se puede asumir que el facilitador humano aporta empatía, comprensión y conexión emocional, mientras que el facilitador IA desempeña un papel más práctico y funcional. Así, se ocupa de tareas relacionadas con la organización y gestión de datos, la generación de informes y otras actividades que no requieren una interacción humana. Su objetivo es liberar al facilitador humano de las tareas administrativas y técnicas, y proporcionarle la información objetiva que pueda necesitar combinar con sus otras habilidades humanas para desarrollar el proceso, aprovechando así este recurso tecnológico para la consecución de los objetivos del proceso.

La investigación y el desarrollo en el ámbito de la robótica y la inteligencia artificial avanzan a gran velocidad. Es probable que en un futuro próximo se hallen soluciones tecnológicas para superar esta limitación. La disrupción tecnológica actual es enorme, lo que implica un progreso constante de difícil asimilación y predicción. Se podrían explorar enfoques innovadores, como el uso de interfaces de voz y lenguaje natural que faciliten una comunicación más fluida y comprensiva, o incluso el desarrollo de avatares virtuales que reproduzcan expresiones emocionales.

6.2. Sesgos y discriminación algorítmica

La imparcialidad en las actuaciones desarrolladas por un modelo algorítmico es uno de los grandes objetivos que pueden impulsar este tipo de sistemas en el ámbito de la justicia. Al estar compuesto exclusivamente de datos y algoritmos, la IA no puede establecer juicios de valor en similares condiciones a un humano, al igual que no puede posicionar su actuación en favor o en contra de una de las partes a consecuencia de sentimientos, emociones o empatía en general. Sin embargo, no todo es tan positivo como parece. El propio sistema algorítmico puede plantear diferentes desafíos en términos de sesgos y discriminaciones algorítmicas. Aunque la potencialidad de la IA se base en la toma de decisiones imparciales, existe un amplio riesgo en torno a los datos y modelos utilizados para entrenar o informar al sistema. Estos pueden reflejar prejuicios inherentes a las decisiones humanas pasadas, siendo transferidos al sistema, generando un actuar erróneo y alejado de la objetividad que se le presupone al sistema de IA conforme a su propia naturaleza. El peligro aquí expuesto radica en que los algoritmos de la IA perpetúan y amplifican las desigualdades existentes en la sociedad. Esto tiene su causa en un entrenamiento con datos con sesgos sistémicos, que pueden basarse en discriminaciones raciales o de género, entre otros muchos. El algoritmo no puede comprender si es correcta tal actuación que está aprendiendo y aplicando posteriormente. Los algoritmos aprenden de los datos que se les proporcionan, corriendo el riesgo de tomar decisiones que reflejen o amplifiquen desigualdades, incluso de manera inadvertida.

Esta situación puede manifestarse de manera ampliamente susceptible en los procesos restaurativos llevados a cabo en los Estados Unidos, cuando la víctima o el infractor pertenecen a la comunidad afroamericana u otras minorías étnicas. Los registros históricos evidencian la existencia de prejuicios raciales arraigados tanto en el sistema de justicia como en la sociedad estadounidense. Si el sistema se adiestra de acuerdo con estos «valores» históricos, las actuaciones de la inteligencia artificial reflejarán estas tendencias, lo que podría resultar en la minimización o exageración de las preocupaciones y necesidades de las víctimas o infractores de color. Este sesgo podría influir en las recomendaciones, análisis, estrategias sugeridas y decisiones, y podría propiciar una ruptura de la equidad en los procesos restaurativos.

El elemento fundamental de cualquier práctica restaurativa reside en la búsqueda de un acuerdo equitativo que ponga fin al conflicto y beneficie a ambas partes, tanto en términos de reparación del daño como de resocialización. Si los instrumentos utilizados para asistir a los participantes están afectados por un sesgo étnico o racial, la objetividad real se verá comprometida, incumpliendo así los objetivos establecidos inicialmente. La inteligencia artificial podría establecer medidas injustificadas, como restricciones o indiferencia, que perjudiquen los intereses de las personas de color, lo que daría lugar a una discriminación racial indirecta que afecta la toma de decisiones. Estos problemas pueden ser difíciles de abordar cuando son sutiles y ampliamente aceptados en la sociedad.

Para abordar esta cuestión, es necesario desarrollar diversas estrategias que contribuyan a prevenir y reducir los sesgos en los algoritmos. Un aspecto fundamental radica en aumentar la diversidad en el equipo de desarrollo, ya que la inclusión de personas con diversos orígenes culturales, socioeconómicos y de género promueven un enfoque más pluralista que considera las distintas posibilidades de discriminación. Cada individuo puede aportar perspectivas diferentes sobre los sesgos existentes en la sociedad, brindando información más completa y amplia que limite el aprendizaje discriminatorio. La diversidad en los equipos de diseño ayuda a detectar los sesgos de manera más efectiva, proporcionando una visión más completa de los impactos en los algoritmos. En consonancia con lo anterior, es necesario recopilar datos de manera equilibrada y representativa de la diversidad de la población. Esto implica la recopilación de datos provenientes de diversas fuentes, teniendo en cuenta variables como la raza, el género, la edad u otras características relevantes, así como los contextos históricos y sociales.

Para que esta información no pueda verse sesgada con el transcurso del tiempo, es necesario una supervisión constante para detectar y corregir los mismos. Deben establecerse mecanismos de auditoria independientes y transparentes que evalúen el impacto de los algoritmos en los diferentes grupos e identifique potenciales discriminaciones. Ello puede complementarse a través de una evaluación y retroalimentación periódica, en la que intervengan las partes involucradas en los procesos restaurativos, incluyendo víctimas, victimarios, facilitadores y otros profesionales. Esto permite una mejora continua y una mayor adaptación a las sensibilidades y necesidades reinantes en la ciudadanía.

Se destaca así la notable susceptibilidad que presenta un modelo de inteligencia artificial para verse afectado por sesgos algorítmicos, y las posibles consecuencias derivadas de ello. Estas consecuencias pueden incluir la generación de información errónea, la adopción de estrategias que no beneficien a ambas partes por igual, el análisis discriminatorio de datos y, en consecuencia, la falta de apoyo a todos los involucrados para lograr los objetivos iniciales del proceso restaurativo. Mediante un análisis y evaluación continuos, se puede lograr que el algoritmo no esté influenciado por datos sesgados y, como resultado, pueda desempeñar su tarea de manera objetiva e imparcial con eficacia.

6.3. La brecha digital ante la dependencia tecnológica excesiva

En el apartado anterior se ha destacado cómo la tecnología puede proporcionar numerosos beneficios a un proceso restaurativo. No se deben desaprovechar las virtudes de la inteligencia artificial para ofrecer un servicio mejor, más adaptado a las necesidades y, por lo tanto, más eficaz y eficiente. La justicia restaurativa se caracteriza por buscar soluciones basadas en estas características, con el objetivo de satisfacer al máximo a todos los participantes del proceso, incluyendo a la sociedad en general.

No obstante, es importante tener en cuenta que las ventajas de la tecnología no deben eclipsar los posibles perjuicios asociados a su uso, como los sesgos algorítmicos, la falta excesiva de emociones (lo cual puede ser trascendental en el caso de un juez robot, pero insatisfactorio en un proceso de restauración), las filtraciones de datos o incluso la pérdida de la dimensión humana debido al uso excesivo de la tecnología. Dependiendo demasiado de la tecnología puede dar lugar a diversos problemas que limiten la capacidad humana, ya que en lugar de desarrollar las habilidades propias para resolver problemas, las personas pueden esperar que el algoritmo les brinde una solución, lo que puede llevar a la pérdida de habilidades y destrezas.

Aunque la inteligencia artificial sea un modelo capaz de procesar grandes cantidades de datos y ofrecer soluciones eficientes, es importante tener en cuenta que se trata de un sistema artificial que carece de la capacidad de comprender emociones, una cualidad inherente a los seres vivos naturales. La falta de una conexión humana genuina puede resultar en la incapacidad de interpretar las emociones de los participantes y determinar sus posibles necesidades, tal y como se mencionó anteriormente en el primer subapartado de esta sección.

Si la tecnología se convierte en el enfoque principal y central del proceso, existe un riesgo de reducir la complejidad de cada caso únicamente a datos objetivos y algoritmos. Es importante tener en cuenta que, especialmente en un proceso restaurativo, las circunstancias personales y los factores contextuales deben ser el enfoque primordial de las acciones. No debe haber una limitación o simplificación de la dimensión humana. Se debe buscar un equilibrio entre la tecnología y la dimensión humana, trabajando de manera simbiótica para abordar las complejidades y particularidades de cada caso.

Depender exclusivamente de la tecnología puede conducir a una disminución progresiva de la intervención humana en este tipo de procesos. Si bien al principio puede llevar a que los profesionales se centren únicamente en tareas de interés real, dejando de lado las tareas administrativas, también puede relegar a un segundo plano a los seres humanos. Esto llevaría a subestimar aspectos fundamentales, como la adaptación a situaciones complejas, la interpretación de matices emocionales y la aplicación del razonamiento ético. Además, existe un mayor riesgo de tomar decisiones sesgadas al desconectar el proceso de la dimensión humana. En última instancia, un proceso restaurativo se basa en la comunicación cara a cara, donde el contacto visual, el lenguaje corporal y las emociones son elementos cruciales para la comprensión y construcción de relaciones empáticas. Por último, como consecuencia de depender exclusivamente de la tecnología, existe la posible vulnerabilidad a fallas tecnológicas, lo que expone el proceso a riesgos asociados con errores técnicos o brechas de seguridad. Lo último que una víctima o un infractor en proceso de resocialización necesita es que el proceso se interrumpa debido a un mal funcionamiento tecnológico o que su información confidencial pueda ser expuesta.

Esta dependencia excesiva puede acarrear otras consecuencias derivadas de la brecha digital existente en la sociedad. Aquellas personas que no tienen acceso a la tecnología o carecen de las habilidades necesarias para utilizarla pueden quedar excluidas de este proceso y de sus beneficios, lo que afecta desproporcionadamente a grupos vulnerables, como personas de bajos recursos económicos o personas mayores. Esta situación debe ser una preocupación importante en la integración de modelos algorítmicos, ya que puede generar complicaciones en el desarrollo de los procesos.

La brecha digital impide el acceso a documentos, recursos y comunicaciones necesarios para una participación efectiva en las sesiones. Esto conduce a la insatisfacción y limita la participación activa de las personas, ya que, si no tienen acceso a plataformas digitales, su voz en el proceso se ve debilitada. Esta exclusión tecnológica resulta en una falta de representatividad, incluyendo a aquellos terceros ajenos al delito que participan en los procesos restaurativos en representación de la comunidad. Esta falta de diversidad y equidad lleva a decisiones y estrategias sesgadas.

En el caso de las víctimas, la falta de acceso tecnológico puede hacer que no estén al tanto de los recursos disponibles para su reparación, como programas de apoyo emocional o la solicitud de documentación a través de formularios electrónicos. Además, si la víctima no tiene la forma o habilidad para acceder a la plataforma algorítmica, se limita su comunicación con los servicios de justicia restaurativa. Las herramientas de mensajería electrónica o videoconferencias serán inaccesibles para ellos, lo que restringe la forma en que pueden participar en las discusiones sobre la reparación. Esto no solo los afecta en términos prácticos, sino también desde una perspectiva moral. Sentirse incapaz de articular acciones en igualdad de condiciones con los demás o limitar el desarrollo de las acciones debido a la necesidad de adaptación, lo que a su vez afecta a los demás participantes, puede generar sentimientos de inferioridad o estorbo, lo que dificulta aún más su empoderamiento y su capacidad para superar los efectos negativos derivados del delito.

Es cierto que desde la perspectiva del victimario también se pueden observar deficiencias en su proceso de resocialización debido a la dependencia excesiva de la tecnología. La brecha tecnológica que pueda enfrentar el ofensor puede dificultar su efectiva reparación en favor de la víctima, perjudicando a ambos participantes. Pero en términos de resocialización, el daño puede ser aún mayor. Si el ofensor se enfrenta a obstáculos significativos en el uso de la tecnología, su reintegración pacífica en la sociedad se verá comprometida. El grupo de apoyo juega un papel fundamental para orientar y asesorar a este individuo, por lo que la reducción de oportunidades para establecer esas conexiones puede dificultar el cumplimiento de sus obligaciones o llevarlo a recaer en comportamientos perjudiciales. La frustración de no poder participar plenamente en el proceso restaurativo debido a problemas tecnológicos genera una sensación de desigualdad y una gran incertidumbre sobre cómo se desarrollará la reparación y resolución de conflictos, así como sobre cómo cumplir con las expectativas. Esta desmotivación puede conducir al aislamiento social, lo cual es contraproducente en un proceso restaurativo.

Para evitar que el exceso de tecnología amplifique las desigualdades, es necesario tomar medidas inclusivas que permitan que todas las personas involucradas en el proceso restaurativo tengan acceso de manera gratuita. Esto implica proporcionar un entorno que cuente con diferentes instrumentos tecnológicos que puedan ser utilizados, así como la presencia de asistentes humanos que guíen su uso. La alfabetización digital y la asistencia tecnológica se convierten en pilares fundamentales para superar esta problemática. Enseñar habilidades tecnológicas básicas y brindar apoyo en el uso de herramientas digitales en el contexto restaurativo, así como en otros ámbitos, puede mejorar estas prácticas de reparación. Es responsabilidad de los servicios restaurativos y de los facilitadores identificar esta problemática y abordar las necesidades y circunstancias de las personas involucradas en las sesiones. Esto implica adaptar los métodos y herramientas de comunicación utilizados para garantizar la accesibilidad global, eliminando las barreras económicas y de edad existentes, proporcionando alternativas no tecnológicas (o menos tecnológicas) accesibles.

7. Conclusiones

Después de realizar un exhaustivo análisis en este estudio, se procede a presentar las siguientes conclusiones de manera concisa:

1. La introducción de la tecnología genera una dicotomía en la sociedad, entre el temor a sus implicaciones sociales y laborales, y la esperanza de una mejora en las condiciones de vida[42]. En el ámbito de la justicia restaurativa, se evidencia el potencial de la Inteligencia Artificial como motor de cambio y mejora en los procesos de reparación.

2. La IA posee la capacidad de mejorar la eficacia y equidad en el ámbito de la justicia restaurativa. Sus principales atributos en este contexto se manifiestan como una herramienta auxiliar al servicio de los facilitadores y demás intervinientes. No obstante, en la actualidad el desarrollo tecnológico no permite concebir una inteligencia artificial que reemplace por completo al facilitador humano y asuma sus funciones de manera autónoma. Por lo tanto, esta tecnología disruptiva debe ser implementada bajo la supervisión y control de un grupo de profesionales humanos, en una perspectiva asistencial. Los robots pueden ofrecer recomendaciones, pero las decisiones finales, como las estrategias a seguir, deben recaer en la responsabilidad de un profesional humano.

3. La capacidad analítica de la inteligencia artificial para procesar grandes volúmenes de datos la convierte en una herramienta valiosa para detectar patrones, información relevante y perfiles idóneos de los intervinientes,

---

42 En palabras de Miró Llinares, F., «Inteligencia artificial y Justicia Penal. Más allá de los resultados lesivos causados por robots», *Revista de Derecho Penal y Criminología*, n.º 20, 2018, pp. 87 130, esp. p. 110. «Cualquier disrupción tecnológica en un mundo «de tradiciones» y de evolución usualmente tan pausada como es el Derecho, suele conllevar respuestas iniciales dicotomizadas entre, por un lado, el temor y la negación del cambio y, por otro, la esperanza y la aceptación del mismo sin ambages».

así como para ofrecer recomendaciones sobre estrategias a seguir y posibles acuerdos. Si bien es cierto que cualquier proceso restaurativo recae en las partes involucradas, el papel del facilitador resulta fundamental para su adecuado desarrollo. En este sentido, un modelo algorítmico puede ser un valioso recurso de apoyo para todos los participantes del proceso.

4. La IA se distingue por su imparcialidad, ya que opera según criterios objetivos basados en los datos que se le han proporcionado previamente y durante el proceso. Debido a su propia naturaleza, la IA puede contribuir a mejorar la equidad e imparcialidad en los procesos de justicia restaurativa al reducir la influencia de los prejuicios y la subjetividad humana. A diferencia de los seres humanos, la IA carece de empatía hacia las partes involucradas en el proceso, lo que impide que sus decisiones se vean afectadas por los sentimientos y emociones presentes durante las distintas sesiones.

5. La asistencia virtual y la automatización de tareas son capacidades de la IA que pueden incrementar la eficiencia de los procesos restaurativos. La asistencia virtual proporciona apoyo a través de sistemas algorítmicos, ofreciendo respuestas y recursos relevantes de forma rápida y accesible. Es fundamental que el lenguaje utilizado por el modelo asistente sea claro y comprensible para todos los participantes. Por otro lado, la automatización de tareas rutinarias, como el procesamiento de documentos y la gestión de información, agiliza el proceso y proporciona datos relevantes para la toma de decisiones. Además, facilita la programación y gestión de reuniones, así como la generación de informes y análisis estadísticos útiles. Estas capacidades reducen el tiempo requerido, minimizan los errores humanos y permiten que los profesionales se centren en ayudar a las partes involucradas en el proceso. Aunque puede haber costos iniciales significativos, los beneficios a largo plazo superan estas inversiones.

6. Mediante el uso de algoritmos y técnicas de aprendizaje automático, la IA puede predecir posibles resultados y proponer soluciones basadas en el análisis de datos relevantes y patrones. Estas predicciones y propuestas sirven como herramientas para comprender las consecuencias de las decisiones tomadas y ayudar al facilitador a tomar decisiones más informadas, desarrollar estrategias y anticiparse a desafíos futuros. No obstante, es importante destacar que las recomendaciones de la IA no tienen carácter vinculante y solo complementan la toma de decisiones humanas.

7. La IA posee la capacidad de recopilar y analizar información relevante al proceso, tales como el cumplimiento de los compromisos acordados, el progreso de los objetivos y la actitud de los participantes. Además, puede desempeñar un papel en la comunicación entre los involucrados, enviando recordatorios y notificaciones para asegurar el cumplimiento de los plazos y acciones acordadas. Asimismo, la IA es capaz de generar informes que permiten evaluar el grado de cumplimiento de los objetivos y realizar ajustes necesarios, identificando áreas de actuación y evolución en relación al riesgo

de reincidencia. En síntesis, esta tecnología disruptiva se convierte en una valiosa herramienta para garantizar un seguimiento exhaustivo y eficiente de los planes de resocialización en beneficio de los involucrados y la comunidad.

8. La asistencia proporcionada por un modelo algorítmico plantea diversos desafíos en el ámbito de los procesos restaurativos. Estos procesos se fundamentan en la gestión de las emociones y la conexión emocional entre las partes involucradas, lo cual representa un reto para los robots, dado que carecen de emociones y empatía. Los sistemas algorítmicos pueden plantear desafíos en términos de sesgos y discriminación. Si los datos utilizados para entrenar a la IA reflejan prejuicios existentes, el sistema puede perpetuar y amplificar las desigualdades ya presentes. Esto resulta especialmente preocupante en los procesos restaurativos, donde la equidad y el consenso mutuo son fundamentales. La falta de diversidad en los equipos de desarrollo y la supervisión insuficiente pueden llevar a decisiones injustas y a una discriminación indirecta.

9. La brecha digital excluye a aquellas personas que carecen de acceso o habilidades tecnológicas, lo cual afecta de manera desproporcionada a grupos vulnerables. Esta situación limita su participación activa, voz y representatividad, generando decisiones y estrategias sesgadas. Tanto las víctimas como los infractores pueden experimentar dificultades en su proceso de resocialización debido a una dependencia excesiva de la tecnología, lo cual obstaculiza la reparación y la reintegración pacífica en la sociedad. Con el fin de evitar la ampliación de las desigualdades, es necesario implementar medidas inclusivas, tales como el acceso gratuito a diversos instrumentos tecnológicos, la promoción de la alfabetización digital y la asistencia tecnológica, así como la adaptación de los métodos de comunicación con el objetivo de garantizar una accesibilidad global.

NUEVO RÉGIMEN JURÍDICO DE LA MEDIACIÓN FAMILIAR: ANÁLISIS DESDE EL REFERENTE ESPAÑOL

Raúl José Vega Cardona
Profesor Titular de Derecho Civil y Derecho Notarial
Universidad de Oriente, Cuba
Notario

1. La mediación como método alternativo de resolución de conflictos en sede familiar

Si existe una rama del ordenamiento jurídico que ha sido notoriamente influenciada por la mediación esa ha sido el Derecho de Familia. Es quizás el ámbito jurídico en el que con mayor rigor y éxito se ha anclado este especial método de solución de conflictos, lo que quizás se encuentra marcado por las singulares características de los conflictos familiares que se vuelven especialmente «fértiles» para que los fines o ejes de la mediación alcancen su plena realización. De esta manera, y tal como señala ORTUÑO MUÑOZ, la mediación en sede familiar se erige como como «un instrumento útil para gestionar este tipo de conflictos en búsqueda de una salida diferente basada en la racionalización de lo que ha ocurrido y en la búsqueda común de superar lo que ha acontecido de forma positiva»[1]. No obstante, habrá de coincidirse con BARONA VILAR cuando destacó que la mediación no es la panacea de los métodos alternativos de solución de conflictos ni tampoco resulta útil para resolver todo tipo de controversia, de hecho algunas por su intensidad, por las posiciones irreconciliables de los sujetos, no podrán ser mediadas[2].

La mediación supone un intento de recomposición del conflicto en aras de garantizar la paz en las relaciones sociales, y por ende de las relaciones jurídicas en tanto estas resultan ser reflejo de aquellas. Con ello se contri-

---

1 ORTUÑO MUÑOZ, P., «La mediación en el ámbito familiar», *Revista Jurídica de Castilla y León*, n.º 29 monográfico sobre Arbitraje y Mediación, enero de 2013, p. 3.

2 *Cfr.* BARONA VILAR, S., *Mediación en asuntos civiles y mercantiles, en España. Tras la aprobación de la Ley 5/2012, de 65 de julio,* tirant lo blanch, Valencia, 2013, p. 113.

buye a que los sujetos que se someten a mediación retomen el desarrollo de sus relaciones en la esfera normal del Derecho, o lo que es lo mismo, en el ámbito no litigioso. Sin embargo, no debe perderse de vista el hecho de ser justamente un intento, pues nada obsta para que una vez detonado el conflicto que ha conllevado al sometimiento a este método de solución amistosa de conflictos, este pueda renacer con posterioridad, incluso con mayor intensidad. Por ello, resulta relevante la formalización del acuerdo de mediación a través de su homologación ante el juez competente, su elevación a escritura pública ante notario o la utilización de cualquier otro mecanismo legal establecido por el ordenamiento jurídico en aras de garantizar su oponibilidad a terceros y su ejecución, incluso por las cauces de la tutela ejecutiva privilegiada que puede brindar la norma procesal[3].

Varias han sido las definiciones que desde diversos sectores se han ofrecido sobre la mediación, sin embargo resulta relevante que en el ámbito jurídico sea entendida como un método, como un procedimiento e incluso como un sistema, a pesar de ser conceptos jurídicos con diversos significados. ORTUÑO MUÑOZ por ejemplo la define como un método complejo y poliédrico, que no puede encuadrarse en los esquemas clásicos de las instituciones jurídicas tradicionales, siendo a su juicio uno de sus rasgos más relevantes «la excelencia técnica del profesional que ha de intervenir como mediador»[4]. Esta concepción como método es quizás la más arraigada de las que se han esgrimido para definir la mediación, al resultar esta una especie dentro del amplio conglomerado de mecanismos que hoy se reconocen para la solución extrajudicial de conflictos como pueden ser la negociación, el arbitraje o la conciliación.

A su vez, autores como ROGEL VIDE conceptualizan a la mediación como procedimiento[5]. De hecho, el prestigioso jurista español cita la definición ofrecida por JHON M. HAYNER, fundador de la Academia de Mediadores Familiares de Estados Unidos, que la concibe como un procedimiento; al artículo 3.a de la Directiva 2008/52/CE de 21 de mayo que la define como

---

3 Sobre tan interesante tema en el Derecho español puede consultarse, entre otros, a TAMAYO HAYA, S. «El acuerdo de mediación y la formalización del título ejecutivo», en VÁSQUEZ DE CASTRO, E. (direct.): *Practicum de Mediación 2014,* Editorial Aranzadi S. A., Navarra, 2013, pp. 181-248; ROBLES RAMOS, K. J., «La eficacia de la mediación: cuestión de perspectivas», *Revista de Administración Pública,* vol. 47, 2016, pp. 125-156.

4 ORTUÑO MUÑOZ, P., «Apuntes críticos sobre la Ley 5/2012, de 6 de julio, de Mediación Civil y Mercantil», en GARCÍA VILLALUENGA L. y VÁSQUEZ DE CASTRO, E. (direct.): *Anuario de Mediación y Solución de Conflictos,* Editorial Reus S. A., Madrid, 2013, p. 48.

5 Esta postura fue la consagrada por la Directiva 2008/52/CE del Parlamento europeo y del Consejo de 21 de mayo de 2008 *sobre ciertos aspectos de la mediación en asuntos civiles y mercantiles*, que la define en el artículo 3 como «procedimiento estructurado, sea cual sea su nombre o denominación, en el que dos o más partes en un litigio intentan voluntariamente alcanzar por sí mismas un acuerdo sobre la resolución de su litigio con la ayuda de un mediador. Este procedimiento puede ser iniciado por las partes, sugerido u ordenado por un órgano jurisdiccional o prescrito por el Derecho de un Estado miembro».

procedimiento estructurado, el artículo 1.1 de la Ley de Cataluña del año 2009 de mediación en el ámbito del Derecho Privado que la define como un procedimiento no jurisdiccional, así como a PUY MUÑOZ que se pronuncia en similar orden. Agregando además que su finalidad es la solución y no la resolución del conflicto en tanto esta última adquiere matices diferentes en su acepción técnica, incluso para el derecho Civil que la circunscribe a determinados supuestos de incumplimiento contractual[6]. Otros estudiosos la conciben como un sistema, tal como señalan GARCÍA VILLALUENGA y VÁSQUEZ DE CASTRO cuando destacan que es un «sistema cooperativo de gestión, transformación y solución de conflictos»[7].

Pese a, no faltan estudiosos que ofrecen una mixtura en la definición legal de la mediación. Así, autores como la propia GARCÍA VILLALUENGA y PÉREZ GURREA se han referido a esta como procedimiento, método y sistema[8]. Esta multiplicidad de definiciones responde quizás a la complejidad del fenómeno que requiere de una ductibilidad en su concepción jurídica para poder afrontar cada una de las variables que impone la solución amistosa de un conflicto ya detonado. A mi estima, la mediación es en primero orden un método o técnica que debe dominar el mediador para lograr el acuerdo entre las partes, ya sea sobre la totalidad de los puntos o ejes del conflicto o sobre una parte de estos. Pero además se compone como institución jurídica de un grupo de pasos que configuran en sí un procedimiento extrajudicial, donde la técnica utilizada por el mediador cobra especial protagonismo. Y por último también es un sistema, en tanto la mediación no sería exitosa si en torno a ella no se configuran instituciones e incluso personas distintas al mediador que actúan con un objetivo común. Es así como puede imputársele al instituto objeto de estudio un carácter trifonte en su dimensionamiento teórico-jurídico.

Pero a pesar de la existencia de cierta diversidad de criterios en la configuración jurídica de la mediación, sí pueden señalarse algunos rasgos o elementos comunes que la caracterizan:

- La intervención de un tercero ajeno al conflicto que tiene la condición de mediador, existiendo cada vez más un consenso de que debe ostentar dicha cualificación a partir de una formación sólida en la materia.

---

6 *Cfr.* ROGEL VIDE, C., «Artículo 1. Concepto», en GARCÍA VILLALUENGA L. y ROGEL VIDE, C. (direct.): *Mediación en asuntos civiles y mercantiles. Comentarios a la Ley 5/2012*, Editorial Reus S. A., Madrid, 2012, pp. 25 y 26

7 GARCÍA VILLALUENGA L. y VÁSQUEZ DE CASTRO, E., «La mediación civil en España: luces y sombras de un marco normativo», *Política y Sociedad,* vol. 50, n.° 1, p. 73.

8 *Cfr.* GARCÍA VILLALUENGA L., «La mediación familiar: una aproximación normativa», *Portularia,* vol. II, n.° 1-2, 2007, Universidad de Huelva, p. 9; PÉREZ GURREA, R., «La mediación en asuntos civiles y mercantiles como método de resolución extrajudicial de conflictos», *Revista Crítica de Derecho Inmobiliario,* n.° 745, p. 2274.

- La disponibilidad jurídico-material de los derechos en conflicto, rasgo esencial para que puede derivarse al procedimiento de mediación pues ello no ocurrirá cuando la situación jurídica, los derechos implicados o sus efectos estén regulados por normas de *ius cogens.*
- El rol protagónico de las partes en conflicto en el alcance del acuerdo contentivo de la solución total o parcial de la controversia. Con ello se significa que el acuerdo no se impone ni se sugiere directamente por el mediador, si bien ello no obsta para que este acerque a los sujetos en sus posiciones aconsejando sobre determinados aspectos que incluso pueden aquellos desconocer, particularmente los relativos a la esfera jurídica. Es justamente en este punto donde juega un rol esencial el principio de autonomía de la voluntad en conexión con el reasgo que se señala previamente.
- Cierto nivel de formalidad que pueden imponer las normas que regulen la institución, en cuanto ello implica seguir toda una metodología definida que garantice una efectiva mediación, lo que no obsta para que pueda adaptarse a las particularidades del conflicto mediado.
- El carácter satisfactorio del acuerdo de mediación para las sujetos implicados, que supone una variación en la tradicional fórmula para resolver las controversias, en tanto el apelativo que cualifica a la solución total o parcial deja ser necesariamente justo, a imperativamente aceptable para todos los sujetos, ya sea en el todo o en una parte de los puntos en conflicto.
- Su concepción como una vía alternativa de acceso a la justicia, en cuanto supone apartarse del cauce tradicional que es la vía jurisdiccional para solventar la controversia a través extrajudicialmente[9]. Empero, debe señalarse que la mediación no resulta antítesis de la jurisdicción sino que la complementa, de forma tal que se erige en un sistema no confrontativo en la búsqueda de «lo justo» sin pasar por «lo litigioso». Se está así ante un método autocompositivo del conflicto que no solo pretende resolverlo sino también gestionarlo.

A su vez, como toda institución jurídica la mediación se erige sobre principios que sustentan tanto al procedimiento, como la intervención de las partes, el estatuto jurídico del mediador e incluso las denominadas instituciones de mediación. De hecho, en el caso del ordenamiento jurídico español la Ley

---

9 Así incluso se consignó en el Informe de la Comisión de Asuntos Jurídicos sobre la aplicación de la Directiva sobre la mediación en los Estados miembros, su impacto en la mediación y su aceptación por los Tribunales (2011/2026(INI)), Documento de sesión del Parlamento Europeo 2009 - 2014, A7-0275/2011, 15.7.2011 y Propuesta de Resolución adoptado por unanimidad, donde se concluye que la mediación sea considerada como uno de los accesos a la administración de justicia según citan García Villaluenga y Vásquez de Castro, *cfr.* García Villaluenga L. y Vásquez de Castro, E., «La mediación civil en..., *cit.,* p. 73.

5/2012 de 6 de julio, *de mediación en asuntos civiles y mercantiles,* consagra de los artículos 6 al 9 los principios de voluntariedad y libre disposición, igualdad de las partes e imparcialidad de los mediadores, neutralidad, y confidencialidad[10]. COBAS COBIELLA al estudiar los principios de la mediación en el ámbito familiar destaca que «le otorgan su esencia, al ser como las proposiciones esenciales, que marcan el desarrollo de éstas»[11].

Sobre ellos ha sido profusa la doctrina que los ha analizado con profundidad e incluso ampliado a otros que si bien no cuentan de consagración normativa explícita se coligen de los caracteres de la institución o incluso del sistema de mediación en sentido general. En este sentido se pronuncia GARCÍA VILLALUENGA que al enumerarlos, los dota del carácter de ejes cardinales, señalando como tales a la voluntariedad, la imparcialidad, la neutralidad, la confidencialidad, la profesionalidad, la buena fe, la flexibilidad del proceso, el carácter personalísimo de este, el interés superior del menor y de la familia[12]. Esta propia autora cita además, en otro de sus trabajos, los principios de transparencia y eficacia, y los califica a todos en su conjunto como garantías mínimas del sistema de mediación[13].

En similar orden se pronuncia también PÉREZ GURREA, que incluye los principios de igualdad de las partes e igualdad de oportunidades para las personas con discapacidad[14]. Así como LUQIN BERGARECHE quien realiza una interesante división entre principios específicos de la metodología de mediación y principios procedimentales de la mediación, encuadrando dentro de los primeros a la cooperatividad, la autocomposición, la voluntariedad, la libre disposición del objeto de las partes, la neutralidad e imparcialidad del mediador, la confidencialidad y la profesionalidad. A su vez, señala como principios propios del procedimiento a la inmediatez y el carácter personalísimo, el antiformalismo y la flexibilidad, el deber de colaboración y la buena fe, y la asunción de costes económicos del proceso por las partes[15].

Sin entrar en un debate filosófico sobre si todos los aspectos enunciados resultan certeramente principios en su acepción jurídica, pues ello excede-

---

10 *Vid.* Ley 5/2012 de 6 de julio, *de mediación en asuntos civiles y mercantiles,* art. 6-9, en *Boletín Oficial del estado español.*

11 COBAS COBIELLA, M. E., «Mediación familiar. Algunas reflexiones sobre el tema», *Revista Boliviana de Derecho,* n.° 17, enero 2014, p. 41.

12 *Cfr.* GARCÍA VILLALUENGA L., «La mediación familiar..., *cit.,* p. 12.

13 *Cfr.* GARCÍA VILLALUENGA L., «Principios generales de la mediación», en VÁSQUEZ DE CASTRO, E. (direct.): *Practicum de Mediación 2014,* Editorial Aranzadi S. A., Navarra, 2013, p. 81.

14 *Cfr.* PÉREZ GURREA, R., «La mediación en asuntos..., *cit.*, pp. 2279 y 2280.

15 *Cfr.* LUQUIN BERGARECHE, R., «III. Los principios de la mediación», en HUALDE MANSO, T. (direct.): *La mediación en asuntos civiles y mercantiles. La transposición de la Directiva 2008/52 en Francia y España*, Editorial La Ley, Wolters Kluwer España S. A., Madrid, 2013, pp. 131-153.

ría con creces los fines de este artículo, lo cierto es que su reconocimiento doctrinal e incluso legal permite configurar con mayor exactitud el instituto objeto de análisis en toda su dimensión. Tales principios, en tanto mandatos de optimización como los denominara ROBERT ALEXY[16], resultan aplicables y adaptables según las posibilidades fácticas y jurídica de cada ordenamiento, y por ende informan a la mediación como sistema mucho más allá de la exégesis normativa, constituyéndose incluso en fuentes del Derecho de especial relevancia para aquellos ordenamientos en los que si bien puede no existir una regulación jurídica de la mediación, nada obstaculizaría para que, desde una posición principalista, pueda utilizarse el instituto por las evidentes ventajas que ofrece para la solución alternativa de litigios.

De los autores ya citados ORTUÑO MUÑOZ y PÉREZ GURREA coinciden en señalar como motivos o ejes para que proceda la mediación a la desjudicialización, la deslegalización y la desjuridificación del sistema en consonancia con lo señalado en los apartados II y III de la Exposición de motivos de la Ley 5/2012 de 6 de julio, *de mediación en asuntos civiles y mercantiles* de España[17]. El primero de ellos referido a la necesidad de evitar la excesiva litigiosidad mediante la introducción de un mecanismos autocompositivo para la solución del conflicto con lo que se pretende al menos descargar la carga de trabajo de los tribunales. El segundo, encaminado a destacar la pérdida del rol central de la ley en beneficio del principio dispositivo, y el tercero concebido a los efectos de la no necesariedad de determinar el contenido del acuerdo de mediación según señala PÉREZ GURREA.

Adempero, en relación a estos dos últimos ejes u objetivos debe matizarse, a juicio de este autor, su cabal comprensión, pues ni las partes actúan ajenas al principio de legalidad ni el acuerdo de mediación puede reputarse ajeno de juridicidad pues justamente la ley propende su eficacia jurídica *inter partes*, e incluso oponible a terceros cuando se dota de fuerza ejecutivo mediante los mecanismos establecidos para ello. *Ergo*, lo que debe destacarse es el rol del principio de autonomía de la voluntad que se potencia con especial énfasis en esta sede, ya sea desde el punto de vista procedimental como del acuerdo de mediación, que adquiere, según algunos estudiosos, naturaleza contractual. Se coincide así con lo señalado en su día por COBAS COBIELLA cuando destacó que «con independencia del tipo de mediación que se trate (...), la autonomía de la voluntad sigue estando presente, porque es el fundamento conceptual y teórico de la misma [la mediación]. Esta constituye una conclusión y una realidad que no podemos obviar»[18].

16 *Cfr.* ALEXY, R., «Sistema jurídico, principios jurídicos y razón práctica», *Revista DOXA,* n.º 5, 1988, pp. 139-151.

17 *Cfr.* ORTUÑO MUÑOZ, P., «Apuntes críticos sobre..., *cit.,* p. 54; PÉREZ GURREA, R., «La mediación en asuntos..., *cit.*, p. 2274.

18 COBAS COBIELLA, M. E., «Autonomía de la voluntad y mediación. Algunas notas sobre la cuestión», en ORTEGA JIMÉNEZ, A. y COBAS COBIELLA, M. E. (coord.): *Mediación en el ámbito*

1.1. Los conflictos en materia familiar y su incidencia en el ámbito jurídico

No es común que los juristas estudiemos con especial detenimiento el conflicto como categoría científica. En la generalidad de los casos intervenimos cuando la controversia ha alcanzado un nivel tal de desarrollo que se acude a la esfera jurídica para su solución. Incluso, en aquellos supuestos donde el conflicto puede estar en ciernes, el Derecho puede intervenir a los efectos de evitar sus nefastas consecuencias, *v.gr.,* las acciones de amparo en la posesión ante conatos perturbadores. Sin embargo, sobre esta categoría existe todo un entramado de teorías que desde otras ciencias como la sociología y la antropología han analizado cada uno de los aspectos que lo definen que incluso han derivado en lo que se denomina *teoría de conflictos, ciencia de conflictos o conflictología* y *estudios para la paz*, de los cuales JOHAN GALTUNG resulta ser uno de sus principales exponentes en la modernidad según señala CALDERÓN CONCHA. Dicha autora apunta que no existe una concepción unívoca del conflicto pudiendo encontrarse en la teoría de JOHAN GALTUNG una diversidad de proposiciones teóricas que lo visualizan como crisis y oportunidad, como un hecho natural, estructural y permanente del ser humano, como una situación de objetivos incompatibles, como una experiencia vital holística, como una dimensión estructural de la relación, o como una forma de relación de poderes[19]. En otro orden se ubica SILVA GARCÍA, quien señala que los intereses y los valores son los elementos materiales esenciales en cualquier conflicto, lo que deriva de su clasificación, siguiendo a FERRARI, en conflictos por intereses (competencias) y conflictos por valores (disenso)[20].

Con todo puede, coincidirse con dicho autor al entender al conflicto como una situación de divergencia ubicada en una relación contradictoria entre diversos actores (personas, grupos) que poseen objetivos, intereses o aspiraciones divergentes. El conflicto supone la existencia de una crisis que podrá ser más o menos intensa según la escalada y por tanto de ello dependerá el mecanismo de solución que deba utilizarse para enfrentarlo. De esta forma, a los efectos jurídicos, y principalmente en el ámbito de la mediación, la identificación de esos objetivos, intereses o aspiraciones divergentes resulta trascendental para delimitar sobre cuáles aspectos debe enfocarse el método utilizado para su solución, así como su dimensión e intensidad, que proporcionará la medida de si la controversia puede ser o no resuelta mediante un mecanismo alternativo, como la mediación, o solo cabe su resolución

---

civil, familiar, penal e hipotecario. Cuestiones de actualidad, Economist & Jurist, Difusión Jurídica, Madrid, 2013, p. 92.

19 *Cfr.* CALDERÓN CONCHA, P., «Teoría de conflictos de Johan Galtung», *Revista Paz y Conflictos,* n.° 2, año 2009, pp. 61 y ss.

20 *Cfr.* SILVA GARCÍA, G., «La teoría del conflicto. Un marco teórico necesario», *Prolegómenos. Derechos y Valores*, vol. XI, n.° 22, julio - diciembre, 2008, p.

en sede judicial en tanto ha mutado de simple controversia a litigio. Es por este motivo que algunos autores sostienen que, para lograr una mediación efectiva, debe procederse primero al mapeo del conflicto, identificando actores, recursos, posiciones e intereses en juego, sistematizando los datos para comprender la situación conflictiva, su alcance e intensidad[21].

Ahora bien, los conflictos en materia familiar adquieren un especial cariz, porque tal como señalara ALZATE SAEZ DE HEREDIA, según cita GARCÍA VILLALUENGA «son, quizás, los más personales de todos los conflictos»[22]. Y por ende, el nexo afectivo resulta trascendental en cuanto los lazos emocionales entre sus miembros genera relaciones de interconexión que perduran incluso cuando la familia cambia o muta ante una crisis, *v.gr.,* piénsese en el divorcio cuando el matrimonio ha tenido hijos, donde si bien los padres pueden jurídicamente disolver el vínculo que los unía, afectivamente se mantienen conectados a través de su descendencia, los derechos y derechos que tienen para con ellos. A su vez, PONCE ALBUQUERQUE afirma que la familia de por sí es una institución conflictivo-evolutiva, y por tanto se desarrolla del conflicto entre sus miembros ante la existencia de crisis que pueden ser o no recurrentes y que incluso pueden afectar el funcionamiento y la composición del ente familiar[23].

Siguiendo a GARCÍA VILLALUENGA pueden enumerarse entonces como características generales de los conflictos familiares las siguientes: el conocimiento cotidiano de los miembros de la familia que permite construir o deconstruir relaciones positivas; el conflicto familiar debe ser entendido como un proceso, como resultado de una serie de sucesos que lo preceden; las necesidades psicológicas particulares y los desencadenantes del conflicto no suelen estar relacionados con el problema básico subyacente que es la auténtica causa del conflicto; el conflicto familiar es un proceso complejo y subjetivo, por lo que no es extraño que distintas partes en conflicto, ante unos mismos hechos, les atribuyan diferente significado; la intervención de personas que no son protagonistas del conflicto, pero indirectamente influyen en él, los denominados «participantes no implicados»; las características del contexto familiar visto este como un ente cíclico que se desarrolla, cambia y evoluciona según condiciones endógenas y exógenas; y por último, su ámbito de confrontación al recaer sobre elementos tangibles e intangibles[24].

---

21 *Cfr.* VÁSQUEZ DE CASTRO, E. y ESTANCONA PÉREZ, A. A., «El conflicto y la mediación. Concepto y caracteres», en VÁSQUEZ DE CASTRO, E. (direct.): *Practicum de Mediación 2014,* Editorial Aranzadi S. A., Navarra, 2013, p. 49.

22 GARCÍA VILLALUENGA L., «Mediación civil. Mediación intrafamiliar», p. 3, disponible en http://www.poderjudicial.es/stfls/cgpj/Doc%20Temporales/DocsPublicacion/FICHERO/Mediaci%C3%B3n%20civil%20%20Mediaci%C3%B3n%20intrafamiliar%20%20CGPJ_1.0.0.pdf.

23 *Cfr.* PONCE ALBUQUERQUE, J., *Familia, conflictos familiares y mediación,* Colección Biblioteca Iberoamericana de Derecho, Editorial UBIJUS, Reus S. A., Madrid, 2017, p. 35.

24 *Cfr.* GARCÍA VILLALUENGA L., «Mediación civil..., *cit.,* pp. 3-5.

Atendiendo a las particularidades del conflicto en sede familiar, COBAS COBIELLA los califica según el tópico sobre el que recaiga la controversia. Así, para dicha autora pueden dividirse en: conflictos estructurales que afectan los elementos esenciales sobre los que se sustenta el ente familiar, conflictos de lealtades que son particularmente frecuentes en los procesos de determinación de la custodia del menor, conflictos de ausencia cuando hay abandono parental y conflictos de invalidación propios de situaciones de violencia de género[25].

Sin embargo, deben destacarse dos características de los conflictos familiares que tienen una especial incidencia en el ámbito jurídico y que por ende deberán considerarse a los efectos de la mediación. En primer orden el carácter íntimo de los aspectos esenciales o circunstanciales al conflicto familiar, por lo que en su tratamiento pueden verse implicados derechos inherentes a la personalidad como pueden ser el derecho al honor, a la intimidad e incluso el derecho a la imagen. Es por ello que la confidencialidad resulta un rasgo esencial de la mediación si se aspira a que sea efectiva y que las personas confíen cada vez más en la utilización de esta vía alternativa de acceso a la justicia. Es por ello que *ab initio* debe precisarse la implicación de derechos de esta naturaleza y el límite que las partes impondrán en su ejercicio o que sacrificarán para alcanzar un acuerdo satisfactorio. En segundo lugar el carácter dinámico de los conflictos familiares, trascendiendo incluso a otras relaciones jurídicas, ya sean las existentes o aún no creadas. Ello conlleva a que el acuerdo de mediación sea lo suficientemente flexible para adaptarse a situaciones futuras, o incluso prever los mecanismos de solución ante el renacimiento del conflicto o el incremento de su escalada. A esto habrá de adicionarle que el conflicto puede incluso incidir en personas que no se encuentran directamente vinculadas a los puntos objeto de controversia, que pueden no solo verse afectadas sino desconocer la fórmula utilizada para su solución. En consecuencia, será recomendable dotar al acuerdo de mediación de oponibilidad a terceros y no solo de eficacia *inter partes*, dotándolo de la fuerza ejecutiva necesaria a través de los mecanismos que establezca la ley.

1.2. La mediación familiar. Sus especificidades

Tal como se había señalado al iniciar este artículo, es en el derecho de Familia donde quizás la mediación ha tenido mayor arraigo como institución jurídica, particularmente en el Derecho español. Basta solo revisar la legislación autonómica en la materia para apreciar que ha sido este el ámbito más privilegiado en su regulación jurídica, sin desdeñar la relevancia de otros como pueden ser el sucesorio (al que está íntimamente conectada la mediación familiar), la hipotecaria, concursal o de consumo, por solo citar algunos. Así lo ha entendido MARQUES CEBOLA para quien «(...) exhortar la aplicación de la mediación en el ámbito familiar ha tenido tanta repercusión y

25 *Cfr.* COBAS COBIELLA, M. E., «Mediación familiar..., *cit.,* p. 44.

este medio es el que mayor acogimiento ha logrado en el panorama jurídico. Las técnicas inherentes a este mecanismo pretenden precisamente reducir el carácter conflictual del problema entre las partes, para que en el futuro los mediados puedan mantener sus relaciones»[26].

Varias han sido las definiciones que se han ofrecido sobre la mediación en este ámbito, todas las cuales particularizan o cualifican dicho método alternativo de solución de conflictos a las complejidades que imponen las controversias en sede familiar. Sin embargo, algunas de ellas la circunscriben a los conflictos derivados del divorcio y las crisis conyugales. Así, el propio Ortuño Muñoz señala que la mediación familiar se encuentra «mirando siempre en mejorar la vida de quienes han sufrido directamente un divorcio y la de sus hijos y allegados»[27]. Con similar tesis se ubica Chaparro Matamoros para quien «la mediación familiar es un procedimiento alternativo al judicial, en el que los cónyuges recurren voluntariamente a la figura de un tercero imparcial (...), para alcanzar soluciones estables y duraderas en los diferentes puntos que tienen relación con el matrimonio (...)»[28].

Empero, si bien los conflictos derivados de la separación de los cónyuges y todo lo que ello desencadena a la estructura familiar (hijos, bienes comunes, patrimonio familiar, etc.) pueden resultar los de mayor relevancia jurídica y frecuencia, no puede circunscribirse a las crisis matrimoniales pues la multiplicidad de conflictos que pueden originarse en este ámbito puede alcanzar otros aspectos del Derecho de Familia como puede ser la tutela, la adopción, la obligación de dar alimentos entre parientes o la administración del patrimonio común, por solo citar algunos. La mediación familiar se desenvuelve en el ámbito de las relaciones familiares en su más amplia acepción, tal como señalara Cobas Cobiella[29], o como sostuviera el Consejo Consultivo de la mediación familiar de Francia según señala Ortuño Muñoz, al definirla como:

> «(...) un proceso de construcción y de reconstrucción del vínculo familiar sobre los ejes de la autonomía y de la responsabilidad de las partes afectadas por un conflicto, en cuyo proceso interviene un tercero imparcial, independiente, cualificado y sin ningún poder de decisión, que es el mediador familiar, para facilitar, a través de la realización de entrevistas confidenciales, la reanudación de la comunicación entre las partes y la autogestión del conflicto dentro del ámbito privado familiar,

26 Marques Cebola, C., «La resolución de conflictos familiares por mediación: la realidad en España y Portugal», *Revista Eletrônica de Direito Processual — REDP*, vol. VIII, p. 185.

27 Ortuño Muñoz, P., «La mediación en..., *cit.,* p. 3.

28 Chaparro Matamoros, P., «Una aproximación a la mediación familiar: etapas del procedimiento y técnicas empleadas por el mediador», en Ortega Jiménez, A. y Cobas Cobiella, M. E. (coord.): *Mediación en el ámbito civil, familiar, penal e hipotecario. Cuestiones de actualidad*, Economist & Jurist, Difusión Jurídica, Madrid, 2013, p. 224.

29 *Cfr.* Cobas Cobiella, M. E., «Mediación familiar..., *cit.,* p. 44.

teniendo en consideración la peculiaridad de las situaciones, su diversidad y la evolución de las relaciones familiares»[30].

Y es en esta definición francesa que se destaca un aspecto que debe ser de especial mención si se quiere comprender a cabalidad la mediación en este ámbito, a entender, la evolución de las relaciones familiares. La tradicional concepción de la familia sobre la que se sustentaron legislaciones decimonónicas como el Código Civil español ha evolucionado vertiginosamente para ubicarnos, en el contexto actual, en la existencia de tipos de familias o modelos familiares diversos. Así ya lo habían destacado los maestros españoles DÍEZ-PICAZO y GULLÓN, según citan GARCÍA VILLALUENGA y VÁSQUEZ DE CASTRO, cuando manifestaron que «más exacto que hablar de familia en singular, como institución universal y única, sería hablar de "familias" en plural para designar modelos con arreglo a los cuales los grupos humanos se han organizado históricamente»[31]. Modelos familiares en los que incluso la institución tradicional del matrimonio ha cambiado su fisonomía, *vgr.,* el matrimonio igualitario; o incluso ha perdido el papel protagónico ante nuevas formas de constitución de las familias como las uniones de hecho. Lo cierto es que para poder mediar en materia familiar no basta con conocer o mapear el conflicto que ha dado origen, sino comprender ante cuál modelo de familia se van a aplicar las técnicas de mediación, su estructura y sobre todo el entramado de relaciones que lo componen, ya sea entre sus miembros o de estos con terceros. Por ende, la mediación familiar como institución no puede permanecer estática sino debe evolucionar a la par de como sucede con las familias, si pretende ser eficaz en este ámbito; y donde lo importante no es concebir a la familia como institución sino como comunidad de intereses y de derechos, tal como describe MARÍN GARCÍA DE LEONARDO[32].

Llegados a este punto conviene entonces precisar cuáles son los elementos esenciales que tipifican a la mediación familiar, partiendo por supuesto que cual especie dentro del género, participa de los rasgos ya señalados para la mediación en sentido general:

- Solo abarca las materias disponibles del derecho de Familia, aspecto primordial que deberá considerar el mediador al estar imbuida esta particular rama del ordenamiento jurídico de la conjunción de normas imperativa y normas dispositivas. Ello significa una adecuación del principio de autonomía de la voluntad, que si bien no es abandonado

30 ORTUÑO MUÑOZ, P., «La mediación en..., *cit.,* p. 5.

31 *Cit., post.,* GARCÍA VILLALUENGA L. y VÁSQUEZ DE CASTRO, E., «La mediación civil en..., *cit.,* p. 78.

32 *Cfr*, MARÍN GARCÍA DE LEONARDO, T., «Derecho de Familia, crisis económica y mediación», en ORTEGA JIMÉNEZ, A. y COBAS COBIELLA, M. E. (coord.): *Mediación en el ámbito civil, familiar, penal e hipotecario. Cuestiones de actualidad*, Economist & Jurist, Difusión Jurídica, Madrid, 2013, p. 200.

en su totalidad, debe conjugarse con otros como la protección del interés superior del menor o de las personas con discapacidad.

- Muy relacionado con ello se encuentra entonces el hecho que la mediación familiar no se encuentra ajena a los imperativos que impone el principio de del interés superior del menor[33] o de las personas con discapacidad., particularmente en el caso español que ha suscrito e incorporado a su derecho interno las convenciones de los Derechos del Niño y de las Personas con Discapacidad. Esto supone también la observancia por el mediador de otro principio, que es el de legalidad, tanto si es lego en Derecho o jurista formado en estas lides.
- El conflicto sobre el que versa se sustenta en relaciones interdependientes[34] que incluso se mantienen con posterioridad a la culminación del procedimiento de mediación, se haya no o arribado a acuerdo sobre el todo o una parte de la controversia. Por ello resulta esencial que el mediador facilite y logre el mantenimiento del diálogo familiar, y si bien no puede confundirse mediación con terapia, no es desdeñable que aquel domine al menos técnicas básicas de esta si quiere alcanzar el éxito deseado.
- La mediación debe abarcar la comunidad de intereses y no privilegiar los individualismos de los miembros de la familia. El acuerdo de mediación incide sobre el ente familiar de forma tal que alcanza incluso aquellos sujetos que se sin ser mediados se encuentran interconectados a la familia. Con esto se significan dos aspectos esenciales, el primero relativo a la igualdad de cada uno de los familiares, sin importar el rol que ocupen dentro del ente a los efectos de preponderar valoraciones o incluso propuestas de acuerdo (*v.gr.*, el papel del «miembro proveedor» o quien sustenta económicamente con mayor peso el proyecto familiar); y el segundo relacionado con la protección de la parte más débil si la hubiere, buscando el equilibrio entre los sujetos mediados.
- Las características del acuerdo de mediación[35] que adquieren en materia familiar una especial naturaleza jurídica al considerarse como

---

33 Sobre ello hacía especial referencia la Recomendación número R(98) 1 del Comité de Ministros de los Estados miembros sobre la mediación familiar, aprobada por el Consejo de Ministros el 21 de enero de 1998, en lo que denominó principio III Procesos de mediación, apartado VIII.

34 En igual sentido la Recomendación número R(98) 1 del Comité de Ministros de los Estados miembros sobre la mediación familiar, precisaba en su apartado quinto como una de las características la interdependencia de las relaciones personales de los sujetos en conflicto.

35 Resulta interesante la posición divergente de ROGEL VIDE de considerar al acuerdo de mediación como tal, al estimar que en todo caso es un acuerdo o transacción alcanzado tras un procedimiento de mediación, pues a su juicio «el acuerdo entre las partes es transaccional,

un negocio jurídico de Derecho de familia, tal como lo señalan GARCÍA VIILLALUENGA y ALVENTOSA DEL RÍO, donde se conjugan la autonomía de la voluntad con los límites propios de la moral, el orden público y la legalidad en la creación, modificación o extinción de determinadas relaciones jurídicas familiares[36]. Este acuerdo de mediación abarcará los ámbitos del conflicto que sean disponibles por los mediados, pudiendo contener pronunciamientos sobre la totalidad de los puntos en conflicto o sobre la parte a la que se haya arribado a un consenso. A estas particularidades adiciona COBAS COBIELLA la necesariedad de someter el acuerdo a homologación judicial, dada la especial naturaleza de los aspectos que son sometidos a mediación familiar[37].

Múltiples son los ámbitos sobre los que puede recaer la mediación en el Derecho de Familia, sin embargo ORTUÑO MUÑOZ, COBAS COBIELLA y MARÍN GARCÍA DE LEONARDO38 coinciden en grades rasgos en señalar como los más frecuentes en el contexto jurídico español los siguientes:

1. Mediación y patria potestad, donde el conflicto no solo abarca a la familia nuclear sino incluso a la familia extendida de cada uno de los padres. En este caso existe incluso pronunciamientos del Código Civil español en su actual artículo 92 y la Ley de Enjuiciamiento Civil española en el precepto 770.7 en los que la mediación ocupa un lugar privilegiado para viabilidad la solución de estos tipos de conflictos.

2. Mediación y custodia compartida, en la que cobra especial significación el principio del interés superior del menor al momento de adoptar un acuerdo sobre este particular. Por ello ALGARRA PRATS y BARCELÓ DOMÉNECH han afirmado que «en el fomento de la coparentalidad (...), la mediación juega un papel fundamental, porque es un instrumento de pacificación y autocomposición del conflicto familiar»[39].

3. Mediación y filiación, particularmente en el terreno de las acciones filiatorios y del derecho a conocer la verdad biológica.

---

mediante o no la mediación, no siendo, en modo alguno, un acuerdo de mediación y sí, como mucho, un acuerdo por mediación»; ROGEL VIDE, C., «Artículo 1..., *cit.,* p. 24.

36 *Cfr.* GARCÍA VILLALUENGA L., «La mediación familiar..., *cit.,* p. 15; ALVENTOSA DEL RÍO, J., «Mediación familiar en España», *Revista Boliviana de Derecho,* n.° 8, julio 2009, p. 218.

37 *Cfr.* COBAS COBIELLA, M. E., «Mediación familiar..., *cit.,* p. 42.

38 *Cfr.* ORTUÑO MUÑOZ, P., «La mediación en..., *cit.,* pp. 9-21; COBAS COBIELLA, M. E., «Mediación familiar..., *cit.,* p. 43; MARÍN GARCÍA DE LEONARDO, T., «Derecho de Familia..., *cit.,* pp. 201-216.

39 ALGARRA PRATS, E. y BARCELÓ DOMÉNECH, J., «Custodia compartida y mediación familiar en el Derecho Civil valenciano: criterios para la determinación del interés del menor», *Actualidad Jurídica Iberoamericana*, n.° 2, febrero 2015, p. 794.

4. Mediación y vivienda familiar, conflicto que, tal como señalan los ya citados Ortuño Muñoz y Marín García de Leonardo, puede permanecer subyacente en la controversia derivada de la determinación de la custodia de los hijos, al amparo de lo establecido en el artículo 96 del Código Civil español.

5. Mediación y pensión alimenticia, sobre todo a los efectos de determinar el monto de las prestaciones de esta naturaleza.

6. Mediación y régimen económico del matrimonio, uno de los aspectos más litigiosos al momento del divorcio de los cónyuges y en el que el uso de este método alternativo de solución de conflictos coadyuvaría a disminuir el tiempo y el coste de tales litigios cuando son llevados a la vía jurisdiccional.

7. Mediación y otras relaciones familiares, la que puede alcanzar tanto las relaciones de convivencia, crisis intergeneracionales o incluso a las relaciones entre tutor, tutelado y su familia ante tutelas contenciosas.

2. El marco jurídico de la mediación familiar en España

Desde el año 2012 España cuenta con un régimen jurídico estatal que regula la mediación como método alternativo de solución de conflictos, si bien las comunidades autónomas poseen legislaciones en esta materia anteriores a la Ley 5/2012, varias de las cuales tiene como centro la mediación familiar. Empero, la incorporación al Derecho interno español de dicha institución es resultado de un movimiento europeo por alcanzar la modernización de la justicia, que propugnaba la introducción en los Estados partes de la Unión de este y otros métodos alternativos y que tuvo dos hitos importantes: la Recomendación número R(98) 1 del Comité de Ministros de los Estados miembros sobre la mediación familiar y la Directiva 2008/52/CE del Parlamento europeo y del Consejo de 21 de mayo de 2008 *sobre ciertos aspectos de la mediación en asuntos civiles y mercantiles*.

La Recomendación número R(98) 1 del Comité de Ministros de los Estados miembros sobre la mediación familiar, aprobada por el Consejo de Ministros el 21 de enero de 1998, es considerada como uno de los primeros documentos que dio origen e impulsó la mediación familiar en Europa, a pesar de carecer de eficacia jurídica. En dicho documento se recomendaba a los Estados miembros la introducción o promoción de la mediación familiar a partir de un grupo de principios que propugnaba y que no eran otra cosa que pautas legales mínimas a considerar para la estructuración del instituto en el Derecho interno. Dichos principios abarcaban la definición del campo de aplicación de la mediación familiar, su organización, el proceso, el estatuto de los acuerdos, la relación entre la mediación y los procedimientos ante la autoridad judicial u otra autoridad competente, la promoción y el acceso a la mediación, la mediación internacional, así como dejaba abierta la posibilidad de introducción de otros métodos alternativos de solución de conflictos.

El segundo hito de importancia sobre la mediación (esta vez sin la cualificación de familiar) fue la Directiva 2008/52/CE del Parlamento europeo y del Consejo de 21 de mayo de 2008 *sobre ciertos aspectos de la mediación en asuntos civiles y mercantiles*[40]. A diferencia de la Recomendación, la directiva poseía eficacia jurídica en cuanto imponía a los Estados miembros de la Unión la obligación de poner en vigor las disposiciones legales, reglamentarias y administrativas necesarias para dar cumplimiento a esta antes del 21 de mayo de 2011, con excepción del artículo 10, cuya fecha se fijaba al 21 de noviembre de 2010, según disponía el artículo 12 apartado 1. En sentido general la citada Directiva poseía vocación transfronteriza porque esencialmente su finalidad se enfocaba en resolver conflictos de esta naturaleza, tal como se deriva de su artículo 1 apartado 2 y coinciden en señalar García Villaluenga, Vásquez de Castro y Varona Vilar[41]. Varios resultaron los aspectos que dicho instrumento jurídico reguló, dentro de los que se destacan el carácter ejecutivo de los acuerdos de mediación, los efectos sobre los plazos de prescripción y caducidad y lo relativo al principio de confidencialidad. Con todo, se le reputa su excesiva parquedad, sobre todo si se le compara con la propia Recomendación número R(98) 1, en tanto aquella debía haber desarrollado con mayor profundidad aspectos sobre los que ya existía consenso en el marco europeo, a pesar de que, desde su denominación «ciertos aspectos de la mediación en asuntos civiles y mercantiles» deja entrever *ab initio,* que solo se pronunciaba sobre determinado particulares del instituto. Eso sí, la Directiva deja totalmente fuera cualquier mención a la mediación familiar y sus particularidades, la que si bien puede entenderse comprendida en el ámbito civil, no realiza precisión alguna sobre aspectos propios de este tipo de mediación que sí habían sido señalados por al Recomendación.

40 No bastante debe señalarse que entre la Recomendación y la Directiva se sucedieron otros documentos como las conclusiones del Consejo Europeo de Tampere celebrado en octubre de 1999, donde se recomendó a los Estados miembros la instauración de métodos extrajudiciales alternativos para la solución de conflictos; y el Libro Verde sobre las modalidades alternativas de solución de conflictos en el ámbito civil y mercantil, Documento COM(2002), de abril de 2002 que referenciaba las modalidades conocidas como *Alternative Dispute Resolution*; *cfr.* Ybarra Bores, A., «Mediación familiar internacional, la directiva sobre ciertos aspectos de la mediación en asuntos civiles y mercantiles y su incorporación al derecho español», *Revista Electrónica De Estudios Internacionales,* n.° 23, 2012, pp. 4 y 6.

41 *Cfr.* García Villaluenga L. y Vásquez de Castro, E., «La mediación civil en..., *cit.,* p. 73; Barona Vilar, S., *Mediación en asuntos..., cit.,* 73.

2.1. La Ley 5/2012 de 6 de julio y el Real Decreto 980/2013, de 13 de diciembre

Previa a la promulgación de la Ley de mediación española del año 2012, ya el ordenamiento jurídico estatal ibérico poseía referencias a la mediación, incluso en sede familiar. Así, el artículo 770 apartado 7 de la Ley de Enjuiciamiento Civil del año 2000 modificada por la Ley 15/2005, de 8 de julio, *por la que se modifican el Código Civil y la Ley de Enjuiciamiento Civil en materia de separación y divorcio*, prevé para estos trámites la suspensión del proceso si las partes deciden acudir a mediación, o en caso de mutuo acuerdo, el acompañamiento al proceso del documento en el que conste el acuerdo de mediación[42].

Empero, ha sido la Ley 5/2012, de 6 de julio, *de mediación en asuntos civiles y mercantiles*, la que ha venido a dotar de un estatuto jurídico estatal al instituto objeto de análisis. Esta normativa ha generado desde su promulgación, opiniones encontradas sobre su calidad técnica y su organicidad en la estructuración de la mediación. Así, para Cobas Cobiella la ley española posee un corte generalista, flexible y preciso[43]. A contrario, se pronuncia Ortuño Muñoz que la califica como limitada, al regular la relación entre mediación y jurisdicción, sin que pueda reputarse como ley integral pues no aborda muchos aspectos de la institución[44]. La ley traspone al ordenamiento jurídico español la Directiva 2008/52/CE antes mencionada, si bien debe señalarse que resulta más abarcadora al regular además el estatuto del mediador y las instituciones de mediación, los principios, el procedimiento de mediación y la ejecución de los acuerdos que de ella se deriven.

No corresponde en este espacio hacer un escrutinio del contenido de la ley, para lo cual pueden revisarse varias de las obras que han sido referenciadas en este artículo que contienen comentarios a cada uno de sus preceptos. No obstante, en relación a la mediación familiar, si bien no puede reputarse excluida del ámbito de la ley a tenor de lo dispuesto en el artículo 2 por no encontrarse exceptuada de las esferas de aplicación, hubiere

---

42 *Vid.* Ley 1/2000, de 7 de enero, de *Enjuiciamiento Civil*, artículo 770. *Procedimiento*: las demandas de separación y divorcio, salvo las previstas en el artículo 777, las de nulidad del matrimonio y las demás que se formulen al amparo del título IV del libro I del Código Civil, se sustanciarán por los trámites del juicio verbal, conforme a lo establecido en el capítulo I de este título, y con sujeción, además, a las siguientes reglas: 7.ª Las partes de común acuerdo podrán solicitar la suspensión del proceso de conformidad con lo previsto en el artículo 19.4 de esta Ley, para someterse a mediación. Artículo 777. *Separación o divorcio solicitados de mutuo acuerdo o por uno de los cónyuges con el consentimiento del otro*: 2. Al escrito por el que se promueva el procedimiento deberá acompañarse (...), en su caso, el acuerdo final alcanzado en el procedimiento de mediación familiar.

43 *Cfr.* Cobas Cobiella, M. E., «Mediación familiar..., *cit.,* p. 36.

44 *Cfr.* Ortuño Muñoz, P., «Apuntes críticos sobre..., *cit.,* pp. 49 y 50.

sido interesante una expresiva regulación del instituto. Es cierto que en el ordenamiento jurídico español el Derecho de Familia carece de autonomía legislativa al encontrarse dentro del propio Código Civil, pero esto no resulta óbice para sustentar al menos, sus particularidades como una especial rama del ordenamiento jurídico en el que confluyen normas dispositivas e imperativas, y en la que algunas de las reglas que ordenan la relación jurídica familiar distan del imperio de la autonomía de la voluntad propio del Derecho privado. En consecuencia, si bien la Ley 5/2012, de 6 de julio, *de mediación en asuntos civiles y mercantiles*, contiene las líneas generales de la mediación en España, a consideración de este autor, debe tenerse como una norma de «mínimos», perfectamente adaptable a otros tipos de conflictos, que como el familiar, requieren de adecuaciones del sistema de mediación, desde los principios aplicables hasta las características del acuerdo que le pone fin al procedimiento, tal como se ha esbozado a lo largo de este estudio.

A su vez, el Real Decreto 980/2013, de 13 de diciembre, *por el que se desarrollan determinados aspectos de la Ley 5/2012, de 6 de julio, de mediación en asuntos civiles y mercantiles*, regula el estatuto jurídico del mediador, las instituciones de mediación, la responsabilidad civil en este sector y la denominada mediación electrónica. Esta norma complementaria tampoco hace mención expresa a la materia familiar, a pesar de hacer mención expresa en los artículos 18 y 19 de los mediadores concursales, criterio que pudo hacer extensivo a la materia en cuestión, sobre todo por las complejidades propias de los conflictos que son sometidos a su experticia.

2.2. La legislación de las comunidades autónomas en materia de mediación familiar

A diferencia de lo que ha ocurrido en el ámbito estatal, las comunidades autónomas han sido profusas en la regulación de la mediación familiar, incluso mucho antes de la promulgación de la legislación estatal: Ley 4/2001, de 31 de mayo, *reguladora de la Mediación Familiar en Galicia* complementada por la Ley 3/2011, de 30 de junio, *de apoyo a la familia y a la convivencia de Galicia*; Ley 7/2001, de 26 de noviembre, *reguladora de la Mediación Familiar en el ámbito de la Comunidad Valenciana* complementado por el Decreto 41/2007, de 13 de abril, del Consell, *por el que se desarrolla la Ley 7/2001, de 26 de noviembre, de la Generalitat, Reguladora de la Mediación Familiar en el Ámbito de la Comunitat Valenciana*; Ley 15/2003, de 8 de abril, *de la Mediación Familiar* reformada por la Ley 3/2005, de 23 de junio, de Canarias; Ley 4/2005, de 24 de mayo, *del Servicio Social Especializado de Mediación Familiar* de Castilla-La Mancha; Ley 1/2006, de 6 de abril, *de Mediación Familiar de Castilla y León*; Ley 1/2007, de 21 de enero, *de Mediación Familiar de la Comunidad de Madrid*; Ley 3/2007, de 23 de marzo, *de Mediación Familiar del Principado de Asturias*; Ley 1/2008, de 8 de febrero, *de Mediación Familiar del País Vasco*; Ley 1/2009, de 27 de febrero, *reguladora de la mediación familiar en la Comunidad Autónoma de Andalucía*; Ley 15/2009, de 22 de julio, *de Mediación de Derecho Privado de Cataluña*; Ley 14/2010, de 9 de diciembre, *de Mediación Familiar de las Islas Baleares*; Ley 9/2011, de 24 de marzo, *de Mediación Familiar de Aragón*; y la Ley 1/2011, de 28 de marzo, *de Mediación de la Comunidad Autónoma de Cantabria*.

Nótese que la gran mayoría de estas legislaciones autonómicas están enfocadas al ámbito familiar, a excepción de la legislación catalana y la de Cantabria. Y en su gran mayoría coinciden en regular similares aspectos en esta materia: concepto de mediación, su finalidad, ámbito y objeto, los principios aplicables, el procedimiento a seguir, el estatuto jurídico del mediador, los derechos y deberes de las partes mediadas, el Registro público, las entidades o instituciones mediación, las características del acuerdo de mediación, así como un detallado régimen sancionador.

3. Bibliografía

Textos

Alexy, R.: «Sistema jurídico, principios jurídicos y razón práctica», *Revista DOXA*, n.° 5, 1988.

Algarra Prats, E. y Barceló Doménech, J.: «Custodia compartida y mediación familiar en el Derecho Civil valenciano: criterios para la determinación del interés del menor», *Actualidad Jurídica Iberoamericana*, n.° 2, febrero 2015.

Alventosa Del Río, J.: «Mediación familiar en España», *Revista Boliviana de Derecho*, n.° 8, julio 2009.

Barona Vilar, S.: *Mediación en asuntos civiles y mercantiles, en España. Tras la aprobación de la Ley 5/2012, de 65 de julio*, Tirant lo Blanch, Valencia, 2013.

Calderón Concha, P.: «Teoría de conflictos de Johan Galtung», *Revista Paz y Conflictos*, n.° 2, año 2009.

Chaparro Matamoros, P.: «Una aproximación a la mediación familiar: etapas del procedimiento y técnicas empleadas por el mediador», en Ortega Jiménez, A. y Cobas Cobiella, M. E. (coord.): *Mediación en el ámbito civil, familiar, penal e hipotecario. Cuestiones de actualidad*, Economist & Jurist, Difusión Jurídica, Madrid, 2013.

Cobas Cobiella, M. E.: «Autonomía de la voluntad y mediación. Algunas notas sobre la cuestión», en Ortega Jiménez, A. y Cobas Cobiella, M. E. (coord.): *Mediación en el ámbito civil, familiar, penal e hipotecario. Cuestiones de actualidad*, Economist & Jurist, Difusión Jurídica, Madrid, 2013.

Cobas Cobiella, M. E.: «Mediación familiar. Algunas reflexiones sobre el tema», *Revista Boliviana de Derecho,* n.º17, enero 2014.

García Villaluenga L.: «La mediación familiar: una aproximación normativa», *Portularia,* volumen II, n.º 1-2, 2007, Universidad de Huelva.

García Villaluenga L.: «Mediación civil. Mediación intrafamiliar», p. 3, disponible en http://www.poderjudicial.es/stfls/cgpj/Doc%20Temporales/DocsPublicacion/FICHERO/Mediaci%C3%B3n%20civil%20%20Mediaci%C3%B3n%20intrafamiliar%20%20CGPJ_1.0.0.pdf

García Villaluenga L.: «Principios generales de la mediación», en Vásquez De Castro, E. (direct.): *Practicum de Mediación 2014,* Editorial Aranzadi S. A., Navarra, 2013.

García Villaluenga L. y Vásquez De Castro, E.: «La mediación civil en España: luces y sombras de un marco normativo», *Política y Sociedad,* volumen 50, número 1.

Luquin Bergareche, R.: «III. Los principios de la mediación», en Hualde Manso, T. (direct.): *La mediación en asuntos civiles y mercantiles. La transposición de la Directiva 2008/52 en Francia y España*, Editorial La Ley, Wolters Kluwer España S. A., Madrid, 2013.

Marín García De Leonardo, T.: «Derecho de Familia, crisis económica y mediación», en Ortega Jiménez, A. y Cobas Cobiella, M. E. (coord.): *Mediación en el ámbito civil, familiar, penal e hipotecario. Cuestiones de actualidad*, Economist & Jurist, Difusión Jurídica, Madrid, 2013.

Marques Cebola, C.: «La resolución de conflictos familiares por mediación: la realidad en España y Portugal», *Revista Eletrônica de Direito Processual — REDP*, volumen VIII.

Ortuño Muñoz, P.: «Apuntes críticos sobre la Ley 5/2012, de 6 de julio, de Mediación Civil y Mercantil», en García Villaluenga L. y Vásquez De Castro, E. (direct.): *Anuario de Mediación y Solución de Conflictos,* Editorial Reus S. A., Madrid, 2013.

Ortuño Muñoz, P.: «La mediación en el ámbito familiar», *Revista Jurídica de Castilla y León,* número 29 monográfico sobre Arbitraje y Mediación, enero de 2013.

PÉREZ GURREA, R.: «La mediación en asuntos civiles y mercantiles como método de resolución extrajudicial de conflictos», *Revista Crítica de Derecho Inmobiliario,* n.º 745.

PONCE ALBUQUERQUE, J.: *Familia, conflictos familiares y mediación,* Colección Biblioteca Iberoamericana de Derecho, Editorial UBIJUS, Reus S. A., Madrid, 2017.

ROBLES RAMOS, K. J.: «La eficacia de la mediación: cuestión de perspectivas», *Revista de Administración Pública,* vol. 47, 2016.

ROGEL VIDE, C.: «Artículo 1. Concepto», en GARCÍA VILLALUENGA L. y ROGEL VIDE, C. (direct.): *Mediación en asuntos civiles y mercantiles. Comentarios a la Ley 5/2012*, Editorial Reus S. A., Madrid, 2012.

SILVA GARCÍA, G.: «La teoría del conflicto. Un marco teórico necesario», *Prolegómenos. Derechos y Valores*, vol. XI, n.º 22, julio - diciembre, 2008.

TAMAYO HAYA, S.: «El acuerdo de mediación y la formalización del título ejecutivo», en VÁSQUEZ DE CASTRO, E. (direct.): *Practicum de Mediación 2014,* Editorial Aranzadi S. A, Navarra, 2013.

VÁSQUEZ DE CASTRO, E. Y ESTANCONA PÉREZ, A. A.: «El conflicto y la mediación. Concepto y caracteres», en VÁSQUEZ DE CASTRO, E. (direct.): *Practicum de Mediación 2014,* Editorial Aranzadi S. A, Navarra, 2013.

YBARRA BORES, A.: «Mediación familiar internacional, la directiva sobre ciertos aspectos de la mediación en asuntos civiles y mercantiles y su incorporación al derecho español», *Revista Electrónica De Estudios Internacionales,* n.º 23, 2012.

Legislación

RECOMENDACIÓN NÚMERO R(98) 1 DEL COMITÉ DE MINISTROS DE LOS ESTADOS MIEMBROS SOBRE LA MEDIACIÓN FAMILIAR: Directiva 2008/52/CE del Parlamento europeo y del Consejo de 21 de mayo de 2008 *sobre ciertos aspectos de la mediación en asuntos civiles y mercantiles*; Ley 1/2000, de 7 de enero, de *Enjuiciamiento Civil;* Ley 5/2012, de 6 de julio, *de mediación en asuntos civiles y mercantiles;* Real Decreto 980/2013, de 13 de diciembre, *por el que se desarrollan determinados aspectos de la Ley 5/2012, de 6 de julio, de mediación en asuntos civiles y mercantiles;* Ley 4/2001, de 31 de mayo, *reguladora de la Mediación Familiar en Galicia* complementada por la Ley 3/2011, de 30 de junio, *de apoyo a la familia y a la convivencia de Galicia*; Ley 7/2001, de 26 de noviembre, *reguladora de la Mediación Familiar en el ámbito de la Comunidad*

Valenciana complementado por el Decreto 41/2007, de 13 de abril, del Consell, *por el que se desarrolla la Ley 7/2001, de 26 de noviembre, de la Generalitat, Reguladora de la Mediación Familiar en el Ámbito de la Comunitat Valenciana*; Ley 15/2003, de 8 de abril, *de la Mediación Familiar* reformada por la Ley 3/2005, de 23 de junio, de Canarias; Ley 4/2005, de 24 de mayo, *del Servicio Social Especializado de Mediación Familiar* de Castilla-La Mancha; Ley 1/2006, de 6 de abril, *de Mediación Familiar de Castilla y León*; Ley 1/2007, de 21 de enero, *de Mediación Familiar de la Comunidad de Madrid*; Ley 3/2007, de 23 de marzo, *de Mediación Familiar del Principado de Asturias*; Ley 1/2008, de 8 de febrero, *de Mediación Familiar del País Vasco*; Ley 1/2009, de 27 de febrero, *reguladora de la mediación familiar en la Comunidad Autónoma de Andalucía*; Ley 15/2009, de 22 de julio, *de Mediación de Derecho Privado de Cataluña*; Ley 14/2010, de 9 de diciembre, *de Mediación Familiar de las Islas Baleares*; Ley 9/2011, de 24 de marzo, *de Mediación Familiar de Aragón*; y la Ley 1/2011, de 28 de marzo, *de Mediación de la Comunidad Autónoma de Cantabria*.

EDUCACIÓN PÚBLICA, RESPONSABILIDAD EXTRACONTRACTUAL Y VULNERABILIDAD DE MENORES DE EDAD

Luis Pérez Orozco
Universidad de Alicante

1. Introducción

La responsabilidad patrimonial de la Administración pública es una categoría fundamental del Derecho Administrativo. Establece el deber de responder ante los administrados por los daños que les cause en el ejercicio de sus funciones públicas. Esta responsabilidad se deriva de la idea de que la Administración debe actuar de manera diligente y cuidadosa en la prestación de servicios público y que, de no hacerlo, debe asumir las consecuencias jurídicas. En el caso de los centros docentes públicos, estos prestan un servicio público de enseñanza y, por tanto, se encuentran bajo la responsabilidad de la Administración en términos de su organización, financiación, control y supervisión. Por lo tanto, si un alumno o cualquier otra persona sufre algún daño como consecuencia del funcionamiento normal o anormal del servicio público educativo, se puede exigir la responsabilidad patrimonial del centro docente. Entre las posibles situaciones en las que un centro docente público puede ser objeto de responsabilidad patrimonial se encuentran, por ejemplo, ausencia de seguridad, deficiente gestión de los recursos, falta de diligencia en la organización de las actividades escolares y extraescolares o de vigilancia apropiada a los alumnos.

En ese sentido, los centros docentes deben cumplir con un cierto nivel de diligencia en la prestación de los servicios que garanticen la calidad y la seguridad. Estos estándares, que por lo general se recogen en protocolos, abarcan aspectos tan disímiles con la finalidad de lograr un proceso de enseñanza/aprendizaje de calidad y que a la vez sea seguro. Si el centro docente o sus agentes no cumplen con estos patrones o modelos de conducta y se produce un daño a terceros en la comunidad educativa, la Administración puede ser considerada responsable y, por lo tanto, estar obligada a indemnizar al afectado. Por todo lo anterior la investigación que se ha desarrollado gira en torno los estándares y la responsabilidad patrimonial de la Administración docente como respuesta a situaciones de riesgo o peligro de los estudiantes menores de edad. Este es un sector especialmente sensible de la actividad administrativa y en el que pueden darse una variedad de daños.

2. La educación como derecho y servicio público

El derecho a la educación es un derecho social que ha trascendido las fronteras de las constituciones nacionales y ha sido internacionalizado. Estos derechos han logrado amplia tutela en la jurisdicción de organismos internacionales. Es importante tener en cuenta que su regulación internacional tiene fuerza vinculante en algunos casos para los Estados, y los tribunales internacionales pueden invocarlos. Lo anterior no solo representa un avance en el derecho internacional, sino también un reconocimiento importante para los individuos como sujetos de derecho[1].

Además, la educación presenta otra dimensión adicional, como servicio de prestación obligatoria por mandato constitucional en virtud del artículo 27[2]. Dicho precepto establece que la educación tendrá por objeto el pleno desarrollo de la personalidad humana en el respeto a los principios democráticos de convivencia y a los derechos y libertades fundamentales. Además, los poderes públicos deben garantizar el derecho de todos a la educación, mediante una programación general de la enseñanza, con participación efectiva de todos los sectores afectados y la creación de centros docentes; así como inspeccionarán y homologarán el sistema educativo para garantizar el cumplimiento de las leyes.

La doctrina constitucional ha descrito el derecho a la educación como un derecho público subjetivo básico y de prestación social. Este tiene una dimensión principal de prestación, lo que significa que los poderes públicos están obligados a garantizar su efectividad. Debido a su compleja estructura, que combina su naturaleza prestacional y su estatus de derecho fundamental

---

1 De Puelles Benítez, Manuel, 1993. «Estado y educación en las sociedades europeas». *Revista iberoamericana de educación*. España: Organización de Estados Iberoamericanos para la Educación, la Ciencia y la Cultura, no. 1, pp. 55-56. ISSN 1022-6508.

2 «En la jurisprudencia del Tribunal Constitucional se ha considerado, al efecto de ahondar en sus contenidos específicos, la doble vertiente de un genérico derecho, que, a su dimensión como derecho de libertad, suma una significativa dimensión, como derecho de prestación, de particular relevancia para la efectiva puesta en práctica de un servicio público educativo mediante el que hacer efectiva realidad el programa constitucional de oferta de una enseñanza obligatoria y gratuita». Véase López Castillo, Antonio, 2018. «El derecho a la educación». En: Rodríguez-Piñero y Bravo-Ferrer, Miguel y Casas Baamonde, María Emilia, dir. *Comentarios a la Constitución española*, tomo I. Madrid: Fundación Wolters Kluwer, Boletín Oficial del Estado, Tribunal Constitucional y Ministerio de Justicia, p. 973. ISBN 978-84-936812-0-3.

con las máximas garantías, el derecho a la educación no se puede entender simplemente como una regla. En cambio, tiene dos dimensiones: la subjetiva y la objetiva. La dimensión objetiva implica que los derechos fundamentales tienen una proyección necesaria sobre la acción de todos los poderes públicos, y las administraciones públicas deben trabajar para hacer que los derechos sean más efectivos. Mientras que el derecho subjetivo puede entenderse como una regla generalmente, la dimensión objetiva puede considerarse una norma de principio debido a su grado de exigibilidad jurídica relativamente alto[3].

En la actualidad, en España, la legislación de desarrollo del mandato constitucional sobre el sistema educativo se encuentra en la Ley Orgánica 3/2020, de 29 de diciembre, por la que se modifica la Ley Orgánica 2/2006, de 3 de mayo, de Educación y la Ley Orgánica 8/1985, de 3 de julio, reguladora del Derecho a la Educación. A partir de esta regulación se desarrollan las bases legales del artículo 27 constitucional y se establecen los principios, directrices, prerrogativas y funciones de todos los agentes del Estado y la sociedad, convidados en el ejercicio del derecho a la educación.

En España, la normativa jurídica vigente encomienda a la Administración educativa competente y a los órganos de gobierno del centro docente la misión de asegurar que el desarrollo de las actividades se sujete a los principios constitucionales, velando por la realización de los fines de la actividad educativa y la mejora de la calidad. Sin embargo, y a pesar de todas esas previsiones normativas, puede suceder que el servicio educativo provoque daños a los diferentes sujetos que acuden a un centro escolar o reciben la influencia de este. «La sociedad moderna se ha sofisticado enormemente en lo que hace a los métodos de producción de bienes y servicios, y a las modalidades de relación social. Ello ha fortalecido en muchos aspectos los lazos interpersonales, pero como corolario ha introducido nuevas fuentes de vulnerabilidad individual. Las maneras en que podemos ser dañados en la sociedad actual son mucho más complejas y diversas que en cualquier momento anterior de la historia»[4]. Es por ello que según lo dispuesto por el artículo 106.2 del texto constitucional, la Administración puede ser considerada responsable y estar obligada a reparar o indemnizar los daños causados en los casos que un usuario sufra algún daño o perjuicio.

---

3 Cotino Hueso, Lorenzo, 2012. *El derecho a la educación como derecho fundamental: especial atención a su dimensión social prestacional*. Madrid: Centro de Estudios Políticos y Constitucionales, pp. 104 y 116-119. ISBN 978-84-259-1537-6. Sobre la dimensión objetiva del derecho a la educación además puede consultarse Castillo Córdova, Luis, 2005. «La dimensión objetiva o prestacional del derecho fundamental a la educación». *Anuario da Facultade de Dereito da Universidade da Coruña*. España: Universidade da Coruna Servizo de Publicacións, no. 9, pp. 75-90. ISSN 1138-039X.

4 Papayannis, Diego, 2022. *Manual de derecho de daños extracontractuales*. Ciudad de México: Suprema Corte de Justicia de la Nación, p. XV. ISBN 978-607-552-351-4.

3. Taxonomía de daños en el ámbito educativo

El estudio de la jurisprudencia permite hacer generalizaciones en términos de la interpretación o aplicación de las leyes. En ese sentido, los pronunciamientos de los órganos judiciales de lo contencioso-administrativo son muy útiles para identificar las principales líneas de fundamentación ante supuestos fácticos similares. Para esta investigación, se estima pertinente la identificación de aquellas sentencias de las cuales se pueden extraer las motivaciones en torno a la responsabilidad patrimonial de la Administración educativa. A ese propósito han tributado, sin lugar a dudas, todos aquellos autores que previamente han examinado esta materia[5].

Teniendo en cuenta este preámbulo, es momento de realizar una clasificación de las más significativas tipologías de daños que pueden experimentarse en el contexto de la educación pública. A partir de las fuentes bibliográficas consultadas y el cúmulo de jurisprudencia a disposición, se mencionarán algunas sentencias ilustrativas. Solo se hará alusión a aquellos daños más representativos y su tratamiento en el ámbito judicial, pues hacerlo de otra manera excede los límites de esta investigación. Dicho esto, los daños en el ámbito escolar pueden ser clasificados en daños que se causan por infracción del derecho a la educación y aquellos ocasionados a las personas o las cosas.

5 La clasifican de daños presentada en esta investigación es el resultado del análisis que en esa misma línea ha realizado los siguientes autores: AHUMADA RAMOS, Francisco Javier, 2009. *La responsabilidad patrimonial de las Administraciones públicas. Elementos estructurales: lesión de derechos y nexo causal entre la lesión y el funcionamiento de los servicios públicos*. 3ra edición. Navarra: Editorial Aranzadi, pp. 613-632. ISBN 9788497678438; DELGADO MORAL, Carmen, 2018. «La responsabilidad patrimonial de la Administración Pública en las actividades extraescolares y complementarias: sobre la jurisprudencia del Tribunal Supremo». *Avances en Supervisión Educativa. Revista de la Asociación de Inspectores de Educación de España*. España: Federación de Asociaciones de Inspectores de Educación, no. 29 [consulta: junio de 2023]. ISSN-e 1885-0286. Disponible en: https://avances.adide.org/index.php/ase/article/view/609/495; DÍAZ MADRERA, Beatriz, 2007. *La responsabilidad patrimonial de la Administración en el ámbito educativo*. Madrid: Editorial Reus, pp. 95-228. ISBN 978-84-290-1468-6; ITUREN OLIVER, Albert, 2007. «Responsabilidad patrimonial de los centros de enseñanza por daños sufridos por los alumnos», en JAIME LOPEZ, Inmaculada y ROSAT ACED, José Ignacio. *Factbook, guía práctica de gestión para la dirección de centros de enseñanza secundaria*. Navarra: Aranzadi Editorial, pp. 523-584. ISBN 9788483550915; JÉREZ CALDERÓN, José Joaquín, 2003. «La responsabilidad patrimonial por el funcionamiento de la Administración educativa». *Boletín del Ilustre Colegio de Abogados de Madrid*. España: Ilustre Colegio de Abogados de Madrid, n.° 24, pp. 113-144. ISSN 0413-2963 y PÉREZ PINO, María Dolores y SÁNCHEZ CARMONA, Miguel, 2015, coords. *Manual sobre responsabilidad patrimonial de la administración pública*. Sevilla: Instituto Andaluz de Administración Pública, pp. 153-174. ISBN 978-84-8333-652-6.

3.1. Daños a los derechos de padres y tutores de los estudiantes

En la primera clasificación, se ubican aquellas lesiones a los derechos de padres y tutores de los estudiantes, siendo un ejemplo el derecho a la escolarización. En un proceso responsabilidad patrimonial presentado por el padre de un menor de edad con discapacidad contra el Gobierno de Aragón (Departamento de Educación, Universidad, Cultura y Deporte) se reclamaron los daños y perjuicios sufridos por vulneración del derecho fundamental a la educación de su hijo. En el lugar de residencia del menor no existían los recursos idóneos para atender al menor. El padre afirma que la exclusión de su hijo ha sido educativa primero y social después lo que ha provocado daño físico y moral a él y a su familia, hasta la aceptación en plaza oficial en un centro educacional. Indica que concurre en el caso la existencia de un daño antijurídico por la exclusión educativa con vulneración acreditada del derecho fundamental a la educación, estigmatización educativa, social y personal durante cuatro años provocada por dicha lesión de derecho fundamental. El Tribunal Superior de Justicia de Aragón el 15 de abril de 2019 (ROJ: STSJ AR 749/2019 - ECLI:ES:TSJAR:2019:749) resolvió de la siguiente manera:

> «Así pues, la infracción del derecho fundamental se concreta en la falta de escolarización del recurrente desde el momento en que fracasa la respuesta educativa, que hasta el momento era suficientemente satisfactoria, en febrero de 2011, cuando abandona el centro, y hasta el momento en que finalizaría el período de escolarización en junio de 2011. Queda excluida por ello cualquier reclamación por los hechos posteriores que el actor denomina como estigmatización educativa, social y personal durante cuatro años provocada por dicha lesión de derecho fundamental (...) La Administración ofreció, por lo tanto, las posibles opciones con las que contaba, quizás insuficientes desde las perspectivas de la familia del afectado, que solo cuatro años después pudo encontrar en términos satisfactorios, pero que no hubo opción a comprobar si entonces pudieron resultar suficientes las ofrecidas. Esta decisión, junto con lo anteriormente expuesto sobre el estado de la ciencia y de las técnicas disponibles en cada momento, nos sitúa ante un daño que no puede ser calificado como antijurídico (...)».

3.2. Daños a los derechos o bienes de los estudiantes

Otra tipología de daños en el contexto educativo es aquella que diferencia las lesiones a los derechos o bienes de los alumnos, ya sea corporales, morales o patrimoniales. Aquí se pueden ubicar los supuestos de daños ocurridos dentro o fuera del centro docente, con o sin intervención de terceros, así como durante o terminadas las actividades escolares, extraescolares y complementarias. De manera que se advierten una multiplicidad de supuestos que dan origen a la responsabilidad patrimonial.

3.2.1. Daños dentro o fuera del centro docente

Por ejemplo, un estudiante cuando jugaba al fútbol en el patio del centro docente fortuitamente tropieza y cae, dándose un fuerte golpe en la cabeza con un saliente existente en la pared de hormigón. El caso trascendió al Tribunal Superior de Justicia de Castilla La Mancha el que se pronuncia en los siguientes términos el 14 de noviembre de 2022 (ROJ: STSJ CLM 3220/2022 - ECLI:ES:TSJCLM:2022:3220):

> «Lo que no consta, a diferencia de otros supuestos analizados en diferentes sentencias, es que, con anterioridad, se hubiera producido un accidente similar, ni tampoco que el alumno que genera la acción hubiera tenido con carácter previo conductas o actuaciones que revelaran una especial peligrosidad, general o hacia el lesionado, que hubieran exigido extremar la vigilancia o reforzar esa supervisión de la conducta de los alumnos en ese contexto. No puede asumirse, fuera de esas situaciones o circunstancias específicas a valorar, que el deber de vigilancia se extienda, como hemos igualmente apuntado, tratándose de alumnos de esa edad, a supervisar individualmente la conducta de cada uno de ellos ni a prohibir interacciones que impliquen juegos en los que eventualmente y por el propio desarrollo del mismo se produzcan contactos físicos (...) En base a lo anterior y dado que la parte no indica normativa que imponga otras actuaciones a las que hace referencia como la de separar los alumnos por edades o instalar una valla, que pudieran justificar otro tipo de reproche, debemos concluir rechazando la alegada falta de diligencia en la vigilancia como causa adecuada y eficiente de la producción del resultado lesivo».

3.2.2. Daños por defectuoso funcionamiento del servicio educativo

El defectuoso funcionamiento del servicio educativo es susceptible de responsabilidad patrimonial. Así lo hace saber el 7 de octubre de 2013 el Tribunal Superior de Justicia de Andalucía (ROJ: STSJ AND 10142/2013-ECLI:ES:TSJAND:2013:10142) en una demanda en la que se exige la indemnización por los daños personales y morales padecidos a consecuencia de la herida causada en el ojo izquierdo a su hijo menor por otra alumna con un punzón metálico, durante una actividad escolar:

> «hemos de ponderar en primer lugar el nivel educativo en el que se producen los sucesos, una clase de educación infantil con niños muy pequeños, de cuatro años, en relación con los cuales hay que extremar la diligencia en la vigilancia y supervisión de la utilización de elementos peligrosos. Además, hemos de calificar como tal a un punzón metálico (...) No obstante, lo determinante para apreciar la responsabilidad de la Administración es la inadecuada posibilidad de disposición del instrumento peligroso por los menores en el momento del suceso: el punzón había sido utilizado en una actividad manual que se había desarrollado momentos

antes de la de coloreo de fichas, y fue mientras los niños coloreaban cuando el punzón se encontraba sobre la mesa, de una forma claramente inadecuada en ese momento. Sin embargo, también han de tomarse en consideración como factores concurrentes el que la actividad de punteo con el punzón se había realizado instantes antes del suceso, lo que motiva la presencia del instrumento al alcance de la menor, y lo súbito e inesperado de la conducta de la menor que causa el daño, de manera que si bien estas circunstancias no exoneran completamente de responsabilidad a la Administración por los motivos expuestos, sí podemos considerar que son hechos relevantes que contribuyen causalmente a la producción del daño y que deben ser tomados en consideración, moderando el deber de indemnizar, que esta Sala estima prudencialmente en un 50%».

3.2.3. Daños por el deficiente estado, mantenimiento y conservación de los centros docentes

Cuando ese daño es atribuible al deficiente estado, mantenimiento y conservación de las instalaciones del centro docente de igual manera es posible reclamar responsabilidad. El fallecimiento de un hijo menor, al caerse de una barandilla o barandal de escalera mientras se encontraba en horas lectivas en su colegio derivó en un proceso judicial. El lamentable suceso llegó hasta el Tribunal Supremo y finalizó con el siguiente fallo el 26 de septiembre de 1998 (ROJ: STS 5393/1998 - ECLI:ES:TS:1998:5393):

> «(...) resulta que la sentencia impugnada aprecia la existencia de nexo causal adecuado por la concurrencia de una "culpa in vigilando" por parte de la Administración, imprevisión que se proyecta en dos vertientes; una de orden personal por cuanto por el profesorado del Colegio público no se adoptan las medidas pertinentes de cuidado y atención de los alumnos al salir de clase para el recreo o abandono del centro escolar para acudir a sus domicilios, máxime cuando éstos siendo menores están ubicados en una segunda planta del edificio, teniendo que descender tramos de escaleras, y una de orden objetivo, consistente en no dotar a los barandales de los tramos de escalera de la protección adecuada para hacerlos impracticables a los alumnos —nada de esto se aduce por la Administración demandada— medidas éstas que sí se adoptan comúnmente en el orden de la vida familiar donde la atención y cuidado de los menores es generalmente más acusado por obvias razones entre las que puede singularizarse el escaso número de menores, son más exigibles cuando el número se intensifica y casi se hace masivo, resultando por tal causa más difícil la atención y cuidado personalizado, o singular, y esta falta de previsión en los dos aspectos contemplados se constituye, en el presente caso, en causa eficiente o adecuada del luctuoso suceso acaecido (...) en el caso enjuiciado concurren las circunstancias de previsibilidad del daño y su evitabilidad para haberse adoptado las medidas de prevención del riesgo que no se adoptaron y que elementales reglas de prudencia, por las razones expuestas, aconsejaban tomar».

3.2.4. Daños en actividades extraescolares o complementarias

En los casos de actividades extraescolares o complementarias es dable reclamar responsabilidad a la Administración educativa, Véase seguidamente la *ratio decidendi* del Tribunal Supremo (ROJ: STS 5745/2002 - ECLI:ES:TS:2002:5745) y del Tribunal Superior de Justicia de Madrid (ROJ: STSJ M 15478/2011 - ECLI:ES:TSJM:2011:15478):

> «La Administración no es responsable de cualquier resultado lesivo o dañoso que se origine durante el transcurso de la actividad de un servicio público sino sólo de aquéllos que sean consecuencia del funcionamiento, normal o anormal, de dicho servicio, y en este caso sólo está acreditado que la lesión se produjo durante la realización de una actividad extraescolar pero no que fuese consecuencia de tal actividad, lo que, sin duda, ha pesado sobre la Sala sentenciadora al reducir drásticamente la indemnización a cargo de la Administración en una decisión que más parece basada en el sentimiento de no dejar desvalido a un menor, que ha sufrido la pérdida de un ojo con todas las secuelas que ello supone (...)».
>
> «(...) Por tanto, debemos tener por acreditado que el accidente se produjo cuando el alumno esquiaba por una pista roja, de dificultad e inadecuada a su nivel de principiante y, por ello, el accidente debe ser calificado de antijurídico y de causalmente imputable al anormal funcionamiento del servicio educativo al haberse producido por la culpa "in vigilando" de los profesores a cuyo cargo se encontraba la actividad extraescolar programada que debieron, en todo momento, garantizar que el alumno esquiara por una pista adecuada a su nivel de esquí de principiante. La acción de responsabilidad patrimonial de la Administración debe, pues, prosperar, pues el daño sufrido por la actora como consecuencia del accidente, la fractura del fémur derecho y otras consecuencias anudadas a dicha fractura, es causalmente imputable al funcionamiento del servicio educativo y es antijurídico en la medida en que la actora no tenía el deber jurídico de soportarlo».

3.2.5. Daños morales de estudiantes y/o sus familiares

Los daños además de corporales, pueden ser de tipo moral. Existe la posibilidad de que estos sean sufridos por los estudiantes e incluso por sus familiares y por tanto proceder a su indemnización. Un caso de mucha sensibilidad fue el ocurrido en Córdoba, donde una niña se pinchó con una jeringuilla que portaba anticuerpos del Virus de Inmunodeficiencia Humana (VIH) mientras estaba en su centro educacional. Los padres de la menor se vieron resarcidos económicamente cuando el Tribunal Superior de Justicia de Andalucía lo estipuló en su sentencia de 15 marzo de 2001 (ROJ: STSJ AND 3400/2001 - ECLI:ES:TSJAND:2001:3400):

> «Establecida la responsabilidad municipal queda por concretar el alcance económico de la misma si se considera que se produjeron los perjuicios que la familia

de la menor reclama. La gravedad del hecho no tanto en sí mismo como en cuanto a las consecuencias que de él podrían derivarse nos lleva a reconocer que hasta que se desvanece la duda, de modo que se confirma que la niña no estaba afectada del VIH, la situación anímica de los padres tuvo que ser difícil y causar a los mismos una evidente angustia. Ese dolor que tuvo que tener reflejo en su vida debe indemnizarse, pero dado el relativo escaso tiempo que duró esa incertidumbre la cantidad a la que deberá hacer frente la Corporación responsable la fijamos en un millón de pesetas que deberá hacer efectiva la compañía aseguradora del riesgo».

3.2.6. Daños patrimoniales a los bienes de los estudiantes

Un alumno del IES Tirso de Molina se apropia de una mochila que no le pertenecía a la vuelta de un viaje escolar a Andorra. Al estudiante se le impuso la medida de expulsión temporal del centro. Dicha corrección fue reclamada por el padre del menor de edad. El Tribunal Superior de Justicia de Madrid el 30 de marzo de 2007 (ROJ: STSJ M 4444/2007 - ECLI:ES:TSJM:2007:4444) resuelve este caso en los siguientes términos:

> «De estos hechos que aparecen plenamente acreditados en el expediente y siguiendo las reglas de la experiencia, difícilmente podemos entender que el alumno del IES "Tirso de Molina", Sebastián, hijo del apelante, haya cogido por error una mochila que no pertenecía al equipaje de dicho Instituto, cuando dicho equipaje estaba claramente separado por una puerta corredera del equipaje del Instituto al que pertenecía realmente la mochila. La separación existente entre los equipajes de ambos Institutos impide, conforme a normales y racionales reglas de experiencia, apreciar en este caso la existencia de ningún error al coger un objeto del equipaje del otro Instituto (...) Además, el alegado error o falta de intencionalidad en el apoderamiento por el alumno de la mochila en cuestión se desvanece por completo cuando su reconocimiento de haber cogido la citada mochila dista de ser lo espontáneo que cabría suponer —conforme a pautas ordinarias de comportamiento colectivo— en quien, efectivamente, por error, coge un objeto que no es suyo, pues no sólo no fue hasta la segunda parada del autocar cuando reconoció tal hecho».

Llama la atención que esta resolución judicial se auxilie de expresiones tan indeterminadas como «reglas de la experiencia» y «pautas ordinarias de comportamiento colectivo», sin especificar cuál es el contenido de estas. Esa falta de claridad puede conllevar a interpretaciones diversas de las categorías empleadas en la motivación de las sentencias y con ello inseguridad para las partes del proceso. Se trata de un fenómeno que como se verá en esta investigación es bastante frecuente aludir a conceptos ambiguos cuando se trata de imputar o exonerar a la Administración docente de responsabilidad patrimonial.

3.3. Daños a terceras personas ajenas a la comunidad educativa

Corresponde ahora hacer mención a los daños que los alumnos pueden causar a terceros, siendo ilustrativa al respecto la sentencia emanada del Tribunal Superior de Justicia de Navarra a fecha 16 de mayo de 2003 (ROJ: STSJ NA 677/2003 - ECLI:ES:TSJNA:2003:677), en la que unos alumnos tras ser expulsados una clase, se marchan de su colegio. Luego, sustrajeron productos de limpieza usados por el portero de un inmueble y se dirigen a una avenida donde al accionar los productos prenden fuego a los mismos, propagándose las llamas a varios vehículos cercanos, entre ellos los del actor del proceso que a consecuencia de dicha acción resultó con siniestro total. En los Fundamentos de derecho que el Tribunal utiliza para desestimar la demanda se dice:

> «Como cuestión de fondo se plantea primordialmente la relativa a si los referidos sufridos por los actores son consecuencia de la actuación administrativa. Es decir, ha de analizarse si existe relación de causalidad entre la actuación del servicio público de enseñanza y los daños producidos en el vehículo propiedad de la actora, situando esta tal relación de causalidad en la omisión de los deberes de vigilancia que corresponden al Centro docente sobre los menores, alumnos a su cargo.
>
> Tal tesis de la parte demandante no es compartida por la sala, pues no se encuentra que exista relación de causalidad entre el servicio público de enseñanza y la conducta de los menores, la actuación de dicho servicio no puede entenderse como la causa eficiente o factor preponderante para la producción de los daños. Por contra, tales daños se han producido no como consecuencia de las actividades docentes organizadas y dependientes de la Administración educativa, sino completamente al margen de las mismas, por actos exclusivamente imputables a los menores. La Administración educativa no puede ser garante universal de todos los actos de los menores, que aun debiendo permanecer en el Centro escolar, rompiendo la disciplina escolar escapan del centro, por un lugar no habitual, debieron "colarse" por debajo de una valla y saltar otra, y causando ulteriormente tan graves daños como los relacionados en los hechos probados antes transcritos de la resolución del Juzgado de Menores. No existe, por lo tanto, relación de causalidad alguna entre el servicio educativo prestado por la Administración y los actos de los menores, que se han efectuado completamente al margen de la actividad del centro. Solo la conducta de los menores es la que ha producido los daños, no existiendo, se insiste, relación alguna con la actividad educativa realizada».

Todo lo abordado en las diferentes taxonomías de daños en el ámbito escolar, lo resume el Tribunal Superior de Justicia de Castilla y León en la ya mencionada sentencia de 24 de febrero de 2021(ROJ: STSJ CL 828/2021 - ECLI:ES:TSJCL:2021:828). La sentencia deja claro la responsabilidad patrimonial por funcionamiento del servicio público educativo y la necesidad de que los daños y perjuicios que se produzcan en los centros escolares sean imputables al funcionamiento del servicio para que pueda declararse la responsabilidad de la Administración educativa. No todos los hechos y consecuencias que se produzcan en un centro docente pueden atribuirse a dicho funcionamiento, sino que es necesario que estén relacionados con alguno de los factores que componen el servicio educativo, como la función profesoral, los elementos materiales, y el cuidado o protección de a quienes les corresponde en la comunidad educativa[6].

4. Los estándares de conducta de la administración docente y sus agentes frente a la vulnerabilidad de los menores de edad

Los menores de edad son considerados un grupo vulnerable también en su centro escolar por varias razones. En primer lugar, su desarrollo físico y emocional incompleto los hace más propensos a sufrir daños y menos capaces de reconocer peligros potenciales en su entorno. La falta de experiencia y habilidades los deja indefensos ante situaciones de peligro. Además, mientras son más pequeños, dependen de los adultos, en especial de docentes y personal escolar, para su seguridad y protección. Si estos profesionales no cumplen adecuadamente con su deber de cuidado, los menores quedan expuestos a riesgos. Esta situación los hace más susceptibles al abuso, acoso, maltrato u otras formas de violencia en el entorno escolar por parte de otros niños o incluso de adultos. Todos estas condicionantes son elementos que tributan a que los menores sean víctimas de un daño o que sean ellos quienes lo provoquen.

---

6 Se comprende el entorno escolar como una comunidad de convivencia que engloba principalmente a los estudiantes, al personal docente, al personal no docente y a las familias, sin excluir la posibilidad de la colaboración de otros agentes. Todos ellos comparten un espacio común y enfrentan tanto riesgos generales como riesgos específicos según las distintas actividades, ocupaciones, responsabilidades o edades de los grupos que forman parte de dicha comunidad. Esta realidad implica considerar el entorno escolar como un escenario en el que es necesario planificar la prevención de riesgos, teniendo en cuenta tanto los riesgos comunes que afectan a toda la comunidad como los riesgos específicos de cada sector. En términos de prevención, las acciones más pertinentes son aquellas de carácter integral y global que abarcan a toda la comunidad. Sin embargo, nos encontramos con una doble contradicción. En primer lugar, se observa que las necesidades de prevención de riesgos que afectan a todas las personas que conforman la comunidad y el entorno escolar no son abordadas mediante una normativa que tenga una implicación global e integral. En segundo lugar, se nota la ausencia de una normativa suficientemente específica y focalizada en el ámbito escolar, a pesar de que los centros educativos albergan a uno de los sectores de población más vulnerables y con mayor necesidad de protección. Véase Longás Mayayo, Eduard, Longás Mayayo, Jordi y Riera i Romaní, Jordi, 2014. «Daños no intencionados en la escuela. Estudio de su incidencia en escolares de Cataluña». *Educar*. España: Universidad Autónoma de Barcelona Departament de Pedagogia i Didactica, vol. 50, n.° 2, p. 246. ISSN 0211-819X.

Sin embargo, lo que sucede es que cuando los tribunales han tenido que resolver litigios en los que se reclama responsabilidad patrimonial de la Administración docente, acuden a nociones indeterminadas para determinar la culpa de los agentes educativos. Sin lugar a dudas, la motivación de una sentencia en conceptos ambiguos da lugar a interpretaciones disímiles en supuestos similares. Es por ello que en el ámbito escolar se abogue con fuerza por la protocolización de la conducta de los sujetos intervinientes en el proceso de enseñanza/aprendizaje.

El nivel de diligencia exigible es de difícil uniformidad y determinación, en tanto depende de la casuística. En ocasiones se ha desplazado este parámetro a lo que cabe esperar de un buen padre de familia para prevenir el daño[7]. Sin embargo, esa analogía no resulta una solución salomónica pues también es una noción jurídica indeterminada y que requiere concreción según los supuestos de hecho. La amplitud, la falta de definición de los elementos, la incertidumbre que propicia un amplio margen en las decisiones administrativas y judiciales, el aumento del número de reclamaciones y su cuantía, constituyen aspectos que convidan a la necesidad de modificar el presente sistema de responsabilidad patrimonial de la Administración pública. En el ámbito escolar, es un riesgo trocar a la Administración educativa en una aseguradora universal. La responsabilidad patrimonial mutaría en asistencia social universal de todos los daños ocurridos en centros docentes o esté involucrado su personal, lo que haría insostenible el sistema público de educación.

La diligencia debida y la fijación de estándares para disminuir la incertidumbre en la solución de los procedimientos tanto administrativos como judiciales es sin lugar a dudas una prioridad actualmente. Si tras ser valoradas las circunstancias concurrentes, se concluye que no se pudo evitar el daño con la utilización de las medidas razonables de vigilancia y control, no se imputará responsabilidad a la Administración.

La evaluación de la diligencia exigible al docente debe hacerse caso por caso, sin requerir una actuación que supere el nivel de atención y cuidado correspondiente a sus funciones educativas. Esto puede resultar difícil de

7 Por ejemplo, en la STS, a 26 de febrero de 1998 (ROJ: STS 1296/1998 - ECLI:ES:TS:1998:1296): «en el hecho desencadenante de la lesión sufrida por la menor, la imputación de responsabilidad no se deriva de que el mismo aún siendo previsible fuera inevitable, insuperable e irresistible sino por la falta de diligencia en el cuidado de la menor por parte del personal docente encargado de su custodia en las actividades extraescolares realizadas en Saldes (Girona), actividad englobada y dentro del servicio público de enseñanza durante el cual el profesorado tiene, respecto de los alumnos, el deber de observar la diligencia propia de los padres de familia a tenor de lo establecido en el art. 1903 del Código Civil en el cuidado y vigilancia de los menores que están bajo su custodia, habiéndose en el presente caso reconocido expresamente por la Administración demandada que la lesión padecida por la menor se produce con ocasión del funcionamiento del servicio público de enseñanza, aún cuando la actividad tuviera carácter extraescolar».

delimitar, ya que existen muchas situaciones diferentes que pueden surgir en la práctica. «Casi siempre, la respuesta a las situaciones de mayor vulnerabilidad, por su propia complejidad, exige la intervención de diferentes instancias y servicios. Servicios que, muchas veces, dependen de administraciones o departamentos diferentes: bienestar social, educación, sanidad... Exigen, pues intervenciones coordinadas, intercambios de información entre profesionales de diferentes sectores, continuidad de los trabajos, personas que puedan servir de referente a lo largo de todo el proceso»[8]. Por lo tanto, se debe considerar cada caso individualmente y solo se podrá demostrar una conducta negligente cuando no se hayan cumplido las obligaciones correspondientes[9]. *Ergo*, la diligencia exigible a las Administraciones públicas del sector educacional y a todos los agentes con responsabilidades educativas se cristaliza en un parámetro determinante.

Por ejemplo, en un proceso de reclamación patrimonial, la madre de una menor de edad con discapacidad solicita la indemnización por la caída de su hija desde una ventana en su escuela. La niña, que padece de Síndrome de Down había quedado atrapada en su aula sin haberse percatado la otra estudiante que cerró el local. La parte actora argumenta que, la profesora de guardia no disponía de la llave del aula y cuando encontró a los alumnos, no efectuó un recuento para averiguar, de forma inmediata, si faltaba alguno y, así acudir en su búsqueda. El Tribunal Superior de Galicia respondió a este conflicto el 14 de mayo de 2014 (ROJ: STSJ GAL 5706/2014 - ECLI:ES:TSJGAL:2014:5706), y para ello se apoya en la noción de estándar del servicio: «En definitiva, el deber de previsión exigible al centro escolar, a la profesora de guardia, se ha de construir desde un estándar normal de exigibilidad y, a su vez, representarse como lógico, adecuado y posible el resultado (...) Y aún cuando se extremasen los deberes de vigilancia y cuidado de la actividad educativa, no se impediría que, en ocasiones, se originen desenlaces fatales como el que nos ocupa que no deja de constituir un accidente sin relación causal con la conducta de la Administración o un funcionamiento normal o anormal del servicio público, sino que se trata de un acontecimiento extraño a él, por quedar fuera del estándar normal de exigibilidad o del funcionamiento estándar del mismo».

Esta sentencia demuestra que la concreción del nivel de diligencia exigible es necesario si se aspira a mantener un régimen de responsabilidad patrimonial que indemnice suficientemente los daños sin actuar la Administración

8 Lamarca Iturbe, Iñigo y Galdácano, Fermín Barceló, 2006. «Personas menores en situaciones de especial vulnerabilidad: retos para una intervención eficaz», *Revista de psicodidáctica*, España, Universidad del País Vasco Departamento de Psicodidáctica, vol. 11, n.º 1, p. 29. ISSN 1136-1034.

9 Villagrasa Alcaide, Carlos, 2012. «Los conflictos de derechos en el aula y las alternativas de gestión y resolución», *Educatio Siglo XXI*, España, Universidad de Murcia Facultad de Educación, vol. 30, n.º 2, 2012, pp. 160-161. ISSN-e: 1989-466X.

como aseguradora universal. Se trata de un principio que se reitera en la jurisprudencia y muestra de ello es la siguiente sentencia de 28 de julio de 2016 del Tribunal Superior de Justicia de Galicia (ROJ: STSJ GAL 6333/2016 - ECLI:ES:TSJGAL:2016:6333): «Extremar la objetivación de la responsabilidad transformaría el régimen de responsabilidad de la Administración en un sistema providencialista no contemplado en nuestro ordenamiento jurídico. La Sala considera que hubiera sido imprescindible la prueba de un déficit en el cuidado, atención o mantenimiento del edificio del colegio para que la responsabilidad pudiera surgir, lo cual no puede desprenderse, sin más, del relato y de las pruebas practicadas en este concreto supuesto. No se considera concurrente el requisito de antijuridicidad del daño al no constar haberse rebasado los estándares de seguridad exigibles».

Los tribunales han acotado el concepto de antijuridicidad mediante la consideración de los estándares de seguridad exigibles en la actividad administrativa, lo que evidencia la interconexión de los elementos de la responsabilidad patrimonial. En consecuencia, el daño solo es considerado antijurídico cuando la actividad administrativa supera dichos estándares, no cuando se encuentra dentro de ellos. Asimismo, es posible una graduación en la responsabilidad de acuerdo al tipo de actividad administrativa desarrollada. Lo anteriormente dicho lo refrenda De Fracnh I Saguer cuando dice: «No solamente la *lex artis* es una lección que la administración parece haber aprendido, también lo ha hecho en la elaboración de los protocolos y el establecimiento de los estándares en la prestación del servicio, que repercuten directamente en la calidad del mismo. La determinación de estándares mínimos o medios del servicio, y el establecimiento de las cartas de servicio convierten a la actuación de la administración realizada dentro de los márgenes fijados en estos documentos sea dentro del funcionamiento normal, aunque el resultado sea lesivo para el ciudadano»[10].

Sin embargo, la dificultad para identificar responsabilidades en el ámbito educativo sigue siendo un problema y la falta de criterios objetivos para establecer estándares de calidad que midan el nivel de diligencia exigible a los distintos sujetos involucrados en el proceso de enseñanza/aprendizaje no ayuda a resolver esta cuestión. La definición de estándares en relación con la responsabilidad patrimonial puede tener un impacto en cómo funciona la Administración docente. Existe una estrecha correlación entre la responsabilidad patrimonial y su capacidad para operar de manera eficiente y efectiva, medido en estándares de calidad que se deben cumplir. Las Administraciones educativas siguen estándares que por lo general están contenidos en los protocolos escolares.

---

10 De Fracnh I Saguer, Marta, 2020. «La responsabilidad administrativa: ¿una lección para la administración de cómo actuar?», en: Cortés Campos, Josefina; Marín, Juan Carlos y Roldán, José, *La responsabilidad patrimonial del Estado: avances y retos*. Ciudad de México: Editorial Tirant lo Blanch, p. 290. ISBN 9788413552996.

En los llamados protocolos se establece la conducta que deben seguir tanto los docentes como los estudiantes, se establecen medidas preventivas y se describe cómo se abordarán las conductas inaceptables detectadas, ya sean de alumnos o profesores, tipificándolas y determinando las medidas correctoras. Sin embargo, su naturaleza jurídica se ha debatido por ser manifestación de las relaciones jerárquicas internas de los órganos administrativos y su actuación. De ahí que, no pueden ser considerados como fuentes de Derecho porque no son actos o hechos a los que el ordenamiento jurídico les reconoce capacidad para crear Derecho.

Por tanto, la protocolización del funcionamiento correcto del servicio público educativo introduciría un matiz de seguridad para las familias, la Administración y los órganos judiciales. De esta manera, se puede aumentar el grado de homogeneidad en las decisiones relacionadas con la responsabilidad patrimonial de la Administración en casos de daños en el ámbito escolar. Según Villagrasa Alcaide, los docentes tienen la obligación de intervenir cuando tengan conocimiento de que un niño o adolescente está en una situación de riesgo. Esto debe hacerse de acuerdo con los protocolos específicos establecidos y en colaboración con el departamento competente en protección al alumnado. El desafío es establecer una regulación clara que detalle el proceso y las acciones a tomar para que la ley sea efectiva. Se sugiere que los diferentes protocolos existentes en distintas áreas se unifiquen para crear un sistema óptimo basado en su eficacia demostrada, su pertinencia y sus resultados[11].

La actitud que adopten docentes y Administraciones educativas es innegable para apreciar la existencia de responsabilidad patrimonial, de ahí la gran utilidad de los protocolos de actuación. Respecto a los profesores se debe considerar además que la legislación de este sector les otorga más herramientas para facilitar su intervención en los procesos escolares lo que establece un mayor nivel de exigencia de responsabilidad. Los componentes para valorar la adecuación de la conducta de centros y Administraciones educativas pueden ser diversos: advertencias a familiares, activación de protocolos, procedimientos incoados a profesores o alumnos, inspección educativa, entre otros. Algunas resoluciones judiciales consideran estas circunstancias en su motivación, manejan el adecuado nivel de diligencia como referencia y condenan por funcionamiento anormal.

5. Conclusiones

En España, la doctrina es copiosa entorno a sostener que el sistema de responsabilidad patrimonial es de carácter objetivo, una posición que de igual manera se evidencia en las sentencias de los órganos judiciales. Sin

11 Villagrasa Alcaide, Carlos., *ob. cit.*, pp. 154 y 162.

embargo, este planteamiento no puede ser asumido de manera absoluta, pues si así fuera, la Administración estaría obligada a ser una aseguradora universal de todos los riesgos. Es por ello, que se defiende la posibilidad de introducir parámetros subjetivos para determinar la responsabilidad de la Administración, siendo un ejemplo los estándares de conducta.

En el ámbito administrativo, y en particular en el educacional, existe un amplio sistema de gestión, que permite a los centros docentes seguir determinados estándares en la prestación de sus servicios. Sin embargo, estos referentes resultan insuficientes cuando en los centros educacionales se causan daños susceptibles de indemnización. Tanto los órganos administrativos y judiciales que deben resolver estos conflictos, se auxilian en la motivación de sus decisiones de categorías ambiguas e inexactas para imputar responsabilidad, dígase, por ejemplo, «estándares de conducta». Esto demuestra, que el sistema no es objetivo en sentido estricto, y que no se puede prescindir de la culpa. También, denota que la falta de concreción de dichos estándares provoca soluciones divergentes a litigios de similar naturaleza. Este fenómeno debe ser atendido con cautela en el ámbito docente debido a la significación social del proceso de enseñanza/aprendizaje y constituir especialmente sensible de la actividad administrativa y en el que pueden darse una variedad de daños. No es menos cierto que los Protocolos escolares tributan a establecer patrones de conducta, pero estos se tornan insuficientes por carecer de valor jurídico y falta de especificidad.

6. Bibliografía

Ahumada Ramos, F. J..: (2009). *La responsabilidad patrimonial de las Administraciones públicas. Elementos estructurales: lesión de derechos y nexo causal entre la lesión y el funcionamiento de los servicios públicos*, 3ra edición, Navarra, Editorial Aranzadi, pp. 613-632. ISBN 9788497678438.

Castillo Córdova, L.: (2005) «La dimensión objetiva o prestacional del derecho fundamental a la educación», *Anuario da Facultade de Dereito da Universidade da Coruña*, España, Universidade da Coruña Servizo de Publicacións, n.º 9, pp. 75-90. ISSN 1138-039X.

Cortés Campos, J.; Marín, J. C. y Roldán, J.: (2020) *La responsabilidad patrimonial del Estado: avances y retos*, Ciudad de México, Editorial Tirant lo Blanch. ISBN 9788413552996

Cotino Hueso, L.: (2012) *El derecho a la educación como derecho fundamental: especial atención a su dimensión social prestacional*, Madrid, Centro de Estudios Políticos y Constitucionales. ISBN 978-84-259-1537-6.

Delgado Moral, C.: (2018) «La responsabilidad patrimonial de la Administración Pública en las actividades extraescolares y complementarias: sobre la jurisprudencia del Tribunal Supremo», *Avances en Supervisión Educativa. Revista de la Asociación de Inspectores de Educación de España*, España, Federación de Asociaciones de Inspectores de Educación, n.º 29 [consulta: junio de 2023]. ISSN-e 1885-0286. Disponible en: https://avances.adide.org/index.php/ase/article/view/609/495

De Puelles Benítez, M.: (1993) «Estado y educación en las sociedades europeas». *Revista iberoamericana de educación*, España, Organización de Estados Iberoamericanos para la Educación, la Ciencia y la Cultura, n.º 1, pp. 35-57. ISSN 1022-6508.

Díaz Madrera, B.: (2007) *La responsabilidad patrimonial de la Administración en el ámbito educativo*, Madrid, Editorial Reus, pp. 95-228. ISBN 978-84-290-1468-6.

Jaime Lopez, I. y Rosat Aced, J. I.: (2007) *Factbook, guía práctica de gestión para la dirección de centros de enseñanza secundaria*, Navarra, Aranzadi Editorial. ISBN 9788483550915.

Jérez Calderón, J. J.: (2003) «La responsabilidad patrimonial por el funcionamiento de la Administración educativa», *Boletín del Ilustre Colegio de Abogados de Madrid*, España, Ilustre Colegio de Abogados de Madrid, n.º 24, pp. 113-144. ISSN 0413-2963

Lamarca Iturbe, I. y Galdácano, F. B.: (2006) «Personas menores en situaciones de especial vulnerabilidad: retos para una intervención eficaz. *Revista de psicodidáctica*», España, Universidad del País Vasco Departamento de Psicodidáctica, vol. 11, n.º 1, pp. 25-36. ISSN 1136-1034.

Longás Mayayo, E.; Longás Mayayo, J. y Riera i Romaní, J.: (2014) «Daños no intencionados en la escuela. Estudio de su incidencia en escolares de Cataluña», *Educar*, España, Universidad Autónoma de Barcelona Departament de Pedagogia i Didactica, vol. 50, n.º 2, pp. 243-263. ISSN 0211-819X.

Papayannis, D.: (2022) *Manual de derecho de daños extracontractuales*, Ciudad de México, Suprema Corte de Justicia de la Nación. ISBN 978-607-552-351-4

Pérez Pino, M. D. y Sánchez Carmona, M.: (2015) (coords.) *Manual sobre responsabilidad patrimonial de la administración pública*, Sevilla, Instituto Andaluz de Administración Pública. ISBN 978-84-8333-652-6.

Rodríguez-Piñero y Bravo-Ferrer, M. y Casas Baamonde, M. E.: (2018) (dir.) *Comentarios a la Constitución española*, tomo I, Madrid, Fundación Wolters Kluwer, Boletín Oficial del Estado, Tribunal Constitucional y Ministerio de Justicia. ISBN 978-84-936812-0-3.

Villagrasa Alcaide C.: (2012) «Los conflictos de derechos en el aula y las alternativas de gestión y resolución», *Educatio Siglo XXI*, España, Universidad de Murcia Facultad de Educación, vol. 30, n.º 2, 2012, pp. 149-166. ISSN-e: 1989-466X.

Anexo de jurisprudencia

- STS, a 26 de septiembre de 1998 - ROJ: STS 5393/1998 - ECLI:ES:TS:1998:5393.
- STS, a 27 de julio de 2002 - ROJ: STS 5745/2002 - ECLI:ES:TS:2002:5745.
- STS, a 15 de marzo de 2005 - ROJ: STS 1621/2005 - ECLI:ES:TS:2005:1621.
- STSJ Andalucía, a 15 de marzo de 2001 - ROJ: STSJ AND 3400/2001 - ECLI:ES:TSJAND:2001:3400
- STSJ Navarra, a 16 de mayo de 2003 - ROJ: STSJ NA 677/2003 - ECLI:ES:TSJNA:2003:677.
- STSJ Canarias, a 29 de mayo de 2003 - ROJ: STSJ ICAN 1681/2003 - ECLI:ES:TSJICAN:2003:1681.
- STSJ Madrid, a 30 de marzo de 2007 - ROJ: STSJ M 4444/2007 - ECLI:ES:TSJM:2007:4444.
- STSJ Madrid, a 18 de octubre de 2011 - ROJ: STSJ M 15478/2011 - ECLI:ES:TSJM:2011:15478.
- STSJ Andalucía, a 07 de octubre de 2013 - ROJ: STSJ AND 10142/2013-ECLI:ES:TSJAND:2013:10142.
- STSJ Galicia, a 14 de mayo de 2014 - ROJ: STSJ GAL 5706/2014 - ECLI:ES:TSJGAL:2014:5706.
- STSJ Galicia, a 28 de julio de 2016 - ROJ: STSJ GAL 6333/2016 - ECLI:ES:TSJGAL:2016:6333.
- STSJ Aragón, a 15 de abril de 2019 - ROJ: STSJ AR 749/2019 - ECLI:ES:TSJAR:2019:749.
- STSJ Castilla y León, a 24 de febrero de 2021 - ROJ: STSJ CL 828/2021 - ECLI:ES:TSJCL:2021:828.
- STSJ Castilla-La Mancha, a 14 de noviembre de 2022 - ROJ: STSJ CLM 3220/2022 - ECLI:ES:TSJCLM:2022:3220.

NUEVAS TECNOLOGÍAS, PROCESO PENAL, SEGURIDAD Y EL DISCURSO DE ODIO EN LA RED

LA DIRECTIVA SOBRE REPRESENTANTES LEGALES PARA RECABAR PRUEBAS ELECTRÓNICAS EN EL PROCESO PENAL

Juan A. Muriel Diéguez
Doctorando en Derecho de la Universidad de Valladolid

1. Introducción

El pasado 13 de junio fue aprobada en primera lectura por el Parlamento Europeo la Propuesta de Directiva del Parlamento Europeo y del Consejo por la que se establecen normas armonizadas para la designación de representantes legales a efectos de recabar pruebas para procesos penales[1].

El objeto de esta Directiva consiste en complementar el Reglamento sobre órdenes europeas de entrega y conservación de pruebas electrónicas en el proceso penal. El texto normativo establece una serie de obligaciones dirigidas a las entidades privadas que prestan servicios digitales[2]. Concretamente se determina el uso de medidas coercitivas, propias del derecho penal para hacer cumplir con la legislación europea en el ámbito de las nuevas tecnologías, con el añadido —que puede resultar conflictivo y discutible— de su aplicación extraterritorial, por cuanto extiende su competencia no solo a entidades con sede física en la Unión Europea, sino a aquellas situadas en Estados terceros.

Precisamente, eran las dificultades que encontraban los investigadores a la hora de acceder a pruebas digitales, en especial, cuando estas se habían de dirigir a países terceros, las que motivaron que se reclamara desde los

---

1 Resolución legislativa del Parlamento Europeo, de 13 de junio de 2023, sobre la propuesta de Directiva del Parlamento Europeo y del Consejo por la que se establecen normas armonizadas para la designación de representantes legales a efectos de recabar pruebas para procesos penales (COM (2018)0226 —C8-0154/2018— 2018/0107(COD)).

2 Considerando 1: «Los servicios basados en la red pueden prestarse desde cualquier lugar y no requieren infraestructura física, instalaciones ni personal en el país en que se ofrece el servicio en cuestión ni en el mercado interior [...] hacer cumplir las obligaciones establecidas en el Derecho nacional y de la Unión dirigidas a los prestadores de servicios afectados, y en particular la obligación de cumplir una orden o una decisión de una autoridad judicial».

organismos encargados de las investigaciones —en concreto en los procesos de carácter penal— herramientas que agilizaran dichos procedimientos. De esta manera se añadiría a este objetivo principal, el secundario, aunque no menos importante de «superar la fragmentación legislativa entre los distintos miembros de la Unión Europea»[3], y conseguir de esta manera, no solo la deseada cohesión normativa en el proceso penal europeo, sino evitar la siempre censurable inseguridad jurídica, que es inherente a toda fragmentación legislativa[4].

2. Antecedentes legislativos

Con el objeto de garantizar que las entidades que operan dentro de la Unión Europea se encuentren sometidas a un mismo marco legal, se ha decidido establecer una serie de normas comunes que compelen a todos en las mismas obligaciones. Y en el ámbito penal no podía ser menos, pues se trata de que todas las personas físicas y jurídicas de la Unión se vean concernidas por las mismas normas, lo cual facilitará las investigaciones encaminadas a luchar contra el crimen organizado, cada vez más sofisticado, en especial el llamado «cibercrimen».

En definitiva, y como nos recuerda el Considerando quinto, se trata de «establecer normas armonizadas sobre la designación de establecimientos designados *(sic)* y de representantes legales de determinados prestadores de servicios en la Unión para la recepción, el cumplimiento y la ejecución de las resoluciones y órdenes emitidas por las autoridades competentes de los Estados miembros a efectos de recabar pruebas electrónicas para procesos penales…».

El Derecho Internacional Privado dispone de herramientas como son las de asistencia judicial mutua, en las cuales y mediante procedimientos protocolizados, las diferentes autoridades judiciales contactaban entre sí para solicitar y/o entregar las pruebas (electrónicas/ *e-evidence*) que se considerasen necesarias. Ahora bien, estos instrumentos tenían el inconveniente de ser lentos y tediosos[5].

---

3 Comunicación inédita del autor: Muriel Diéguez, Juan A. (2023). *Las órdenes de entrega y conservación de pruebas electrónicas en el proceso penal europeo. IV Congreso Internacional de Jóvenes Investigadores sobre la Unión Europea.* Instituto de Estudios Europeos. Universidad de Valladolid. Celebrado del 29 al 30 de junio del 2023.

4 Sobre las dificultades de la cooperación en el proceso penal entre la UE y terceros Estados y en concreto si existe petición de «*e-evidence*», véase Tosza, Stanislaw. (2021): «Internet service providers as law enforcers and adjudicators. A public role of private actors». Computer law & security review, 43. www.elsevier.com/locate/CLSR. DOI:0267-3649. Disponible en: https://doi.org/10.1016/j.clsr.2021.105614. [Consultado el 12 de abril de 2023].

5 Gascón Marcen, Ana. (2019): «Las órdenes europeas de entrega y conservación de pruebas electrónicas: evaluación de la propuesta de la comisión europea», en J. M. Mar-

En la Unión Europea, con el fin de intentar paliar este problema se creó la Orden Europea de Investigación (OEI), que fue aprobada a través de la Directiva 2014/41/UE relativa a la orden europea de investigación en materia penal[6]. No obstante, hay que reseñar que ya existían precedentes en el ámbito de las investigaciones tecnológicas como nos informa la propia Exposición de motivos de la Propuesta de Reglamento, al recordarnos que la misma vino a sustituir al Convenio de 2000[7].

Del mismo modo debemos mencionar otros instrumentos normativos creados por la Unión y que tiene una gran influencia y relación con la presente Directiva al tratar sobre la protección de datos, como son el Reglamento (UE) 2016/679 del Parlamento Europeo y del Consejo y la Directiva 2002/58/CE del Parlamento y del Consejo[8], a los que se refiere de manera concreta la propia Directiva en su Considerando cuarto.

La importancia de este Reglamento 2016/679 reside en que en él, ya se regulaba en el año 2016 las figura del «representante legal» de las empresas de servicios digitales asentadas en la Unión con el fin de responsabilizarse del tratamiento de datos de los clientes residentes en la Unión. En este caso la Directiva se inspira en el citado Reglamento, pero en esta ocasión con el objeto concreto de obtener pruebas electrónicas en el ámbito de un proceso penal, para lo cual ha de dirigirse a prestadores de servicios, en muchos casos establecidos fuera de la Unión Europea, por lo cual será necesario que cuenten —si ofrecen servicios dentro del territorio europeo— con quién deba ser destinatario de las oportunas solicitudes de entrega o conservación de pruebas electrónicas necesarias para el esclarecimiento de una investigación criminal. Pues no debemos olvidar que el objetivo del legislador al crear esta Directiva es completar y dar apoyo al Reglamento del Parlamento Europeo y

---

TÍN RODRÍGUEZ (dir.), L. GARCÍA-ÁLVAREZ (dir.), A. SÁNCHEZ RUBIO (coord.), J. M. MACARRO OSUNA (coord.) *El mercado único en la Unión Europea. Balance y perspectivas jurídico-políticas.* Dykinson. Madrid, p. 1122

6 Directiva 2014/41/CE del Parlamento europeo y del Consejo, de 3 de abril de 2015, relativa a la orden europea de investigación en materia penal, DOUE 1.5.2014, L. 130/1. Transpuesta al ordenamiento español por Ley 3/2018, de 11 de junio, incorporando el instrumento OEI en el Título X de la Ley 23/2014, de 20 de noviembre, de reconocimiento mutuo de resoluciones penales en la Unión Europea, BOE n.° 282, de 21.11.2014.

7 Acto del Consejo de 29 de mayo de 2000 por el que se celebra, de conformidad con el artículo 34 del Tratado de la Unión Europea, el Convenio relativo a la asistencia judicial en materia penal entre los Estados miembros de la Unión Europea. C 197/1. 12 de julio de 2000.

8 Reglamento (UE) 2016/679 del Parlamento Europeo y del Consejo, de 27 de abril de 2016, relativo a la protección de las personas físicas en lo que respecta al tratamiento de datos personales y a la libre circulación de estos datos y por el que se deroga la Directiva 95/46/CE (Reglamento general de protección de datos) (DO L 119 de 4.5.2016). Directiva 2002/58/CE del Parlamento Europeo y del Consejo, de 12 de julio de 2002, relativa al tratamiento de los datos personales y a la protección de la intimidad en el sector de las comunicaciones electrónicas (Directiva sobre la privacidad y las comunicaciones electrónicas) (DO L 201 de 31.7.2002).

del Consejo sobre órdenes europeas de entrega y conservación de pruebas electrónicas a efectos de enjuiciamiento penal, por cuanto la Directiva regula las figuras del «representante legal» y el «establecimiento designado», que habrán de ser los destinatarios de las órdenes de entrega y conservación de pruebas electrónicas en el proceso penal.

Del mismo modo, hay que mencionar la vinculación con el artículo 34 del Tratado de la Unión Europea, en relación con la Asistencia judicial mutua entre Estados miembros en materia penal y el Convenio celebrado por el Consejo de conformidad con el mismo[9].

3. El reglamento sobre órdenes europeas de entrega y conservación de la prueba electrónica

Con el fin de paliar los defectos y problemas que presentan los recursos sobre cooperación transfronteriza en materia de entrega y conservación de pruebas en el proceso penal, el legislador decidió utilizar un instrumento de obligado cumplimiento[10] —de ahí la elección del Reglamento como instrumento normativo para su regulación— para todos los Estados miembros. Esta decisión en modo alguno ha estado exenta de polémica, pues desde que se hizo público motivó las críticas de varios operadores jurídicos que consideraron que había sido una elección errónea[11].

9 Convenio celebrado por el Consejo, de conformidad con el artículo 34 del Tratado de la Unión Europea, relativo a la asistencia judicial en materia penal entre los Estados miembros de la Unión Europea (DO C 197 de 12.7.2000, p. 3) y su Protocolo (DO C 326 de 21.11.2001).

10 Propuesta de Directiva del Parlamento europeo y del Consejo por la que se establecen normas armonizadas para la designación de representantes legales a efectos de recabar pruebas para procesos penales, COM (2018) 226 final, (en adelante Directiva 2018) : «La base jurídica para la adopción de medidas en este ámbito es el artículo 82, apartado 1, del Tratado de Funcionamiento de la Unión Europea, que dispone que se podrán adoptar medidas con arreglo al procedimiento legislativo ordinario a fin de establecer normas y procedimientos para garantizar el reconocimiento en toda la Unión de las sentencias y resoluciones judiciales en todas sus formas [...] Dado que la propuesta se refiere a procedimientos transfronterizos para los que se requieren normas uniformes, no es necesario dejar un margen a los Estados miembros para transponer dichas normas. Un Reglamento es directamente aplicable, aporta claridad y más seguridad jurídica y evita interpretaciones divergentes en los Estados miembros y otros problemas de transposición que han padecido las Decisiones marco relativas al reconocimiento mutuo de las sentencias y resoluciones judiciales».

11 Entre quienes muestran dudas con respecto a esta decisión podemos citar a la Profª. De Hoyos Sancho, Montserrat. (2022): «Reflexiones acerca de la Propuesta de Reglamento UE sobre las órdenes europeas de entrega y conservación de pruebas electrónicas a efectos de enjuiciamiento penal». *Revista General de Derecho Procesal* 58, 1-37. Mientras que entre quienes lo creen acertado podemos citar a Laro González, Elena. (2022): «Prueba penal transfronteriza: de la orden europea de investigación a las órdenes europeas de entrega y

A estas dudas sobre el instrumento legislativo elegido se unen otras sobre su posible aplicación —del futuro Reglamento una vez entre en vigor— al permitir a las autoridades de un Estado miembro obligar a empresas y/o entidades privadas a conservar o entregar datos informáticos de clientes, aunque se hallen fuera de la jurisdicción de la UE. Es decir, podemos poner en duda la legalidad de ampliar el ámbito de actuación de este Reglamento a terceros fuera de la Unión Europea.

La principal novedad del Reglamento de entrega y conservación de pruebas electrónicas consiste en la posibilidad de dirigir estas solicitudes a entidades privadas —los prestadores de servicios— al contario que los instrumentos anteriores de cooperación judicial que se reservaban a las autoridades de los Estados miembros. Precisamente este hecho es el que ha provocado una fuerte controversia entre la doctrina, pues se considera que obligar de manera coercitiva a una entidad privada a entregar y/o conservar datos informáticos (prueba electrónica) de un particular investigado constituiría una vulneración de sus derechos fundamentales y garantías procesales, más aún cuando los prestadores de servicios destinatarios de estas órdenes se encuentren en Estados terceros[12]. Del mismo modo, otro de los objetivos del Reglamento como se reconoce en la exposición de motivos es el de agilizar los trámites para la obtención de pruebas electrónicas. En las Propuestas iniciales parece que se sacrificó la rigurosidad en la observancia de las garantías procesales del investigado en aras de una mayor rapidez en el proceso penal.

Afortunadamente, y a través de modificaciones y observaciones planteadas por diversos operadores jurídicos que fueron invitados a plantear sus ideas por la Comisión[13], se han introducido mejoras relacionadas con las garantías procesales de los investigados. Entre las modificaciones introdu-

---

conservación de pruebas electrónicas». Revista de Estudios Europeos, 79, 285-303. p. 290, así como la Profª. Fuentes Soriano, Olga. (2020): «Europa ante el reto de la prueba digital. El establecimiento de instrumentos probatorios comunes: las órdenes europeas de entrega y conservación de pruebas electrónicas», en O. Fuentes Soriano (Dir.), P. Arrabal Platero (coord..), Y. Doig Díaz (coord..), A. Ortega Giménez (coord..), I. Turégano Mansilla (coord..). *Era digital, sociedad y derecho.* Tirant lo Blach. Valencia, p. 288.

12 Fuentes Soriano, Olga. (2020): «Europa ante el reto de la prueba digital. El establecimiento de instrumentos probatorios comunes: las órdenes europeas de entrega y conservación de pruebas electrónicas», en Fuentes Soriano, O. (dir.); Arrabal Platero, P. (coord..); Doig Díaz, Y. (coord..); Ortega Giménez, A. (coord..); Turégano Mansilla, I (coord..). *Era digital, sociedad y derecho.* Tirant lo Blach. Valencia, pp. 288 y 294.

13 Véase Posición de CCBE —*Council of Bars and Law Societies of Europe*— sobre la propuesta de Reglamento de la Comisión sobre las órdenes europeas de entrega y conservación de pruebas electrónicas a efectos de enjuiciamiento penal de 19 de octubre de 2018. Disponible en https://www.ccbe.eu/fileadmin/speciality_distribution/public/documents/SURVEILLANCE/SVL/Positions_papers/EN_SVL_20180629_CCBE-Preliminary-comments-on-the-Commision-proporsal-for-a-Regulation-on-European-Production-and-Preservation-Orders-for-electronic-evidence-in-criminal-matters.pdf. [Consultado 7 de marzo de 2023].

cidas en el Reglamento y que tienen mayor relación con la Directiva objeto de este estudio, destacaríamos la ampliación del artículo 2 sobre definiciones que en un anterior apartado cuarto se refería de manera genérica al término «establecimiento», mientras que en la Propuesta finalmente aprobada por el Parlamento Europeo se convierte en un ampliado apartado quinto que recoge de manera minuciosa las figuras del «establecimiento», que pasa ha desdoblarse en un 5 *bis,* que define al «establecimiento delegado» y un 5 *ter* referido al «representante legal»[14].

Ambas figuras son de suma importancia ya que están directamente involucradas en la posibilidad de aplicar el Reglamento propuesto a terceros[15], es decir empresas o entidades que, sin presencia en el territorio de la UE, realicen parte de su actividad en la misma —algo regulado en el artículo 3 sobre el ámbito de aplicación[16]— de manera que cuenten con alguna delegación física o deban nombrar a una persona que las represente ante las autoridades de la UE, existiendo eso sí, ciertas salvedades, como que los datos solo se emitirán para procesos penales[17] y que esos datos requeridos se han de circunscribir a los datos relativos a servicios ofrecidos por el proveedor dentro de la UE.

4. La directiva sobre representantes

4.1. Objeto y ámbito de aplicación

La presente Directiva que viene a acompañar el Reglamento está formada por diez artículos. El primero de ellos sobre el Objeto y ámbito de aplicación, codifica el núcleo central del texto normativo. En él se determina qué

14 Relacionado con la aplicación del Reglamento (UE) 2016/679 del Parlamento Europeo y del Consejo, de 27 de abril de 2016, relativo a la protección de las personas físicas en lo que respecta al tratamiento de datos personales y a la libre circulación de estos datos. L 119/1 de 4 de mayo de 2016.

15 Bueno de Mata, Federico. (2021): «Análisis de las medidas de cooperación judicial internacional para la obtención transfronteriza de pruebas en materia de cibercrimen», en L. Fontestad Portalés (dir.), M. de las N. Jiménez López (coord.) *La transformación digital de la cooperación jurídica penal internacional,* Thompson Reuters Aranzadi, Cizur Menor (Navarra), pp. 19-46.

16 Tosza, Stanislaw. (2021): «Internet service providers as law enforcers and adjudicators. A public role of private actors», *Computer law & security review,* 43 [Disponible en www.elsevier.com/locate/CLSR] [Consultado el 12 de abril de 2023].

17 Existe una persistente referencia a la acotación de este Reglamento a procesos de carácter estrictamente penal. Seguramente se deba a las dudas que suscitaron instrumentos de cooperación judicial anteriores que no diferenciaban entre procedimientos administrativos y penales, en Arangüena Fanego, C.; De Hoyos Sancho y Rodríguez-Medel Nieto, C (Dir. y Coor.) (2015): *Reconocimiento Mutuo de Resoluciones Penales en la Unión Europea*, Thompson Reuters Aranzadi, Cizur Menor (Navarra), pp. 509 y ss.

requisitos habrán de observar las empresas de servicios digitales a la hora de cumplir el Reglamento de entrega y conservación de prueba electrónica en el proceso penal. Para que el Reglamento sea eficiente, debe tener un destinatario concreto al que poder enviar las citadas órdenes. De ahí que se establezca la obligación de las entidades privadas que realicen actividades digitales propias de su campo en la Unión Europea, de nombrar un representante legal para realizar la misión de recepción de las órdenes. Es interesante resaltar que, en el último texto aprobado por el Parlamento en el 13 de junio, se añadió otro supuesto, como es el de designar «...un establecimiento designado» (sic)[18].

En el apartado segundo, se reseñan los límites materiales dentro de los cuales será de aplicación la Directiva. Obviamente, se recuerda que sirve de apoyo y complemento al Reglamento de entrega y conservación de prueba electrónica en el proceso penal, por cuanto su objeto concreto se refiere a las pruebas electrónicas, del mismo modo se insiste, como se hace de manera repetida en el propio Reglamento, que se ha de circunscribir de manera exclusiva a procesos de carácter penal. También recuerda que ha de ser compatible con el Derecho nacional[19].

Se ha añadido en el último texto un tercer apartado que advierte que la Directiva no entrara en colisión con las competencias de las que ya dispongan los Estados miembros para dirigirse a las entidades privadas en el ámbito del proceso penal. Esta salvaguarda no se encontraba codificada en propuestas anteriores y podría ocasionar conflicto en la práctica penal, por cuanto podía darse una colisión entre diversas normas.

Los últimos dos apartados del precepto establecen una serie de limitaciones materiales y territoriales. Advirtiendo que no se podrán exigir requisitos fuera de los estipulados por la presente Directiva, por parte de los Estados miembros de manera unilateral, del mismo modo, que la regulación sobre la materia no se aplicará a servidores establecidos y que operen únicamente en un Estado miembro[20], remitiéndonos a la definición de «prestadores de servicio», que recoge el art.2.1, como veremos *ut infra*.

18 Se busca con esta ampliación de los destinatarios de las órdenes no excluir la posibilidad de dirigir las solicitudes a personas jurídicas, más aún en el caso de empresa de servicios digitales no asentadas en la Unión y que podrían carecer de una persona física determinada y con poderes suficientes para representar al prestador de servicios, o bien que el representante legal sea un organismo o autoridad.

19 Considerando 6: «...Los Estados miembros también deben poder dirigir las resoluciones y órdenes con el fin de recabar pruebas electrónicas sobre la base del Derecho nacional a una persona física o jurídica que actúe como representante legal o como establecimiento designado de un prestador de servicios en su territorio».

20 De Hoyos Sancho, Montserrat. (2023): «Novedades en materia de obtención transfronteriza de información electrónica necesaria para la investigación y enjuiciamiento penal en el ámbito europeo», *Revista de Estudios Europeos,* n.º Extraordinario monográfico, 1, p. 101, pie de página 3: «Si el proveedor de servicios que ha de proporcionar los datos electróni-

4.2. Definiciones

En el segundo precepto se codifica de manera extensa y prolija las definiciones de los distintos términos con un alto contenido técnico —de ahí la necesidad de ser escrupuloso— que se refieren al objeto principal de la Directiva, como ya hemos visto.

Se hace hincapié en qué ha de entenderse como «prestador de servicios», para lo que realiza una enumeración tasada de los supuestos que deben considerarse como tales, con referencia a diversas Directivas[21]. Curiosamente, el apartado primero, empieza advirtiendo de una excepción a la regla general, al señalar que no será de aplicación «... servicios financieros a que se refiere el artículo 2, apartado 2, letra b), de la Directiva 2006/123/CE del Parlamento Europeo y del Consejo»[22]. Algo que podría explicarse por la materia de dicha Directiva, que se circunscribe a los servicios financieros, mientras que la presente Directiva, así como el Reglamento que complementa son de aplicación exclusiva y excluyente al ámbito penal[23].

Resulta interesante el apartado tercero, por cuanto se ha adjuntado en el último texto, dentro de las modificaciones propuestas en el trámite parlamentario el supuesto por el que existe «una conexión sustancial con un Estado miembro de la UE»[24]. Era relativamente habitual, que algunas empresas de servicios digitales fuertemente implantadas en algunos de los Estados miembro, al ser interpeladas por las autoridades a la hora de realizar alguna reclamación jurídica, alegaran no tener presencia física en dicho Estado y, por tanto, no estar sujeta a su legislación. En este caso se ha considerado que, si un prestador de servicios no dispone de un establecimiento físico, bastará con que tenga un «... número significativo de usuarios en uno o

cos que se necesitan en una causa penal estuviera establecido en el mismo Estado en que se investigan o enjuician los hechos, no sería necesaria la cooperación transfronteriza para su obtención; se trataría entonces de una prueba «doméstica»».

21 Directiva (UE) 2018/1972, Directiva (UE) 2015/1535,

22 Directiva del Parlamento Europeo y del Consejo por la que se establecen normas armonizadas para la designación de representantes legales a efectos de recabar pruebas para procesos penales (COM (2018)0226 —C8-0154/2018— 2018/0107(COD)). Art.2.1.

23 Debemos señalar que el Reglamento sobre la prueba electrónica contiene reiteradas menciones sobre el límite material del texto normativo, reduciéndolo de manera estricta al ámbito penal. Pensamos que esto se debe a las dudas que surgieron en cuanto al ámbito material de aplicación en otros textos de cooperación judicial entre Estados de la UE, en Arangüena Fanego, C.; De Hoyos Sancho y Rodríguez-Medel Nieto, C. (Dir. y Coor.) (2015): *Reconocimiento Mutuo de Resoluciones Penales en la Unión Europea*, Thompson Reuters Aranzadi, Cizur Menor (Navarra), pp. 509 y ss.

24 Considerando 30 del Reglamento de entrega y conservación de prueba electrónica en el proceso penal.

más Estados miembros, o se orienten actividades hacia uno o más Estados miembros...», para estar sujeto a la legislación emanada del Reglamento y Directiva objeto de este estudio[25].

Por otra parte, el punto cuarto del artículo ha sufrido una modificación en el último texto, que tiene por objeto definir claramente la figura del «establecimiento», al advertir que ha de ser «...una entidad que ejerce efectivamente una actividad económica por tiempo indefinido a través de una infraestructura estable a partir de la cual se lleva a cabo el negocio de prestar servicios o se gestiona el negocio». Se insiste en especial en que ejerza efectivamente dicha actividad económica. Parece evidente que esta insistencia tiene por objeto evitar el uso de figuras fraudulentas para bordear el cumplimiento de la ley. Supuestos en los que se nombra un espacio físico como sede de una entidad privada que realmente no realiza actividad alguna.

En el apartado siguiente se añade la definición de «establecimiento designado», donde de una manera un tanto confusa, se refiere a un establecimiento con personalidad jurídica propia y nos remite al concepto del art. 1 y al posterior del art. 3, donde esta novedosa figura es tratada pormenorizadamente —lo cual hace que nos parezca innecesario este apartado— al ser una de las principales novedades de la Directiva. La peculiaridad del mismo reside en el aspecto territorial, pues el «establecimiento» debe encontrarse en un Estado miembro de la Unión y, que haya aceptado el presento texto normativo.

Finalmente, se regula la figura del «representante legal», de gran importancia, ya que representará a aquellos prestadores de servicios que no tengan presencia física en ningún Estado miembro[26].

25 Para mayor abundamiento, el Considerando 10 de la propia Directiva ha incluido en su último texto, algunas modificaciones con el fin de determinar con claridad que se entiende por un servicio ofrecido de manera habitual en la Unión : «... la mera accesibilidad de una interfaz en línea *en la Unión (como,* por ejemplo, la accesibilidad de una página web o una dirección de correo electrónico u otros datos de contacto de un prestador de servicios o de un intermediario [...] debe considerarse insuficiente para determinar que un prestador de servicios ofrece servicios en la Unión en el sentido de la presente Directiva».

26 Hay que señalar que las definiciones de estas figuras provienen de instrumentos jurídicos ya existentes en el acervo legal de la UE, como es el Reglamento (UE) 2016/679 del Parlamento Europeo y del Consejo, de 27 de abril de 2016, relativo a la protección de las personas físicas en lo que respecta al tratamiento de datos personales y a la libre circulación de estos datos y por el que se deroga la Directiva 95/46/CE (Reglamento general de protección de datos) (DO L 119 de4.5.2016, p. 1), y que sirven como dice el Considerando 4 de la propia Directiva para «...evitar divergencias en el marco jurídico y garantizar que las empresas que operan en el mercado interior estén sujetas a obligaciones idénticas o similares...».

4.3. Establecimientos designados y representantes legales

El artículo tercero de la Directiva se constituye en el más amplio y profuso de la Directiva, lo cual da buena idea de la importancia que concede a los «establecimientos designados» y los «representantes legales». Algo que subyace en el texto legal desde los considerandos iniciales. Asimismo, ha sufrido importantes modificaciones fruto de las propuestas de distintos operadores jurídicos invitados por la Comisión[27].

En un primer apartado, se consigna la obligación de los Estados miembros de «velar» porque los prestadores de servicio nombren un destinatario al cual poder dirigir las solicitudes de entrega de datos. Ahora bien, el término «velar», indica más una opción facultativa o deseo bienintencionado, que una obligación legal o imperativa emanada de un Reglamento de la Unión. Eso sí, limita claramente el ámbito material de este consejo al señalar que su objeto es «...a efectos de recabar pruebas para procesos penales...». Continúa enumerando tres supuestos concretos que derivan del precepto anterior. En el caso de que los prestadores de servicio tengan personalidad jurídica propia y se encuentren en la Unión, deberán designar un «establecimiento designado» *(sic)*[28]. En cuanto a la posibilidad de un prestador con personalidad jurídica, que ofrezca sus servicios dentro de la UE, pero sin presencia en la Unión, deberá nombrar un «representante legal» que se hará responsable de las actividades de la entidad de servicios digitales. Por último, se preceptúa el supuesto por el cual el prestador de servicios se encuentre asentado en un Estado miembro de la Unión, al que no vincule este Reglamento y Directiva[29]. En este caso, los Estados miembros se asegurarán de que se nombre igualmente un «representante legal» que se responsabilice de las actividades empresariales del prestador en los Estados sí vinculados por el texto normativo. Resulta llamativo que, en este supuesto, la Directiva se abstenga de obligar al Estado miembro anfitrión, aunque no sea firmante de la Directiva o el Reglamento que complementa. Aunque por otra parte no se hace más que adoptar la recomendación del Informe de la Comisión de Libertades Civiles,

27 Informe sobre la propuesta de Directiva del Parlamento Europeo y del Consejo por la que se establecen normas armonizadas para la designación de representantes legales a efectos de recabar pruebas para procesos penales (COM (2018)0226 —C8-0154/2018— 2018/0107(COD)) Comisión de Libertades Civiles, Justicia y Asuntos de Interior [A9-0257/2020 de 11.12.20]

28 Puede resultar llamativo la idea de «designar un establecimiento...designado», seguramente fruto de la traducción a nuestro idioma del original en inglés que no ha tenido en cuenta la redundancia de términos.

29 Considerando 101 del Reglamento sobre órdenes de entrega y conservación de prueba electrónica: «De conformidad con los artículos 1 y 2 del Protocolo n.° 22 sobre la posición de Dinamarca, anejo al TUE y al TFUE, Dinamarca no participa en la adopción del presente Reglamento y no queda vinculada por él ni sujeta a su aplicación».

Justicia y Asuntos de Interior, en cuya exposición de motivos se advierte de los problemas legales que plantearía obligar a los Estados no firmantes de este instrumento nombrar «representantes legales»[30].

El siguiente apartado regula deberes dirigido a los Estado miembros, como el de asegurar que los «destinatarios» de los que habla el apartado primero, se encuentren de manera real establecidos en alguno de los Estados miembro de la Unión, donde a su vez ofrezcan sus servicios digitales, además de garantizar que se les pueda impeler de manera efectiva —puedan ser objeto de procedimientos de ejecución— a la hora de cumplir con sus obligaciones legales.

A continuación, el apartado tercero advierte del deber de los Estados miembros de asegurar que las órdenes y resoluciones dirigidas a los establecimientos o representan tes se ajusten de manera exacta al ámbito de aplicación señalado en el artículo primero. Del mismo modo que en el Reglamento de la prueba electrónica, se insiste en que este texto normativo solo ha de utilizarse para la obtención de pruebas electrónicas y circunscrito de manera única a los procesos penales.

El cuarto apartado prevé de manera suspicaz el supuesto en que las entidades privadas quieran soslayar el cumplimiento efectivo de la legalidad de la Unión, mediante la constitución de establecimientos vacíos de contenido y representantes sin poderes suficientes. Por ello, recuerda a los Estados miembros su obligación de comprobar que los mencionados «representantes legales» y los «establecimientos» cuenten con los recursos y competencias suficientes que garanticen el cumplimiento del Reglamento y la Directiva.

El apartado quinto, codifica un supuesto que podría darse en ocasiones y que supondría un método de evadirse del cumplimiento de obligaciones por parte de las empresas de servicios digitales. Por ello, se obliga a los Estados miembros a establecer los instrumentos necesarios para obligar a los servidores a responsabilizarse de manera solidaria junto a sus establecimientos designados y sus representantes legales en los Estados en los que

30 Informe sobre la propuesta de Directiva del Parlamento Europeo y del Consejo por la que se establecen normas armonizadas para la designación de representantes legales a efectos de recabar pruebas para procesos penales (COM (2018)0226 —C8-0154/2018—2018/0107(COD)): «No obstante, existe una discrepancia entre los dos instrumentos. La Directiva propuesta obligaría a todos los Estados miembros de la Unión a establecer un representante legal, incluso a aquellos que no participan en los instrumentos jurídicos adoptados en el ámbito de aplicación del título V, capítulo 4, del Tratado de Funcionamiento de la Unión Europea. Además, la propuesta de la Comisión no solo prevé introducir la figura de un representante legal para el funcionamiento del Reglamento propuesto, sino utilizarla igualmente para otros
instrumentos futuros. A este respecto, la Directiva propuesta va más allá de su objetivo y plantea problemas graves con respecto a su base jurídica, a saber, los artículos 53 y 62 del TFUE. Por consiguiente, solo los Estados miembros que participan en el Reglamento propuesto deben estar sujetos a la obligación de designar representantes legales».

se encuentren asentados, para que de esta manera no puedan abstraerse del cumplimiento de sus obligaciones —principalmente pecuniarias— en el caso de ser sancionados y, del mismo modo que no acudan a las legislaciones internas que les pudieran beneficiar —*forum shopping*— para justificar dicho incumplimiento. Hemos de señalar que en el texto finalmente aprobado por el Parlamento se ha introducido una modificación que consiste en el establecimiento de una excepción en cuanto a la responsabilidad solidaria aplicable de manera general[31].

Para concluir, el apartado sexto, hace referencia a plazos de aplicación de la Directiva, de manera que se otorga un plazo de treinta meses —desde la aprobación de la Directiva— a los prestadores de servicios que se establezcan en la Unión para nombrar los «establecimientos designados» en un plazo a su vez de treinta y seis meses desde la aprobación del texto. La redacción del apartado resulta confusa, pues realmente está otorgando un plazo de seis meses, lo cual se coincide claramente con el supuesto que se prevé a continuación, cuando refiere que los prestadores de servicios que se establezcan en la Unión después de pasados los treinta meses posteriores a la adopción de la Directiva, contaran con seis meses para designar un «establecimiento designado» o un «representante legal».

4.4. Notificaciones, sanciones y autoridades centrales

En los siguiente tres artículos se establecen una serie de normas para relacionarse con los prestadores de servicios por parte de los Estados miembros donde se encuentren estos u ofrezcan sus servicios. De manera que los Estados han de garantizar que las empresas tengan una Autoridad Central —de la que se hablará más adelante— que actuará como interlocutora de los Estados miembros con las entidades privadas. Será a ellos, a quienes deberán notificar los datos de los «establecimientos designados» o «representantes legales» para poder ponerse en contacto de manera ágil y efectiva. Asimismo, se regula la obligación de determinar en la notificación, la lengua en la que dirigirse al representante o establecimiento. En el texto final se ha añadido una referencia a la posibilidad de dirigirse en las lenguas que sean oficiales en el Estado miembro donde se encuentre el establecimiento o resida el representante[32], para lo que se deriva al derecho interno nacional su determinación concreta. Por otra parte, si se diera el caso de la existencia

31 Art. 3.5 Directiva: «La responsabilidad solidaria no será aplicable a las acciones u omisiones del prestador de servicios, del establecimiento designado o del representante legal, en su caso, que constituyan una infracción penal en el Estado miembro que aplique las sanciones».

32 Reglamento n.º 1 del Consejo por el que se fija el régimen lingüístico de la Comunidad Económica Europea (DO 17 de 6.10.1958, p. 385).

de varios establecimientos o representante legales, los Estados miembros se asegurarán de que el prestador de servicios indique a cuál de ellos se pueden dirigir las notificaciones y en que lenguas. En un último apartado se garantiza el Principio de Publicidad, al establecerse un instrumento con el que conseguir la máxima difusión en cuanto a las posibilidades de dirigirse al establecimiento o representante legal. Para ello, se ha creado una página web especifica que deberá ser actualizada periódicamente[33].

En cuanto a las sanciones —art. 5 de la Directiva— se deriva su establecimiento a los deferentes Estados miembros, lo cual no deja de sorprendernos y nos parece un error, por cuanto el objeto de este tipo de regulación —aun siendo una Directiva y no un Reglamento— es el de cohesionar el derecho de los diferentes miembros de la Unión, superando la indeseada fragmentación normativa que siempre conduce a la inseguridad jurídica. Con esta decisión se está conduciendo a un *forum shopping* de los prestadores de servicios que, con toda seguridad elegirán establecerse en los Estados con un régimen sancionador más laxo, con respectos de otros Estados con regímenes sancionadores más severos. Por supuesto, los Estados deberán garantizar la ejecución de estas sanciones. así como, por otra parte, garantizar que las sanciones serán «...efectivas, proporcionadas y disuasorias». Una bien intencionada referencia al Principio de Proporcionalidad propio del derecho penal, que no sabemos si será fácilmente aplicable. Los Estados informarán a la Comisión del régimen sancionador, así como de las modificaciones y de manera regular darán cuenta de los procesos abiertos y las correspondientes sanciones impuestas.

El cuanto al muy importante papel de las Autoridades Centrales —art. 6 de la Directiva— se supedita de manera general a los Estados miembros y sus legislaciones internas. Precisamente en el primer apartado, se ha introducido una modificación en la Propuesta finalmente aceptada que señala que para el nombramiento de las Autoridades se hará «De conformidad con sus ordenamientos jurídicos...».

A continuación, los Estados deberán informar de las Autoridades Centrales nombradas a la Comisión, y se recuerda que deben cumplir con el deber de dar a conocer a la ciudadanía del listado de estos. Por último, se codifica —en mi opinión de manera muy perspicaz y previendo problemas de competencia entre autoridades internas, cada vez más frecuentes, como bien sabemos en España— el supuesto por el que en un mismo Estado miembro existan más de una Autoridad Central. En este caso, se recuerda la obligación del Estado de garantizar la coordinación y cooperación entre ellas, así como con la Comisión —en este supuesto no creemos que se den problemas— y se faciliten mutuamente toda la información y cooperen en especial

33 Art. 4.4 Directiva: «*...página web específica de la Red Judicial Europea en materia penal. Los Estados miembros velarán por que esa información se actualice periódicamente. Esa información podrá difundirse para facilitar el acceso de las autoridades competente*».

en el cumplimento de las medidas de ejecución. Esperemos que esto sea así y no se dé la falta absoluta de cooperación e intercambio de información que sabemos que se produce en ocasiones entre organismos de diferentes Administraciones.

4.5. Transposición, evolución, entrada en vigor y destinatarios

La propia Directiva establece —en su art. 7— instrucciones para transponer la misma. Como ya sabemos se necesita de esta figura para hacer valido el presento texto. Determina un plazo de treinta meses —acorde con otras s disposiciones que se dejan en manos de los Estado miembros, como hemos visto *ut infra*— para introducir la Disposición en la regulación nacional. A su vez deberá notificar a la Comisión las normas internas que en uso de sus prerrogativas introduzcan en el texto final de transposición, haciendo la lógica referencia al marco normativo europeo de la que procede.

Asimismo, se concede un amplio plazo de seis años a la Comisión para realizar la ya habitual Evaluación —art. 8— de la presente Directiva, que se presentará al Parlamento Europeo y el Consejo, siguiendo las recomendaciones da la Comisión para una correcta implementación del texto legal, además de advertir a los Estados miembros de su obligación de colaborar en dicha evaluación facilitando la información que se les requiera.

Los dos últimos preceptos de la Directiva son de carácter formal, en cuánto a la entrada en vigor, con los veinte días habituales, a partir de su publicación en el Diario oficial de la Unión y un recordatorio de los Estados obligados a adoptar la Directiva —destinatarios— según los Tratados.

5. La mediación electrónica penal ¿posibilidad real?

5.1. Aspectos generales

Entre las ventajas de la mediación como método de resolución de conflictos —no solo de carácter penal— se encuentra la rapidez y agilidad, pues la solución de conflictos por vía judicial siempre es más lenta, asimismo se puede garantizar una mayor confidencialidad en el tratamiento de la controversia surgida, pues los juzgados han demostrado en varias ocasiones su dificultad para garantizar dicha confidencialidad. Por otra parte, existe un mayor grado de flexibilidad a la hora de hallar una posible solución al conflicto a tratar, lo que a su vez conduce a una mayor eficacia en la resolución del conflicto, pues al ser las partes —interés mutuo— quienes asumen el deber de encontrar una solución y, conformarse con el acuerdo alcanzado, se convierten en compromisos que son respetados desde el inicio, evitándose recursos posteriores ante instancias superiores[34].

Además de la reducción de costes y la posibilidad de especialización que deriva de poder elegir un mediador con conocimientos de la causa en litigio, algo que no siempre es posible encontrar en un juzgado y más aún cuando se tratan causas complejas. Por último y, centrándonos en el objeto de este trabajo, podemos señalar la facilidad de este método autocompositivo de resolución de conflictos en litigios transfronterizos, en los cuales la elección del foro podría ser un problema que la mediación ayuda a evitar[35]. Todo ello, sin olvidar que la flexibilidad antes mencionada conlleva la ventaja de poder elegir la resolución de conflictos a través de medios digitales (on-line), siempre que se cumplan con los estándares legales[36].

5.2. Mediación en el ámbito penal

Durante mucho tiempo la idea de la mediación como método de resolución de conflictos se ciñó al orden civil y mercantil, como ramas del derecho privado, mientras que su uso en el ámbito penal —como representación máxima del derecho público— apenas se produjo. Este hecho tenía su lógica explicación, pues el derecho penal como rama del derecho con «...mayor contenido de *ius cogens* o Derecho imperativo...»[37], era considerada una cuestión de orden público, propia del *ius puniendi* del Estado y, por tanto, poco proclive a la intervención de las partes sin la presencia de la autoridad judicial como representante del poder coercitivo característico de la soberanía del Estado.

No obstante, en los últimos años, la aparición de nuevas corrientes en el derecho, con el desarrollo de nuevos conceptos como la «justicia retributiva» o «justicia reparadora», en la que se otorga un mayor papel a «... la *reparación* de la víctima y la *reconciliación* de ésta con el delincuente...»[38], han promovido la superación de la concepción clásica del derecho penal. Estas nuevas ideas proceden del derecho comparado, en concreto de Estados con

34 PÉREZ-UGENA, María. (2020): *El uso on-line de la mediación, servicio de solución de conflictos. Un instrumento para situaciones de crisis,* Ed. Dykinson, S. L. Madrid, pp. 103-106.

35 Directiva 2008/52/CE del Parlamento europeo y del Consejo de 21 de mayo de 2008 sobre ciertos aspectos de la mediación en asuntos civiles y mercantiles. Diario Oficial de la Unión Europea L 136/3. 24 de mayo de 2008.

36 https://www.poderjudicial.es/cgpj/es/Temas/Mediacion/Guia-para-la-practica-de-la-Mediacion Intrajudicial/[Consultado el 6 de julio de 2023].

37 BARALLAT LÓPEZ, Juan. (2013): «La mediación en el ámbito penal». *Revista jurídica de Castilla y León.* n.° 29. p. 3.

38 *Idem.*

«...tradición jurídica anglosajona e influencia del *Common Law,* como Canadá, Estados Unidos, Nueva Zelanda, Australia, Inglaterra o País de Gales, debido fundamentalmente a que en estos ordenamientos, a diferencia de los sistemas jurídicos denominados continentales, rige con menor rigor que el principio de legalidad de los delitos y las penas, y tiene en cambio mayor autonomía el principio de oportunidad, que permite dejar de aplicar la sanción al hecho definido como delito en determinados casos, por razones de utilidad o conveniencia para la comunidad»[39]. No obstante, podemos recordar que nuestro país estuvo a punto de introducir, en el año 2011, la mediación penal (arts. 143 a 146), en el anteproyecto del nuevo Código Procesal Penal de dicho año, pero éste no llego a aprobarse, y las posteriores modificaciones de la Ley de Enjuiciamiento Criminal tampoco lo han hecho.

En cuanto al uso de las nuevas tecnologías en este tipo de resolución de conflictos extrajudicial, el artículo 24 de la Ley 5/2012, de 6 de julio, de mediación en asuntos civiles y mercantiles, introdujo la posibilidad de la mediación de carácter tecnológica[40]. Ahora bien, no debemos olvidar que estas normas se circunscriben a los órdenes civiles y mercantiles, como referenciamos *ut supra*. Como ya avanzamos la utilización de la mediación y en particular de la mediación electrónica en el ámbito penal siempre ha sufrido de dificultades.

En el Reglamento sobre ordenes europeas de entrega y conservación de pruebas electrónicas, se contiene la posibilidad de imponer sanciones pecuniarias a las entidades privadas, así como incluso sanciones penales, que serían comunicadas a los «establecimientos designados» o a los «representantes legales», que deben ser nombrados en virtud de la Directiva objeto de este trabajo. Esto abre importantes dudas, ya que existiría la posibilidad de que estos últimos se vean en la obligación de responder en Estados en los que las personas jurídicas tienen responsabilidad penal como es el caso de España, mientras que en otros Estados solo deberían soportar sanciones administrativas, como es el caso de Alemania. Este supuesto ocasionaría conflictos entre Estados o entre Estado y entidades privadas, como mencionamos en el capítulo dedicado al análisis del articulado de la Directiva, pues como ya advertimos, la delegación del régimen sancionador en la normativa interna de cada Estado puede dar lugar a una búsqueda interesada —por parte de los proveedores de servicios— de los Estados con normativas más benévolas, como puede ser el caso de esos Estados en los que las personas

39 *Ibidem*, p. 6.

40 Ley 5/2012, de 6 de julio, de mediación en asuntos civiles y mercantiles. «BOE» n.° 162, de 7 de julio de 2012. Art. 24 de actuaciones desarrolladas por medios electrónicos: «Las partes podrán acordar que todas o alguna de las actuaciones de mediación, incluida la sesión constitutiva y las sucesivas que estimen conveniente, se lleven a cabo por medios electrónicos, por videoconferencia u otro medio análogo de transmisión de la voz o la imagen, siempre que quede garantizada la identidad de los intervinientes y el respeto a los principios de la mediación previstos en esta Ley». Con esta Ley se traspuso al ordenamiento interno la anteriormente mencionada Directiva 2008/52/CE.

jurídicas solo deben enfrentarse a sanciones administrativas. Lo que daría lugar a la indeseada figura del «fórum shopping» del Derecho Internacional Privado.

Por ello, considero que recurrir a la figura de la mediación en este caso, aun estando relacionado con la obtención de pruebas en el proceso penal sería una buena opción, siempre y cuando se introdujese en el articulado del Reglamento o en su defecto en la Directiva. De esta manera se conseguiría, en primer lugar, armonizar normas, algo que parece no haberse conseguido y por otra agilizar el proceso en caso de discrepancias entre las partes, algo que, aunque es uno de los objetivos confesos del Reglamento y la Directiva, parece que en la práctica tampoco se ha logrado. En consecuencia, se necesita un marco jurídico adecuado que dote de seguridad a la mediación en el ámbito penal —por lo delicado de sus consecuencias, por ejemplo, a la hora de obtener y enviar pruebas de manera transfronteriza— y que aun encuentra dificultades[41].

6. Conclusiones

Para desarrollar las Conclusiones que hemos obtenido de este somero análisis de la Directiva sobre Representantes legales, debemos parte de un hecho innegable como es la loable intención del legislador de complementar a través de esta el Reglamento sobrere la prueba electrónica. Ahora bien, eso no impide que podemos hacer alguna mención a ciertas deficiencias de este.

En primer lugar, se observa una constante referencia al papel de los Estados miembros en la aplicación de las obligaciones que se recogen en la Directiva. Derivando la responsabilidad de su cumplimiento en los Estados, que aun siendo lógico por el instrumento normativo utilizado —una Directiva y no, un Reglamento— prevemos que pueda crear problemas entre Estados.

En segundo lugar, e incardinado en el punto anterior, esta delegación de funciones no ayuda a la superación de la fragmentación normativa, sino que, al contrario, ahonda en ella, en especial a la hora de hacer cumplir con la misma, por cuanto, delega el régimen sancionador, así como su ejecución, además del nombramiento de Autoridades Centrales, en los Estados miem-

41 García Del Poyo, Rafael. (2013): «La mediación electrónica». *Revista Jurídica de Castilla y León.* n.º 29, p. 18 : « El verdadero problema que nos encontramos a la hora de profundizar en el tema radica en la inexistencia de una legislación internacional sobre la materia lo suficientemente desarrollada como para servir de verdadera ayuda a la hora de resolver las controversias surgidas en el ámbito de las TIC [...] La mediación electrónica posee una serie de limitaciones que no debemos descuidar, como son, entre otras, la validez jurídica y las consecuencias de las notificaciones realizadas entre las partes y los mediadores, la admisión de diferentes medios probatorios, la determinación de la sede de celebración, las lenguas utilizadas en el proceso o el propio reconocimiento y la posterior ejecución de los acuerdos alcanzados en caso de un potencial —y poco probable— incumplimiento...».

bros, lo cual seguramente derivará en una búsqueda del Estado cuyo régimen sancionador sea más benigno. Algo similar sucede en cuanto a las Notificaciones. El propio legislador parece que prevé los problemas que han de surgir en el momento de la aplicación práctica de la Directiva en los presentes Estados. En nuestra opinión subyace en el texto, cierta desconfianza en la capacidad de cumplir fielmente con las disposiciones del texto normativo por parte de los Estados miembros.

Por otra parte, se concede en la Directiva unos plazos de aprobación y entrada en vigor de las disposiciones reguladas —*vacatio legis*— y de la designación de establecimientos y/o representantes legales muy amplios, que no dejan de sorprender en un texto legal de carácter tecnológico y cuya finalidad confesa es la de avanzar y modernizar las leyes en una sociedad cada vez más tecnificada. Con estos plazos, podría darse el paradójico caso de que, en el momento de entrar en vigor, estas medidas empiecen a quedar obsoletas.

Para finalizar, echamos de menos la inclusión de la mediación —más aun en su modalidad on-line por la temática tecnológica del texto normativo— penal como método autocompositivo de resolución de conflictos y que podría suponer una eficaz medida de agilización de controversias que aparezcan en el proceso entre investigadores e investigado, en especial cuando estos últimos consideren que se han vulnerado sus derechos fundamentales o garantías procesales, a la hora de la aplicación del régimen sancionador previsto en la Directiva y Reglamento.

7. Bibliografía

Arangüena Fanego, C.; De Hoyos Sancho, M. y Rodríguez-Medel Nieto, C.: (Dir. y Coor.) (2015) *Reconocimiento Mutuo de Resoluciones Penales en la Unión Europea*, Thompson Reuters Aranzadi, Cizur Menor (Navarra). ISBN 978-84-9098-604-2

Barallat López, J.: (2013) «La mediación en el ámbito penal», *Revista jurídica de Castilla y León,* n.º 29. ISSN: 2254-3805

Bueno De Mata, F.: (2021) «Análisis de las medidas de cooperación judicial internacional para la obtención transfronteriza de pruebas en materia de cibercrimen», en Fontestad Portalés, L. (dir.), Jiménez López, M. N. (coord.) *La transformación digital de la cooperación jurídica penal internacional,* Thompson Reuters Aranzadi, Cizur Menor (Navarra). ISBN: 978-84-1345-650-8

De Hoyos Sancho, M.: (2022) «Reflexiones acerca de la Propuesta de Reglamento UE sobre las órdenes europeas de entrega y conservación de pruebas electrónicas a efectos de enjuiciamiento penal», *Revista General de Derecho Procesal,* n.º 58, pp. 1-37. ISSN: 1696-9642

De Hoyos Sancho, M.: (2023) «Novedades en materia de obtención transfronteriza de información electrónica necesaria para la investigación y enjuiciamiento penal en el ámbito europeo», *Revista de Estudios Europeos,* n.º Extraordinario monográfico 1, pp. 99-128. ISSN 2530-9854

Fuentes Soriano, O.: (2020) «Europa ante el reto de la prueba digital. El establecimiento de instrumentos probatorios comunes: las órdenes europeas de entrega y conservación de pruebas electrónicas», en Fuentes Soriano, O. (dir.); Arrabal Platero, P. (coord..); Doig Díaz, Y. (coord..); Ortega Giménez, A. (coord..); Turégano Mansilla, I.; (coord..); *Era digital, sociedad y derecho,* Tirant lo Blach, Valencia, ISBN: 9788413369464

García del Poyo, R.: (2013) «La mediación electrónica», *Revista Jurídica de Castilla y León*, n.º 29, ISSN: 2254-3805.

Gascón Marcen, A.: (2019) «Las órdenes europeas de entrega y conservación de pruebas electrónicas: evaluación de la propuesta de la comisión europea» en Martín Rodríguez, J. M. (dir.), García-Álvarez, L. (dir.), Sánchez Rubio, A. (coord.), Macarro Osuna, J. M. (coord.); *El mercado único en la Unión Europea. Balance y perspectivas jurídico-políticas.* Dykinson. Madrid. ISBN: 978-84-1324-022-0

Pérez-Ugena, M.: (2020) *El uso on-line de la mediación, servicio de solución de conflictos. Un instrumento para situaciones de crisis,* Ed. DYKINSON, S. L. Madrid. ISBN: 978-84-1324-723-6.

Tosza, S.: (2021) «Internet service providers as law enforcers and adjudicators. A public role of private actors». *Computer law & security review,* 43. www.elsevier.com/locate/CLSR.DOI:0267-3649. Disponible en: https://doi.org/10.1016/j.clsr.2021.105614.

LA TUTELA PENAL DEL CIBERODIO. UNA APROXIMACIÓN RESTAURATIVA TRAS EL CONFLITO DIGITAL

Celia Carrasco Pérez
Personal Investigador en Formación
Universidad de Burgos

1. La red como fenómeno criminológico

El acceso a las tecnologías de la información y la comunicación (TICs, en adelante) ha propiciado una revolución digital indiscutible y sin precedente. La ciudadanía ha acogido las nuevas formas de relación intersubjetivas de una forma masiva. Sin embargo, esta irrupción faculta impensadas conductas antijurídicas y nuevos espacios y medios para la delincuencia —factores que resultan exponencialmente preocupantes ante la enorme acogida social de este fenómeno—. En este sentido, la revalorización de la condición de víctimas ha aumentado, en muchos casos, su vulnerabilidad. El uso habitual de las TICs conlleva desconocidos riesgos tales como el acceso de las víctimas digitales a diversos contenidos peligrosos, la interacción con sujetos o los ataques contra su intimidad. Desde el punto de vista social, esta victimización dificulta, además, una adecuada y responsable socialización.

Hablar de que la irrupción de internet ha constituido un cambio sin precedentes ya no es una novedad. Sí lo es en cambio la forma en la que ésta ha calado en las actividades cotidianas de las personas, en la medida en la que el ámbito digital permite acceder a una realidad aparente, a un contexto que distorsiona la forma de percibir y comprender lo que pasa a nuestro alrededor, e incluso en nuestro interior. Podríamos decir que las TICs han supuesto un cambio de paradigma en tres niveles: en la *psiké* de la persona; en la forma de cometer y sufrir delitos; y en la forma de probar la comisión de un hecho delictivo. Pues el espacio virtual de internet tiene efectos desde la criminogénesis, esto es, la interacción entre tecnología y criminalidad, lo que viene a ser utilizar las TICs para fines delictivos. Estos efectos, como decíamos, se proyectan con más intensidad desde las relaciones sociales en la medida en la que el espacio natural en el que una persona se presenta al mundo queda alterado. Se altera la forma de expresar sentimientos, de relacionarse... Internet desinhibe a los sujetos. Es decir, tenemos unas arquitecturas digitales que han hecho que tengamos un ciber-espacio, y un meta-espacio. Una contraposición entre identidades, la identidad digital, y la identidad personal. Un doble escenario, cuyo resultado inevitablemente concluye, en la esfera física.

Desde una perspectiva criminológica, dos son los factores principales que entendemos hace especial este ámbito de comunicación configurado por internet: la contracción espaciotemporal y el inevitable anonimato. Esta protección del anonimato es quizá la característica esencial en el tratamiento de los delitos de naturaleza digital, en tanto en cuanto trastocar ese anonimato actúa como factor preventivo que disminuye la criminalidad. Lo que ocurre es que para incidir en el anonimato, debemos ahondar en las políticas de empresa de los medios digitales, una forma idónea desde el punto de vista criminológico por su efecto disuasor, pero el cual implica establecer un principio de privacidad limitada: acotar ese «yo digital».

Desde luego el ciberespacio se configura como un lugar criminógeno en tanto genera delincuencia, atrae delincuencia, y constituye un espacio victimogénico. En este sentido, no solo por las características propias de la red, sino por los efectos que estos generan en las personas. Es decir, se facilita la vulnerabilidad en dos sentidos: porque en internet todos podemos estar «descalzos», y porque esa misma interacción altera la *psiké* emocional de las personas, convirtiéndose ellas mismas en su interacción con la red en víctimas de sus propios actos.

En definitiva, las TICSs han desplazado hacia las redes sociales las relaciones que tradicionalmente se han sostenido en el ámbito físico. Una de las consecuencias de la traslación es el incremento de actividades ilícitas ejecutadas en Internet. La Directiva 2013/40/UE del Parlamento y del Consejo, de 12 de agosto de 2013, venía a predecir cómo internet se ha convertido en el medio predilecto de la delincuencia. Sin embargo, esta preocupación por el incremento de la criminalidad *online* ha venido acompañada, desde antes, de esfuerzos por alcanzar una adecuada política penal coordinada mediante instrumentos normativos para hacer frente al fenómeno. Destaca el Convenio sobre Ciberdelincuencia, aprobado por el Consejo de Europa en el año 2001, como instrumento pionero en la articulación de medidas de investigación penal ante actividades delictivas.

La amenaza creciente, que representa la delincuencia en línea, debe atenderse desde un sistema de Justicia integrado, implementado desde la práctica penal bajo la adecuada articulación de la práctica procesal. Siendo necesario una cohesión de carácter supranacional[1], desde el momento en el que los movimientos globalizadores, bajo la revolución en el campo de las TICs, ha diluido las fronteras físicas[2].

2. La amenaza digital de los delitos de odio

Las cifras de criminalidad en línea se han visto incrementadas por la alarma social provocada por los categórica e indeterminadamente conceptualizados delitos de odio instrumentalizados a través de Internet. Un protagonismo de estos delitos que se ha visto apadrinado por las redes sociales y las plataformas de comunicación en línea. Un problema que retoma la cuestión en torno al uso inadecuado de estos medios como fuentes de inmediatez y propagación de contenidos discriminatorios[3].

Las redes sociales se han convertido en el instrumento idóneo del *ciberodio*. Expresiones que, transmitidas a través de las TICs, vendrían a quedar amparadas desde el punto de vista jurídico, por el derecho fundamental a la libertad de expresión positivizado en el artículo 20.1 de la Constitución Española, cuyo reproche penal vendría a determinarse a partir de la ponderación entre éste y el derecho fundamental a la protección de la dignidad humana. Sin embargo, la consideración de *ciberodio* deberá quedar reservada a aquellas conductas que resulten típicamente antijurídicas conforme al ordenamiento penal cuando su medio comisivo se halle en las TICs. Es decir, determinar la naturaleza jurídica del *ciberodio* pasa por determinar los motivos del odio, delimitar si comprende a aquellos colectivos caracterizados como vulnerables[4] y que el medio comisivo empleado se inserte en las TICs, en los términos expuestos en el apartado tercero del artículo 510 del Código Penal: *(...) cuando los hechos se hubieran llevado a cabo a través de un medio*

---

1 En este sentido destaca la Orden PCI/161/2019, de 21 de febrero, del Ministerio de Presidencia, Relaciones con las Cortes e Igualdad, por la que se aprueba la Estrategia Nacional contra el Crimen Organizado y la Delincuencia Grave. BOE, de 22 de febrero de 2019.

2 Marabel Matos, J. J., «Delitos de odio y redes sociales: el derecho frente al reto de las nuevas tecnologías», en *Revista de Derecho UNED*, n.° 27, p. 202.

3 Elósegui Itxaso, M., «Las Recomendaciones de la ECRI sobre Discurso del Odio y la adecuación del ordenamiento jurídico español a las mismas», en *Revista General de Derecho Canónico y Eclesiástico del Estado*, n.° 44, 2017, p. 5.

4 Debe saberse que, definir las características de los delitos de odio, no es una tarea sencilla por cuanto estas categorías están siendo utilizadas de una forma expansiva, desnaturalizando el mismo concepto, para castigar comportamientos que se extralimitan de los supuestos para los que fueron instituidos. El origen de las figuras penales tiene su ser en el derecho penal antidiscriminatorio como forma de proteger a ciertos grupos sociales que, por motivos, vinculados a su identidad personal, se encuentran en situaciones de exclusión. Es la tutela de estos grupos sociales, sobre los que recaen prejuicios bastante arraigados, el objeto de actuación de las figuras penales.

de comunicación social, por medio de internet, o mediante el uso de tecnologías de la información, de modo que, aquel se hiciera accesible a un elevado número de personas[5].

La calificación de una figura penal como delito de odio en la modalidad de *ciberodio*, implica en sí misma una forma de legitimación que sirve para fundamentar la actuación penal. De esta manera, determinar el límite entre una intervención penal necesaria y, un exceso punitivista requiere que nos planteemos la legitimidad de estas figuras, o más bien, como considera Laurenzo Copello, *en qué medida una configuración equivocada de los elementos distintivos del tipo, puede favorecer una expansión injustificada del Derecho penal*[6]. Y es que en el concreto caso español[7], las instituciones han ido adoptando la terminología del discurso del odio[8], esta ha terminado por dar cabida a todo un confuso catálogo de comportamientos por odio. Estas figuras se identifican por las características distintivas de las víctimas, pero se expanden más allá de la idea de discriminación hacia colectivos vulnerables[9]. Esta última línea es la que ha defendido la jurisprudencia al sobrepasar las conductas del derecho antidiscriminatorio clásico hacia otras cuya linde se asienta en la posición subjetiva del sujeto activo, a quien se le exige, en palabras del antedicho autor, una actitud intolerante.

---

5 Los elementos propuestos en el artículo 510.3 del Código Penal, vienen a conformarse como el tipo agravado del delito del Discurso del odio. La introducción de este tipo por la reforma penal operada en el año 2015 supone el reconocimiento expreso, a efectos jurídico-penales, del Ciberodio

6 Laurenzo Copello, P., «No es odio, es discriminación. A propósito del fundamento de los llamados delitos de odio» en *Odio, Prejuicios y Derechos*, obra colectiva, Comares, Granada, 2021, p. 258.

7 En España, el delito de odio no tiene un reconocimiento expreso en el Código Penal, de acuerdo con esta categoría, siguiendo la clasificación que establece Mendoza Calderón, se pueden integrar como delitos de odio —teniendo en cuenta el componente discriminatorio como motivación determinante— los siguientes delitos: los artículos 510.1. a), b), y el artículo 515 CP; la circunstancia agravante genérica por la concurrencia de motivos discriminatorios del artículo 22.4 CP, o las específicas de los artículos 174, 314, 510.2.b), 511, 512 CP; los delitos que protegen a un colectivo concreto en relación a un motivo discriminatorio de los artículos 607 y 607 bis, 510.1.c) CP, y los delitos contra los sentimientos religiosos de los artículos 522-526 CP; y finalmente los tipos cualificados por afectar a un grupo vulnerable de los artículos 170.1 y, 197.5 CP. Mendoza Calderón S., «Discurso del odio e inmigración» en *Globalización y lucha contra las nuevas formas de criminalidad transnacional,* obra colectiva, Tirant lo Blanch, 2019, p. 270.

8 Tal es el caso del Ministerio del Interior, el cual en el año 2014 aprobó el Protocolo de actuación para las Fuerzas y Cuerpos de Seguridad para los delitos de odio. En este sentido, el concepto que maneja abarca tanto conductas penales, como infracciones administrativas en torno a categorías discriminatorias, sustentadas por el odio.

9 Ejemplo de esto son los delitos contra los sentimientos religiosos contenidos en los artículos del 522 a 525 Código Penal.

Con independencia de si esa intolerancia tiene que ver con estereotipos o prejuicios hacia un colectivo vulnerable, la ampliación de la categoría de delitos de odio en el panorama jurídico puede verse influenciada por el alcance que abarca el delito de odio, y el odio como delito, en el escenario digital.

Junto a esto, el ya enunciado anonimato que proporciona las redes sociales dificulta la delimitación de responsabilidad favoreciendo la impunidad de las conductas. En este sentido, la delimitación de la responsabilidad se podría dirimir respecto del sujeto material, pero ¿qué sucede respecto del medio difusor?, ¿podría imputársele responsabilidad como persona jurídica vía el artículo 510 bis del Código Penal?, y si fuera así, ¿en calidad de autor o partícipe? Sin duda, la delimitación de la autoría penal en el campo de las TICs es compleja, más aún cuando, si pese a defenderse la coherencia y cooperación normativa, gran parte de las normas cuyo objeto es la limitación de la difusión de contenidos ilícitos en internet requieren el buen hacer de los prestadores de servicios que dan cabida a la cibercriminalidad.

Pese al esfuerzo de la Unión Europea por aprobar un Código de Conducta para la lucha contra la incitación ilegal al odio en Internet —suscrito el compromiso por el mismo por parte de Microsoft, Twitter, Youtube, Facebook, Google, Instragram, Snapchat y Dailymotion—, la práctica ha venido a demostrar la ineficacia de este, ya que se enmarca en un ámbito que requiere de un compromiso real, por cuanto, tal y como expone la Sentencia del Tribunal Supremo 4/2017, de 18 de enero, el medio digital *intensifica de forma exponencial el daño de afirmaciones o mensajes que, en otro momento, podría haber limitado sus perniciosos efectos a un reducido y seleccionado grupo de destinatarios.*

En definitiva, toda una serie de contenidos violentos vertidos en Internet que nos hace identificar al *ciberodio* como un desafío al que se enfrenta la Justicia penal en la actualidad. Esta es una de las principales razones que hace necesario reflexionar sobre las formas de afrontar la delincuencia de la era digital.

Las estructuras de justicia consolidadas y reglas procesales deben ser reinterpretados a través del derecho penal y las perspectivas del proceso penal por cuanto la realidad cambiante, global, diversa, digital y neomoderna ha dado paso a la inseguridad e incertidumbre. Esto se debe en parte a la configuración del modelo penal que nos acompaña sustentado en un sistema de endurecimiento con los «otros», diferenciados del «nosotros». En definitiva, el modelo de Justicia Penal debe reinterpretarse, en tanto estamos experimentando una clara involución social que irradia en materia procesal penal y política criminal. Debemos por tanto valorar nuevos escenarios, reinterpretando las funciones y límites del derecho penal, empezando por superar la creencia de que, sin la pena, la convivencia social es inviable y asentando la convicción de la necesaria recuperación e incorporación de un instrumento esencial e imprescindible: el diálogo[10].

10 Barona Vilar, S., «Proceso penal en la neomodernidad» en *Proceso penal desde la historia: desde su origen hasta la sociedad global del miedo,* Tirant lo Blanch, Valencia, 2017, p. 462.

Los delitos de odio, como consecuencia punitivista del asentando espíritu intolerante, abre un nuevo debate en la era de los delitos digitales: la necesaria revalorización de las consecuencias jurídicas. Esto es de la función de la pena, ubicando la justicia retribucionista en el punto de mira hacia sistemas de cuasi-despenalización[11].

Con esta aproximación ¿qué queremos decir? Que si bien debemos cuestionar la permanencia del sistema de justicia penal tal y como lo entendemos, esto es, basado en la justicia retributiva con miras hacia lo que en palabras de Barona Vilar[12] debiera considerarse la metamorfosis de la justicia penal del siglo XXI en general, y del proceso penal en particular, de cara a la adecuada integración de la justicia restaurativa[13] en un contexto paradójicamente ultrapunitivista e intolerante. Para esto no es sólo necesario un cambio —o implementación— de una adecuada normativa[14], sino igualmente la transformación de la cultura procesal con el objetivo de alcanzar los fines preventivos, resocializadores y restaurativos del sistema penal ante la crisis que atraviesa el sentido de la pena. Provocado bien por la falta de justificación suficiente de la sanción penal —para algunos tipos penales como es el concreto caso de los delitos de odio—, por la misma incapacitación que produce el sistema retributivo para alcanzar estos fines, o por la ineficacia disuasoria de los fines preventivos —tanto en su modalidad preventivo general como preventivo especial—.

---

11 Esta crisis contemporánea de los modelos de intervención punitiva aparece muy bien reflejada en Díez Repollés, J.L., «El nuevo modelo penal de la seguridad ciudadana», en *Revista Electrónica de Ciencia Penal y Criminología,* 2004.

12 Barona Vilar, S., «Mediación y acuerdos reparatorios en la Metamorfósica Justicia penal del siglo XXI», en *Boletín Mexicano de Derecho Comparado*, n.° 155, 2019, pp. 685-720.

13 Pese a que, en la definición de la Justicia Restaurativa, caben muchas acepciones, siendo todas ellas igualmente validas, y sin que pueda ofrecerse un concepto universal, debe quedar fijado de antemano la connotación restaurativa a la que haremos referencia a lo largo del capítulo. Así preferimos optar por la siguiente definición que ofrece Martín Rios, J. C., «Justicia restaurativa y mediación penal. Una apuesta por el diálogo y la disminución de la violencia», en Consejo General del Poder Judicial, p. 3.: *la justicia restaurativa es la filosofía y el método de resolver los conflictos que atiende prioritariamente a la protección de la víctima y al restablecimiento de la paz social, mediante el diálogo comunitario y el encuentro personal entre los directamente afectados, con el objeto de satisfacer de modo efectivo las necesidades puestas de manifiesto por los mismos, devolviéndoles una parte significativa de la disponibilidad sobre el proceso y sus eventuales soluciones, procurando la responsabilización del infractor y la reparación de las heridas personales y sociales provocadas por el delito.*

14 Con esto no queremos decir que se deba apostar por proseguir con la verborrea legislativa que caracteriza nuestro tiempo, asentada en una completa inseguridad jurídica cargada de conceptos jurídicos indeterminados y ambiguos. Un aumento normativo de mala calidad y necesariamente incoherente que supone el cuestionamiento del principio de legalidad penal.

Efectivamente la globalización ha influido en la criminalidad originando nuevos riesgos derivados de los desarrollos técnicos y desafíos económicos, políticos, culturales. Esta ha favorecido a su vez la aparición de una complejidad delictiva fundamentada en el odio y la intolerancia. Dar respuesta a este fenómeno requiere valorar un nuevo paradigma de justicia penal, en la medida en la que aparecen nuevos ejes protagonistas en la esfera procesal penal respecto de los delitos de odio, y del *ciberodio* en particular.

Por un lado, hablamos del tímido pero decisivo resurgir de las víctimas, bajo el escenario de la realidad digital, y por ende, de la identidad digital. Por lo que, será necesario, tanto su participación procesal, como su incidencia en la política criminal, sin pivotar hacia el peligroso derecho penal del enemigo. Por el otro, se alza la tutela jurisdiccional de los intereses supraindividuales. Dicho de otra forma, la expansión en la tutela jurídica se ha asentado en intereses que exceden de lo individual hacia bienes colectivos, los cuales merecen de una protección que no solo se asiente en la norma sustantiva —generalmente asentada en delitos de peligro—. Además, debe valorarse el medio adecuado para su tutela en el proceso penal, particularmente respecto de los intereses difusos de nuevo corte ligados al valor de la dignidad humana, el respeto por la sociedad multicultural o, todos aquellos intereses —no exentos de crítica y debate— que introduce el derecho penal antidiscriminatorio.

3. Justicia restaurativa. Una medida preventiva al ciberodio

El dilema de la justicia penal, en la búsqueda por dotar de efectividad el derecho a la tutela judicial[15], y en aras de justificar o democratizar el recurso a la consecuencia jurídica derivada del delito, nos acerca a la vía complementaria que ofrece la justicia restaurativa, la cual se ha colado en los ordenamientos jurídicos por medio de la mediación penal[16]. Sin embargo, el modelo

---

15 Martín Diz, F., «Diseccionando la mediación: ¿un futuro en términos electrónicos?» en *Cuestiones actuales de Derecho Procesal. Reformas procesales. Mediación y Arbitraje,* obra colectiva, Tirant lo Blanch, Valencia, 2017.

16 Esta no es la única manifestación de la justicia restaurativa, pero si la que mayor entidad ha adquirido. Existe un variado número de modelos de Justicia restaurativa, desde la figura víctima-infractor de la mediación que estudiaremos; los *conferencing*, en los que junto a la búsqueda de la reparación entre víctima-infractor, va a completarse el proceso integrando a otros sujetos de apoyo como los familiares o amigos; o los círculos, caracterizados por participación conjunta de todos los agentes de la sociedad junto a la víctima-infractor, podríamos decir que a través de los círculos puede alcanzarse un verdadero plan de reparación al tener como integrantes en el mismo proceso a la víctima, al infractor y a la comunidad representada en los agentes sociales con una intervención directa. Miguel Barrio, R., *La Justicia Restaurativa y el poder de la comunidad en la resolución de conflictos. Análisis y propuesta de un nuevo paradigma de justicia penal,* Tesis Doctoral, Universidad de Burgos, 2018.

restaurativo penal sobre el que se funda nuestra propuesta va más allá al presentarse como una forma de democratización del *ius puniendi* hacia la despenalización de aquellos delitos en los que la respuesta penal es la menos adecuada para alcanzar la reconstrucción de una sociedad destruida. Evalúa la posibilidad de implementarse como un procedimiento complementario, auxiliar y operativo, del que puede servirse la justicia punitiva para reparar el mal causado por un delito de odio. En tanto, visto de esta forma fomenta la responsabilización por el hecho cometido, previene la comisión de delitos futuros al colocar al autor en una situación de reflexión sobre el daño causado[17], y fomenta la aplicación de Justicia en conflictos cuya trascendencia radica en implicaciones subjetivas avaladas por las arquitecturas digitales.

La raíz del problema que subyace en los delitos de odio es el prejuicio arraigado de forma irracional en los sujetos, y que, desde ahí, despliega toda una serie de comportamientos canalizados por medio de la expresión digital pronunciados abusando del derecho a la libertad de expresión. De esta forma nos encontramos ante la paradoja de convivir en el marco de una sociedad globalizada, donde la diversidad se consolida como eje dinamizador del Estado de una sociedad plural, y en el que la misma convivencia con los delitos de odio supone un punto de inflexión con el reconocimiento de la igualdad de oportunidades y la libertad de las personas. Sobre todo, cuando el daño propiciado a las víctimas de estos delitos consigue, de algún modo, ocultarse ante el argumento defensor de la libertad de expresión de las personas, lo que hace que nos planteemos la protección real y efectiva de los derechos humanos en una sociedad globalizada en la que las TICs, y concretamente los canales de las redes sociales[18], se han convertido en instrumentos para suscitar e incitar al odio[19].

Por todos es ya sabido que la justicia restaurativa humaniza la justicia. Bien, pongámoslo en relación con el contexto anteriormente expuesto que ha dado lugar a la expansión de los delitos de odio. En este sentido, si nos remitimos a los Principios Básicos sobre la utilización de la justicia restaurativa en material penal de Naciones Unidas, se señalaba que la

---

17 Miguel Sáez, L., «La proyección e incidencia de la justicia restaurativa en la prevención de los delitos de odio», en *Avances y prospectiva en la protección jurídico-social de las personas en condición de vulnerabilidad,* obra colectiva, Dykinson, Madrid, 2022, p. 106.

18 Tal y como señala Bueno de Mata, F., «Delitos de odio y redes sociales: retos procesales», en *Diario La Ley,* 2022; *la comisión de delitos de odio a través de Internet (...) cobra especial importancia en los tiempos que corren, marcados por un crecimiento de la intolerancia palpable y amplificada a través de las redes sociales.* Por lo que se necesita de un proceso penal eficaz *que consiga lograr una sociedad más inclusiva a través de la erradicación de los delitos de odio, culpables de hacer quebrar la convivencia pacífica en una sociedad tecnologizada.*

19 Miguel Sáez, L., «La proyección e incidencia de la justicia restaurativa en la prevención de los delitos de odio» en *Avances y prospectiva en la protección jurídico-social de las personas en condición de vulnerabilidad,* obra colectiva, Dykinson, Madrid, 2022, pp. 97-103.

justicia restaurativa comporta *una respuesta evolucionada al delito que respeta la dignidad y la igualdad de todas las personas, favorece el entendimiento y promueve la armonía social a través de la sanación de víctimas, infractores y comunidad,* por lo que debemos llegar a la conclusión de que las conductas derivadas de los delitos de odio reclaman por sí solas acciones reparadoras. Es decir, un enfoque restaurativo bajo una dirección de política criminal que se oriente a la restitución del derecho que se ha vulnerado, más allá de la esfera meramente retribucionista fundamentada en la violación normativa.

El procedimiento restaurativo para los conflictos que se asientan en el odio como delito, puede tener cierta efectividad tanto en términos de economía procesal como de política criminal. Siempre que ésta se asiente en la complementariedad al sistema jurisdiccional. Plantear la viabilidad de la mediación penal como justicia restaurativa, debe atender a los principios por la que ésta se rige, y sirvan a su vez, como parámetros de selección de los concretos casos mediables[20]. A su vez, no se debe olvidar la practicabilidad que pueden ofrecer otras prácticas restaurativas, tales como los círculos o las conferencias, las cuales, al igual que la herramienta de la mediación penal, suponen una oportunidad para la resolución del conflicto que, *de manera voluntaria, suponga la integración, reconstrucción y pacificación personal, que les permita reconocer al otro como persona*[21]. Una serie de ventajas, difícilmente alcanzables en el proceso penal retributivo que nos lleva a la reparación del delito, la resocialización del infractor y a la paz social[22].

3.1. El rol de la mediación penal

Hacer referencia a la mediación implica recurrir a un procedimiento voluntario, marcado por una imprudente libertad de forma. Lo que hace necesario que, ante conflictos en línea, podamos valorar las posibles soluciones en línea al mismo. En la medida en la que el desarrollo y constante evolución de diversos mecanismos tecnológicos ha posibilitado su implementación en el ámbito jurídico. Sin embargo, la viabilidad de la mediación electrónica en el ámbito penal debe analizarse en sede de principios y garantías, en tanto en cuanto en cualquier caso la solución restaurativa que aporte el procedi-

20 Aguilera Morales, M., «La mediación penal: ¿quimera o realidad?, en *REDUR n.º 9,* 2011, p. 144.

21 Echano Basaldua, J. I., «Mediación penal entre adultos: ámbito de aplicación en atención a la clase de infracción», en *Justicia restaurativa, una justicia para el siglo XXI: potencialidades y retos,* Cuadernos Penales José María Lidón, 2013, p. 190.

22 Miguel Barrio, R., *La Justicia Restaurativa y el poder de la comunidad en la resolución de conflictos. Análisis y propuesta de un nuevo paradigma de justicia penal,* Tesis Doctoral, Universidad de Burgos, 2018. p. 215.

miento de mediación debe respetar el ordenamiento jurídico. Y así, dirimir el conflicto desde una solución despenalizada y extrajudicial[23].

De manera que, la viabilidad de la mediación penal, tanto en el ámbito del ciber-espacio, como en el meta-espacio; en el caso de delitos de odio debe afrontar las particularidades y principios de ambos.

A. El fundamento de tutela: el bien jurídico

Uno de los principales desafíos procesales a los que se le debe dar cobertura en tanto se pretenda la incorporación de la justicia restaurativa por medio de la mediación penal, es a la implicación del bien jurídico de los delitos de odio. La determinación del bien jurídico protegido por el delito de odio se enfrenta a varios obstáculos, sin embargo, su selección es fundamental de cara a la posible viabilidad del procedimiento de mediación penal.

Para ser más concretos, respecto del bien jurídico, debemos traer a colación la Sentencia del Tribunal Constitucional de 11 de noviembre, en el caso Violeta Friedman. El tribunal determinó la coexistencia de tres bienes jurídicos lesionados[24]: el honor, la dignidad y la igualdad. En este sentido, se produce una lesión que supera el marco personalista. Esto es, en la medida en la que se funda una característica compartida por un grupo, el daño se extiende y se colectiviza[25].

La cuestión del bien jurídico no es baladí. En efecto, si considerásemos que el bien jurídico protegido es la igualdad, al ser considerado un derecho fundamental contenido en el artículo 14 de la Constitución Española implicaría que por su naturaleza no es disponible. Por tanto, esto vedaría el acceso a la mediación penal. Lo mismo podríamos decir de la dignidad. No obstante, pese a que en un principio los derechos fundamentales sean indisponibles, por ser consustanciales a la propia naturaleza humana, con existencia previa al Ordenamiento Jurídico, aunque éste los positivice[26]. Hemos de plantear ciertas objeciones a este planteamiento, en la medida en la que, a partir de varios ejemplos, podemos observar cómo el Ordenamiento Jurídico permite la disposición, o cesión —con restricciones— de algunos de esos derechos, mediante la fórmula legal del consentimiento. Si vamos a lo más obvio, el

23 Martín Diz, F., «Objetivos, principios y efectos de la mediación electrónica: perspectiva nacional y comparada», en *Nuevos debates en relación a la mediación penal, civil y mercantil*, obra colectiva, Universidad de Santiago de Compostela, 2018, p. 46.

24 Recuérdese que el caso en cuestión se fundamenta en el discurso negacionista del Holocausto nazi, y el odio hacia el pueblo judío.

25 De Pablo Serrano, A. L.; Tapia Ballesteros, P., «Discurso del odio: problemas en la delimitación del bien jurídico y en la nueva configuración del tipo penal», en *Diario La Ley*, 2017.

26 López Guerra, L., *Manual de Derecho Constitucional. Volumen I. La Constitución y las fuentes del Derecho. Derechos fundamentales y garantías,* Tirant lo Blanch, 11.ª Edición, 2018.

derecho fundamental a la vida —artículo 15 CE— se convierte en disponible —en cierta medida y, como es obvio, con condiciones y en contextos concretos— cuando se despenaliza y regula la eutanasia activa.

Lo mismo puede decirse sobre el derecho fundamental a la integridad física: el consentimiento no excluye la tipicidad en el delito de lesiones, sino que da lugar a un tipo privilegiado —previsto en el artículo 155 Código Penal—. De la misma manera, también está prohibida la compraventa de órganos, lo que parece confirmar la indisponibilidad de dicho derecho, por su carácter de fundamental. No obstante, esa disposición sobre la integridad física sí se permite en el caso de donaciones de órganos a familiares como dispone el artículo 156 Código Penal.

La disponibilidad de los derechos fundamentales tiene gran relevancia en tanto el fundamento de la mediación se basa en el consentimiento y la libre aceptación de este por los titulares del bien jurídico. De partida, esto nos lleva a plantear que la tutela penal del bien jurídico protegido excluye la posible práctica de la mediación penal. No debemos obviar que la problemática en materia penal está clara: como norma general, los particulares no disponen de la resolución al mismo al asumir el Estado el *ius puniendi*[27] ¿Por qué sí puede plantearse la efectividad de la mediación en el ámbito del proceso civil? Por cuanto la regla general que rige el mismo es la disponibilidad del objeto del proceso, al fundamentarse el proceso civil en el principio dispositivo. En el ámbito penal, el juego de intereses sociales al surgir un conflicto es de profusa determinación. De manera que, integrar la mediación como un método autocompositivo de solución de conflictos cuyo fundamento recae en la autonomía de la voluntad de las partes, y, por tanto, en el control del objeto penal sometido a mediación por los particulares requiere situarse en las excepciones a la regla general de que, en materia penal el objeto del proceso es indisponible[28].

---

27 Rodriguez Tirado, A. M., «Los sistemas de justicia restaurativa y la mediación penal. Efectos en el sistema procesal penal español»; en *Cuestiones actuales de derecho procesal. Reformas procesales. Mediación y arbitraje,* obra colectiva, Tirant lo Blanch, Valencia, 2017, pp. 316-317.

28 Nos resulta acertada la reflexión que ofrece Ramos Méndez, F., respecto a la matización del principio, señala el autor, teóricamente absoluto: *el principio admite matices de amplio espectro, que van más allá de los estrechos límites de la cuestión. Piénsese que de la misma forma que se ha instrumentalizado la conformidad del imputado pudiera llegarse a algunas fórmulas de composición que, en ocasiones, cabría institucionalizar por simples razones de política legislativa. De hecho, en la práctica, se entierran juicios penales previa liquidación del tema civil. Lo que demuestra que existe una cierta conciencia de que algunas infracciones no son tales y de que en muchos de los casos lo que cuenta es la reparación de las consecuencias dañosas del riesgo y no el disfraz de una supuesta responsabilidad penal.* Ramos Méndez, F., en *Enjuiciamiento criminal. Undécima lectura constitucional*, Atelier Libros Jurídicos, Barcelona, 2014, p. 40.

A su vez, una dificultad añadida surge en el momento en el que no hablamos de víctimas directamente identificables, sino cuando, las mismas se enmarcan en un interés colectivo o difuso, como titulares de intereses susceptibles de protección penal.

B. Los titulares del bien jurídico

En segundo término, debemos tener en cuenta que el tratamiento penal no permite limitar la aplicación de los delitos de odio a aquellos supuestos en los que la víctima pertenezca a un colectivo vulnerable, en tanto que el legislador no ofrece una identificación de los colectivos vulnerables o susceptibles de ser discriminados. Lo que nos ofrece es un listado de causas de discriminación que en último término afectan al colectivo vulnerable. Es decir, se ofrecen características físicas, ideológicas o sociales[29].

Estas circunstancias sospechosas de discriminación pueden clasificarse en las siguientes categorías: etnia, raza o nación/origen nacional; ideología, religión o creencias; situación familiar; sexo, orientación sexual; enfermedad y discapacidad; género e identidad sexual; motivos racistas, antisemitas[30].

Esta interpretación terminológica que utiliza el texto penal para ofrecer el catálogo de causas por las que un colectivo puede ser considerado vulnerable y por tanto merecedor de la protección que confiere la prohibición del delito de odio es demasiado amplia. En muchos casos no está ligada a la existencia de un colectivo situado en posición de desventaja. El delito de odio, parte de una acción comisiva, que se dirige contra un colectivo y se acciona por un elemento subjetivo, que convierte la acción en un elemento intencional, que debería provocar de manera causal, el odio, hacia un grupo. La relevancia penal se observa cuando, este contenido es idóneo, es decir, es de tal intensidad, que la hostilidad, el odio, la violencia o la discriminación son medios eficaces para promover su repetición a una escala que afecte efectivamente, a derechos fundamentales de los miembros del colectivo contra el que la acción se dirige, aun cuando el destinatario inmediato sea una persona concreta, la cual, sea representante del grupo[31]. De manera que la calificación de los delitos de odio, como delitos de peligro abstracto,

29 Tapia Ballesteros, P., «Los titulares del bien jurídico en los Delitos de Odio», en *Odio, Prejuicios y Derechos humano,* obra colectiva, Comares, Granada, 2015, pp. 313-314.

30 Para más véase Tapia Ballesteros, P., «Los titulares del bien jurídico en los Delitos de Odio», en *Odio, Prejuicios y Derechos humano,* obra colectiva, Comares, Granada, 2015.

31 Landa Gorostiza, J. M., «El delito de incitación al odio (artículo 510 CP): QUO VADIS», en *Ediciones Universidad de Salamanca,* 2021, p. 61.

permite afirmar la naturaleza supraindividual del bien jurídico cuya afección típica se determina por una puesta en contacto *del discurso de odio con la seguridad del colectivo*[32].

Sin embargo, el hecho de que el legislador opte por ofrecer un listado de causas de discriminación que en último término afectan al colectivo vulnerable en lugar de ofrecer una identificación de los colectivos vulnerables o susceptibles de ser discriminados, puede hacernos dudar respecto de si, su pretensión es dar cobertura supraindividual a un interés colectivo, o a un interés difuso.

A su vez, los delitos de odio, como delitos de peligro abstracto —generalmente—, se fundamentan en la indeterminación y heterogeneidad de las víctimas. Defender la posibilidad de llevar a cabo acuerdos restaurativos en un procedimiento de mediación penal cuando el delito afecta a un colectivo difuso, y que por tanto afecta a un bien jurídico supraindividual, requiere enfrentarse al principio de personalidad por el que se rige la mediación penal en tanto en cuanto, aparentemente, no hay una víctima en favor de quien acordar la reparación ni, hacer posible un encuentro en el que participen los implicados en el delito, derivado de la dificultad de identificar a una víctima salvo en aquellas ocasiones en las que el daño se produzca a víctimas individualizables.

Sin embargo, el reto al que debemos hacer frente, más allá de constatar que la titularidad colectiva tiene derecho al proceso, es establecer quién o quiénes los pueden representar en el procedimiento de mediación penal. Momento éste, en el que retomamos la importancia de poder determinar si el delito de odio en cuestión afecta a un interés colectivo o, difuso. Esto es, ¿qué víctimas deben estar legitimadas para intervenir en el procedimiento de mediación?

Lo que debe quedar claro, es que, sea cual sea la propuesta al respecto, la participación en el encuentro de mediación debe garantizar las garantías del Proceso, por cuanto, deberán establecerse criterios que permitan evitar la instrumentalización de este hacia su privatización.

En definitiva, el carácter personalísimo que se predica de la mediación dificulta que en el mismo pueda hablarse de una representación de intereses. No solo por la desnaturalización de la herramienta restaurativa, dado que los programas de mediación se han centrado en las víctimas individuales, en la relación interpersonal que se genera entre victima y victimario[33]; sino por los peligros, privativistas que implica la representación a una pluralidad de víctimas.

32 Landa, J. M. *Los delitos de odio*, Tirant lo blanch, 2018; y Portilla Contreras, G., «Incitación al odio y exaltación del terrorismo: entre la peligrosidad estadística y la peligrosidad potencial de lesión de la igualdad o seguridad de los colectivos», en *Odio, Prejuicios y Derechos Humanos,* obra colectiva, Comares, Granada, 2021, p. 334.

33 Zeballos Maudo, I., «El encaje de las víctimas colectivas en el procedimiento de mediación penal», en *Nuevos debates en relación a la mediación penal, civil y mercantil*, obra colectiva, 2018, pp. 442-444.

Ahora bien, la metodología de la mediación penal permitiría a los sujetos involucrados decidir por ellos mismo la reparación del conflicto, sin que esto interfiera en la posibilidad de acceso a la jurisdicción adversarial. De esto modo, se favorece la reinserción social del autor —al promover la responsabilización—, lo que evidencia que no es necesario la imposición de una pena como sistema de prevención, disminuyendo a su vez, la conflictividad social[34].

C. Hechos delictivos: ámbito material de la mediación penal

Sostener la viabilidad de un enfoque restaurativo por mediación penal para los delitos de odio instrumentalizados por medio de internet debe sortear las dificultades respecto de los principios informadores de la mediación penal. Como hemos visto, el carácter personalísimo por el que se rige la mediación penal puede impedir el procedimiento de mediación penal siempre que no pueda determinarse una víctima concreta. En todo caso deberán ser los presupuestos previstos para la mediación penal recogidos en el artículo 15 de la Ley del Estatuto de la Víctima del Delito, los que otorguen la adecuada cobertura legal al instrumento de mediación penal para los delitos de odio, y pueda de este modo complementar al sistema de justicia adversarial, y de algún modo competir con este.

Sin mayor detenimiento en la materia, respecto de estos presupuestos básicos elevados a la categoría de requisitos, tiene su interés para el objeto de estudio aquel dispuesto en la letra e) del apartado primero, artículo 15. Esto es, el veto a la mediación siempre que sea contraria a la ley. En este caso, solo se contempla la única prohibición expresa para con los delitos de violencia de género tal y como dispone la Ley Orgánica 1/2004 de 28 de diciembre, de medidas de protección integral contra la violencia de género, y la Ley Orgánica del Poder Judicial en su artículo 87 ter.

No existe norma en la que se concrete el catálogo de delitos que quedan excluidos de la mediación penal. Pero si, en relación con el artículo 15 apartado primero, letra d -, es decir, la cláusula que dispone la viabilidad de la mediación siempre que no entrañe riesgos para la seguridad de la víctima, se consolida como el límite a tener en cuenta, en el que la mediación penal estaría o no justificada bajo un precepto legal. Así, con el fin de dotar de contenido dicha previsión, habrá que recurrir al artículo 23 del Estatuto. En este se dispone «La evaluación individual de las víctimas a fin de determinar sus necesidades especiales de protección»[35]. El precepto señala toda una serie

---

34 San Cristóbal Reales, S., «El principio de oportunidad, justicia restaurativa y mediación en el proceso penal: perspectiva de futuro», en *Revista General de Derecho Procesal*, 2022, p. 9.

35 1. La determinación de qué medidas de protección, reguladas en los artículos siguientes, deben ser adoptadas para evitar a la víctima perjuicios relevantes que, de otro modo, pudieran derivar del proceso, se realizará tras una valoración de sus circunstancias particulares.

de situaciones en las que difícilmente estaría justificada la mediación penal, debido a los intereses en juego, y el deber legal de protección a la víctima. Una de las situaciones expuestas —objeto de nuestro interés— hace referencia a la negativa respecto de aquellos delitos cometidos *por motivos racistas, antisemitas u otros referentes a la ideología, religión o creencias, situación familiar, la pertenencia de sus miembros a una etnia, raza o nación, su origen nacional, su sexo, orientación o identidad sexual, enfermedad o discapacidad*. En líneas anteriores ya hemos hecho referencia al mismo, por cuanto bajo una aparente protección a la víctima del delito en la medida en la que un proceso de mediación penal, bajo esta situación supondría *riesgo para la seguridad de la víctima.* El legislador, sin una prohibición taxativa en la ley desaconseja el procedimiento de justicia restaurativa para los delitos de odio.

Dicha manifestación negativa por parte del legislador surge de la necesidad de dotar de supra-garantías un procedimiento que a primeras parece una quiebra de derechos y garantías en la medida que aparentemente cuestiona la presunción de inocencia, acerca la posible privatización de la justicia, o viola el principio del *ius puniendi* estatal. Sin embargo, requiere diferenciar los supuestos en los que efectivamente está prohibido legalmente, de aquellos en los que es desaconsejable, dando la posibilidad de revertir la negativa

---

2. Esta valoración tendrá especialmente en consideración:
a) Las características y circunstancias personales de la víctima y en particular:
1.º Si se trata de una persona con discapacidad o si existe una relación de dependencia entre la víctima y el supuesto autor del delito.
2.º Si se trata de víctimas menores de edad o de víctimas necesitadas de especial protección o en las que concurran factores de especial vulnerabilidad.
b) La naturaleza del delito y la gravedad de los perjuicios causados a la víctima, así como el riesgo de reiteración del delito. A estos efectos, se valorarán especialmente las necesidades de protección de las víctimas de los siguientes delitos:
1.º Delitos de terrorismo.
2.º Delitos cometidos por una organización criminal.
3.º Delitos cometidos sobre el cónyuge o sobre persona que esté o haya estado ligada al autor por una análoga relación de afectividad, aun sin convivencia, o sobre los descendientes, ascendientes o hermanos por naturaleza, adopción o afinidad, propios o del cónyuge o conviviente.
4.º Delitos contra la libertad o indemnidad sexual.
5.º Delitos de trata de seres humanos.
6.º Delitos de desaparición forzada.
7.º Delitos cometidos por motivos racistas, antisemitas u otros referentes a la ideología, religión o creencias, situación familiar, la pertenencia de sus miembros a una etnia, raza o nación, su origen nacional, su sexo, orientación o identidad sexual, enfermedad o discapacidad.
c) Las circunstancias del delito, en particular si se trata de delitos violentos.
3. A lo largo del proceso penal, la adopción de medidas de protección para víctimas menores de edad tendrá en cuenta su situación personal, necesidades inmediatas, edad, género, discapacidad y nivel de madurez, y respetará plenamente su integridad física, mental y moral.
4. En el caso de víctimas de algún delito contra la libertad sexual se aplicarán en todo caso las medidas expresadas en los párrafos a), b), c) y d) del artículo 25.1.

si quedase demostrado que el procedimiento de mediación y su posterior acuerdo no entrañaría ningún riesgo para la seguridad de la víctima o no pudiera costarle perjuicio otro alguno.

4. Conclusiones

Sin duda, la tutela penal del *ciberodio* debe superar obstáculos que desafían al principio de mínima intervención del Derecho penal. En particular, la dificultad que entraña determinar el injusto penal eventualmente puede llegar a colisionar con el ejercicio del derecho a la libertad de expresión.

Lejos del afán retribucionista que acompaña la política criminal antidiscriminatoria, las manifestaciones que atenten contra el derecho a la dignidad fundadas en motivos racistas, antisemitas, por ideología o creencias, situación familiar, pertenencia a una etnia, raza o nación, origen nacional, sexo, orientación o identidad sexual, género, enfermedad o discapacidad deberían canalizarse desde una óptica restaurativa. Esto es, la emergente era digital que corrompe en cierta manera las estructuras básicas de Justicia penal, requiere de soluciones extrajudiciales operativas que de cabida a los nuevos protagonistas digitales. Una tutela que lejos de desvirtuar el *ius puniendi*, lo reafirme en la medida en la que, se produce una disminución de la consecuencia penal asociada a un efecto de descriminalización social, de reducción de la conflictividad y de una esencial eficiencia de la justicia penal, coherente a sus principios.

Sin embargo, pese a que la evolución de los delitos de odio parece reclamar acciones reparadoras, la naturaleza de la mediación penal impediría —bajo un primer acercamiento— acoger su tutela penal. La raíz del problema que subyace tras el odio como delito desde una perspectiva criminológica recae en la polarización social en la que vivimos, que pretende fomentar la diferencia como elemento que promueva el conflicto. El delito de odio se traduce en el uso de la intolerancia como una herramienta que legitima conductas denigrantes y excluyentes de ciertas identidades. La justicia restaurativa promueve el dialogo, lo que favorecería la tolerancia entre identidades.

Ahora bien, el ideal restaurativo a través de la herramienta de la mediación penal requiere enfrentarse a las instituciones penales, al derecho positivo, y a las implicaciones procesales —sobre todo, las dificultades de conferir efectos a la reparación—, que implicaría alcanzar la restauración como objetivo, no el único, de la Justicia penal.

Junto a esto, el encaje de las víctimas de los delitos de odio en el panorama restaurativo pasa por dar cobertura a las víctimas colectivas con intereses difusos. Y es necesario aceptar que, pese a que este tipo de delitos pueden generar tanto víctimas individuales como colectivas, la naturaleza de la mediación penal impediría acoger una titularidad colectiva, dado que esta concreta herramienta se centra en la relación interpersonal que se genera entre víctima y victimario.

5. Bibliografía

AGUILERA MORALES, M.: «La mediación penal: ¿quimera o realidad?», en *REDUR n.º 9,* 2011.

BARONA VILAR, S.: «Mediación y acuerdos reparatorios en la Metamorfósica Justicia penal del siglo XXI», en *Boletín Mexicano de Derecho Comparado*, n.º 155, 2019, pp. 685-720.

BARONA VILAR, S.: «Proceso penal en la neomodernidad» en *Proceso penal desde la historia: desde su origen hasta la sociedad global del miedo,* Tirant lo Blanch, Valencia, 2017.

BUENO DE MATA, F.: «Delitos de odio y redes sociales: retos procesales», en *Diario La Ley,* 2022.

DE PABLO SERRANO, A. L.; TAPIA BALLESTEROS, P.: «Discurso del odio: problemas en la delimitación del bien jurídico y en la nueva configuración del tipo penal», en *Diario La Ley,* 2017.

DIEZ REPOLLÉS, J. L.: «El nuevo modelo penal de la seguridad ciudadana», en *Revista Electrónica de Ciencia Penal y Criminología,* 2004.

ECHANO BASALDUA, J. I.: «Mediación penal entre adultos: ámbito de aplicación en atención a la clase de infracción», en *Justicia restaurativa, una justicia para el siglo XXI: potencialidades y retos,* Cuadernos Penales José María Lidón, 2013.

ELÓSEGUI ITXASO, M.: «Las Recomendaciones de la ECRI sobre Discurso del Odio y la adecuación del ordenamiento jurídico español a las mismas», en *Revista General de Derecho Canónico y Eclesiástico del Estado*, n.º 44, 2017.

LANDA GOROSTIZA, J. M.: «El delito de incitación al odio (artículo 510 CP): QUO VADIS», en *Ediciones Universidad de Salamanca,* 2021.

LANDA, J. M.: *Los delitos de odio*, Tirant lo Blanch, 2018; y PORTILLA CONTRERAS, G.: «Incitación al odio y exaltación del terrorismo: entre la peligrosidad estadística y la peligrosidad potencial de lesión de la igualdad o seguridad de los colectivos», en *Odio, Prejuicios y Derechos Humanos,* obra colectiva, Comares, Granada, 2021.

LAURENZO COPELLO, P.: «No es odio, es discriminación. A propósito del fundamento de los llamados delitos de odio» en *Odio, Prejuicios y Derechos*, obra colectiva, Comares, Granada, 2021.

LÓPEZ GUERRA, L.: *Manual de Derecho Constitucional. Volumen I. La Constitución y las fuentes del Derecho. Derechos fundamentales y garantías,* Tirant lo Blanch, 11.ª Edición, 2018.

Marabel Matos, J. J.: «Delitos de odio y redes sociales: el derecho frente al reto de las nuevas tecnologías», en *Revista de Derecho UNED*, n.º 27.

Martín Diz, F.: «Diseccionando la mediación: ¿un futuro en términos electrónicos?» en *Cuestiones actuales de Derecho Procesal. Reformas procesales. Mediación y Arbitraje,* obra colectiva, Tirant lo Blanch, Valencia, 2017.

Martín Diz, F.: «Objetivos, principios y efectos de la mediación electrónica: perspectiva nacional y comparada», en *Nuevos debates en relación a la mediación penal, civil y mercantil*, obra colectiva, Universidad de Santiago de Compostela, 2018.

Martín Rios, J. C.: «Justicia restaurativa y mediación penal. Una apuesta por el diálogo y la disminución de la violencia», en *Consejo General del Poder Judicial.*

Mendoza Calderón S.: «Discurso del odio e inmigración» en *Globalización y lucha contra las nuevas formas de criminalidad transnacional,* obra colectiva, Tirant lo Blanch, 2019.

Miguel Barrio, R.: *La Justicia Restaurativa y el poder de la comunidad en la resolución de conflictos. Análisis y propuesta de un nuevo paradigma de justicia penal,* Tesis Doctoral, Universidad de Burgos, 2018.

Miguel Barrio, R.: *La Justicia Restaurativa y el poder de la comunidad en la resolución de conflictos. Análisis y propuesta de un nuevo paradigma de justicia penal,* Tesis Doctoral, Universidad de Burgos, 2018.

Miguel Sáez, L.: «La proyección e incidencia de la justicia restaurativa en la prevención de los delitos de odio», en *Avances y prospectiva en la protección jurídico-social de las personas en condición de vulnerabilidad,* obra colectiva, Dykinson, Madrid, 2022.

Miguel Sáez, L.: «La proyección e incidencia de la justicia restaurativa en la prevención de los delitos de odio» en *Avances y prospectiva en la protección jurídico-social de las personas en condición de vulnerabilidad,* obra colectiva, Dykinson, Madrid, 2022, pp. 97-103.

Ramos Méndez, F.: *Enjuiciamiento criminal. Undécima lectura constitucional*, Atelier Libros Jurídicos, Barcelona, 2014.

Rodriguez Tirado, A. M.: «Los sistemas de justicia restaurativa y la mediación penal. Efectos en el sistema procesal penal español»; en *Cuestiones actuales de derecho procesal. Reformas procesales. Mediación y arbitraje,* obra colectiva, Tirant lo Blanch, Valencia, 2017, pp. 316-317.

San Cristóbal Reales, S.: «El principio de oportunidad, justicia restaurativa y mediación en el proceso penal: perspectiva de futuro», en *Revista General de Derecho Procesal*, 2022.

Tapia Ballesteros, P.: «Los titulares del bien jurídico en los Delitos de Odio», en *Odio, Prejuicios y Derechos humano,* obra colectiva, Comares, Granada, 2015, pp.313-314.

Zeballos Maudo, I.: «El encaje de las víctimas colectivas en el procedimiento de mediación penal», en *Nuevos debates en relación a la mediación penal, civil y mercantil*, obra colectiva, 2018, pp. 442-444.

PROBLEMAS Y LIMITACIONES DE LA POLICÍA PREDICTIVA COMO HERRAMIENTA EN LA PREVENCIÓN DEL DELITO

Jonathan Torres Téllez
Universidad Pablo de Olavide

1. Introducción: la policía predictiva como herramienta de la Criminología

El avance tecnológico en la última década ha generado un sinfín de oportunidades en la investigación de la delincuencia. El desarrollo de la inteligencia artificial y del *big data* ha permitido la explotación de información que antes no resultaba posible, lo que ha provocado que diferentes áreas de la Criminología adopten gradualmente dichas tecnologías con el objetivo de mejorar sus resultados, como la documentoscopía, el tratamiento de ADN, las actividades financieras, la informática forense, etcétera[1].

Uno de los campos criminológicos en el que por sus características destaca especialmente el uso de estas herramientas tecnológicas es el de la prevención delictiva[2]. Según la criminología ambiental, es posible la identificación de patrones de comportamiento a partir de las regularidades espaciotemporales y de las características de los datos delictivos del pasado que sirvan para anticiparse y prevenir el delito[3].

La innovación que supone la introducción del *big data* y de la inteligencia artificial en este campo es que permite que los investigadores incorporen y trabajen en sus modelos predictivos con una cantidad masiva de datos que antes era impensable, como, por ejemplo, la información que genera el uso

1 Ates, E. C., Bostanci, E. y Guzel, M. S.: «Big Data, Data Mining, Machine Learning, and Deep Learning Concepts in Crime Data», *Journal of Penal Law and Criminology*, vol. 8, n.° 2, 2020, pp. 293-319.

2 Camacho-Collados, M y Liberatore, F.: «A Decision Support System for predictive police patrolling», *Decision Support Systems*, vol. 75, 2015, pp. 25-37.

3 Kounadi, O. *et al.*: «A systematic review on spatial crime forecasting», *Crime Science*, vol. 9, n.° 1, 2020, pp. 1-22.

diario de las nuevas tecnologías en la vida de las personas (geolocalización, tráfico, movilidad urbana, etc.). La importancia de esto radica en que dichos datos permiten comprender mejor las dinámicas cambiantes de las áreas urbanas, un aspecto que es determinante en la prevención delictiva[4].

De esta forma, la inteligencia artificial abre nuevas posibilidades para establecer y analizar patrones delictivos más próximos a la realidad mejorando las predicciones delictivas. Esto es lo que se conoce como policía predictiva: el desarrollo de estrategias de prevención de delitos basadas en el análisis estadístico de eventos pasados y en la modelización de patrones a través de algoritmos de minería de datos, con el objetivo de determinar qué individuos tienen mayor probabilidad de cometer un delito, de ser víctimas o identificar las zonas con un elevado riesgo delictivo[5].

Este enfoque ha despertado un gran interés debido a sus posibles beneficios y oportunidades. Y es que la policía predictiva no solo permite anticiparse a los delitos futuros, sino que también genera una serie de consecuencias positivas que resultan atractivas tanto para los cuerpos policiales como para las administraciones públicas. Entre estos aspectos destacan por ejemplo el uso más eficiente de los recursos, ya que la capacidad de predecir áreas y momentos de mayor riesgo delictivo permite una mejor optimización de los medios policiales, o el fortalecimiento de las decisiones estratégicas y tácticas al respaldarse en datos que fundamentan y mejoran la toma de decisiones[6].

Por ello, diversos países, como Estados Unidos, Alemania, Austria y Francia, han comenzado a adoptar este método y están actualizando sus metodologías de análisis criminal para aprovechar plenamente los avances y cambios generados por el actual proceso tecnológico. De esta manera, buscan aprovechar las innumerables posibilidades que ofrecen estas nuevas herramientas en la lucha contra el crimen y su consecuente disminución.

No obstante, a pesar de los prometedores beneficios que ofrece el uso de este método, la policía predictiva también presenta una serie de problemas y limitaciones que deben abordarse tanto desde la academia como de las instituciones públicas para asegurar un uso ético y efectivo de esta tecnología. En este sentido, esta investigación tiene como objetivo sintetizar diversos problemas asociados con la policía predictiva, con la intención de poner sobre la mesa estas cuestiones para fomentar la mejora de las oportunidades de evaluación y rendición de cuentas que solucionen estos problemas.

---

4 Kadar, C. y Pletikosa, I.: «Mining large-scale human mobility data for long-term crime prediction», *EPJ Data Science*, 2018, pp. 7-26.

5 Bennett Moses, L. y Chan, J.: «Algorithmic prediction in policing: assumptions, evaluation, and accountability», *Policing and society*, vol. 28, n.º 7, 2018, pp. 806-822.

6 Hardyns, W. y Rummens, A.: «Predictive Policing as a New Tool for Law Enforcement? Recent Developments and Challenges», *European Journal on Criminal Policy and Research*, vol. 24, n.º 3, 2017, pp. 201-218.

2. ¿Qué es la policía predictiva?

La policía predictiva se puede definir como un enfoque que utiliza métodos cuantitativos en el análisis la delincuencia para establecer patrones y tendencias delictivas a partir de los datos históricos. El propósito de esto es realizar predicciones estadísticas con el fin de desarrollar estrategias preventivas que permitan anticiparse a la comisión de futuros delitos y así reducir los niveles de delincuencia[7].

No se trata simplemente de un análisis estadístico de los datos para establecer un modelo general que se aplique indistintamente en cualquier momento temporal, sino que es un ciclo continuo de acciones y toma de decisiones que está en constante evolución[8]. De este modo, en cada fase del modelo se adoptan decisiones relacionadas con qué tipos de datos se van a recoger, cuándo se va a actualizar la información, qué herramientas analíticas se van a emplear, las variables en las que se enfoca el modelo, las acciones policiales que se van a llevar a cabo, qué modificaciones requiere el modelo, etcétera[9]. Por tanto, este enfoque dinámico permite una adaptación continua a las características cambiantes del entorno y a la modificaciones de las tendencias delictivas, lo que se traduce en una mejora significativa en la toma de decisiones y en la implementación de estrategias preventivas.

Para la construcción de los modelos predictivos se utilizan las variables delictivas, que corresponden a los delitos cometidos en un tiempo concreto y en una localización geográfica determinada. La base de la que se parte es que los delitos que se cometieron en el pasado y en ubicaciones concretas constituyen una función de la delincuencia futura, es decir, que los delitos del futuro dependen de la delincuencia del pasado[10]

Las unidades temporales que se utilizan en la policía predictiva varían desde meses y semanas, hasta días e incluso franjas horarias. En cuanto a las divisiones espaciales, también se consideran diferentes escalas que van desde barrios y vecindarios hasta niveles microgeográficos más detallados, que permiten una representación más precisa de la realidad delictiva y socioeconómica generando patrones delictivos más exactos que en el caso de las unidades espaciales menos desagregadas[11].

---

7 Perry, W. L.: *et al. Predictive policing: The role of crime forecasting in law enforcement operations*, Rand Corporation, 2013.

8 Bennett Moses, L. y Chan, J.: «Algorithmic prediction in policing: assumptions, evaluation...»*op. cit.*, pp. 806-822.

9 Perry, W. L. *et al.*: *Predictive policing: The role of crime forecasting in law enforcement operations*, Rand Corporation, 2013.

10 Berk, R.: «Artificial Intelligence, Predictive Policing, and Risk Assessment for Law Enforcement», *Annual Review of Criminology*, vol. 4, 2021, pp. 4.1-4.29.

11 Berk, R.: «Artificial Intelligence, Predictive Policing, and Risk Assessment...» *op. cit.*, pp. 4.1-4.29.

En cuanto al resto de variables que incorporan los modelos destacan sobre todo dos tipos de predictores. Por un lado, las variables dependientes del tiempo, que capturan información sobre la frecuencia temporal de los distintos eventos, como los días, las estaciones del año, condiciones climáticas, etc. Por otro lado, las variables de oportunidad o lugar, que abarcan aspectos como la densidad poblacional, los lugares públicos, bares, tiendas, y otros factores relacionados con el entorno físico en el que ocurren los delitos[12]. Además, se incluyen una serie de variables socioeconómicas como el porcentaje de desempleados, el nivel educativo o los distintos estratos de población por edades.

El tratamiento de estas variables en los modelos predictivos sigue un proceso que está compuesto por tres fases distintas[13]. En la primera de ellas se recopilan y preparan los datos relevantes que se utilizan en el modelo según el área geográfica específica que se va a examinar. En la segunda etapa se analiza esta información mediante el modelo estadístico que se ha desarrollado. Para ello previamente se realiza un entrenamiento del modelo a partir de los datos históricos con la idea de que aprenda los patrones más relevantes para facilitar la posterior detección de las conexiones entre los valores de los indicadores y el riesgo de que se produzca un nuevo delito. Una vez que el modelo ha sido calibrado, se calculan los porcentajes de riesgo de comisión delictiva en base a los resultados obtenidos y se realizan las predicciones para un espacio geográfico concreto y un periodo temporal determinado.

Figura 1. Fases de tratamiento de las variables en los modelos predictivos

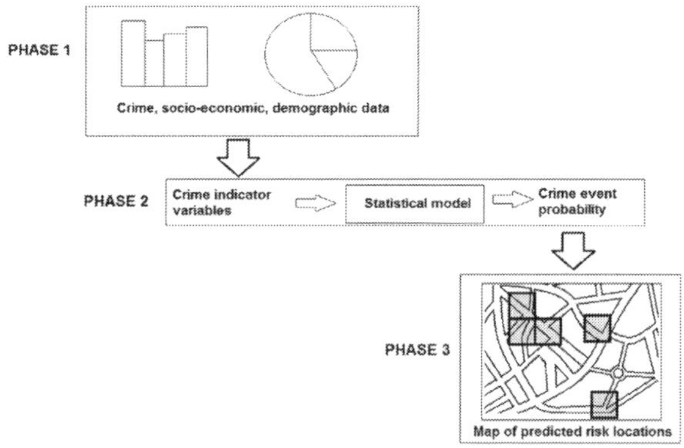

Fuente: Hardyns y Rummens[14]

12 Hardyns, W. y Rummens, A.: «Predictive Policing as a New Tool for Law Enforcement? Recent Developments...» *op. cit.*, pp. 201-218.

13 Hardyns, W. y Rummens, A.: «Predictive Policing as a New Tool for Law Enforcement? Recent Developments...» *op. cit.*, pp. 201-218.

14 Hardyns, W. y Rummens, A.: «Predictive Policing as a New Tool for Law Enforcement? Recent Developments...» *op. cit.*, pp. 201-218.

Por último, en la fase tres del proceso, se realiza el mapeo de las predicciones utilizando una representación visual en la que se emplean distintos tonos de colores que reflejan el nivel de riesgo asociado a cada unidad espacial. También es posible crear perfiles delictivos basados en las características personales de posibles delincuentes para mejorar el análisis de las causas de la delincuencia. E incluso la elaboración de perfiles de personas que tienen un mayor riesgo de ser víctima de un delito a partir de los datos históricos[15].

A partir de todo esto la policía organiza sus recursos y adopta sus estrategias de actuación, como determinar la presencia o las rutas de las patrullas, para anticiparse en base a las predicciones delictivas que se han realizado[16]. Además, con ello se garantizaría una gestión más eficiente de todos los recursos humanos que rodean a un delito, como los de la policía, los judiciales o los correspondientes a las propias personas que no han sido víctimas de un delito gracias a estas intervenciones preventivas[17].

3. Los problemas de la aplicación de la policía predictiva

La policía predictiva se trata de un avance en el campo de la seguridad pública que en los próximos años será una parte más del trabajo de la policía de muchos países. La capacidad predictiva y la posibilidad de optimizar los recursos de los que se disponen para conseguir mejores resultados son dos bazas atractivas que está favoreciendo al desarrollo e implementación de esta herramienta.

Sin embargo, los modelos predictivos también tienen una serie de problemas como se verá a continuación que deben considerarse para evitar un mal uso de ellos que invaliden sus resultados y su adopción por parte de la sociedad.

3.1. La dificultades en la gestión y solvencia policial

Uno de los temas que más polémica genera en los cuerpos y fuerzas de seguridad del Estado es la incorporación de la policía predictiva a las funciones diarias de los agentes. Esta metodología representa un cambio significativo de paradigma, y por tanto, como es común en cualquier ámbito de la

15 Hardyns, W. y Rummens, A.: «Predictive Policing as a New Tool for Law Enforcement? Recent Developments...» *op. cit.*, pp. 201-218.

16 Browning, M. y Arrigo, B.: «Stop and Risk: Policing, Data, and the Digital Age of Discrimination», *American Journal of Criminal Justice*, vol. 46, n.º 2, 2021, pp. 298-316.

17 Perry, W. L.: *et al. Predictive policing: The role of crime forecasting in law enforcement operations*, Rand Corporation, 2013.

sociedad, existen partidarios y detractores en la propia policía respecto a la adopción de las nuevas tecnologías en su trabajo[18].

Entre los motivos que esgrimen aquellos agentes que discrepan de la implementación de la policía predictiva destaca el de las barreras de aprendizaje que conlleva esta metodología. Al tratarse de una nueva tecnología y con un cierto grado de sofisticación, se requiere que los agentes reciban acciones formativas para que la manejen de manera adecuada. Esto precisa de tiempo para que se formen y adquieran estos conocimientos, lo que conlleva un esfuerzo extra por parte de los agentes policiales. A esto hay que añadir que también se trata de un cambio en la cultura y en la forma de trabajar de los policías, por lo que algunos son reticentes a ello y prefieren seguir utilizando los métodos tradicionales a los que están acostumbrados[19].

Además, la resistencia de los agentes a confiar en las predicciones del modelo predictivo se refuerza por lo que conocen de estas herramientas. Y es que los policías por su experiencia en ocasiones consideran que pueden interpretar mejor los datos que el algoritmo o incluso disponer de conocimientos que los modelos no son capaces de detectar, como los problemas de los datos que se verán a continuación, lo que disminuye la confianza de los agentes en las predicciones del modelo[20].

A esto se une el hecho de que es común que los agentes policiales no comprendan el procedimiento por el cual el algoritmo llega a un determinado resultado, lo que puede propiciar que ignoren las predicciones del modelo predictivo y que decidan confiar en su propia experiencia[21]. Esto da lugar a un efecto contrario a uno de los objetivos de esta metodología, ya que se estarían malgastando recursos en el desarrollo de herramientas que luego no se van a usar o no se van a tener en cuenta en las actuaciones policiales[22].

También puede suceder el caso contrario, es decir, que la policía considere los resultados generados por el algoritmo como absolutos y les atribuya una validez total por encima de cualquier otra evidencia. Esto podría resultar en que las decisiones policiales se reduzcan a un mero cálculo matemático sin

18 Hung, T. W. y Yen, C. P.: «Predictive policing and algorithmic fairness», *Synthese*, vol. 201, 2023, pp. 1-29.

19 Bennett Moses, L. y Chan, J.: «Algorithmic prediction in policing: assumptions, evaluation...»*op. cit.*, pp. 806-822.

20 Perry, W. L.: *et al. Predictive policing: The role of crime forecasting in law enforcement operations*, Rand Corporation, 2013.

21 Macnish, K., Wright, D., y Jiya, T.: «Predictive policing in 2025: A scenario», en H. Jahankhani, B. Akhgar, P. Cochrane, y M. Dastbaz (eds.) *Policing in the era of AI and smart societies*, Springer, 2020, pp. 199-215.

22 González-Álvarez, J. L., Santos-Hermoso, J. y Camacho-Collados, M.: «Policía predictiva en España. Aplicación y retos de futuro», *Behavior & Law Journal*, vol. 6, n.º 1, 2020, pp. 26-41.

que se tengan en cuenta los contextos o las interpretaciones de los valores obtenidos. Como consecuencia, se corre el riesgo de perder la capacidad crítica y aumentar la probabilidad de adoptar medidas injustas o discriminatorias[23].

Por todo lo anterior es posible que los agentes no cumplan adecuadamente con las estrategias, fundamentos y acciones que conllevan la policía predictiva. Y si esto sucede se limitaría la eficacia de esta herramienta, incluso si se tratasen de predicciones perfectas, debido a su incorrecta implementación[24].

3.2. Las limitaciones de los datos

Los datos que utilizan los modelos predictivos tienen una serie de limitaciones y problemáticas que afectan al desarrollo de la policía predictiva. Una cuestión importante que hay que tener en cuenta en este sentido es que la información que emplean los software de análisis no es una representación completamente exacta de la realidad[25]. El mundo real es complejo y con infinidad de factores interrelacionados que explican los diferentes comportamientos del ser humano, por lo que es una quimera contar con todos los elementos necesarios que constituyan un modelo perfecto.

Por lo tanto, aunque los modelos predictivos utilizan una gran cantidad de variables en sus cálculos, los predictores que representan la realidad están limitados y no es posible que capturen todos los factores que inciden en la delincuencia. Esto hace que exista la posibilidad de que se omitan variables relevantes tanto para el modelo como para la propia explicación del tipo delictivo analizado, lo que produce errores de precisión en los cálculos del algoritmo[26].

La omisión de alguna variable fundamental se puede producir por distintos motivos, como que en la fase del diseño del modelo no se determinase que algún regresor sea clave según las teorías criminológicas, que la información sea costosa de conseguir o por el hecho de que en ciertas circunstancias es complicado obtener la variable debido a cuestiones legales o metodológicas.

Además, a este hecho, que es aplicable a las ciencias sociales en general, se añade la propia naturaleza de los datos delictivos. La delincuencia es un

23 González-Álvarez, J. L., Santos-Hermoso, J. y Camacho-Collados, M.: «Policía predictiva en España. Aplicación...» *op. cit.*, pp. 26-41.

24 Bennett Moses, L. y Chan, J.: «Algorithmic prediction in policing: assumptions, evaluation...»*op. cit.*, pp. 806-822.

25 Chan, J. y Bennett Moses, L.: «Is big data challenging criminology?», *Theoretical criminology*, vol. 20, n.º 1, 2016, pp. 21-39.

26 Calders, T. y Verwer, S.: «Three naive Bayes approaches for discrimination-free classification», *Data mining and knowledge discovery*, vol. 21, n.º 2, 2010, pp. 277-292.

fenómeno difícil de medir y cuantificar, ya que la información disponible está condicionada por la denuncia de los delitos y/o la detección de estos por parte de la policía. Por lo tanto, las variables dependerán de la información que se recopile rutinariamente sobre las actividades delictivas y del conocimiento sobre los delitos que se tenga. Es decir, que existe un componente de subnotificación que debe ser considerado, ya que si no se hace es posible que no se obtenga una imagen fidedigna de la realidad analizada[27].

La subnotificación varía según distintas características, como el tipo de delito que se esté investigando. Por ejemplo, es frecuente que los hurtos en vía pública no se reporten porque producen un daño menor a los afectados y la probabilidad de que recuperen sus pertenencias es baja, lo que evita que presenten una denuncia debido a los inconvenientes y los gastos asociados con dicho proceso. También las características de la víctima son fundamentales en la subnotificación, ya que, por ejemplo, los delitos de violencia de género tienen una elevada cifra negra ante la negativa de denunciar por parte de la víctima debido al miedo a las represalias, la dependencia emocional, o el estigma que les puede producir, entre otras consecuencias.

Otro de los problemas relacionados con la naturaleza de los datos delictivos es la dificultad administrativa en la recogida de datos para contar con una información consistente y precisa. Esto ocurre por distintos motivos, como la falta de uniformidad en los métodos de recopilación de los datos, la variación en los criterios de clasificación y registro, la falta de formación estadística por parte del personal que recoge los datos o las modificaciones metodológicas, entre otras cuestiones[28]. Además, estas situaciones son más complejas todavía cuando en el análisis se utilizan datos de distintas fuentes, ya que las clasificaciones y las definiciones de las variables pueden diferir entre las distintas instituciones de las que se extrae la información, lo que imposibilita la comparación entre estos datos.

Esto implica que algunos delitos no serán adecuadamente analizados mediante la policía predictiva. En este sentido, González-Álvarez *et al.*[29] señalan que es necesario considerar que aunque los modelos predictivos pueden aplicarse en cualquier tipología delictiva, su mayor potencial se alcanza en aquellos delitos que tienen patrones y características claramente definidas, como la delincuencia contra el patrimonio. Además, indican que no se debe obviar que el diseño de cada algoritmo es concreto para un tipo de delito,

27 Bennett Moses, L. y Chan, J.: «Algorithmic prediction in policing: assumptions, evaluation...»*op. cit.*, pp. 806-822.

28 Barocas, S. y Selbst, A. D.: «Big Data's disparate impact», *California law review*, vol. 104, n.º 3, 2016, pp. 671-732.

29 González-Álvarez, J. L., Santos-Hermoso, J. y Camacho-Collados, M.: «Policía predictiva en España. Aplicación...» *op. cit.*, pp. 26-41.

lugar y momento determinado, por lo que utilizarlo para analizar otros delitos para el que no se planeó produce considerables errores de calibración.

Pero sobre todo algunos autores, como Cussters[30] o Bennet y Chan[31], han planteado preocupaciones en relación a cómo afecta la propia policía predictiva a los datos, ya que puede producir las denominadas predicciones autoafirmativas. Existe el riesgo de que los modelos predictivos generen un circuito de retroalimentación y datos que confirmen y refuercen las predicciones realizadas por el algoritmo: los datos sesgados producen resultados sesgados, lo que a su vez conduce a acciones policiales sesgadas, generando así nuevas predicciones sesgadas en un círculo que se repetirá continuamente[32].

El problema subyacente en todas estas cuestiones radica en que las recomendaciones de la policía predictiva estarán sesgadas al fundamentarse en datos inherentemente sesgados, lo que puede tener consecuencias negativas. Entre ellas destaca la focalización de las actuaciones en determinados barrios con los perjuicios que eso conlleva para los vecindarios, o incluso la discriminación a ciertas minorías porque en base a los datos históricos se cumplan una serie de parámetros que puedan estar representados por determinados grupos sociales[33].

3.3. La posible discriminación que genera la policía predictiva

Las actuaciones policiales derivadas de la aplicación de la policía delictiva se basan en las diferencias que identifican los algoritmos entre los indicadores que incorpora el modelo y las ubicaciones que se analizan. Esto hace que exista el riesgo de que las estrategias de prevención delictiva se focalicen en ciertos grupos sociales y zonas geográficas a partir de los resultados obtenidos, lo que puede producir una discriminación que en ocasiones sea injusta y que genere consecuencias negativas sobre ellos[34].

---

30 Custers, B.: Data dilemmas in the information society: introduction and overview. En: B. Custers, T. Calders, B. Schermer y T. Zarsky (eds.) *Discrimination and privacy in the information society: data mining and profiling in large databases*, Springer, 2013, pp. 3-26.

31 Bennett Moses, L. y Chan, J.: «Algorithmic prediction in policing: assumptions, evaluation...», *op. cit.*, pp. 806-822.

32 Browning, M. y Arrigo, B.: «Stop and Risk: Policing, Data, and the Digital Age of Discrimination», *American Journal of Criminal Justice*, vol. 46, n.º 2, 2021, pp. 298-316.

33 Browning, M. y Arrigo, B.: «Stop and Risk: Policing, Data, and the Digital...» *op. cit.*, pp. 298-316.

34 Zarsky, T. Z.: «Transparent predictions», *University of Illinois law review*, vol. 4, 2013, pp. 1503-1569.

La cuestión aquí es que esta discriminación puede basarse en correlaciones espurias, lo que implica que no solo es injusta, sino también ineficaz en términos de adoptar las medidas adecuadas[35]. Es decir, si durante el proceso de calibración del modelo se cometen errores, como el sesgo de los datos o la suposición de que un colectivo delinque más que otro, es posible que se obtenga una relación que en realidad no es causal directa, sino que sea producto del azar o de las limitaciones del modelo y que, por tanto, no se ajusten a la realidad analizada.

Una posible solución para abordar este problema es eliminar aquellas variables que son sensibles a producir una discriminación en las acciones policiales[36]. Sin embargo, esta estrategia puede producir más problemas que beneficios: por un lado, existe la posibilidades de que haya otros predictores que también contribuyan a la discriminación, por lo que no se solucionaría nada; por otro lado, la no inclusión de determinadas variables puede ocasionar que se omita algún predictor que sea fundamental para el modelo y para el análisis del delito, lo que reducirá de manera considerable la precisión del algoritmo[37].

Otra consideración relevante es que las discriminaciones generadas por los modelos predictivos pueden ser percibidas por la sociedad como resultados justos al considerarse que los datos delictivos son objetivos y que, por tanto, la vigilancia policial y las detenciones que se efectúen son prácticas imparciales[38].

No obstante, esta suposición es errónea porque los datos policiales también están sujetos a una serie de sesgos políticos, sociales, institucionales, individuales, etc. De hecho, Bennet y Chan[39] van más allá y afirman que la información que recoge la policía no se considera estrictamente como datos, ya que no se ajusta a un enfoque científico estricto.

La razón que esgrimen es que la recopilación de información que realizan los agentes policiales no cumple con una metodología rigurosa, no se evalúan adecuadamente dichos datos y no se rinden cuentan por estos aspec-

35 Bennett Moses, L. y Chan, J.: «Algorithmic prediction in policing: assumptions, evaluation...», *op. cit.*, pp. 806-822.

36 Calders, T. y Žliobaitė, I.: «Why unbiased computational processes can lead to discriminative decision procedures», en Custers, B.; Calders, T.; Schermer, B. y Zarsky, T. (eds.) *Discrimination and privacy in the information society: data mining and profiling in large databases*, Springer, 2013, pp. 43-60.

37 Calders, T. y Verwer, S.: «Three naive Bayes approaches for discrimination-free...», *op. cit.* pp. 277-292.

38 Browning, M. y Arrigo, B.: «Stop and Risk: Policing, Data, and the Digital Age...» *op. cit.*, pp. 298-316.

39 Bennett Moses, L. y Chan, J.: «Algorithmic prediction in policing: assumptions, evaluation...»*op. cit.*, pp. 806-822.

tos. Estas cuestiones posibilitan la existencia de subjetividad en la forma en que la policía registra las variables delictivas, y, además, no favorecen a la existencia de incentivos para que agentes externos validen la precisión, imparcialidad y veracidad de los datos[40].

De este modo, si los datos recopilados contienen sesgos humanos y son utilizados en los modelos predictivos, los resultados generados por los algoritmos estarán inherentemente sesgados y, por tanto, esto derivará en una vigilancia también sesgada por parte de la policía[41]. Por ejemplo, si la policía predictiva determina que hay mayores probabilidades de que se cometan delitos en un área, los agente policiales asignados a esta ubicación pueden considerar automáticamente los comportamientos de los individuos de esa zona como más sospechosos, simplemente porque el algoritmo ha establecido que en esa ubicación existen más posibilidades de que se cometa una acción delictiva[42].

Todas estas dinámicas contribuyen a la construcción de una aparente justificación con fachada de objetividad para aumentar la vigilancia policial en barrios y sobre colectivos que son percibidos como problemáticos, lo que refuerza los prejuicios y los estereotipos erróneos en relación a la criminalidad y ciertos grupos de inmigrantes[43]. Esto se debe a que cuando las personas observan una mayor presencia policial o interacciones en comunidades marginadas, se refuerzan las suposiciones y estereotipos infundados.

3.4. La falta de rendición de cuentas

La naturaleza técnica de la policía predictiva requiere transparencia por parte de las instituciones policiales para que se garantice la evaluación de su gestión y de sus resultados y de esta forma certificar que las decisiones que se adoptan en base a ella son justas, éticas y que cumplen con los estándares legales[44].

Sin embargo, es frecuente que los modelos predictivos adolezcan de esta transparencia y explicación, lo que puede generar abusos y decisiones injus-

40 Richardson, R., Schultz, J., y Crawford, K.: «Dirty data, bad predictions: how civil rights violations impact police data, predictive policing systems, and justice», *New York univeristy law*, vol. 94, n.° 15, 2019, pp. 15-55.

41 Degeling, M. y Berendt, B.: «What is wrong about Robocops as consultants? A technology-centric critique of predictive policing», *AI & SOCIETY*, vol. 33, n.° 3, 2018, pp. 347-356.

42 Browning, M. y Arrigo, B.: «Stop and Risk: Policing, Data, and the Digital Age...», *op. cit.*, pp. 298-316.

43 Richardson, R., Schultz, J., y Crawford, K.: «Dirty data, bad predictions: how civil rights violations impact police data, predictive policing systems...» *op. cit.*, pp. 15-55.

44 Bakke, E.: «Predictive Policing: The Argument for police Transparency»... *op. cit.*, pp. 131-172.

tas al no tener cabida la posibilidad de supervisión por parte de agentes externos. Esta falta de transparencia representa un importante desafío para el correcto desarrollo de esta tecnología, ya que es fundamental que exista una base legal que proteja a los individuos de las posibles vulneraciones injustas o arbitrarias en los casos en los que las acciones del Estado afecten a los derechos de las personas[45].

Dicha falta de transparencia se debe a diversas cuestiones. Una de ellas es que las propias fuerzas policiales son reticentes a compartir los detalles de los programas y los diseños de los algoritmos que usan, con el objetivo de proteger a los agentes que utilizan esta tecnología de los posibles errores que cometan[46]. También juega un papel importante el hecho de que los programas que se utilizan están desarrollados generalmente por empresas privadas que quieren proteger su confidencialidad mediante contratos de licencia, por lo que tampoco facilitan información detallada sobre los sistemas predictivos[47].

De este modo, si el algoritmo se trata como una «caja negra» de la que se desconoce su funcionamiento interno, no es posible rendir cuentas a la sociedad ante los posibles problemas que se generen, como los datos ruidosos, los sesgos o incluso los defectos de diseño del algoritmo. Y no solo eso, sino que tampoco se puede determinar si la responsabilidad de estos problemas corresponde a la policía o la empresa encargada del desarrollo del software, es decir, quién de las dos partes debe garantizar que los modelos funcionen correctamente o quién tiene que solucionar los problemas de los algoritmo[48].

Esta falta de transparencia en la policía predictiva genera desconfianza entre los ciudadanos y suscita preocupación por la privacidad y las posibles vulneraciones de sus derechos individuales, unas cuestiones que deslegitiman las funciones policiales[49]. Además, esto limita significativamente tanto la prevención de malas conductas por parte de la policía como la capacidad de que las personas reclamen una reposición del daño sufrido cuando experimenten una mala praxis policial[50].

---

45 Perego, B.: «The impact of predictive policing systems on civil rights», *BioLaw: Teaching European Law and Life Sciences*, paper n. 33, 2019, pp. 1-14.

46 Panelli, J.: «Ethics of Predictive Policing» *Viterbi Conversations in Ethics,* vol. 2, 2018.

47 Richardson, R., Schultz, J., y Crawford, K.: «Dirty data, bad predictions: how civil rights violations impact police data, predictive policing systems...» *op. cit.*, pp. 15-55.

48 Bakke, E.: «Predictive Policing: The Argument for police Transparency», *NYU Annual. Survey of American Law*, vol. 74, 2018, pp. 131-172.

49 Perry, W. L.: *et al. Predictive policing: The role of crime forecasting in law enforcement operations*, Rand Corporation, 2013.

50 Perego, B.: «The impact of predictive policing systems on civil...» *op. cit.*, pp. 1-14.

Un ejemplo de ello es que la opacidad en torno a la policía predictiva puede enmascarar aún más la discriminación injusta que experimentan algunos barrios y grupos sociales concretos a partir de las predicciones obtenidas con los algoritmos. Los casos de discriminación injusta pueden perpetuarse en el tiempo por el hecho de la falta de evaluación de los procesos, de la recopilación de datos y otros aspectos relacionados con la aplicación de los modelos predictivos. Es decir, la imposibilidad de contar con evaluaciones externas dificulta la identificación de posibles errores o sesgos en el sistema que dan como resultado discriminaciones injustas[51].

3.6. Teoría *vs.* Datos

El desarrollo de la inteligencia artificial y del *big data* ha generado un nuevo debate en el campo de la Criminología: ¿los datos son la verdad absoluta y no requieren de conocimientos teóricos para comprenderlos? ¿es el fin de la teoría?

Esta reflexión ha sido planteada por los académicos debido a que la mayoría de los modelos predictivos se basan únicamente en los valores de los datos recopilados, dejando de lado las premisas teóricas necesarias para su interpretación y para el desarrollo de las actuaciones policiales[52].

Una de las consecuencias que produce este hecho es que el foco de atención se centra casi exclusivamente en la correlación que establecen las variables, dejando de lado la posible causalidad que pueda existir entre ellas[53]. Esto conduce a errores en los análisis y en la implementación de medidas preventivas adecuadas, ya que la existencia de una correlación no implica necesariamente que una variable cause un cambio sobre los valores de otra. Es decir, si los agentes policiales no comprenden los factores que conducen a una mayor posibilidad de cometer un delito, esto limitará la eficacia de las medidas que adopten a partir de las predicciones por no ir a la raíz del problema[54].

Además, el desconocimiento de los agentes policiales de los algoritmos dificulta la vinculación de los modelos predictivos con los conocimientos teóricos y prácticos propios de la policía, un aspecto que algunos autores señalan como fundamental para que los modelos se mantengan actualizados

---

51 Bennett Moses, L. y Chan, J.: «Algorithmic prediction in policing: assumptions, evaluation...»*op. cit.*, pp. 806-822.

52 Meijer, A. y Wessels, M.: «Predictive policing: Review of benefits and...» *op. cit.*, pp. 1031-1039.

53 Andrejevic, M.: «To Pre Empt A Thief», *International Journal of Communication*, vol. 8, 2017 pp. 879-896.

54 Perry, W. L.: *et al. Predictive policing: The role of crime forecasting in law enforcement operations*, Rand Corporation, 2013.

y no queden obsoletos con el paso del tiempo[55]. A esto hay que añadir que al no utilizar teorías para la interpretación de los resultados y otorgarle una verdad objetiva a los datos con los que se trabaja, es factible que los agentes policiales no cuestionen los posibles errores que comete el algoritmo y que vuelvan a caer en los mismos sesgos que se intentan superar mediante el uso de estas nuevas tecnologías[56].

El aspecto fundamental de todo esto que la teoría debe ser el pilar en la toma de las decisiones relacionadas con los datos recopilados, con la definición de las variables analizadas y con las herramientas que se deben utilizar para su análisis, entre otras cuestiones[57]. Sin embargo, la policía predictiva posibilita que los investigadores prescindan de teorías y/o hipótesis que luego deban ser contrastadas con los datos, ya que las conclusiones se extraen directamente de los propios datos[58].

Esta circunstancia puede llevar en ocasiones a un enfoque de «fregadores de cocina», en el que se incluye una considerable cantidad de variables sin ningún fundamento teórico y se seleccionan únicamente aquellas que arrojan mejores resultados en los análisis[59]. Esto puede dar lugar a errores al no comprender la causalidad o los mecanismos que explican los patrones de comportamientos identificados[60], lo que hace que los factores se traten como potencialmente importantes por el mero hecho de que establecen una correlación sin una teoría preexistente que la justifique[61].

3.7. Otras cuestiones legales

La policía predictiva es un método que por su propia naturaleza genera preocupación en relación a las posibles lesiones de algunos derechos civiles. La gestión de datos personales que requiere este método para su implementación plantea interrogantes sobre la privacidad de las personas y la posible

---

55 Perry, W. L.: *et al. Predictive policing: The role of crime forecasting in law enforcement operations*, Rand Corporation, 2013.

56 Scanlan, J.: «Auditing Predictive Policing», *Brigham Young University Prelaw Review*, vol. 33, 2019, pp. 1-20.

57 Chan, J. y Bennett Moses, L.: «Is big data challenging criminology?», *Theoretical criminology*, vol. 20, n.° 1, 2016, pp. 21-39.

58 Kitchin, R.: «Big data, new epistemologies and paradigm shifts», *Big Data & Society*, vol. 1, n.° 1, 2015, pp. 1-12.

59 Berk, R.: «Artificial Intelligence, Predictive Policing, and Risk Assessment...», *op. cit.*, pp. 4.1-4.29.

60 Mayer-Schönberger, V., y Cukier, K.: *Big data: a revolution that will transform how we live, work, and think*. John Murray, 2013.

61 Meijer, A. y Wessels, M.: «Predictive policing: Review of benefits and...» *op. cit.*, pp. 1031-1039.

vulneración de las leyes de protección de datos, un hecho que puede producir daños psicológicos y problemas de privacidad[62, 63].

En este sentido, el tratamiento de los datos por parte de las empresas que elaboran los software y de la policía produce problemas de privacidad e injerencias en el derecho a la intimidad, lo que en cierto modo es un efecto directo de la falta de transparencia mencionada anteriormente[64]: ¿qué datos se recopilan exactamente? ¿cuántos datos se recogen? ¿con qué propósito se recopilan? ¿se respetan las leyes de privacidad?

De hecho, una cuestión clave que surge aquí es hasta qué punto los datos de las redes sociales de los ciudadanos pueden ser utilizados y de qué manera sin que estos vean vulnerados su intimidad[65]. Es decir, en qué momento la identidad digital de las personas se lesiona por parte de la policía al hacer uso de toda la información diaria que generan las nuevas tecnologías en la vida de las personas (geolocalización, tráfico, movilidad urbana, etc.).

Además, las estrategias preventivas en sí mismas también pueden suponer una vulneración de la privacidad de las personas y de su honor, ya que la elaboración de perfiles con diferentes niveles de peligrosidad social en ocasiones identifica a una parte de la población que nunca ha cometido un delito, lo que implica riesgos de estigmatización y discriminación[66]. Y no solo eso, sino que la presunción de inocencia también puede verse socavada debido a que las predicciones que realiza el algoritmo pueden derivar en acciones preventivas contra individuos supuestamente sospechosos que no han cometido ningún delito.

Esta situación se agrava por el hecho de que son las empresas privadas las que ofrecen sus servicios a la policía para desarrollar los algoritmos, gestionar la base de datos e incluso obtener resultados. Esto plantea una controversia, ya que en cierto modo implica una privatización de las tareas policiales al transferirse responsabilidades y labores policiales a empresas privadas, quienes tienen como objetivo conseguir beneficios y no el bienestar de la población[67].

62 Sewell, A., Jefferson, K., y Lee, H.: «Living under surveillance: Gender, psychological distress, and stop-question-and-frisk policing in New York City», *Social Science and Medicine*, vol. 159, 2016, pp. 1-13.

63 Stuart, A., y Levine, M.: «Beyond «nothing to hide»: When identity is key to privacy threat under surveillance», *European Journal of Social Psychology*, vol. 47, n.° 6, 2017, pp. 694-707.

64 Hardyns, W. y Rummens, A.: «Predictive Policing as a New Tool for Law Enforcement? Recent Developments...» *op. cit.*, pp. 201-218.

65 Edwards, L., y Urquhart, L.: «Privacy in public spaces: What expectations of privacy do we have in social media intelligence?» *International Journal of Law and Information Technology*, vol. 24, n.° 3, 2016, pp. 279-310.

66 Perego, B.: «The impact of predictive policing systems on civil...» *op. cit.*, pp. 1-14.

67 Hardyns, W. y Rummens, A.: «Predictive Policing as a New Tool for Law Enforcement? Recent Developments...» *op. cit.*, pp. 201-218.

4. Conclusiones

La prevención de la delincuencia es un tema central en el desarrollo de las políticas públicas de seguridad. A lo largo del tiempo, se ha fantaseado continuamente con la posibilidad de que las instituciones encargadas de aplicar la ley tengan la capacidad de anticiparse a la comisión de los delitos y de esta forma acabar con la delincuencia.

En los últimos años, los progresos tecnológicos han permitido desarrollar un método que recibe el nombre de policía predictiva que se aproxima en cierta forma a dicha idea. Esta herramienta tiene el potencial de aprovechar los avances en la ciencia de datos para diseñar algoritmos que analicen las posibilidades de que se cometa un acto delictivo con el fin de aplicar las estrategias preventivas oportunas. También favorece al uso más eficiente de los recursos o al fortalecimiento de las decisiones estratégicas y tácticas, lo que ha hecho que distintos países ya hayan a adoptado este método.

Sin embargo, es fundamental tener presente que estos resultados positivos dependen en última instancia de que los encargados de trabajar con esta tecnología comprendan sus limitaciones y problemas para que realicen un uso correcto de ella. En este sentido, el objetivo de este trabajo no ha consistido en determinar si la policía predictiva es una práctica buena o mala, sino en resaltar los problemas inherentes que tiene la policía predictiva para fomentar la mejora de las oportunidades de evaluación y rendición de cuentas.

Estos desafíos son, en parte, consecuencia del corto espacio de tiempo desde que se comenzó a desarrollar esta herramienta y a adoptar por parte de la policía. Sin embargo, precisamente debido a esta razón, es crucial abordarlos desde sus cimientos antes de que se conviertan en problemas endémicos y socaven la eficacia de esta herramienta.

Por ello es fundamental que se tenga presente en todo momento que la policía predictiva tiene el potencial de perpetuar y amplificar los sesgos ya existentes, así como generar discriminación y resultar en tratamientos injustos hacia ciertos grupos sociales. Estos problemas a menudo se derivan de las limitaciones de los propios datos y de los desafíos relacionados con la recopilación y el procesamiento de información. Por lo tanto, es de vital importancia seguir mejorando la formación de los agentes policiales que trabajan con los algoritmos, para abordar de manera efectiva estas cuestiones y mejorar la naturaleza de los datos con los que se trabaja.

Además, con esto también se debe procurar garantizar que los agentes tengan un conocimiento previo tanto de los algoritmos y los softwares como del fenómeno delictivo que analizan en base a teorías criminológicas. De esta forma se conseguirá una mejor interpretación y explicación de los resultados de la policía predictiva por parte de la policía. Esto resulta fundamental para establecer una base más racional para adoptar las intervenciones necesarias, para que la propia policía confíe más en la adopción de esta herramienta y también para mejorar su capacidad crítica en caso de identificar resultados anómalos en base a la teoría.

La prevención de la delincuencia y la lucha contra ella son objetivos primordiales de la sociedad, y una policía predictiva eficiente puede contribuir a ello. Pero la eficiencia no debe ser el único criterio a tener en cuenta, sino que también se garantice que el proceso sea justo y equitativo para la población de acuerdo con la ley. Para lograr esto es fundamental desarrollar un enfoque crítico y reflexivo que promueva la evaluación externa, la transparencia y la rendición de cuentas por parte de las autoridades gubernamentales que haga que la policía predictiva se desprenda de ese aura de caja negra. De esta manera, se garantizará un equilibrio adecuado entre la eficacia policial y el respeto a los derechos y valores fundamentales de la sociedad.

5. Bibliografía

Andrejevic, M.: «To Pre-Empt A Thief», *International Journal of Communication*, vol. 8, 2017 pp. 879-896.

Ates, E. C., Bostanci, E. y Guzel, M. S.: «Big Data, Data Mining, Machine Learning, and Deep Learning Concepts in Crime Data», *Journal of Penal Law and Criminology*, vol. 8, n.º 2, 2020, pp. 293-319.

Bakke, E.: «Predictive Policing: The Argument for police Transparency», *NYU Annual. Survey of American Law*, vol. 74, 2018, pp. 131-172.

Barocas, S. y Selbst, A. D.: «Big Data's disparate impact», *California law review*, vol. 104, n.º 3, 2016, pp. 671-732.

Bennett Moses, L. y Chan, J.: «Algorithmic prediction in policing: assumptions, evaluation, and accountability», *Policing and society*, vol. 28, n.º 7, 2018, pp. 806-822.

Berk, R.: «Artificial Intelligence, Predictive Policing, and Risk Assessment for Law Enforcement», *Annual Review of Criminology*, vol. 4, 2021, pp. 4.1-4.29.

Berk, R.: «Algorithmic criminology», *Security Informatics*, vol. 2, n.º 5, 2015. Disponible en: http://www.secu— rity-informatics.com/content/2/1/5.

Browning, M. y Arrigo, B.: «Stop and Risk: Policing, Data, and the Digital Age of Discrimination», *American Journal of Criminal Justice*, vol. 46, n.º 2, 2021, pp. 298-316.

Calders, T. y Žliobaitė, I.: «Why unbiased computational processes can lead to discriminative decision procedures», en B. Custers, T. Calders, B. Schermer y T. Zarsky (eds.) *Discrimination and privacy in the information society: data mining and profiling in large databases*, Springer, 2013, pp. 43-60.

Calders, T. y Verwer, S.: «Three naive Bayes approaches for discrimination-free classification», *Data mining and knowledge discovery*, vol. 21, n.° 2, 2010, pp. 277-292.

Chan, J. y Bennett Moses, L.: «Is big data challenging criminology?», *Theoretical criminology*, vol. 20, n.° 1, 2016, pp. 21-39.

Custers, B.: «Data dilemmas in the information society: introduction and overview», en B. Custers, T. Calders, B. Schermer y T. Zarsky (eds.) *Discrimination and privacy in the information society: data mining and profiling in large databases*, Springer, 2013, pp. 3-26.

González-Álvarez, J. L., Santos-Hermoso, J. y Camacho-Collados, M.: «Policía predictiva en España. Aplicación y retos de futuro», *Behavior & Law Journal*, vol. 6, n.° 1, 2020, pp. 26-41.

Degeling, M. y Berendt, B.: «What is wrong about Robocops as consultants? A technology-centric critique of predictive policing», *AI & SOCIETY*, vol. 33, n.° 3, 2018, pp. 347-356.

Edwards, L., y Urquhart, L.: «Privacy in public spaces: What expectations of privacy do we have in social media intelligence?» *International Journal of Law and Information Technology*, vol. 24, n.° 3, 2016, pp. 279-310.

Hardyns, W. y Rummens, A.: «Predictive Policing as a New Tool for Law Enforcement? Recent Developments and Challenges», *European Journal on Criminal Policy and Research*, vol. 24, n.° 3, 2017, pp. 201-218.

Hung, T. W. y Yen, C. P.: «Predictive policing and algorithmic fairness», *Synthese*, vol. 201, 2023, pp. 1-29.

Isaac, W. S.: «Hope, Hype, and Fear: The Promise and Potential Pitfalls of Artificial Intelligence in Criminal Justice», *Ohio State Journal of Criminal Law*, vol. 15, 2018, pp. 543-58.

Kadar, C. y Pletikosa, I.: «Mining large-scale human mobility data for long-term crime prediction», *EPJ Data Science*, 2018, pp. 7-26.

Kitchin, R.: «Big data, new epistemologies and paradigm shifts», *Big Data & Society*, vol. 1, n.° 1, 2015, pp. 1-12.

Kounadi, O.: *et al.* «A systematic review on spatial crime forecasting», *Crime Science*, vol. 9, n.° 1, 2020, pp. 1-22.

Macnish, K., Wright, D., y Jiya, T.: «Predictive policing in 2025: A scenario», en Jahankhani, H.; Akhgar, B.; Cochrane, P. y Dastbaz, M. (eds.) *Policing in the era of AI and smart societies*, Springer, 2020, pp. 199-215.

Mayer-Schönberger, V., y Cukier, K.: *Big data: a revolution that will transform how we live, work, and think*. John Murray, 2013.

Meijer, A. y Wessels, M.: «Predictive policing: Review of benefits and drawbacks», *International Journal of Public Administration*, vol. 42, n.° 12, 2019, pp. 1031-1039.

Panelli, J.: «Ethics of Predictive Policing» *Viterbi Conversations in Ethics,* vol. 2, 2018. Disponible en: https://vce.usc.edu/volume-2-issue-2/ethics-of-predictive-policing/

Perego, B.: «The impact of predictive policing systems on civil rights», *Bio-Law: Teaching European Law and Life Sciences*, paper n.° 33, 2019, pp. 1-14.

Perry, W. L.: *et al., Predictive policing: The role of crime forecasting in law enforcement operations*, Rand Corporation, 2013.

Richardson, R., Schultz, J., y Crawford, K.: «Dirty data, bad predictions: how civil rights violations impact police data, predictive policing systems, and justice», *New York univeristy law*, vol. 94, n.° 15, 2019, pp. 15-55.

Scanlan, J.: «Auditing Predictive Policing», *Brigham Young University Prelaw Review*, vol. 33, 2019, pp. 1-20.

Sewell, A., Jefferson, K., y Lee, H.: «Living under surveillance: Gender, psychological distress, and stop-question-and-frisk policing in New York City», *Social Science and Medicine*, vol. 159, 2016, pp. 1-13.

Stuart, A., y Levine, M.: «Beyond «nothing to hide»: When identity is key to privacy threat under surveillance», *European Journal of Social Psychology*, vol. 47, n.° 6, 2017, pp. 694-707.

Zarsky, T. Z.: «Transparent predictions», *University of Illinois law review*, vol. 4, 2013, pp. 1503-1569.

MANIPULACIÓN DE MERCADO Y NUEVAS TECNOLOGÍAS: EL CASO DE LAS NEGOCIACIONES DE ALTA FRECUENCIA (HIGH-FREQUENCY TRADING)[1]

Túlio Felippe Xavier Januário
Becário de la «Fundação para a Ciência e a Tecnologia — FCT»
Doctorando en la Universidad de Coimbra

1. Introducción

Los progresivos avances tecnológicos y sus reflejos en los más variados ámbitos de la sociedad son una realidad prácticamente irrefutable en el mundo contemporáneo. Un ejemplo de ello es el desarrollo y uso paulatino de sistemas informáticos capaces de capturar y procesar una inmensidad de datos y, en un corto período de tiempo y sin mayores interferencias humanas, interpretarlos y, a partir de este «aprendizaje», llegar a respuestas y realizar tareas para las que no necesariamente estarían programados. Estamos hablando de la inteligencia artificial[2].

---

1 El presente trabajo se ha realizado en el marco del proyecto de investigación «Autoria e resposabilidade em crimes cometidos através de sistemas de inteligência artificial» (2020.08615.BD), financiado por la «Fundação para a Ciência e a Tecnologia — FCT». Una versión más amplia en portugués de este texto se publicó previamente en: JANUÁRIO, Tulio Felippe Xavier, 2021. Inteligência artificial e manipulação do mercado de capitais: uma análise das negociações algorítmicas de alta frequência (high-frequency trading) à luz do ordenamento jurídico brasileiro. *Revista Brasileira de Ciências Criminais*. São Paulo: Thomson Reuters Brasil, ano 29, n. 186, p. 127-173.

2 STEIBEL, Fabro, VICENTE, Victor Freitas y JESUS, Diego Santos Vieira de, 2019. Possibilidades e potenciais da utilização da inteligência artificial. En: FRAZÃO, Ana y MULHOLLAND, Caitlin (coord.). *Inteligência artificial e direito: Ética, regulação e responsabilidade*. São Paulo: Thomson Reuters Brasil, ebook, no paginado, parte I, Capítulo 2, Sección 1. Se observa que este concepto «moderno» dista mucho del vislumbrado por el creador del término inteligencia artificial, John McCarthy, quien en 1955 la conceptualizó como la ciencia y la ingeniería relacionadas con el desarrollo de máquinas y ordenadores inteligentes. Ver en detalle en: MCCARTHY, John, 2007. What is Artificial Intelligence?. En: *Professor John McCarthy: Father of AI*. Disponible en: http://jmc.stanford.edu/artificial-in-

Este conjunto de innovaciones repercute también en el mercado de capitales, posibilitando la realización de actividades de negociación basadas en el uso de algoritmos, que utilizan como *input,* informaciones del mercado en tiempo real, y tienen como *output*, decisiones automatizadas, como emisiones, modificaciones o cancelaciones de órdenes de compra y venta[3].

Sin embargo, observamos que, a pesar de algunos beneficios para la liquidez del mercado, las llamadas *negociaciones algorítmicas de alta frecuencia* (HFT) también presentan riesgos. Además de posibles daños derivados del mal funcionamiento del algoritmo, estas pueden ser instrumentos para la ejecución de estrategias ilícitas dirigidas a la manipulación del mercado, como el *spoofing* y el *layering.*

En vista de lo anterior, el objetivo de este trabajo es responder a dos cuestiones principales: las estrategias de mercado que hacen uso de técnicas de negociación de alta frecuencia, ¿pueden ser consideradas «manipulación de mercado», en los términos previstos, por ejemplo, por el Artículo 284.1.1.° y 2.° del CP Español? En ese caso y considerando el uso de algoritmos «inteligentes» en estas operaciones, ¿qué obstáculos existirían en esta subsunción y cuáles serían las posibles alternativas para superarlos?

Para responder a estas preguntas, realizaremos un estudio inicial sobre qué podemos entender efectivamente por HFT y cuáles serían sus beneficios y riesgos. Posteriormente, demostraremos, a partir de una metodología deductiva, que la imputación penal de estas estrategias como manipulación de mercado encuentra dificultades en aquellas hipótesis en las que existe un mal funcionamiento o imprevisibilidad del *output* de los algoritmos, lo que puede atestar la necesidad, no sólo de un reforzamiento preventivo, reglamentario y fiscalizador estatal, sino también de nuevas tipificaciones de las modalidades culposa y de omisión.

2. Negociaciones algorítmicas de alta frecuencia: concepto, procedimientos, aplicaciones y riesgos

El escenario actual de uso generalizado de sistemas algorítmicos para la realización de operaciones de *trading* tiene su origen en el proceso de «electronificación» del comercio de valores, que comenzó en los Estados Unidos en la década

telligence/index.html [consulta: 03.07.2023]; JANUÁRIO, Tulio Felippe Xavier, 2021. Considerações preambulares acerca das reverberações da inteligência artificial no direito penal. En: COMÉRIO, Murilo Siqueira y JUNQUILHO, Tainá Aguiar (org.). *Direito e tecnologia: um debate multidisciplinar.* Rio de Janeiro: Lumen Juris, 2021. p. 295-314.

3 CAIVANO, Valeria *et al.*, 2012. Il trading ad alta frequenza: caratteristiche, effetti, questioni di policy. *CONSOB Discussion Papers*, n. 5, p. 1-60. Disponible en: https://dx.doi.org/10.2139/ssrn.2191669 [consulta: 03.07.2023]. Sobre el tema, ver también: JANUÁRIO, Tulio Felippe Xavier, 2021. Considerações preambulares acerca..., *op. cit.,* p. 249.

de 1970, cuando la *National Association of Securities Dealers (NASD)* puso en marcha su sistema informático para ayudar a la creación de mercados (*market making*) para cotización automatizada, dando origen a la *NASDAQ*[4]. Posteriormente, en 1976, la Bolsa de Valores de Nueva York implementó sus sistemas DOT (*designated order turnaround*) y Super-DOT, que permitían la presentación electrónica de órdenes de compra y venta[5]. Las bolsas de valores europeas, a su vez, comenzaron a depender de los primeros sistemas de asistencia computarizados en la década de 1980, y en la década de 1990, el comercio de valores comenzó a organizarse en bolsas totalmente automatizadas[6].

Si bien en los años 70 y 80 la negociación computarizada estuvo predominantemente concentrada en la NASDAQ y la Bolsa de Valores de Nueva York, se observó un cambio de escenario con la aparición de las *Eletronic Communication Networks — ECNs*, sistemas que hicieron posible la negociación de acciones fuera de las bolsas tradicionales. Incluso fueron autorizadas expresamente por la SEC en 1998, a través de la *Regulation of Alternative Trading Systems*[7], abriendo las puertas a sistemas alternativos de transacción y sirviendo de base para la negociación algorítmica[8]. Es precisamente de este tipo de negociación de donde surgen las técnicas de trading de alta frecuencia, las cuales, desde entonces y sobre todo a partir del cambio del Siglo XXI, han ganado popularidad mundial y revolucionado la forma en que operan los mercados de capitales[9].

La Directiva 2014/65/UE del Parlamento Europeo y del Consejo de Europa, de 15 de mayo de 2014, define en su Artículo 4, n.º 1, las negociaciones algorítmicas, como siendo:

> «la negociación de instrumentos financieros en la que un algoritmo informático determina automáticamente los distintos parámetros de las órdenes (si la orden va a ejecutarse o no, el momento, el precio, la cantidad, cómo va a gestionarse

4 Gomber, Peter *et al.*, 2011. *High-frequency Trading*, p. 8. Disponible en: http://dx.doi.org/10.2139/ssrn.1858626 [consulta: 03.07.2023].

5 Markham, Jerry W. y Harty, Daniel J., 2008. For whom the bell tolls: The demise of exchange trading floors and the growth of ECNs. *Journal of Corporation Law*, v. 33, n. 4, p. 865-940, p. 897 y ss. Disponible en: https://heinonline.org/HOL/P?h=hein.journals/jcorl33&i=873 [consulta: 16.03.2021]; Mcgowan, Michael J., 2010. The Rise of Computerized High Frequency Trading: Use and Controversy. *Duke Law & Technology Review*, v. 9, n. 1, p. 1-25, p. 4 y ss. Disponible en: https://scholarship.law.duke.edu/dltr/vol9/iss1/15 [consulta: 16.03.2021].

6 Gomber, Peter *et al.*, 2011. *High-frequency Trading*..., *op. cit.*, p. 8.

7 Mcgowan, Michael J., 2010. The Rise of..., *op. cit.*, p. 5 y 6.

8 Palavra, Jorge Miguel Cunha, 2018. *O abuso de informação privilegiada: enquadramento jurídico da negociação algorítmica de alta frequência (high frequency trading).* Tesis de maestria. Lisboa: Faculdade de Direito da Universidade de Lisboa. p. 50.

9 Agarwal, Anuj, 2012. High Frequency Trading: Evolution and the Future. *CapGemini: Consulting. Technology. Outsourcing.*, p. 1-24, p. 4-5. Disponible en: https://www.capgemini.com/resources/high-frequency-trading-evolution-and-the-future/ [consulta: 17.03.2021].

después de su presentación), con limitada o nula intervención humana. Esta definición no incluye los sistemas que solo se proponen dirigir las órdenes a uno o varios centros de negociación, o procesar las órdenes sin que ello implique determinar ningún parámetro de negociación, o confirmar las órdenes o el tratamiento post-negociación de las transacciones ejecutadas;»[10].

A su vez, las *negociaciones de alta frecuencia* son una especie del género «*negociación algorítmica*»[11], teniendo como característica especial la rapidez que posibilita en la gestión y ejecución de las órdenes[12]. De acuerdo con el Artículo 3, n.º 1, 33, del Reglamento (UE) 596/2014, y con el Artículo 4, n.º 1, 40, de la Directiva 2014/65/UE, estas negociaciones son caracterizadas por:

> «a) una infraestructura destinada a minimizar las latencias de la red y de otro tipo, que incluya al menos uno de los siguientes sistemas para la introducción de órdenes algorítmicas: localización compartida, ubicación próxima o acceso electrónico directo de alta velocidad;
>
> b) un sistema que determina la iniciación, generación, encaminamiento o ejecución de las órdenes sin intervención humana para cada negociación u orden, y
>
> c) elevadas tasas de mensajes intradía que pueden ser órdenes, cotizaciones o anulaciones;»[13].

El HFT, como se le llama, no es precisamente una estrategia para operar en el mercado, sino una técnica de operaciones basada en la máxima velocidad

10 Parlamento Europeo y Consejo de la Unión Europea, 2014. *Directiva 2014/65/UE del Parlamento Europeo y del Consejo de 15 de mayo de 2014: relativa a los mercados de instrumentos financieros y por la que se modifican la Directiva 2002/92/CE y la Directiva 2011/61/UE.* Disponible en: https://eur-lex.europa.eu/legal-content/ES/TXT/?uri=celex:32014L0065 [consulta: 03.07.2023].

11 Palavra, Jorge Miguel Cunha, 2018. *O abuso de..., op. cit.,* p. 52; Almeida, Miguel Santos, 2016. Introdução à negociação de alta frequência. *Cadernos de Valores Mobiliarios,* n. 54, p. 23-36. p. 25. Disponible en: https://www.cmvm.pt/pt/EstatisticasEstudosEPublicacoes/CadernosDoMercadoDeValoresMobiliarios/Pages/CadernoN54.aspx?v= [consulta: 10.03.2021].

12 Almeida, Miguel Santos, 2016. Introdução à negociação..., *op. cit.,* p. 26.

13 Parlamento Europeo y Consejo de la Unión Europea, 2014. *Reglamento (UE) n.º 596/2014 del Parlamento Europeo y del Consejo de 16 de abril de 2014:* sobre el abuso de mercado (Reglamento sobre abuso de mercado) y por el que se derogan la Directiva 2003/6/CE del Parlamento Europeo y del Consejo, y las Directivas 2003/124/CE, 2003/125/CE y 2004/72/CE de la Comisión. Disponible en: https://eur-lex.europa.eu/legal-content/pt/TXT/?uri=CELEX:32014R0596 [consulta: 03.07.2023]; Parlamento Europeo y Consejo De La Unión Europea, 2014. *Directiva 2014/65/UE del Parlamento Europeo y del Consejo de 15 de mayo de 2014: relativa a los mercados de instrumentos financieros y por la que se modifican la Directiva 2002/92/CE y la Directiva 2011/61/UE.* Disponible en: https://eur-lex.europa.eu/legal-content/ES/TXT/?uri=celex:32014L0065 [consulta: 03.07.2023].

en la captura, procesamiento y reacción a las informaciones del mercado[14]. A través de ella se busca la máxima reducción del denominado «período de latencia»[15] en la comunicación de los intermediarios con los mercados, o sea, de ejecución, modificación o cancelación de una orden generada, posibilitando una reacción más eficaz ante cambios detectados en los mismos o ante nuevas informaciones divulgadas[16].

Algunas de sus principales características son: I) el uso de sofisticados soportes informáticos para procesar los algoritmos y enviar órdenes a las plataformas; II) la existencia de un número muy elevado de órdenes emitidas, en un breve espacio de tiempo y con una altísima celeridad en las operaciones de emisión, modificación o cancelación de órdenes, que se envían de acuerdo con las nuevas informaciones obtenidas y con el reajuste de la estrategia elaborada por los algoritmos; III) priorización de las operaciones de negociación por cuenta propia y de los instrumentos financieros más líquidos que permitan una «desinversión» más rápida; IV) mantenimiento de posiciones insignificantes o nulas entre sesiones, así como la preferencia por la alta rotación de la cartera; V) bajos márgenes de lucro por transacción, pero alto volumen de negociaciones; VI) uso de algunos servicios particulares ofrecidos por la plataforma de negociación, como la *co-location*[17]-[18].

La identificación de las técnicas HFT puede realizarse por i) la autodeclaración de los operadores que actúan de esta forma, por ii) el uso de alguna infraestructura de baja latencia (como la citada *co-location*) o por ii) los estándares de negociación y cotización utilizados por los participantes del mercado, tales como la gestión de su inventario intradía, el tiempo de duración

14 Caivano, Valeria *et al.*, 2012. Il trading ad..., *op. cit.,* p. 7.

15 «Período de latencia» es el tiempo requerido para que un intermediario tenga un *feedback* sobre una orden presentada en el mercado, es decir, el tiempo que transcurre entre la generación de una orden y su posterior ejecución, modificación o cancelación. Ver: Almeida, Miguel Santos, 2016. Introdução à negociação..., *op. cit.,* p. 26.

16 Almeida, Miguel Santos, 2016. Introdução à negociação..., *op. cit.,* p. 26-27.

17 En cuanto a la «*co-location*», el «Considerando 62» de la Directiva 2014/65/UE explica que «La negociación de alta frecuencia se ve facilitada por la localización compartida de las instalaciones de los participantes en el mercado en lugares próximos físicamente al motor de un centro de negociación automática. Con el fin de garantizar que las condiciones de negociación sean correctas y equitativas, es fundamental exigir a los centros de negociación que presten estos servicios de localización compartida sobre una base no discriminatoria, equitativa y transparente». Parlamento Europeo y Consejo De La Unión Europea, 2014. *Directiva 2014/65/UE del Parlamento Europeo y del Consejo de 15 de mayo de 2014: relativa a los mercados de instrumentos financieros y por la que se modifican la Directiva 2002/92/CE y la Directiva 2011/61/UE.* Disponible en: https://eur-lex.europa.eu/legal-content/ES/TXT/?uri=celex:32014L0065 [consulta: 03.07.2023].

18 Caivano, Valeria *et al.*, 2012. Il trading ad..., *op. cit.,* p. 8-10.

antes de cancelar o modificar órdenes, el tráfico de mensajes (incluido el *order-to-trade*) y las estrategias empleadas por el agente (como el *market making* o el arbitraje)[19].

En definitiva, podemos considerar el *high-frequency trading* como técnicas de negociación algorítmica que pueden ser utilizadas en estrategias de mercado lícitas o ilícitas, y que se caracterizan por la búsqueda de la máxima reducción del periodo de latencia y por la emisión, modificación y cancelación de un número muy elevado de órdenes de compra y venta en un corto período de tiempo, en base a la información de mercado obtenida y procesada por el algoritmo.

3. Potenciales y riesgos del high-frequency trading

En cuanto a los beneficios y riesgos de las negociaciones algorítmicas de alta frecuencia, es importante señalar que existen opiniones en diferentes direcciones. Entre los beneficios comúnmente mencionados, se destacan: i) la factibilidad de un mayor volumen de operaciones en un menor período de tiempo; ii) la facilitación de la contabilidad debido al control automático de las operaciones; iii) la reducción de errores humanos; iv) coherencia entre las condiciones del mercado y el rendimiento del algoritmo; v) la reducción del agotamiento físico y emocional de los operadores[20]; vi) reducción sustancial de los costos de operación[21]; vii) la desconsideración de errores transitorios en la cotización de precios, tornando estos más eficientes; viii) garantía de liquidez al mercado en momentos de estrés, como en días más volátiles o cerca de anuncios macroeconómicos importantes[22].

A su vez, está bien establecido el entendimiento de que estas técnicas también implican una amplia variedad de riesgos para el funcionamiento del mercado y para el patrimonio de los inversionistas. La doctrina identifica tres posibles grupos de riesgos derivados del uso de técnicas HFT[23]. El primero de ellos sería el de los I) *riesgos sistémicos*. Los operadores de alta frecuencia

---

19 ESMA – European Securities And Markets Authority, 2014. *Economic Report: High-frequency trading activity in EU equity markets*, n. 1. p. 5-8. Disponible en: https://www.esma.europa.eu/document/esmas-economic-report-no-1-2014-high-frequency-trading-activity-in-eu-equity-markets [consulta: 11.03.2021].

20 Costa, Isac Silveira da, 2018. *High frequency trading (*HFT*) em câmera lenta: compreender para regular*. Tesis de maestria. São Paulo: Escola de Direito de São Paulo da Fundação GeTulio Vargas, p. 45. Disponible en: http://hdl.handle.net/10438/20720 [consulta: 11.03.2021].

21 Leshik, Edward y Cralle, Jane, 2011. *An Introduction to Algorithmic Trading: Basic to Advanced Strategies*. Chichester, U.K.: Wiley, p. 17 y ss.

22 Brogaard, Jonathan, Hendershott, Terrence y Riordan, Ryan, 2014. High-Frequency Trading and Price Discovery. *The Review of Financial Studies*, v. 27, n. 8, p. 2267-2306, p. 2268. Disponible en: https://doi.org/10.1093/rfs/hhu032 [consulta: 04.07.2023].

23 Caivano, Valeria *et al.*, 2012. Il trading ad..., *op. cit.,* p. 17.

utilizan estrategias más correlacionadas que los operadores «ordinarios», por lo que un solo evento que afecta a un algoritmo en particular (por ejemplo, un mal funcionamiento) puede desencadenar una desestabilización, un impacto profundo y repentino de todo un sistema que puede incluso tener repercusiones en otras plataformas, debido a las operaciones de mercado cruzado[24].

Un gran ejemplo de estos impactos ocurrió con el llamado *flash crash* de 2010, cuando, aunque no se consideró que los operadores HFT fueran los causantes del evento, potenciaron sus efectos. Las investigaciones de la SEC descubrieron que las órdenes de venta emitidas por HFT terminaron impulsando otras órdenes de venta emitidas por HFT, aumentando la espiral descendente de los precios. Como resultado, las acciones estadounidenses cayeron un 10 % en unos pocos minutos, pero se recuperaron el mismo día[25].

El segundo grupo de riesgos puede denominarse II) *riesgos para la calidad del mercado*, que pueden lograrse en su eficiencia informativa[26], liquidez y volatilidad. En cuanto a su eficacia informativa, cabe mencionar que existen entendimientos en el sentido de que una orden generada automáticamente por un software no permitiría conocer los fundamentos económicos del valor negociado, ya que se basa únicamente en el precio y el volumen de órdenes existentes en un momento dado en el mercado. Por lo tanto, el correcto proceso de formación de precios podría verse perjudicado[27]. Además, existe el temor de una «fuga de inversores informados» —que son muy importantes para la formación de precios— hacia plataformas que no permiten una mayor transparencia previa a la negociación —las llamadas *dark pools*—, ya que podrían temer teniendo sus estrategias de mercado capturadas por los algoritmos[28].

El tercer grupo de riesgos señalado por la doctrina es el de los III*) riesgos a la integridad y equidad del acceso al mercado*. De hecho, existe un temor fundado de que la difusión de las técnicas HFT dificulte el acceso al mercado de quienes no pueden permitirse realizar grandes inversiones en infraestructura tecnológica, tecnología de la información y capital humano[29]. A su vez, los riesgos

24 *Idem*.

25 *Idem*, p. 17-18.

26 Como explica Marcelo Costenaro Cavali, dado que las operaciones en el mercado de capitales se realizan a través de sistemas informáticos que registran, entre otros datos, ofertas de venta y propuestas de compra, la confiabilidad de esta información es fundamental para que los inversionistas puedan evaluar de manera racional y justa el valor de un determinado activo y los riesgos de la operación. Cavali, Marcelo Costenaro, 2018. *Manipulação do mercado de capitais: fundamentos e limites da repressão penal e administrativa*. São Paulo: Quartier Latin, p. 123-124.

27 Caivano, Valeria *et al.*, 2012. Il trading ad..., *op. cit.,* p. 19. Tomando la posición opuesta: Brogaard, Jonathan, Hendershott, Terrence y Riordan, Ryan, 2014. High-Frequency Trading..., *op. cit.,* p. 2268.

28 Caivano, Valeria *et al.*, 2012. Il trading ad..., *op. cit.,* p. 19.

29 *Idem*, p. 23.

para la integridad del mercado están relacionados con las estrategias utilizadas por los operadores, que pueden resultar depredadoras e incluso ilegales. Por lo tanto, para comprender el alcance de estos riesgos para la integridad del mercado, debemos revisar brevemente que estrategias son estas, comúnmente utilizadas por operadores de HFT. Aunque no existe un consenso real, se acostumbra señalar que el HFT es usado comúnmente en el I) *market making*; en la II) *latency arbitrage* y en las III) estrategias direccionales.

I) Las estrategias de *market making* consisten en la presentación constante de ofertas de compra y venta «con límites que no son inmediatamente negociables», buscando siempre ejecutar órdenes a los mejores precios[30]. Es decir, se colocan órdenes de compra con un límite de precio inferior al valor de la mejor oferta de venta del mercado, así como órdenes de venta con un límite superior al valor de la mejor oferta de compra del mercado. Si por un lado el agente que opera de esta forma aporta liquidez al mercado, por otro se beneficia del llamado *bid/ask spread*. El importante papel que juegan los algoritmos de alta frecuencia en estas transacciones radica en mitigar los riesgos derivados de cualquier nueva información que pueda hacer que el mercado fluctúe en sentido contrario. Así, cuanto mayor sea la velocidad de procesamiento e interpretación de la información relevante del mercado, mayores serán las posibilidades de corregir las citadas ofertas, antes de que otro inversor las aproveche[31].

En cuanto a las estrategias de II) *latency arbitrage*, estas se aprovechan de las posibles disparidades de información y, en consecuencia, de precios entre las distintas plataformas en las que se negocia un determinado instrumento financiero[32]. Estas hipótesis son muy breves y, por lo tanto, las herramientas que ayuden a detectar estas oportunidades son de innegable importancia, permitiendo comprar en los mercados donde son más baratos y vender en aquellos donde están más valorados[33].

Finalmente, en cuanto a las III) *estrategias direccionales*, estas son estrategias especulativas, que tienen como objetivo el lucro a través de la observación de la evolución esperada de un precio dado. Basado en la interpretación de varias señales e información sobre el mercado, el intermediario busca hacer un pronóstico de los movimientos futuros de precios. La relevancia de la negociación de alta frecuencia en ellas podría residir, por ejemplo, en el intento de descubrir liquidez «oculta» en los libros de órdenes[34], como en la previsión del número de

---

30 Palavra, Jorge Miguel Cunha, 2018. *O abuso de..., op. cit.,* p. 58-59.

31 Almeida, Miguel Santos, 2016. Introdução à negociação..., *op. cit.,* p. 31-32.

32 Palavra, Jorge Miguel Cunha, 2018. *O abuso de..., op. cit.,* p. 58-59.

33 Almeida, Miguel Santos, 2016. Introdução à negociação..., *op. cit.,* p. 32.

34 Technical Committee of the International Organization Of Securities Commissions, 2011. *Regulatory Issues Raised by the Impact of Technological Changes on Market Integrity and Efficiency: Consultation Report*, p. 24. Disponible en: https://www.iosco.org/library/pubdocs/pdf/IOSCOPD354.pdf [consulta: 19.03.2021].

órdenes pendientes a ingresar en el libro de una plataforma dada. Al provocar una fluctuación de precios en el mercado el algoritmo termina obligando a la contraparte a negociar por valores menos ventajosos[35].

Es importante señalar que ninguna de estas estrategias es completamente nueva. Tienen una larga trayectoria en el mercado de capitales. Su diferencial, cuando se practican a través de técnicas HFT, radica en el potencial que surge de la capacidad computacional y la velocidad que resulta de ellas[36]. Se observa, sin embargo, que además de su uso en estas ya consolidadas (y controvertidas) estrategias de mercado, las técnicas HFT también pueden potencializar las llamadas *estrategias predatorias*[37], que pretenden aprovechar las vulnerabilidades estructurales en detrimento de otros participantes.

La primera estrategia predatoria a señalar se conoce como I) *momentum ignition*, que es una modalidad de estrategia direccional. A través de ella, se presenta una determinada cantidad de órdenes de compra o venta seguidas muchas veces de la difusión de falsos rumores en el mercado con el único objetivo de provocar un cambio rápido en el precio (al alza o a la baja)[38]. Esta estrategia se trata comúnmente como un género del cual una de las especies es el *spoofing* o *layering*[39]. En él, se produce la introducción de varias órdenes en el mercado sin ánimo de ejecutarlas, sino únicamente para inducir a otros inversores a comprar o vender sus activos aprovechando estas operaciones con la consiguiente cancelación de las órdenes emitidas con anterioridad[40]. Por ejemplo, asumiendo que la intención del *HFTrader* es comprar, presentará grandes volúmenes de órdenes de venta en el libro con precio por

---

35 ALMEIDA, Miguel Santos, 2016. Introdução à negociação..., *op. cit.,* p. 33.

36 BIAIS, Bruno y FOUCAULT, Thierry, 2014. HFT and Market Quality. *Bankers, Markets & Investors*, n. 128, p. 5-19, p. 6. Disponible en: https://foucaultsite.files.wordpress.com/2014/09/publishedversion.pdf [consulta: 04.07.2021].

37 LHABITANT, François-Serge y GREGORIOU, Greg N., 2015. High-Frequency Trading: Past, Present, and Future. En: GREGORIOU, Greg N. *Handbook of High Frequency Trading*. London: Academic Press, p. 155-166, p. 161.

38 SECURITIES AND EXCHANGE COMMISSION, 2010. *Release No. 34-61358; File No. S7-02-10: Concept Release on Equity Market Structure*, p. 56. Disponible en: https://www.sec.gov/rules/concept/2010/34-61358.pdf [consulta: 19.03.2021].

39 Estas técnicas no son exactamente sinónimas, como explica Isac Costa: «La noción de que las ofertas ilegítimas *(non bona fide orders)* se reparten entre diferentes niveles de precios hace que la conducta descrita anteriormente se denomine *layering*. Si la liquidez falsa no se crea por capas de ofertas limitadas, sino por ofertas con montos desproporcionados a los presentes en el libro (creando la ilusión de que hay un inversor dispuesto a negociar una gran cantidad del instrumento financiero), la técnica se llama *spoofing*» [traducción libre]. COSTA, Isac Silveira da, 2018. *High frequency trading..., op. cit.,* p. 215-216. Para un análisis detallado de estas técnicas y sus implicaciones penales, especialmente a la luz del ordenamiento jurídico portugués, ver: RODRIGUES, Anabela Miranda, 2021. Os crimes de abuso de mercado e a «escada impossível» de *Escher*. O caso do *spoofing. Julgar,* n. 45, p. 65-86.

40 PALAVRA, Jorge Miguel Cunha, 2018. *O abuso de..., op. cit.,* p. 58.

encima de la mejor oferta. Dado que no se presentan con intención de ser ejecutados y el *trader* de alta frecuencia es más rápido que otros participantes del mercado, tendrá tiempo de cancelarlas antes de su ejecución en caso de que al final del día lleguen «buenas noticias» al mercado. Así, asustando al mercado e induciendo a algunos inversores a vender las acciones, ejecutará órdenes de compra que habían sido discretamente anotadas en el libro, por debajo de la mejor oferta[41].

Con la aprobación de la *Dodd-Frank Act*, en los Estados Unidos, la *Commodity Exchange Act* pasó a prohibir expresamente la práctica del *spoofing*, definida allí como el envío de ofertas de compra y venta sin intención de ejecutarlas[42]. En Brasil, la *BM&FBovespa Supervisão de Mercados* define el *layering* como «una práctica abusiva que crea liquidez artificial en el libro de activos a través de capas de ofertas en niveles de precios sucesivos con el objetivo de influir en los inversores para superar la barrera creada por la capa y generar negocios en el lado opuesto del libro» y el *spoofing* como «una práctica abusiva que crea liquidez artificial con ofertas de tamaño fuera del estándar del libro de órdenes con el objetivo de influir en los inversores para superar la oferta artificial y generar negocios en el lado opuesto del libro»[43].

En los Estados Unidos, ganó notoriedad el caso *USA v. Coscia*, juzgado en 2015. El Acusado era socio y gerente de una sociedad de inversión que adoptó HFT y implementó un algoritmo que permitía enviar y cancelar ofertas en muy poco tiempo. Con esto, ganó aproximadamente 1,4 millones de dólares en tan solo 10 semanas, con la compra y venta de contratos en 10 mercados del Grupo CME y 3 mercados del *ICE Future Europe Exchange*. El 26 de octubre de 2015, fue sentenciado a 36 meses de prisión y dos años de libertad supervisada[44]. En Brasil, se afirma en el Informe de 2018 de la CVM en el que se presentaran 4 Acusaciones debido a la práctica de manipulación

41 Biais, Bruno y Foucault, Thierry, 2014. HFT and Market..., *op. cit.*, p. 9.

42 United States Of America — One Hundred Eleventh Congress Of The United States Of America, 2010. *Dodd-Frank Wall Street Reform and Consumer Protection Act.* Disponible en: https://www.cftc.gov/sites/default/files/idc/groups/public/@swaps/documents/file/hr4173_enrolledbill.pdf [consulta: 11.03.2021].

43 Traducción libre. Ver: Torres, Marcos José Rodrigues et. al., 2016. Painel: Monitoração de ofertas — Spoofing e Layering Workshop sobre Monitoração de Práticas Abusivas de Ofertas, de Prevenção à Lavagem de Dinheiro e de Controles Internos de Suitability. En: *BM&FBovespa Supervisão de Mercado — BSM*. Disponible en: https://www.bsmsupervisao.com.br/assets/file/noticias/Monitoraca_Ofertas.pdf [consulta: 04.07.2023]; Costa, Isac Silveira da, 2018. *High frequency trading..., op. cit.*, p. 216-217.

44 Costa, Isac Silveira da, 2018. *High frequency trading..., op. cit.*, p. 230-232. Ver también: Sousa, Susana Aires de, 2020. «Não fui eu, foi a máquina»: teoria do crime, responsabilidade e inteligência artificial. En: Rodrigues, Anabela Miranda (coord.). *A inteligência artificial no direito penal*. Coimbra: Almedina, 2020, p. 59-94, p. 64.

de precios a través de ofertas comerciales artificiales, siendo que para estas prácticas, de acuerdo con el informe, muchas veces se hace uso de HFT[45].

Una segunda estrategia que se puede mencionar es la llamada ii) *quotte stuffing*. Esta es la introducción/cancelación rápida y sucesiva de grandes cantidades de órdenes, provocando volatilidad en el mercado y congestionando el sistema, dificultando así la actuación y reacción de otros *traders* ante la gran cantidad de información producida. Aunque la ventaja que se consigue con este «*delay*» de los competidores sea de milisegundos, tienen una enorme relevancia en el campo de las negociaciones de alta frecuencia, ya que mediante estas técnicas un *trader* puede, por ejemplo, retrasar un todo el intercambio en un intento de capitalizar el precio cruzado[46].

Finalmente, cabe mencionar la estrategia conocida como III) *order antecipation* (o *liquidity detection*). A través de ella, se busca detectar «órdenes pendientes de gran volumen, generalmente de grandes inversores institucionales, capaces de provocar movimientos de precios»[47]. Como ejemplo, podemos imaginar el envío de pequeñas órdenes (práctica conocida como *pinging* o *sniffing*) para comprobar si hay ofertas relevantes de compra o venta anticipándose a ellas[48].

Todas estas estrategias predatorias presentadas aquí en una lista que ciertamente no es exhaustiva, tienen como característica común el hecho de que, a pesar de su aparente regularidad, están dirigidas únicamente a «dañar el libre juego de la oferta y la demanda como modo de formación de precios», configurándose como operaciones artificiales que buscan obtener ganancias a costa de los competidores[49].

4. ¿Manipulación de mercado a través del high-frequency trading?: Posibilidades y obstáculos

Como analizamos en el apartado anterior, a pesar de sus posibles beneficios, la progresiva realización de negociaciones algorítmicas de alta frecuencia también presenta riesgos innegables para el buen funcionamiento del

45 Cvm — Comissão De Valores Mobiliarios, 2018. *Administrador de carteira e investidora são punidos pela prática de spoofing*. Disponible en: https://www.gov.br/cvm/pt-br/assuntos/noticias/administrador-de-carteira-e-investidora-sao-punidos-pela-pratica-de-spoofing-dcf9d2886cc74621b1b61be72fd8d14f [consulta: 27.03.2021].

46 Lhabitant, François-Serge y Gregoriou, Greg N., 2015. High-Frequency Trading..., *op. cit.*, p. 161.

47 Traducción libre. Ver: Palavra, Jorge Miguel Cunha, 2018. *O abuso de...*, *op. cit.*, p. 58.

48 Lhabitant, François-Serge y Gregoriou, Greg N., 2015. High-Frequency Trading..., *op. cit.*, p. 162.

49 Almeida, Miguel Santos, 2016. Introdução à negociação..., *op. cit.*, p. 34.

mercado de capitales. Para que podamos investigar la posible tipificación de estos casos en el delito de manipulación de mercado, consideremos el siguiente caso hipotético: una persona «X» quiere comprar acciones cuya mejor oferta de venta es 5 €. Ella colocará órdenes de compra a 4,95 € y, al mismo tiempo, colocará un gran volumen de órdenes de venta a 5,10 €. Asustados por la gran cantidad de órdenes de venta, otros inversores intentarán vender sus acciones, ingresando órdenes de venta a 4,95 €, 4,93 € y 4,90 €. «X» ejecutará la orden de compra a 4,90 € y cancelará las órdenes de venta.

Se observa que, en este caso, «X» nunca tuvo la intención de vender sus acciones. La inserción de las órdenes de venta tenía el único propósito de bajar los precios, para que pudiera comprar acciones a un mejor valor. El impacto del HFT en esta estrategia radica en la velocidad de procesamiento y cancelación de órdenes que se ejecutan en segundos. Es decir, en el ejemplo anterior, suponiendo que «X» fuera un operador de alta frecuencia, entre la inserción de órdenes de compra/venta, la ejecución de órdenes de compra y la cancelación de órdenes de venta, habría un intervalo de unos pocos segundos. En este caso parece que se trata de una clara operación simulada, ya que la divergencia entre la intención real del agente (comprar acciones) y la que exterioriza (vender un gran volumen de acciones) es indiscutible. Además, el propósito de cambiar (en este caso, bajar) el precio es claro.

En Brasil, en los pocos casos ya juzgados por la CVM, se consideró que la práctica del *spoofing* constituiría una infracción administrativa de manipulación de precios a través de ofertas artificiales[50]. Asimismo, aunque no se han encontrado precedentes en este sentido, la práctica del *quote stuffing* también puede enmarcarse, a nuestro juicio, dentro del concepto de manipulación. Supongamos, por ejemplo, que el algoritmo de «A», *high-frequency-trader*, identifica que una determinada acción se vende a 10 € en la bolsa «B» y encuentra ofertas para comprar a 15 € en la bolsa «C». Con el objetivo de retrasar la identificación de esta disparidad, «A» introduce y cancela numerosas órdenes de venta en la Bolsa «B», a 50 € (un valor muy superior a la mejor oferta),con la única intención de retrasar la actuación de otros inversores y mantener el precio más bajo por unos segundos.

El potencial de todas estas conductas para poner en peligro el buen funcionamiento de los mercados, especialmente cuando se practican mediante

50 Ver: CVM — Comissão De Valores Mobiliarios, 2020. *Administrador de carteira e investidora são punidos pela prática de spoofing.* Disponible en: https://www.gov.br/cvm/pt-br/assuntos/noticias/administrador-de-carteira-e-investidora-sao-punidos-pela-pratica-de-spoofing-dcf9d2886cc74621b1b61be72fd8d14f [consulta: 04.07.2023]; CVM — Comissão de Valores Mobiliarios, 2020. *CVM julga mais um caso de prática de spoofing.* Disponible en: https://www.gov.br/cvm/pt-br/assuntos/noticias/cvm-julga-mais-um-caso-de-pratica-de-spoofing-a5b1bae84cb7429d8b61199bf4aa41e6 [consulta: 27.03.2021].

algoritmos de alta frecuencia, ha sido observado por algunos ordenamientos jurídicos e incluso por la normativa comunitaria. El *Reglamento (UE) 596/2014*, por ejemplo, deja claro en su Artículo 12, n.º 2, «c», que, en el ámbito de la Unión Europea, constituyan manipulación del mercado, entre otras conductas:

> «c) la formulación de órdenes en un centro de negociación, incluidas la cancelación o modificación de las mismas, a través de cualesquiera métodos de negociación disponibles, incluidos los medios electrónicos, como las estrategias de negociación algorítmica y de alta frecuencia, que produzca alguno de los efectos contemplados en el apartado 1, letras a) o b), al:
>
> perturbar o retrasar el funcionamiento del mecanismo de negociación utilizado en el centro de negociación, o hacer que ello tenga más probabilidades de ocurrir,
>
> dificultar a otras personas la identificación de las órdenes auténticas en el mecanismo de negociación del centro de negociación, o aumentar la probabilidad de dificultarla, en particular introduciendo órdenes que den lugar a la sobrecarga o a la desestabilización del carné de órdenes, o
>
> crear, o poder crear, una señal falsa o engañosa sobre la oferta y demanda o sobre el precio de un instrumento financiero, en particular, emitiendo órdenes para iniciar o exacerbar una tendencia;»[51].

En Brasil, la manipulación de mercado está prevista por el Art. 27-C de la Ley 6.385/76, en los siguientes términos:

> «Art. 27-C. Realizar operaciones simuladas o realizar otras maniobras fraudulentas tendientes a subir, mantener o bajar la cotización, el precio o el volumen de negociación de un valor, con el fin de obtener una ventaja o beneficio indebido, para sí o para otros, o causar perjuicio a terceros:
>
> Pena-reclusión, de 1 (uno) a 8 (ocho) años, y multa de hasta 3 (tres) veces el valor de la ventaja ilícita obtenida como consecuencia del delito» [traducción libre][52].

En Portugal, el *Código de Valores Mobiliarios* prevé la manipulación de mercado en su Artículo 379.º, en los siguientes términos:

> «Artículo 379.º Manipulación de mercado
>
> 1 - El que difunda informaciones falsas, incompletas, exageradas, sesgadas o engañosas, realice operaciones ficticias o realice otras prácticas fraudulentas que

---

51 PARLAMENTO EUROPEO Y CONSEJO DE LA UNIÓN EUROPEA, 2014. *Reglamento (UE) n.º 596/2014 del Parlamento Europeo y del Consejo de 16 de abril de 2014:* sobre el abuso de mercado (Reglamento sobre abuso de mercado) y por el que se derogan la Directiva 2003/6/CE del Parlamento Europeo y del Consejo, y las Directivas 2003/124/CE, 2003/125/CE y 2004/72/CE de la Comisión. Disponible en: https://eur-lex.europa.eu/legal-content/pt/TXT/?uri=CELEX:32014R0596 [consulta: 03.07.2023].

52 BRASIL, 1976. *Lei n.º 6.385, de 7 de dezembro de 1976: Dispõe sobre o mercado de valores Mobiliarios e cria a Comissão de Valores Mobiliarios.* Disponible en: https://www.planalto.gov.br/ccivil_03/leis/l6385.htm [consulta: 04.07.2023].

sean aptas para alterar artificialmente el funcionamiento regular del mercado de valores o de otros instrumentos financieros, será sancionado con pena de prisión de hasta 5 años o con multa.

2 - Si la conducta descrita en el número anterior provoca o contribuye a una alteración artificial del funcionamiento regular del mercado, el agente es sancionado con pena de prisión de hasta 8 años o multa de hasta 600 días.

3 - Se consideran aptos para alterar artificialmente el funcionamiento regular del mercado, a saber, los actos que puedan modificar las condiciones de formación de precios, las condiciones normales de oferta o demanda de valores u otros instrumentos financieros, las condiciones normales de lanzamiento y aceptación de una oferta pública o actos susceptibles de perturbar o retrasar el funcionamiento del sistema de negociación.

4 - (Revocado.)

5 - Los miembros del órgano de administración y las personas encargadas de la dirección o supervisión de áreas de actividad de un intermediario financiero que, teniendo conocimiento de los hechos descritos en el apartado 1, sean cometidos por personas directamente sujetas a su dirección o supervisión y en el ejercicio de sus funciones, no los rescindan de inmediato son sancionados con pena de prisión de hasta 4 años o multa de hasta 240 días, si no les corresponde una pena más grave en virtud de otra disposición legal.

6 - (Revocado.)

7 - Si los hechos descritos en los párrafos 1, 2 y 5 involucran la cartera de una tercera persona, natural o jurídica, que no se constituye como demandado, esta persona puede ser demandada en el proceso penal como parte civil, en los términos previstas en el Código Procesal Penal, con el fin de aprehender las ventajas del delito o reparar los daños» [traducción libre][53].

En España, se tipifica una *manipulación informativa*, en el Artículo 284, 1, 2.°, y una *manipulación operativa* en los Artículos 284, 1, 1.° y 3.°, del Código Penal[54], en los siguientes términos:

«Artículo 284.

1. Se impondrá la pena de prisión de seis meses a seis años, multa de dos a cinco años, o del tanto al triplo del beneficio obtenido o favorecido, o de los perjui-

53 PORTUGAL, 1999. *DL n.° 486/99, de 13 de novembro: Código de Valores Mobiliarios.* Disponible en: https://www.pgdlisboa.pt/leis/lei_mostra_articulado.php?artigo_id=&nid=450&tabela=leis&pagina=1&ficha=1&so_miolo=&nversao=#artigo [consulta: 04.07.2023].

54 En esse sentido: GÓMEZ-JARA DÍEZ, Carlos. *El delito de manipulación de mercado (arts. 284.2 y 284.3 CP).* Valencia: Tirant lo Blanch, p. 77 y ss; GÓMEZ-JARA DÍEZ, Carlos y TEJADA PLANA, Daniel, 2019, «La reforma del delito de manipulación de mercado en el Código Penal español: luces, sombras y algún claroscuro», *Diário La Ley*, n.° 9376, Disponible en: https://diariolaley.laleynext.es/Content/Documento.aspx?params=H4sIAAAAAAAEACXMQQ7CIBBG4duwNEDjogtWcgPxAGP5qyTIkAFMe_vW-Jbf4qUYnQ_6zM7WXif1hbTExVltZj0Z84O07p6XsFe4lXKDWjJIPHXcKKNEEhdkQNGzcR4dD0I_qPRC4PubBO48jA9K5wu1uh3L5WaceAAAAA==WKE [consulta: 06.07.2023].

cios evitados, si la cantidad resultante fuese más elevada, e inhabilitación especial para intervenir en el mercado financiero como actor, agente o mediador o informador por tiempo de dos a cinco años, a los que:

1.º Empleando violencia, amenaza, engaño o cualquier otro artificio, alterasen los precios que hubieren de resultar de la libre concurrencia de productos, mercancías, instrumentos financieros, contratos de contado sobre materias primas relacionadas con ellos, índices de referencia, servicios o cualesquiera otras cosas muebles o inmuebles que sean objeto de contratación, sin perjuicio de la pena que pudiere corresponderles por otros delitos cometidos.

2.º Por sí, de manera directa o indirecta o a través de un medio de comunicación, por medio de internet o mediante el uso de tecnologías de la información y la comunicación, o por cualquier otro medio, difundieren noticias o rumores o transmitieren señales falsas o engañosas sobre personas o empresas, ofreciendo a sabiendas datos económicos total o parcialmente falsos con el fin de alterar o preservar el precio de cotización de un instrumento financiero o un contrato de contado sobre materias primas relacionado o de manipular el cálculo de un índice de referencia, cuando obtuvieran, para sí o para tercero, un beneficio, siempre que concurra alguna de las siguientes circunstancias:

a) que dicho beneficio fuera superior a doscientos cincuenta mil euros o se causara un perjuicio de idéntica cantidad;

b) que el importe de los fondos empleados fuera superior a dos millones de euros;

c) que se causara un grave impacto en la integridad del mercado.

3.º Realizaren transacciones, transmitieren señales falsas o engañosas, o dieren órdenes de operación susceptibles de proporcionar indicios falsos o engañosos sobre la oferta, la demanda o el precio de un instrumento financiero, un contrato de contado sobre materias primas relacionado o índices de referencia, o se aseguraren, utilizando la misma información, por sí o en concierto con otros, una posición dominante en el mercado de dichos instrumentos o contratos con la finalidad de fijar sus precios en niveles anormales o artificiales, siempre que concurra alguna de las siguientes circunstancias:

a) que como consecuencia de su conducta obtuvieran, para sí o para tercero, un beneficio superior a doscientos cincuenta mil euros o causara un perjuicio de idéntica cantidad;

b) que el importe de los fondos empleados fuera superior a dos millones de euros;

c) que se causara un grave impacto en la integridad del mercado.

2. Se impondrá la pena en su mitad superior si concurriera alguna de las siguientes circunstancias:

1.ª Que el sujeto se dedique de forma habitual a las anteriores prácticas abusivas.

2.ª Que el beneficio obtenido, la pérdida evitada o el perjuicio causado sea de notoria importancia.

3. Si el responsable del hecho fuera trabajador o empleado de una empresa de servicios de inversión, entidad de crédito, autoridad supervisora o reguladora, o entidad rectora de mercados regulados o centros de negociación, las penas se impondrán en su mitad superior»[55].

---

55 España, 1995. *Ley Orgánica 10/1995, de 23 de noviembre, del Código Penal.* Disponible en: https://www.boe.es/eli/es/lo/1995/11/23/10/con [consulta: 04.07.2023].

En cualquier caso, si por un lado parece difícilmente discutible la aptitud de estrategias como el *spoofing* y el *quote stuffing* para poner en peligro la capacidad funcional del mercado de capitales, por otro lado, su uso a través de técnicas HFT impone severos obstáculos a la imputación penal por los crímenes de manipulación de mercado.

Inicialmente, es necesario determinar quién sería considerado, a efectos penales, el *autor* de esas conductas típicas. No obstante la eventual configuración de formas de autoría mediata, *autor* es, en su sentido más básico, quien ejecuta el verbo típico, esto es, quien realiza el «sentido» de la acción prevista por el tipo penal[56], que en el presente caso, se refiere a las conductas de realizar operaciones simuladas, ejecutar maniobras fraudulentas, transmitir señales falsas o engañosas, entre otras, dependiendo del ordenamiento jurídico de que se trate.

Ocurre que, en el caso de las negociaciones de alta frecuencia, son los propios algoritmos que recogen la información del mercado y envían o cancelan órdenes de compra o venta que incluso pueden seguir ciertos parámetros pre-programados, pero que, en muchos casos, en especial cuando están equipados de *machine learning*, pueden «aprender» con *inputs* externos del mercado y ejecutar *outputs* que no siempre son previsibles en el momento de la programación.

Analizando el ejemplo presentado anteriormente, imaginemos que el algoritmo de «X» fue programado intencionalmente para realizar estas operaciones. Si fue desarrollado por el intermediario o inversionista que pretende afectar precios y lo utiliza en la ejecución de operaciones, parece palpable la idea de que ellos puedan ser considerados *Autores* de la operación simulada[57]. Lo mismo ocurrirá cuando adquieran el algoritmo sabiendo que está programado para fines ilícitos y aun así lo pongan en funcionamiento. Aunque es más difícil de configurar en la práctica, aún podríamos imaginar la hipótesis en la que el operador del algoritmo no tiene conocimiento de su programación, pero los programadores sí, situación en la que estos últimos tendrían autoría mediata.

Sin embargo, se producirá una situación mucho más turbulenta cuando ni el intermediario/inversor ni los programadores desarrollen y utilicen intencionalmente el algoritmo con fines ilícitos, sino que el algoritmo, equipado con inteligencia artificial, interprete la información del mercado y llegue a un

56 CANESTRARO, Anna Carolina y JANUÁRIO, Tulio Felippe Xavier, 2021. «Concurso de agentes na perspectiva da teoria da ação significativa: um diálogo entre o sistema espanhol e o Projeto de Novo Código Penal Brasileiro», *Revista Brasileira de Ciências Criminais,* año 29, n. 178, p. 213-244.

57 En un sentido similar, Susana Aires de Sousa entiende que las hipótesis en las que existe el desarrollo de un algoritmo de negociación dirigido intencionalmente a manipular el mercado no imponen mayores dificultades dogmáticas. Ver con detalles en: SOUSA, Susana Aires de, 2020. «Não fui eu..., *op. cit.,* p. 71.

output de envío/cancelación de órdenes que configuren *spoofing*, o bien lo hacen en un volumen que implique práctica de *quote stuffing*. En este caso, llegaríamos a la curiosa conclusión de que los algoritmos fueron los que efectivamente realizaron las operaciones artificiales, que, por supuesto, son penalmente inimputables.

Una hipotética solución sería considerar que el propio desarrollo y uso de este algoritmo, que acabó incurriendo en estrategias HFT depredadoras, configuraría una operación, maniobra o práctica fraudulenta, falsa o engañosa. La apertura de estos términos permitiría la subsunción de conductas que no se insertan estrictamente en el acto de «compra» y «venta», pero que tienen por objeto afectar el precio, volumen o cotización de las acciones. Sin embargo, esta respuesta encontraría algunos obstáculos, como el hecho de que el uso de HFT no está prohibido y no siempre será simulado.

Además, no podemos olvidar que la generalidad de los tipos penales de manipulación de mercado requiere la presencia de una conducta *dolosa*, no admitiéndose la modalidad negligente. Así, en Brasil, por ejemplo, aun cuando se realice una operación simulada o se realice una maniobra fraudulenta, se requerirá el propósito de «subir, mantener o bajar la cotización, precio o volumen de negociación de un valor», así como el conocimiento y voluntad del agente en la realización de estas conductas para obtener una ventaja o provecho indebido para sí o para otros, o bien la causa de daños a terceros.

Sin embargo, la opacidad de los sistemas de inteligencia artificial y la imprevisibilidad de sus resultados a menudo dificultan la representación humana del *output* del algoritmo. Y, dado que las máquinas y los sistemas informáticos no tienen una «intención» *per se*, pero al mismo tiempo los resultados logrados no son predecibles *ex ante* por parte de los programadores, pueden ocurrir daños que nunca fueron pretendidos o ni siquiera ventilados por los actores humanos[58].

Una primera posible solución a este impasse sería la tipificación de algunas de estas situaciones como delitos imprudentes, así como, para los países que aún no lo hagan, la tipificación penal de la omisión de determinados agentes encargados de supervisar estas prácticas. La justificación de tal opción se encontraría en el hecho de que, además del uso intencionado de algoritmos que se sabe que están programados para la manipulación del mercado, no podemos descartar *riesgos operativos*[59], que resultarían de errores humanos y fallas técnicas en el sistema de información, control o en la ejecución de procesos.

58 Es por ello que, según Susana Aires de Sousa, en casos de negociación de alta frecuencia, la imputación del tipo subjetivo de manipulación del mercado, tal y como exige el ordenamiento jurídico portugués, es prácticamente imposible. Ver: Sousa, Susana Aires de, 2020. «Não fui eu..., *op. cit.,* p. 69.

59 Costa, Isac Silveira da, 2018. *High frequency trading..., op. cit.,* p. 270 y ss.

En otras palabras, cuando transponemos la ejecución de tareas a un algoritmo, si por un lado esperamos reducir el riesgo de errores humanos, por otro lado, no eliminamos la hipótesis de problemas en la ejecución de los algoritmos o de obtener *outputs* inesperados, ya sea por fallas en el proyecto, en la elaboración del programa, o simplemente por la imprevisibilidad de estos *outputs*, dada la complejidad del propio algoritmo. Estos serían los llamados «algoritmos errantes»[60].

En estos casos, en los que el output del algoritmo es impredecible y, en consecuencia, no deseado, el programador y el usuario de la técnica HFT no serán conscientes de la realización del comportamiento típico y, en consecuencia, no habrá dolo en la ejecución. Y si no se prevén modalidades negligentes, será atípica la manipulación de precios, cotizaciones o volúmenes negociados ocasionada por negligencia de cualquiera de los participantes del mercado o incluso de los programadores. Así, se podría considerar, de *lege ferenda*, la inclusión de una modalidad típica, alcanzando las conductas de los operadores de alta frecuencia que afectan de manera negligente el precio, la cotización o el volumen negociado de un determinado valor mobiliario.

Es importante aclarar que, cuando nos apoyamos en la imprevisibilidad de algunos hechos para sustentar un posible tipo penal negligente, no queremos decir, en modo alguno, que la previsibilidad del resultado sea dispensable en este tipo de delitos. Por el contrario, especialmente en ámbitos donde existen normas *pre-jurídicas* y *pre-jurídico-penales*, las normas de cuidado juegan una función importante precisamente en la fundamentación de este juicio de previsibilidad, en el sentido de que su violación genera daños que, en principio, serían predecibles. Esto no quiere decir, por supuesto, que la infracción implique una prohibición automática del riesgo creado, ya que la previsibilidad es un elemento esencial, pero no suficiente para la imputación de la tipicidad negligente[61]. Pero sí significa, que si el *output* ilícito del algoritmo es totalmente impredecible (sobre todo en las hipótesis de su *auto-perfeccionamiento*), no habrá un comportamiento típico, ni siquiera por negligencia[62]. A su vez, un delito negligente de manipulación de mercado

---

60 *Idem*, p. 270 y ss.

61 «En realidad, la previsibilidad es sólo una componente para admitir la tipicidad de una conducta; no significa sino que la conducta es peligrosa. El que la conducta además haya de desaprobarse requiere un juicio normativo adicional: sólo cabe hablar de desaprobación cuando al sujeto actuante, ponderando los intereses contrapuestos, se le pudiera exigir en general observar la regla para evitar el peligro creado por su acción (o adoptar medidas de eficacia pareja)» Frisch, Wolfgang, 2004. *Comportamiento típico e imputación del resultado*. Madrid: Marcial Pons, p. 119-120.

62 En un sentido similar: Januário, Tulio Xavier, 2020. Veículos autónomos e imputação de responsabilidades criminais por acidentes. En: Rodrigues, Anabela Miranda (coord.). *A inteligencia artificial no direito penal.* v. 1. Coimbra: Almedina, 2020. p. 95-127. p. 122.

abarcaría los casos en que se excediera el *riesgo básico*[63] señalado por las reglas de cuidado (por ejemplo, instrucciones normativas del órgano regulador), lesionando o poniendo en peligro, aunque sea de manera negligente, pero previsible y evitable el bien jurídico protegido.

A modo de ejemplo, imaginemos el caso hipotético de «P», un *trader* de alta frecuencia, que no respeta el deber de entrenar el algoritmo en mercados simulados (deber hipotéticamente previsto por la regulación estatal) y opera el algoritmo en el mercado. En una determinada ocasión, el algoritmo, dotado de *machine learning*, realiza operaciones capaces de configurar la práctica del *spoofing*. En este caso, al no respetar la regulación estatal, «P» habría creado un riesgo prohibido, lo cual habría resultado en que el precio se viera afectado por su algoritmo. En ese caso, habría un comportamiento culpable típico.

Es decir, en la delimitación entre el riesgo permitido y el prohibido, se debe considerar el cuidado necesario que se impondrá a los operadores y desarrolladores de estas técnicas y los algoritmos utilizados en ellas, los cuales estarán sujetos a regulación y supervisión por parte de la agencia estatal y también por autorregulación de las autoridades competentes al efecto. La determinación de este incumplimiento del deber objetivo de cuidado es fundamental, so pena de incurrir en responsabilidad penal objetiva de los desarrolladores y usuarios de estas tecnologías[64/65].

63 En cuanto a la idea de riesgo básico, Frisch explica que, por regla general, el riesgo que permanece incluso con el cumplimiento de las normas es el llamado riesgo residual (o riesgo básico) de una determinada área, y no es deber del derecho penal limitarlo. No obstante, existen situaciones excepcionales en las que, aun con el cumplimiento de estas normas, se supera el riesgo básico y se considera prohibido. Por otro lado, hay situaciones en las que no se observan las normas, pero se adoptan precauciones especiales, que tampoco son típicas. Ver: Frisch, Wolfgang, 2004. *Comportamiento típico e..., op. cit.,* p. 106-117.

64 En términos previamente sostenidos, a nuestro juicio, las reglas de conducta (reglas de cuidado) preexistentes pueden ser consideradas normas primarias «pre-jurídicas» (o «pre-jurídicopenales», a depender del modelo de regulación) de reducción de riesgos, siendo fundamentales para que el juicio de prognosis realizado sobre la tipicidad de la conducta. Ver con detalles en: Januário, Tulio Xavier, 2020. Veículos autónomos e..., *op. cit.,* p. 121. Sobre las normas pre-jurídicopenales y pre-jurídicas y su papel en la imputación de la tipicidad de la conducta: Frisch, Wolfgang, 2004. *Comportamiento* típico e..., *op. cit.*, p. 105 y ss.; Januário, Tulio Felippe Xavier, 2021. Teoria da imputação objetiva e crimes de trânsito: uma revisitação necessária. En: Santos, Ednan Galvão (org.). *Estudos conimbricenses de direito público.* Porto Alegre: Editora Fi, 2021. p. 335-391. p. 348 y ss. DOI: 10.22350/9786559170869; Januário, Tulio Felippe Xavier, 2018. Dos limites do risco permitido para as pessoas jurídicas: uma análise do defeito de organização como um problema de imputação objetiva. *Conpedi Law Review*, Zaragoza, v. 4, n. 1, p. 1-23, p. 11 y ss. Disponible en: http://dx.doi.org/10.26668/2448-3931_conpedilawreview/2018.v4i1.4514 [consulta: 05.07.2023]. Sobre el referido «juicio de prognosis» para efectos de delimitar la tipicidad de la conducta, ver en detalle en: Greco, Luís, 2013. *Um panorama da teoria da imputação objetiva*, 3. ed.. São Paulo: Editora Revista dos Tribunais, p. 34-35.

65 Como argumentamos en otra ocasión, incluso en el caso de delitos negligentes, la responsabilidad penal de los programadores y fabricantes (y en el presente caso, también de

En definitiva, por tanto, si bien en modo alguno estamos a favor de una excesiva intervención del derecho penal en el ámbito de los mercados de capitales, creemos que la creación de una forma específica de delito negligente para los casos de negociación de alta frecuencia puede resultar necesaria debido a las lagunas de punibilidad ya mencionadas derivadas, de la intersección entre la inteligencia artificial y las estrategias de mercado predatorias. Además, es precisamente en el sentido de mitigar los riesgos derivados de esta novedosa realidad que estamos también de acuerdo con la necesidad de creación de una posible modalidad de omisión propia[66], pero que en el caso específico del HFT, se referiría a los deberes de los titulares de los órganos de dirección del intermediario y encargados de la supervisión o dirección de las áreas de actividad, de «poner fin» a las conductas ilícitas que lleguen a su respectivo conocimiento, en los términos previstos, por ejemplo, en el Art. 379 de la CdVM Portuguesa[67].

No sostenemos, de ninguna manera, la prohibición generalizada de las negociaciones algorítmicas de alta frecuencia, y mucho menos su criminalización, incluso porque tienen ventajas innegables no siempre utilizados con fines ilícitos. Además, no podemos olvidar que la participación en el mercado de capitales ya es una actividad que, por sí misma, implica mayores o menores riesgos, haciendo impensable un «riesgo cero» en el sector. En este sentido, por su carácter volátil y sistémico de los posibles daños que se le causen[68], es muy importante que, ante cualquier enfrentamiento en el ámbito penal, se preste la debida atención a las actividades de control y prevención, así como al reforzamiento normativo.

Finalmente, también es importante destacar las alternativas no penales para la reducción de riesgos en este ámbito. En Brasil, Isac da Costa sostiene

---

los intermediarios e inversores que hacen uso de HFT) debe evaluarse cuidadosamente en actividades relacionadas con inteligencia artificial, ya que el vínculo entre su conducta y el resultado ilícito puede reducirse en gran medida, debido a la imprevisibilidad del *output* del algoritmo. Ver con detalles en: Januário, Tulio Xavier, 2020. Veículos autónomos e..., *op. cit.,* p. 118.

66 En ese sentido: Cavali, Marcelo Costenaro, 2018. *Manipulação do mercado..., op. cit.,* p. 370.

67 «Artículo 379.° Manipulación de mercado [...] 5- Los miembros del órgano de administración y las personas responsables de la dirección o supervisión de áreas de actividad de un intermediario financiero que, teniendo conocimiento de los hechos descritos en el apartado 1, cometidos por personas directamente sujetas a su dirección o supervisión y en el ejercicio de sus funciones, no los extingan inmediatamente serán reprimidos con pena de prisión de hasta 4 años o multa de hasta 240 días, si no les es aplicable pena más grave conforme a otra disposición legal» [traducción libre]. Portugal, 1999. *DL n.° 486/99, de 13 de novembro: Código de Valores Mobiliarios.* Disponible en: https://www.pgdlisboa.pt/leis/lei_mostra_articulado.php?artigo_id=&nid=450&tabela=leis&pagina=1&ficha=1&so_miolo=&nversao=#artigo [consulta: 04.07.2023].

68 Costa, Isac Silveira da, 2018. *High frequency trading..., op. cit.,* p. 266 y ss.

que, en materia de HFT, serían necesarias las siguientes medidas: i) *un régimen de información* que permita a la entidad administradora del mercado organizado o al intermediario, el control de los usuarios de HFT y la eventual mitigación de riesgos. Esta información debería incluir al menos datos relativos a la estrategia adoptada; los parámetros generales de desempeño y en escenarios extremos; controles de errores operativos; el plan de pruebas del software y los informes de control de calidad; e identificación de desarrolladores responsables. Todo esto debidamente acompañado de rutinas de supervisión y controles internos para asegurar que el algoritmo está funcionando adecuadamente[69]. Además, con base en el Art. 17 de la Directiva 2014/65/UE, el autor sugiere la identificación de los participantes que utilizan HFT y el requerimiento periódico del inversor, de todas las órdenes enviadas a los sistemas de negociación y de todas las operaciones realizadas; fallas de ejecución y cumplimiento y estadísticas de ejecución[70].

Además, serían posibles ii) *controles de velocidad*, que tendrían como objetivo mitigar las externalidades negativas derivadas del envío excesivo de mensajes al sistema de negociación. Se prevé, por ejemplo, la institución de tarifas por cancelaciones de pedidos, con el fin de desalentar su práctica[71].

Finalmente, tendríamos la posibilidad de III) *controles de riesgos operacionales y de volatilidad*, hipótesis que es quizás la más relevante para el presente estudio. Para mitigar los riesgos de fallas en los algoritmos, o de *outputs* impredecibles, Isac da Costa propone, entre otras medidas: i) la exigencia de un plan de pruebas y controles de calidad; ii) exigencia de informes periódicos; iii) intermediarios, bolsas y entidades autorreguladoras como verdaderos *gatekeepers*, además de su supervisión compartida con el regulador estatal; y iv) controles de volatilidad, como el *circuit breaker*.

Con estas breves consideraciones sobre posibles desarrollos en el ámbito regulatorio, y siguiendo algunas de las conclusiones alcanzadas por el profesor Isac da Costa, queremos decidir que existen alternativas previas a la asociación inmediata del uso de HFT con ilícitos penales, que son capaces de mitigar sus riesgos.

Por supuesto, si nos encontrarnos ante el uso intencionado de técnicas HFT en conductas que configuran operaciones simuladas o maniobras fraudulentas y que tengan por objeto mantener, bajar o aumentar los precios, cotizaciones o volúmenes de las acciones y, en definitiva, obtener ventajas y beneficios o la causa de daños a terceros, podemos tener la imputación por el tipo penal de manipulación de mercado siempre que la conducta sea idónea para afectar su capacidad funcional distributiva.

69 *Idem*, p. 278 280.

70 *Idem*, p. 282-283.

71 *Idem*, p. 285.

No obstante, en los supuestos no contemplados en los tipos penales actualmente vigentes, estas medidas serán fundamentales, no solo para la mitigación de riesgos y prevención de estas ocurrencias, sino también como posible criterio para delimitar el riesgo permitido en caso de una futura infracción penal negligente (cuya necesidad defendemos aquí), así como la delimitación de los posibles deberes a observar en caso de cualquier delito de omisión propio de los intermediarios y autoridades de control.

5. Conclusiones

Como demostramos a lo largo del artículo, el uso de la inteligencia artificial en los más variados sectores de la sociedad es una tendencia progresiva e ineludible estando estos sistemas ya impregnados en diversas actividades humanas y empresariales, entre las que destaca la participación en el mercado de capitales. Dejamos en claro que la intermediación e inversión en las bolsas de valores experimentó una revolución innegable desde la década de 1970 del siglo XX, situación que acabó culminando con la actual proliferación de algoritmos de negociación y consecuentes técnicas de negociación de alta frecuencia, cada vez más presentes en los mercados.

Si bien estas técnicas ofrecen algunos beneficios al mercado —motivo por el cual se fomenta mayoritariamente su práctica—, también aumentan los riesgos de adoptar las denominadas estrategias predatorias de mercado, que, en la mayoría de los casos, ponen en riesgo sus funciones esenciales. Algunas de estas estrategias, como el *spoofing* y el *quote stufing*, especialmente cuando se practican utilizando HFT, pueden ser subsumibles en los tipos penales de «Manipulación de Mercado», previstos por los sistemas jurídicos de Brasil, Portugal y España. Sin embargo, salvo en los casos en los que exista una finalidad ilícita por parte del operador, vemos dificultades concretas en su imputación jurídico-penal, especialmente en situaciones en las que existe un mal funcionamiento del algoritmo o que su propio *output* ilícito es imprevisible para el programador y usuario de la tecnología.

Es por ello que, además de un especial refuerzo regulatorio, preventivo y de supervisión de estas actividades, sostenemos la posibilidad de inclusión de una modalidad negligente de manipulación de mercado a través de HFT cuando no se obedezcan las determinaciones legales y reglamentarias sobre la materia. Es evidente que, aun así, quedarán situaciones en las que, pese al cumplimiento de todos los cuidados y determinaciones legales y reglamentarias se afectarán los precios, cotizaciones y volúmenes negociados y, en definitiva, la capacidad funcional del mercado. Sin embargo, dado que no es factible la expectativa de que el derecho penal esté en condiciones de anular efectivamente todos los riesgos en el ámbito del mercado de capitales, ni es aceptable ningún intento de hacerlo, estas conductas estarán, a nuestro juicio, imperiosamente dentro del alcance del *riesgo residual* del sector, por lo que es legítimo mantener su atipicidad.

6. Bibliografía

Agarwal, A.: (2012) «High Frequency Trading: Evolution and the Future». *CapGemini: Consulting. Technology. Outsourcing*, p. 1-24. Disponible en: https://www.capgemini.com/resources/high-frequency-trading-evolution-and-the-future/ [consulta: 17.03.2021].

Almeida, M. S.: (2016) «Introdução à negociação de alta frequência». *Cadernos de Valores Mobiliários*, n.º 54, p. 23-36. p. 25. Disponible en: https://www.cmvm.pt/pt/EstatisticasEstudosEPublicacoes/CadernosDoMercadoDeValoresMobiliarios/Pages/CadernoN54.aspx?v= [consulta: 10.03.2021].

Biais, B. y Foucault, T.: (2014) «HFT and Market Quality». *Bankers, Markets & Investors*, n.º 128, p. 5-19. Disponible en: https://foucaultsite.files.wordpress.com/2014/09/publishedversion.pdf [consulta: 04.07.2021].

Brasil: (1976) *Lei n.º 6.385, de 7 de dezembro de 1976: Dispõe sobre o mercado de valores mobiliários e cria a Comissão de Valores Mobiliários.* Disponible en: https://www.planalto.gov.br/ccivil_03/leis/l6385.htm [consulta: 04.07.2023].

Canestraro, A. C. y Januário, T. F. X.: (2021) «Concurso de agentes na perspectiva da teoria da ação significativa: um diálogo entre o sistema espanhol e o Projeto de Novo Código Penal Brasileiro», *Revista Brasileira de Ciências Criminais,* año 29, n.º 178, p. 213-244.

Caivano, V.: *et al.* (2012) «Il trading ad alta frequenza: caratteristiche, effetti, questioni di policy». *CONSOB Discussion Papers*, n.º 5, p. 1-60. Disponible en: https://dx.doi.org/10.2139/ssrn.2191669 [consulta: 03.07.2023].

Cavali, M. C.: 2018. *Manipulação do mercado de capitais: fundamentos e limites da repressão penal e administrativa*. São Paulo: Quartier Latin.

Costa, I. S. da: 2018. *High frequency trading (HFT) em câmera lenta: compreender para regular*. Tesis de maestria. São Paulo: Escola de Direito de São Paulo da Fundação Getúlio Vargas. Disponible en: http://hdl.handle.net/10438/20720 [consulta: 11.03.2021].

CVM – Comissão de Valores Mobiliários: (2018) *Administrador de carteira e investidora são punidos pela prática de spoofing*. Disponible en: https://www.gov.br/cvm/pt-br/assuntos/noticias/administrador-de-carteira-e-investidora-sao-punidos-pela-pratica-de-spoofing-dcf9d2886cc74621b1b61be72fd8d14f [consulta: 27.03.2021].

CVM – Comissão de Valores Mobiliários: (2020) *CVM julga mais um caso de prática de spoofing.* Disponible en: https://www.gov.br/cvm/pt-br/assuntos/noticias/cvm-julga-mais-um-caso-de-pratica-de-spoofing-a5b1bae84cb7429d8b61199bf4aa41e6 [consulta: 27.03.2021].

ESMA – European Securities and Markets Authority: 2014. *Economic Report: High-frequency trading activity in EU equity markets*, n.º 1. Disponible en: https://www.esma.europa.eu/document/esmas-economic-report-no-1-2014-high-frequency-trading-activity-in-eu-equity-markets [consulta: 11.03.2021].

Frisch, W.: (2004) *Comportamiento típico e imputación del resultado*. Madrid: Marcial Pons.

Gomber, P.: *et al.* (2011) *High-frequency Trading*. Disponible en: http://dx.doi.org/10.2139/ssrn.1858626 [consulta: 03.07.2023].

Gómez-Jara Díez, C.: (2017) *El delito de manipulación de mercado (arts. 284.2 y 284.3 CP).* Valencia: Tirant lo Blanch.

Gómez-Jara Díez, C. y Tejada Plana, D.: (2019) «La reforma del delito de manipulación de mercado en el Código Penal español: luces, sombras y algún claroscuro», *Diário La Ley,* n.º 9376, Disponible en: https://diariolaley.laleynext.es/Content/Documento.aspx?params=H4sIAAAAAAAEACXMQQ7CIBBG4duwNEDjogtWcgPxAGP5qyTIkAFMe_vW-Jbf4qUYnQ_6zM7WXif1hbTExVItZj0Z84O07p6XsFe4lXKDWjJIPHXcKKNEEhdkQNGzcR4dD0I_qPRC4PubBO48jA9K5wu1uh3L5WaceAAAAA==WKE [consulta: 06.07.2023].

Greco, L.: (2013) *Um panorama da teoria da imputação objetiva*, 3. ed.. São Paulo: Editora Revista dos Tribunais.

Januário, T. F. X.: (2021) «Considerações preambulares acerca das reverberações da inteligência artificial no direito penal», en Comério, M. S. y Junquilho, T. A. (org.). *Direito e tecnologia: um debate multidisciplinar.* Rio de Janeiro: Lumen Juris, 2021, p. 295-314.

Januário, T. F. X.: (2018) «Dos limites do risco permitido para as pessoas jurídicas: uma análise do defeito de organização como um problema de imputação objetiva», *Conpedi Law Review,* Zaragoza, vol. 4, n.º 1, p. 1-23. Disponible en: http://dx.doi.org/10.26668/2448-3931_conpedilawreview/2018.v4i1.4514 [consulta: 05.07.2023].

Januário, T. F. X.: (2021) «Inteligência artificial e manipulação do mercado de capitais: uma análise das negociações algorítmicas de alta frequência (high-frequency trading) à luz do ordenamento jurídico brasileiro», *Revista Brasileira de Ciências Criminais*. São Paulo: Thomson Reuters Brasil, ano 29, n.º 186, p. 127-173.

Januário, T. F. X.: (2021) «Teoria da imputação objetiva e crimes de trânsito: uma revisitação necessária», en Santos, E. G. (org.). *Estudos conimbricenses de direito público.* Porto Alegre: Editora Fi, 2021. p. 335-391. DOI: 10.22350/9786559170869.

Januário, T. X.: (2020) «Veículos autónomos e imputação de responsabilidades criminais por acidentes», en Rodrigues, A. M. (coord.). *A inteligencia artificial no direito penal.* vol. 1. Coimbra: Almedina, 2020. p. 95-127.

Leshik, E. y Cralle, J.: (2011) *An Introduction to Algorithmic Trading: Basic to Advanced Strategies*», Chichester, U.K.: Wiley.

Lhabitant, F.-S. y Gregoriou, G. N.: (2015): «High-Frequency Trading: Past, Present, and Future», en Gregoriou, G. N. *Handbook of High Frequency Trading*. London: Academic Press, p. 155-166.

Markham, J. W. y Harty, D. J.: (2008): «For whom the bell tolls: The demise of exchange trading floors and the growth of ECNs», *Journal of Corporation Law*, vol. 33, n.º 4, p. 865-940. Disponible en: https://heinonline.org/HOL/P?h=hein.journals/jcorl33&i=873 [consulta: 16.03.2021].

McCarthy, J.: (2007) «What is Artificial Intelligence?», en *Professor John McCarthy: Father of AI*. Disponible em: http://jmc.stanford.edu/artificial-intelligence/index.html [consulta: 03.07.2023].

McGowan, M. J.: (2010) «The Rise of Computerized High Frequency Trading: Use and Controversy», *Duke Law & Technology Review*, vol. 9, n.º 1, p. 1-25. Disponible en: https://scholarship.law.duke.edu/dltr/vol9/iss1/15 [consulta: 16.03.2021].

Securities and Exchange Commission (2010): *Release No. 34-61358; File n.º S7-02-10: Concept Release on Equity Market Structure*. Disponible en: https://www.sec.gov/rules/concept/2010/34-61358.pdf [consulta: 19.03.2021].

Steibel, F., Vicente, V. F. y Jesus, D. S. V. de: (2019) «Possibilidades e potenciais da utilização da inteligência artificial», en Frazão, A. y Mulholland, C. (coord.). *Inteligência artificial e direito: Ética, regulação e responsabilidade*. São Paulo: Thomson Reuters Brasil, ebook, no paginado, parte I, Capítulo 2.

Palavra, Jorge Miguel Cunha: (2018) *O abuso de informação privilegiada: enquadramento jurídico da negociação algorítmica de alta frequência (high frequency trading).* Tesis de maestria. Lisboa: Faculdade de Direito da Universidade de Lisboa.

Parlamento Europeo y Consejo de la Unión Europea: (2014) *Directiva 2014/65/UE del Parlamento Europeo y del Consejo de 15 de mayo de 2014: relativa a los mercados de instrumentos financieros y por la que se modifican la Directiva 2002/92/CE y la Directiva 2011/61/UE.* Disponible en: https://eur-lex.europa.eu/legal-content/ES/TXT/?uri=celex:32014L0065 [consulta: 03.07.2023].

Parlamento Europeo y Consejo de la Unión Europea: (2014) *Reglamento (UE) n.° 596/2014 del Parlamento Europeo y del Consejo de 16 de abril de 2014:* sobre el abuso de mercado (Reglamento sobre abuso de mercado) y por el que se derogan la Directiva 2003/6/CE del Parlamento Europeo y del Consejo, y las Directivas 2003/124/CE, 2003/125/CE y 2004/72/CE de la Comisión. Disponible en: https://eur-lex.europa.eu/legal-content/pt/TXT/?uri=CELEX:32014R0596 [consulta: 03.07.2023].

Portugal: (1999) *DL n.° 486/99, de 13 de novembro: Código de Valores Mobiliários.* Disponible en: https://www.pgdlisboa.pt/leis/lei_mostra_articulado.php?artigo_id=&nid=450&tabela=leis&pagina=1&ficha=1&so_miolo=&nversao=#artigo [consulta: 04.07.2023].

Rodrigues, A. M.: (2021) «Os crimes de abuso de mercado e a "escada impossível"» de *Escher*. O caso do *spoofing*. *Julgar,* n.° 45, p. 65-86.

Sousa, S. A. de: (2020) «Não fui eu, foi a máquina»: teoria do crime, responsabilidade e inteligência artificial», en Rodrigues, A. M. (coord.). *A inteligência artificial no direito penal*. Coimbra: Almedina, 2020. p. 59-94.

Torres, M. J. R.: *et. al.* (2016) «Painel: Monitoração de ofertas — Spoofing e Layering Workshop sobre Monitoração de Práticas Abusivas de Ofertas, de Prevenção à Lavagem de Dinheiro e de Controles Internos de Suitability», en *BM&FBovespa Supervisão de Mercado — BSM*. Disponible en: https://www.bsmsupervisao.com.br/assets/file/noticias/Monitoraca_Ofertas.pdf [consulta: 04.07.2023].

United States of America — One Hundred Eleventh Congress of The United States Of America: (2010) *Dodd-Frank Wall Street Reform and Consumer Protection Act.* Disponible en: https://www.cftc.gov/sites/default/files/idc/groups/public/@swaps/documents/file/hr4173_enrolledbill.pdf [consulta: 11.03.2021].

NUEVOS PARADIGMAS DE LA JUSTICIA DESDE LA PERSPECTIVA EUROPEA E INTERNACIONAL

EL PAPEL DE LA UNIÓN EUROPEA Y DEL CONSEJO DE EUROPA EN ARAS DEL ESTADO DE DERECHO EN LOS BALCANES OCCIDENTALES

Iván Ojeda Legaza[1*]
Investigador Predoctoral
Universidad de las Palmas de Gran Canaria
Doctorando en Responsabilidad Jurídica. Estudio Multidisciplinar
Universidad de León

1. Visión general

1.1. Concepción de Balcanes occidentales

Saber situarnos en el escenario contextual, donde se desarrolla la investigación, será clave para su correcto abordaje y en aras de su propia e intrínseca comprensión, por todo aquel que pueda estar interesado en ella.

La historia y los cambios geopolíticos son tan vastos en esta región, que sería complicado delimitar temporalmente en qué momento comienza a ensamblarse este intrincado rompecabezas, pero es un esfuerzo necesario, en pos de esta investigación y de su correcto enfoque. Es por ello que nos vamos a retrotraer a inicios del siglo XX, si bien haremos una brevísima mención a algunos apuntes de épocas previas a la indicada, para comprender el contexto histórico y geográfico de esta zona y posteriormente, teniendo en cuenta lo acontecido tras las guerras yugoslavas y la desintegración de aquel país, explicar cómo y por qué todo ello afecta a la región aún hoy, sobre todo

---

1 Investigador contratado predoctoral en formación del Programa Predoctoral de Formación del Personal Investigador de la Universidad de Las Palmas de Gran Canaria, con la financiación del Ilustrísimo Cabildo de Gran Canaria. Miembro del Grupo de Investigación Reconocido (Código GIR: 571) «Problemas Jurídicos Actuales» de la ULPGC. Doctorando en el programa de doctorado «Responsabilidad Jurídica. Estudio Multidisciplinar» de la Universidad de León.
*Todas las páginas web referenciadas en el presente trabajo fueron consultadas por última vez el 12 de julio de 2023.

en lo relativo a los desafíos y dificultades a las que se enfrentan, en aras de la consecución de los estándares del Estado de Derecho.

Estamos ante una zona geográfica marcada por tensiones y conflictos pretéritos, a lo que se suma un problema que hoy día, treinta años después del fin de la guerra de los Balcanes, sigue latente, la complicada situación de la integración, convergencia y convivencia étnicas, en todos estos países, lo cual supone hoy día todo un reto, para cada una de estas naciones y para organismos como el Consejo de Europa y la propia Unión Europea, en su esfuerzo por ayudar a los Balcanes Occidentales a progresar y alcanzar los estándares deseables en materia de Derechos Humanos, Democracia y Estado de Derecho, siendo este último pilar sobre el que se centrará el presente trabajo.

1.1.1. Concepción geográfica

Nos situamos en Europa, la península balcánica —que adopta su nombre de la montaña Balkan, situada en Bulgaria—, que se conforma por lo que actualmente conocemos como Eslovenia, Croacia, Bosnia y Herzegovina, Serbia, Rumanía, Bulgaria, Kosovo, Montenegro, Albania, Macedonia del Norte, Grecia, la parte continental europea de Turquía y la Tracia Oriental. Si bien esta es la configuración geográfica estricta, Turquía no se engloba en lo que políticamente conocemos como los Balcanes[2].

El objetivo de este trabajo se centra en los países exyugoslavos, donde se desarrolló la guerra de los Balcanes, también conocida como las guerras yugoslavas, entre 1991 y 2001, a saber: Eslovenia[3], Croacia, Bosnia y Herzegovina, Macedonia del Norte, Serbia, Montenegro y Kosovo. Fruto de ese periodo tan convulso, los estados que surgieron tras la descomposición de la antigua Yugoslavia, eran países estructural y democráticamente frágiles. La labor de reforzamiento de las instituciones democráticas de estos países, por parte de la Unión Europea y del Consejo de Europa, ha resultado ser clave para estos Estados y su estabilidad social, política y democrática, amén de para la consecución de los estándares necesarios para alcanzar lo que conocemos como Estado de Derecho, en cada uno de estos países. Si bien es cierto que Albania no formó parte de Yugoslavia, aparte de por su

---

2 Taibo, C, 2000. *La desintegración de Yugoslavia*. 1.ª edición. Madrid: Los libros de la catarata, pp. 17-19.

3 Si bien Eslovenia, pese a surgir tras la desintegración de Yugoslavia, no se considera parte de la región de los Balcanes Occidentales, a tenor de lo expuesto en Vučković, V, 2023. La política de ampliación de la Unión Europea hacia los Balcanes Occidentales: ¿movimiento sin objetivo o adhesión con una perspectiva de membresía creíble?. *Ayer. Revista De Historia Contemporánea, 129/2023(1)*, p. 78. DOI: 10.55509/ayer/1175. Disponible en: http://www.revistasmarcialpons.es/revistaayer/article/view/la-politica-de-ampliacion-de-la_union-europea-hacia-los-balcanes/1585

proximidad y por el hecho de que también se le considera parte de los Balcanes occidentales, su relación en el contexto histórico, social y étnico con los países objeto de esta investigación, hacen necesario que este país sea traído a colación.

1.1.2. Concepción histórica

Pensar en los Balcanes es hacerlo sobre la historia de un territorio donde la estabilidad, ha brillado por su ausencia. La zona balcánica estuvo sometida al Imperio romano, excepto la parte suroccidental, donde lograron permanecer los ilirios, en lo que hoy conocemos como Albania. Tras la división del Imperio romano y en torno al año 395 d.C., el territorio hoy comprendido por Eslovenia, Croacia y Bosnia-Herzegovina, quedó bajo el dominio del Imperio Occidental, mientras que el resto de la región pasó a formar parte del Imperio romano Oriental[4].

En los siglos VI y VII, el pueblo de los eslavos, procedentes del este de Europa, se asienta en la zona central de los Balcanes, hecho de gran significancia para la historia de la región. Ello, junto al cisma de oriente y occidente en 1054, que daría lugar a lo que más tarde se conocería como cristianos católicos y cristianos ortodoxos, vino a acrecentar más la brecha que ya por aquel entonces comenzaba a dibujarse en el territorio y que la invasión turca de gran parte del territorio, a finales del siglo XIV y la consiguiente introducción del islam, acrecentó[5].

Fue en el siglo XIX cuando se sucedieron varias revueltas de corte nacionalista en toda la región, contra la dominación turca, que ocasionaron, entre otros efectos, la independencia de Grecia en 1821. Ya por aquel entonces comenzaba a verse que había dos formas de entender la convivencia en aquella zona; los que apostaban por la formación de estados propios, independientes, como Bulgaria y quienes pensaban en la postulación de una comunidad denominada de los 'eslavos del sur', o Yugoslavia —de ahí procede la denominación—, que tampoco terminaba de asentarse, por las reyertas entre croatas, eslovenos y serbios[6].

En 1912, se desarrolla la primera guerra balcánica, donde búlgaros, griegos, montenegrinos y serbios, hicieron retroceder a los turcos en el territorio, que poco después sería objeto de la segunda guerra balcánica, donde los vencedores se enfrentaron entre sí, dando como resultado la independencia de Albania y el reparto de Macedonia entre Grecia y Serbia. La Primera

4 Taibo, C, 2000. *La desintegración de Yugoslavia (...) op. cit.*, pp. 19-20.

5 Ferrón, B, 1995. *Yugoslavia, orígenes de un conflicto*. 1.ª edición. Barcelona: Salvat Editores, pp. 19-23.

6 Bonamusa, F, 1998. *Pueblos y naciones en Los Balcanes. Siglos XIX-XX*. 1.ª edición. Madrid: Editorial Síntesis, pp. 56-58.

Guerra Mundial estalla en 1914 y tiene como resultado la desaparición de los dos imperios que se habían estado disputando los Balcanes en los siglos anteriores, a saber, los imperios otomano y austrohúngaro. El Imperio austrohúngaro estaba formado por lo que hoy conocemos como Austria, Hungría, República Checa, Eslovaquia, Eslovenia, Croacia, Bosnia y Herzegovina, Serbia, Montenegro, Italia, Rumanía, Polonia y Ucrania, si bien en el caso de los seis últimos países, sólo una parte de su extensión territorial pertenecía a este Imperio[7].

Una vez superada la Gran Guerra, de los actuales trece países que conformaban —en todo o en parte— el Imperio austrohúngaro, seis de ellos formaron parte de la antigua Yugoslavia, fundada en 1918, bajo el nombre inicial de Reino de los Serbios, Croatas y Eslovenos, gobernado por Alejandro I. A partir de aquí, en un siglo XX que no había hecho sino abrir los ojos y con una guerra mundial ya a sus espaldas, el panorama en los Balcanes era de total incertidumbre. Las tensiones nacionalistas entre serbios, croatas y eslovenos y sus efectos en la política del país, hicieron que el rey aboliese la Constitución, disolviese el Parlamento e instaurase un régimen dictatorial, que se inclinó hacía las tesis y modelos defendidos por el nacionalismo serbio. Fue entonces, el 3 de octubre de 1929, cuando nació el Reino de Yugoslavia, cambio de nombre que tenía la clara vocación de hacer desaparecer las antiguas naciones. Sería conocida más tarde, como la 'primera Yugoslavia'[8].

Aquello era el caldo de cultivo perfecto para toda clase de ideas y grupos extremistas y radicales, como la organización terrorista, de corte nacionalista croata, y antiserbio, la Ustache, liderada por Ante Pavelić, que incluía las referencias y la idolatría hacia los métodos fascistas de Mussolini y Hitler. Todo ello provocó el asesinato de Alejandro I —atribuido a la Ustache—, al que sucedió Pedro II, que sólo tenía once años. Fue el príncipe Pablo I, su primo, quien ejercería el gobierno efectivo como regente, en un escenario donde el nacionalismo croata se resistía a subyugarse a la idea de la 'gran serbia'. Tras estallar la Segunda Guerra Mundial, pese a la declaración de neutralidad llevada a cabo por Pablo I, éste se adhirió al Pacto Tripartito, suscrito por Alemania, Italia y Japón, lo que provocó un golpe militar que lo destituyó, poniendo al frente del país a Pedro II, quien, claramente contrario al alineamiento de su país respecto del pacto con las potencias del eje, lo repudió[9]. Esto provocó que, en abril de 1941, Hitler declarase la guerra a Yugoslavia, invadiese el país y junto con Italia, se repartiese el territorio. Aunque Hitler tuvo apoyos en el territorio, como el del régimen ustache croata, que serviría como estado títere al nazismo, también tuvo una fuerte resistencia, ejer-

7 De Diego García, E, 2001. *Los Balcanes ante el siglo XXI*. 1.ª edición. Madrid. Arco libros, pp. 24-29

8 Taibo, C, 2000. *La desintegración de Yugoslavia (...) op. cit.,* pp. 21-22.

9 Lee, S. J., 2004. *Dictaduras Europeas 1918-1945*. 1.ª edición. Barcelona. ServiDoc, pp. 447-450.

cida por las guerrillas *chetnik*, de corte nacionalista conservador y la guerrilla partisana, de inspiración comunista, dirigida por Josip Broz, más conocido como Tito, que, con el apoyo de los aliados, fue de los pocos países, si no el único, que se liberó a sí mismo, frente a la invasión y ocupación fascista[10].

Al término de la Segunda Guerra Mundial, Tito sentó las bases de un Estado Federal, al que se conocería como 'la segunda Yugoslavia', de influencia comunista. Un régimen con fórmulas autoritarias, asentado bajo la existencia de un partido único, la Liga de los Comunistas y la descentralización en la toma de decisiones, con la formación de las seis repúblicas de Bosnia-Herzegovina, Croacia, Eslovenia, Macedonia, Montenero y Serbia. Esta última, constaba además de dos provincias autónomas, que gozaban de unas capacidades muy significativas de autogobierno. Estas son Kosova —lo que hoy conocemos como Kosovo— y Vojvodina, en una clara intención por parte de Tito, de rebajar la influencia de Serbia en el Estado, debido a su imponente tamaño. A finales del decenio de 1940, Tito rompe con la Unión Soviética, a causa de serias discrepancias con Stalin, en lo referido a la forma de gobernar el país[11].

El dirigente croata y pese a su empeño, reconoció al final de su vida que no había sido capaz de crear una comunidad real, entre los distintos pueblos que integraban la federación. Las diferencias, religiosas, étnicas y culturales, los conatos nacionalistas como el de Croacia de 1971 y las ondas diferencias económicas entre las distintas provincias, donde la zona norte mostraba un claro desarrollo y el sur se hallaba prácticamente en el tercer mundo, suponían escollos difícilmente abordables[12].

Josip Broz Tito fallece en 1980, lo cual provocó una profunda crisis en el país, que dejaba entrever las tensiones existentes entre las repúblicas y la concepción de estas sobre la nación, la autonomía y la independencia. La presidencia federal se comenzó a ostentar, en turnos rotatorios, por los representantes de las seis repúblicas y de las dos provincias autónomas. Pese a los intentos, la desintegración de Yugoslavia era crónica de una muerte anunciada, motivada por razones ideológicas —si bien de carácter subsidiario— por razones económicas, políticas, étnicas y territoriales, alimentadas por discursos nacionalistas que llegaron a alcanzar tintes de agresividad, como el caso serbio en 1987, que dieron lugar al resucitar de la «limpieza étnica» y que desembocaría en el peor de los escenarios, la guerra de Yugoslavia[13].

---

10 Bermejo García, Romualdo y Gutiérrez Espada, Cesáreo, 2007. *La disolución de Yugoslavia*. 1.ª edición. Pamplona. Ediciones Universidad de Navarra (EUNSA), pp. 11-12.

11 Martín De La Guardia, Ricardo M. y Pérez Sánchez, Guillermo Á. 1997. *La Europa Balcánica. Yugoslavia, desde la Segunda Guerra Mundial hasta nuestros días*. 1.ª edición. Madrid. Editorial Síntesis, pp. 53-61.

12 Rojo, A, 1992. *Yugoslavia. Holocausto en los Balcanes. La Agonía de un Estado y por qué matan a sus habitantes*. 1.ª edición. Barcelona. Editorial Planeta, pp. 51-57.

13 De Diego García, E, 2001. *Los Balcanes (...) op.cit.*, pp. 45-51

El primer conflicto bélico posyugoslavo fue la guerra serbocroata, de 1991, que comenzó tras la declaración de independencia de Eslovenia y Croacia, que desencadenó conflictos armados en ambos países, debido a la oposición de la minoría étnica serbia asentada en estos países y contraria a la independencia. El segundo conflicto bélico fue la guerra de Bosnia-Herzegovina, que estalló en 1992, tras un referéndum de autodeterminación celebrado en marzo de aquel año, que respaldaba la constitución de una república independiente y multiétnica, donde se sucedió un auténtico genocidio, acompañado de violaciones y la ya instaurada otrora, limpieza étnica[14]. El tercer conflicto bélico tuvo lugar en Kosovo, en 1998, a causa de las políticas represivas impuestas por el líder serbio Slobodan Milošević, contra la población albanokosovar, que suponía el 90 % de la población de la provincia, frente al casi 10 % que ostentaban los habitantes serbios. En 1999, interviene la OTAN —de una forma cuanto menos discutida—, que lanzó una campaña de bombardeos contra Serbia, como medida para detener la violencia y proteger a la población civil. Finalmente, en 2001, tuvo lugar un conflicto armado en la República de Macedonia, en la que los albaneses reclamaban mayores derechos y autonomía, que pudo ser sofocado con la concesión de sus pretensiones a la minoría étnica albanesa y la firma de un acuerdo de paz aquel mismo año[15].

Terminaba así uno de los episodios más cruentos de la historia reciente de Europa, dejando tras de sí más de 140.000 muertos, decenas de miles de personas desplazadas, amén de unas heridas étnicas y políticas que aún hoy no han terminado de cicatrizar, que hizo que la ONU creara el Tribunal Penal Internacional para la antigua Yugoslavia, en un intento de llevar ante la justicia a los responsables de los crímenes de guerra cometidos contra la población de la desintegrada Yugoslavia[16].

Lo expuesto no deja lugar a dudas sobre lo complejo de la situación geopolítica en la región balcánica occidental, que hace harto complicada la labor que, desde la Unión Europea y el Consejo de Europa, en aras del Estado de Derecho, se pretende llevar a cabo.

1.1.3. Concepción política

A. Los países balcánicos miembros de la Unión Europea

De las antiguas repúblicas de Yugoslavia, tan sólo Eslovenia y Croacia, han conseguido adherirse a la Unión Europea.

14 Taibo, C, 2000. *La desintegración de Yugoslavia (...) op.cit.*, pp. 51-73.

15 Martín De La Guardia, Ricardo M. y Pérez Sánchez, Guillermo Á. 1997. *La Europa Balcánica (...) op.cit.,* pp. 147-150.

16 De Diego García, E, 2001. *Los Balcanes (...) op.cit.,* pp. 93-97

Los eslavos presentaron la solicitud de adhesión el 10 de junio de 1996 y ese mismo día, firmaron un acuerdo con la UE, que entró en vigor el 1 de febrero de 1999. Eslovenia se comprometía mediante este acto, a adoptar cuantas medidas se consideraban necesarias por la Unión Europea, para la adhesión. Todo ello a tenor de la Estrategia de preadhesión de la Comisión establecida de acuerdo con el Consejo y mediante consulta del Parlamento Europeo. El Consejo Europeo acordó asociaciones de adhesión de carácter bilateral, que venían a facilitar su adaptación a los Estados candidatos. La ampliación se basaba en los tres pilares de los criterios de Copenhague de 1993[17], a saber: democracia, Estado de Derecho, Derechos Humanos y protección de las minorías; economía de mercado; conformidad con los compromisos derivados de la condición de miembro.

Eslovenia debía cumplir con lo que se denominaba, asociación para la adhesión, el cumplimiento de una serie de *ítems* que posibilitaban la adhesión, una vez alcanzados ciertos objetivos, o una vez comprobados que podían lograrse con ciertos ajustes. La asociación establecía: los ámbitos de acción prioritarios, tal y como se definen en el dictamen de la Comisión —a corto y medio plazo—; los medios financieros que permiten a cada candidato aplicar dichas prioridades; las condiciones de aplicación de la ayuda. Todo ello sería monitorizado a través de un examen analítico y evaluado por la Comisión, donde se observarían los progresos alcanzados, las metas pendientes de cumplirse y los esfuerzos del país, en aras de efectuar todo aquel reforzamiento legislativo que, tras detectarse, se les comunicara para que fuese subsanado, en pos de satisfacer los criterios políticos de Copenhague, lo cual se cumplió. Eslovenia se adhirió a la UE el 1 de mayo de 2004, adoptando el euro como moneda oficial el 1 de enero de 2007 y siendo parte del espacio Schengen desde el 21 de diciembre de ese mismo año[18].

Croacia solicitó la adhesión a la UE en 2003 y se le concedió el estatus de país candidato el 18 de junio de 2004. Tras un procedimiento similar al expuesto en el caso de Eslovenia, aunque con algunas particularidades, como la necesidad de colaboración con Tribunal Penal Internacional para la antigua Yugoslavia, en la extradición de varios ciudadanos, la resolución de disputas fronterizas con Eslovenia, resuelta en 2009 mediante un acuerdo arbitral, aceptado por ambos países y el levantamiento de la prohibición en la adquisición de bienes inmuebles por parte de ciudadanos extranjeros, por ser contrario esto al principio de libre circulación de bienes y capitales de la UE.

---

17 Conclusiones de la Presidencia adoptadas en el Consejo Europeo celebrado en Copenhague el 21 y 22 de junio de 1993.

18 Página web oficial de la Unión Europea. Perfiles de los Estados miembros de la UE: Eslovenia.
Recuperado de: https://european-union.europa.eu/principles-countries-history/country-profiles/slovenia_es

Croacia es miembro de la Unión Europea desde el 1 de julio de 2013 de 2004, adoptando el euro como moneda oficial y siendo parte del espacio Schengen desde el 1 de enero de 2023[19].

1.2. Concepción de Estado de derecho

La formulación conceptual del Estado de Derecho ha sido y es hoy día una cuestión que, aunque de forma pacífica, genera controversias. Y es que son diversas las visiones existentes, que van desde lo jurídico-cultural, hasta lo referido a la evolución histórica del concepto, que abarca diferentes concepciones, además de la clásica, como el de *Preeminencia del Derecho*, el *Rule Of Law* inglés, el *Rechtsstaat* alemán y el *État légal* o *preéminence du droit* francés. El concepto formal de Estado de Derecho se configura en el siglo XIX de la mano del jurista alemán Friedrich Julius Stahl, que, en su obra principal, *La filosofía del derecho según la visión histórica (Heidelberg, 1830-1837)*[20], expone que *«El Estado ha de ser Estado de Derecho. Esta es la solución a la que conduce su evolución en nuestra época. Ha de utilizar el Derecho para establecer las formas y los límites de su actividad y para definir y garantizar la libertad de los ciudadanos. Y fuera del ámbito del Derecho, debe abstenerse de realizar ideas morales directamente, es decir, mediante la coacción, salvo en lo que sea indispensable para delimitarlo. El verdadero concepto de Estado de Derecho es éste, no el que lo identifica como un Estado que se limita a respetar el ordenamiento, sin perseguir fines administrativos, o el que simplemente se limita a proteger los derechos de los ciudadanos. El concepto de Estado de Derecho no hace referencia a la naturaleza o los fines del Estado, sino sólo a la forma de su actividad»*.

Que sirva también lo aportado a este respecto por el autor alemán Ulrich Scheuner y que magistralmente expuso el catedrático Francisco Rubio Llorente en una de sus últimas aportaciones a la comunidad académica. Manifestaba Scheuner que *«La esencia del Estado de Derecho está en la sujeción del poder a la voluntad popular y sobre todo su finalidad (el respeto y protección de la diginidad humana) y, como parte de ella, la realización de los Derechos Humanos, constitucionalizados como Derechos Fundamentales»*[21].

19 Página web oficial de la Unión Europea. Perfiles de los Estados miembros de la UE: Croacia. Recuperado de: https://european-union.europa.eu/principles-countries-history/country-profiles/croatia_es

20 *Die Philosophie des Rechts*. 2. Bd.: *Rechts— und Staatslehre auf der Grundlage christlicher Weltanschauung, 2. Abt.: Die Lehre vom Staat und die Principien des deutschen Staatsrechts*, 6. Aufl. (1. Aufl. unter dem Titel: *Die Philosophie des Rechts nach geschichtlicher Ansicht*, 1830-1837).

21 Rubio Llorente, Francisco, 2018. *Estado de Derecho y Estado de los Derechos,* en Liñán Nogueras, Diego J. y Martín Rodríguez, Pablo J., Dirs. *Estado de Derecho y Unión Europea*, Madrid: Editorial Tecnos, pp. 26-29.

El concepto de Estado de Derecho viene a coincidir con el tradicional Estado Constitucional, *«ampliamente conocido en el ámbito de la teoría constitucional como un principio normativo que establece la sumisión del poder al Derecho»*[22], tal y como Rubio Llorente sostenía.

1.2.1. La concepción del Estado de derecho según la Unión Europea

El artículo 2 del TUE propugna que *«La Unión se fundamenta en los valores de respeto de la dignidad humana, libertad, democracia, igualdad, Estado de Derecho y respeto de los derechos humanos, incluidos los derechos de las personas pertenecientes a minorías. Estos valores son comunes a los Estados miembros en una sociedad caracterizada por el pluralismo, la no discriminación, la tolerancia, la justicia, la solidaridad y la igualdad entre mujeres y hombres»*.

Se constituye por tanto el Estado de Derecho como uno de los pilares fundamentales de la UE y se define como la piedra angular en el funcionamiento de la Unión, en ámbitos como la aplicación efectiva de la legislación de la UE y presentándose como el principal valedor de la tutela judicial efectiva, imprescindible en los sistemas judiciales nacionales, sustentados por los principios de independencia, calidad y eficiencia, tal y como se desprende del artículo 19 TUE.

1.2.2. La concepción del Estado de derecho según el Consejo de Europa

Como hemos tratado de mostrar en líneas anteriores, el Estado de Derecho presenta muchas y diversas definiciones, lo cual provoca que no haya un concepto indubitado en torno a él. Lejos de pretender realizar un profundo análisis sobre la problemática, para hallar una definición única en torno a este principio —lo cual no es el objeto principal de este trabajo—, nos centraremos en indicar que, a los ojos del Consejo de Europa, el Estado de Derecho se configura como el eje sobre el que deben vertebrarse los poderes públicos, que tendrán que actuar siempre en consonancia con los estándares democráticos, los derechos fundamentales y supervisados por órganos jurisdiccionales que gocen de la independencia y la parcialidad necesarias para llevar a cabo su labor y cumplir con el principio de tutela judicial efectiva[23].

---

22 López-Jurado Romero De La Cruz, Carmen, 2018. *El Estado de Derecho en la acción exterior de la Unión Europea en los Balcanes Occidentales*, en Liñán Nogueras, Diego J. y Martín Rodríguez, Pablo J., Dirs. *Estado de Derecho y Unión Europea*, *op. cit.*, p. 428.

23 Informe Especial (2022). Apoyo de la UE al Estado de Derecho en los Balcanes Occidentales: pese a los esfuerzos, persisten problemas fundamentales. Tribunal de Cuentas Europeo, p. 4. Recuperado de https://op.europa.eu/webpub/eca/special-reports/eu-support-to-the-rule-of-law-in-Western-Balkans-01-2022/es/index.html

2. El Estado de derecho en los Balcanes occidentales

2.1. La aportación de la Unión Europea

Referirse a la aportación de la UE en cuanto a la consecución del Estado de Derecho en los Balcanes occidentales, pasa por hacerlo sobre la política de ampliación de la Unión en esta zona del sudeste europeo[24]. Han pasado diez años desde la adhesión de Croacia y a partir de ese momento, parece que las acciones en este sentido se han visto congeladas. Fue en 2018 cuando la Comisión abrió de nuevo la puerta a los Balcanes occidentales y volvió a hablarse sobre esa política de ampliación, comprometiéndose nuevamente con Albania, Serbia, Bosnia y Herzegovina, Montenegro, Macedonia del Norte y Kosovo[25]. Lo hizo a través de la Comunicación de la Comisión titulada «*Una perspectiva de ampliación creíble y un mayor compromiso de la UE con los Balcanes Occidentales*», de 6 de febrero de 2018[26], que fue reforzada por la Comunicación de la Comisión, de 5 de febrero de 2020, titulada «*Mejorar el proceso de adhesión: una perspectiva creíble de la UE para los Balcanes Occidentales*»[27].

El artículo 49 TUE establece que «*Cualquier Estado europeo que respete los valores mencionados en el artículo 2 y se comprometa a promoverlos podrá solicitar el ingreso como miembro en la Unión*» y en aplicación de tal precepto es que la Unión viene tratando de prestar apoyo a los países mencionados, como se muestra en la Comunicación de 2021 sobre la política de ampliación de la UE[28], que como consecuencia de la crisis sanitaria ocasionada por la pandemia de COVID-19, que afectó de forma significativa a los Balcanes occidentales, la UE, tal y como se expone en la Comunicación «*ha seguido brindando a los países de esa región un trato de socios privilegiados, invitándolos a los mecanismos e instrumentos de la UE, como las reuniones del Comité de Seguridad Sanitaria, la adquisición conjunta de contramedidas médicas, el Mecanismo de Protección Civil de la Unión, el Fondo de Solidaridad, la*

24 PEREGO, Anna, 2021. *The European Commission and the EU Rule of Law Policy*, en ENGELBREKT, Antonina Bakardjieva, MOBERG, Andreas y NERGELIUS, Joakim. *Rule of Law in EU. 30 years after the fall of the Berlin Wall*, Swedish Studies in European Law, Volume 15. 1.ª edición. Oxford: Hart, p. 298.

25 URIARTE SÁNCHEZ, Carlos, 2018. *La política de ampliación de la UE: La nueva estrategia para los Balcanes Occidentales*, en NASARRE, Eugenio, ALDECOA, Francisco y BENEDICTO Miguel Ángel. *Europa como tarea. A los sesenta años de los Tratados de Roma y a los setenta del Congreso de Europa de La Haya*. 1.ª edición. Madrid: Marcial Pons, p. 307.

26 COM (2018) 65 final, de 6 de febrero de 2018.

27 COM (2020) 57 final, de 5 de febrero de 2020.

28 COM (2021) 644 final, de 19 de octubre de 2021.

asistencia consular para la repatriación, y la exención de las restricciones temporales de la UE a la exportación de material médico», amén de otorgarles apoyo financiero que facilita el cumplimiento de la Estrategia marcada en las Comunicaciones que acabamos de mencionar —a través del Instrumento de Ayuda a la Preadhesión—, que pasa por alcanzar condiciones políticas y económicas óptimas, en un proceso que lleva a conseguir mejoras en la calidad democrática y económica del país, lo que redunda en el acercamiento al ansiado Estado de Derecho y con ello, al cumplimiento de los valores de la UE, consagrados en el artículo 2 TUE, la tríada *«Democracia, Derechos Humanos y Estado de Derecho»*, siendo el tercer pilar, como venimos indicando, un objetivo claro de la UE, que también es reflejado en su política de acción exterior para con los Balcanes occidentales[29].

Todo ello se sustenta en un programa de ayuda financiera, el denominado y ya traído a colación Instrumento de Ayuda a la Preadhesión (IAP), preferencias comerciales autónomas y acuerdos de cooperación, que tiene su origen en abril de 1997, tras los acuerdos de Paz de Dayton —que garantizaron en 1995 tras la guerra, la integridad territorial, independencia y soberanía de Bosnia y Herzegovina—, en el marco del Consejo de Asuntos Generales, celebrado en Luxemburgo los días 29 y 30 de aquel año, donde se adoptó la denominada Aproximación Regional para Europa Sudoriental[30].

2.1.1. El informe especial del Tribunal de Cuentas Europeo de 2022

El pasado año, el Tribunal de Cuentas Europeo publicó el Informe Especial titulado *«Apoyo de la UE al Estado de Derecho en los Balcanes Occidentales: pese a los esfuerzos, persisten problemas fundamentales»*, donde se muestra el especial interés de la UE en que la región alcance los estándares necesarios en cuanto a este valor fundamental. El Estado de Derecho se vertebra en seis principios básicos, a saber: separación de poderes; procedimientos legislativos transparentes y democráticos; control judicial eficaz; seguridad jurídica; independencia e imparcialidad de los tribunales; igualdad ante la ley.

Asimismo, la UE establece seis ámbitos de asistencia en materia de Estado de Derecho: establecimiento de poderes judiciales independientes y de sistemas judiciales y penitenciarios modernos; refuerzo de la capacidad de las instituciones del sistema judicial; promoción del buen gobierno y la responsabilidad; refuerzo del control y la vigilancia del sistema judicial por parte

29 Hoxhaj, Andi, 2021. *The EU Rule of Law Initiative Towards the Western Balkans*. Hague Journal on the Rule of Law, nº 13, pp. 145-152. Disponible en: https://doi.org/10.1007/s40803-020-00148-w

30 López-Jurado Romero De La Cruz, Carmen, 2018. *El Estado de Derecho (...) op. cit.*, p. 425.

de la sociedad civil; promoción y protección de los derechos humanos y las libertades fundamentales; mejora del acceso a la justicia. Esta asistencia, se configura en torno a dos líneas de actuación: diálogo político y sobre políticas por un lado y apoyo financiero, mediante la IAP II[31], por otro. En este último campo, cabe destacar que, aunque no es la única fuente de financiación de los Balcanes occidentales, la UE asignó en el periodo 2014-2020 un total de 690 millones de euros, según datos del Tribunal de Cuentas Europeo[32], para apoyar el Estado de Derecho y los derechos fundamentales en la región.

El Informe Especial concluye que, pese a los esfuerzos, si bien es cierto que el apoyo de la UE ha contribuido en la mejora de áreas como la eficiencia del sistema judicial y el desarrollo de la legislación correspondiente, se ha detectado por parte de los países cierta falta de voluntad política, imprescindible para avanzar en reformas que redunden en verdaderas potencialidades del Estado de Derecho en la región. Es por ello que, el Informe emite cuatro recomendaciones: 1. Reforzar el mecanismo para promover reformas del Estado de Derecho en el proceso de ampliación; 2. Intensificar el apoyo a la sociedad civil implicada en las reformas del Estado de Derecho y la independencia de los medios; 3. Reforzar el uso de la condicionalidad en el IAP III; 4. Reforzar los informes sobre los proyectos y su seguimiento.

2.1.2. A propósito de la acción exterior de la UE en los Balcanes occidentales

Conviene acudir, en lo referido a la acción exterior de la UE, a lo señalado en el artículo 3 del TUE, cuando se señala que la Unión Europea, «*afirmará y promoverá sus valores e intereses y contribuirá a la protección de sus ciudadanos*», haciendo clara alusión al Estado de Derecho, en tanto en cuanto es uno de los valores fundamentales de la Unión, consagrado como ya ha sido indicado en líneas anteriores, en el artículo 2 TUE. El referido artículo 3 TUE también expone *in fine* que la Unión contribuirá a la protección de los Derechos Humanos y al respecto de los principios de la Carta de las Naciones Unidas. Asimismo, y de manera más concreta, los artículos 21 y siguientes del TUE, definen la labor de la UE en lo referido a la acción exterior, tomando siempre como base los principios inspiradores de la Unión, a los que nos venimos refiriendo en el presente trabajo. Todo ello no hace sino ratificar la

31 El cual se centra en financiar proyectos con un enfoque sectorial, en ámbitos como la estrategia de adhesión, haciendo especial hincapié en lo referido a democracia y Estado de Derecho, así como en crecimiento y competitividad.

32 Accesibles en la página web de la ampliación de la Dirección General de Política de Vecindad y Negociaciones de Ampliación, de la Comisión Europea: https://neighbourhood-enlargement.ec.europa.eu/enlargement-policy/overview-instrument-pre-accession-assistance_en

importancia que le otorga la UE al Estado de Derecho y como se expondrá a continuación, en especial mención en la zona de los Balcanes occidentales.

En 2014, la Comisión publicó la Comunicación titulada *«Un nuevo marco de la UE para reforzar el Estado de Derecho»*[33], donde se consagra el Estado de Derecho como aquel valor que tiene como finalidad *«Garantiza[r] que todos los poderes públicos actúen dentro de los límites fijados por la ley, de conformidad con los valores de la democracia y los derechos fundamentales, y bajo el control de órganos jurisdiccionales independientes e imparciales»*.

Centrándonos en lo referente a este respecto, a lo que ocurre en los Balcanes Occidentales, se hace necesario reseñar los Acuerdos de Estabilización y Asociación (AEA) firmados entre la UE y Macedonia del Norte (2004), Albania (2009), Montenegro (2010), Serbia (2013), Bosnia y Herzegovina (2015) y Kosovo (2016).

Los AEA son acuerdos de libre comercio (ALC) de carácter bilateral, que nacen como instrumentos que buscan posibilitar el desarrollo económico y la estabilización de la región —en este caso la balcánica—, mediante una asociación entre los países objeto del ALC y la UE, bajo el acervo de la UE, en aras de una integración progresiva en el mercado de la Unión y que explora en el largo plazo, la adhesión a la UE[34]. Los AEA contemplan un apartado relativo a la *«Consolidación de las Instituciones y el Estado de Derecho»*, de ahí la importancia de traerlos a colación a este respecto. El principal problema a este tenor radica en la complejidad para hacer cumplir este apartado, ya que no se cuenta con un mecanismo de control eficaz, más allá de mecanismos de diálogo político que se han constatado como ineficaces e insuficientes, siendo significante el ejemplo de lo que acontece en Macedonia[35].

La acción exterior de la UE en los Balcanes Occidentales constituye una pieza fundamental en su agenda y así se ha vuelto a constatar recientemente por España, en la fase preparatoria de la Presidencia del Consejo de la UE, cuando el Ministro de Asuntos Exteriores, Unión Europea y Cooperación, José Manuel Albares, visitó el pasado mes de abril de 2023, Serbia, Bosnia Herzegovina, Albania y Macedonia del Norte. En esta visita fueron firmados sendos memorandos de entendimiento con estos cuatro países —observemos cómo el hecho de que España no reconozca a Kosovo como Estado soberano, también tiene repercusión en este tipo de actos, con una intencionalidad clara y notoria—, que sirven para reforzar la colaboración en el

33 COM (2014) 158 final, de 11 de marzo de 2014.

34 Página web de la Comisión Europea. Apartado de mercados y acuerdos de libre comercio. Recuperado de: https://trade.ec.europa.eu/access-to-markets/es/content/balcanes-occidentales

35 López-Jurado Romero De La Cruz, Carmen, 2018. *El Estado de Derecho (...) op. cit.*, pp. 431-437.

proceso de integración europea de estos países[36]. Si bien desconocemos qué rumbo tomará la Presidencia española del Consejo de la Unión Europea, tras las elecciones del 23 de julio de 2023, lo que sí es cierto es que, fruto de la crisis de Ucrania, la Unión ha impulsado sus acciones en la región, concediendo el año pasado a Bosnia y Herzegovina el estatus de país candidato e iniciando negociaciones de adhesión con Albania y Macedonia del Norte. Estos pasos ya han sido dados en Montenegro y Serbia, a los que se concedió el estatus de países candidatos en 2010 y 2012 respectivamente, si bien sus procesos se encuentran estancados actualmente. El único país de la zona que no ostenta la condición de candidato es Kosovo que, a pesar de haberlo solicitado, su petición no ha prosperado debido a que España, Chipre, Grecia, Eslovaquia y Rumanía, no la consideran Estado Soberano, tras la declaración unilateral de independencia en 2008, con respecto de Serbia.

La presencia e implicación de la Unión Europea en los Balcanes Occidentales se vuelve indispensable, a la postre de alcanzar la estabilización política, económica e institucional y, por ende, la consecución de los estándares del Estado de Derecho en la región.

2.2. La aportación del Consejo de Europa

El Consejo de Europa fue la primera organización internacional en consagrar el respeto al Estado de Derecho y lo hizo desde su fundación en 1949, a través de su Estatuto, también denominado Tratado de Londres, ratificando su compromiso con este pilar en el Convenio Europeo de Derechos Humanos, firmado en Roma en 1950[37]. El Consejo de Europa, que nació como una organización continental destinada a la promoción y protección de la Democracia, el Estado de Derecho y los Derechos Humanos, ha sido el principal valedor —junto con la Unión Europea—, de estos tres pilares, gracias a la labor que lleva a cabo a través de diferentes órganos que actúan en aras del cumplimiento y respeto de tales principios. Dichos órganos son: el Comité de Ministros, la Asamblea Parlamentaria (APCE), el Comisario de Derechos Humanos y la Comisión Europea para la Democracia por el Derecho[38]. Pese a la gran labor de cada uno de estos órganos en aras del Estado de Dere-

36 *«Albares inicia una gira por los Balcanes para explicar las líneas generales de la Presidencia UE».* Nota de prensa del Ministerio de Asuntos Exteriores, Unión Europea y Cooperación. 12 de abril de 2023. Recuperado de: https://www.exteriores.gob.es/es/Comunicacion/NotasPrensa/Paginas/2023_NOTAS_P/20230413_NOTA022.aspx

37 Hernández Gómez, Isabel, 2002. *Sistemas Internacionales de Derechos Humanos*. 1.ª edición. Madrid: Dykinson, pp. 217-218.

38 Tarschys, Daniel, 2021. *The Council of Europe as an Antechamber to the European Union*, en Engelbrekt, Antonina Bakardjieva, Moberg, Andreas y Nergelius, Joakim. *Rule of Law (...) op. cit.*, pp. 103-106.

cho, prestaremos especial atención a la aportación realizada por la Comisión Europea para la Democracia por el Derecho, más conocida como la Comisión de Venecia, único de todos ellos que no forma parte de la estructura orgánica del Consejo, establecido bajo los denominados «acuerdos parciales» —lo que significa que los miembros del Consejo de Europa son libres de adherirse o no— y bajo la forma de órgano consultivo[39].

2.2.1. La Comisión de Venecia

Tras la caída del muro de Berlín en 1990, los regímenes comunistas europeos, al igual que la propia Unión Soviética, se vieron abocados a la desaparición. Fue en ese momento, cuando de la mano del Consejo de Europa nace la Comisión de Venecia, que ha venido siendo el órgano responsable de velar por el correcto funcionamiento de las instituciones democráticas y la protección de los Derechos Humanos, asistiendo y aconsejando a sus Estados miembros en materia constitucional y que en aquel momento inicial, asesoró a los gobiernos de los países poscomunistas, en esa fase transitoria hacia modelos democráticos y a los que también ayudó a redactar sus textos constitucionales. La Comisión de Venecia viene realizando recomendaciones y estudios sobre asuntos de diversa índole, que van desde el funcionamiento de las instituciones democráticas, pasando por la protección de los derechos fundamentales y terminando por cuestiones que versan sobre elecciones, referendos y partidos políticos. Todos ellos elaborados por, a menudo, quienes pueden ser considerados los máximos exponentes en la materia de la que se trate, lo cual redunda en la calidad y especial relevancia de estos textos, que ya están siendo tenidos en cuenta incluso por el TEDH, elevando lo que en principio germina como una mera recomendación a instancia de parte, en doctrina jurisprudencial[40]. Como ya señalamos en el apartado relativo a la concepción histórica, la guerra de Yugoslavia se desarrolló durante la década de los noventa, coincidiendo con la creación de la Comisión, lo cual ha ocasionado que esta haya tenido un papel más que relevante en cuanto a brindar soporte y asesoramiento a los países que surgieron tras la desintegración yugoslava en materia constitucional, pues era necesario dotar a estos países de las herramientas necesarias para construir sus estructuras institucionales, que vendrían a sostener los principios de Democracia, Derechos Humanos y Estado de Derecho, indispensables en dichas naciones.

---

39 SALINAS DE FRÍAS, Ana, 2018. *El Estado de Derecho o «Rule of Law»: Valor de base y principio de acción del Consejo de Europa*, en LIÑÁN NOGUERAS, Diego J. y MARTÍN RODRÍGUEZ, Pablo J., Dirs. *Estado de Derecho y Unión Europea, op. cit.*, pp. 104-114.

40 CAMERON, Iain, 2021. *The Role of the Venice Commission in Strengthening the Rule of Law*, en ENGELBREKT, Antonina Bakardjieva, MOBERG, Andreas y NERGELIUS, Joakim. *Rule of Law (...) op. cit.*, pp. 147-150.

La Comisión de Venecia, que celebró en 2020 su treinta aniversario, nació pareciendo un órgano consultivo más del Consejo de Europa, pero ha demostrado ser de gran importancia, en el desarrollo del Estado de Derecho y la democracia, dentro y fuera de Europa, tal y como expresó su Presidente Emérito y Alto Representante, Gianni Buquicchio, en la Declaración con motivo del treinta aniversario de la creación de la Comisión. En esta misma Declaración, Buquicchio indicó que los retos más inmediatos a los que se enfrenta la Comisión y que deberá abordar junto con el Consejo de Europa y la Unión Europea son: *«El respeto del Estado de derecho, y en particular, la independencia del poder judicial; los frenos y contrapesos dentro de un sistema democrático que funciona; las elecciones libres y justas; el respeto a los derechos humanos, inclusive durante los estados de emergencia»*.

A raíz de esta Declaración de Buquicchio, se constata que uno de los retos más inmediatos a los que se enfrenta la Comisión, hace mención al respeto del Estado de Derecho, lo cual, unido a la importancia que se otorga al hecho de que este estándar sea alcanzado, en lugares geoestratégicos clave como los Balcanes occidentales, hace que su estudio y análisis resulten de lo más pertinente.

Hasta la fecha y en materia de Estado de Derecho, la Comisión de Venecia se ha pronunciado en más de setenta ocasiones, mediante los denominados documentos de opinión o recomendaciones, que como norma general se publican en inglés o francés y que en casos donde se considere relevante, por los principales destinatarios a los que va dirigido, se puede publicar un duplicado del documento en cuestión en el idioma oficial del país en cuestión. Este sería por ejemplo el caso de una de sus Opiniones más recientes, titulada *«Compilación de la Comisión de Venecia opiniones e informes sobre los estados de emergencia»*[41], que fue publicado —además de en inglés y francés—, en serbio, rumano, ruso y español, en pos de su mayor alcance y visibilización.

De los países balcánicos occidentales y en lo que respecta a opiniones versadas sobre el Estado de Derecho, conviene mencionar las emitidas para Kosovo y Montenegro.

La Comisión de Venecia se ha pronunciado, en el caso de Kosovo en 2019, con respecto a los proyectos de ley sobre actos legislativos, resueltos a aclarar los distintos tipos de actos jurídicos y sus interrelaciones, a raíz de una petición del Primer Ministro del país, Ramush Haradinaj, en este sentido, con el objetivo de garantizar que tal proyecto se adhería a las prácticas y estándares internacionales, antes de la remisión del proyecto de ley al gobierno, para su adopción. La Comisión concluyó que el proyecto de ley contemplaba importantes disposiciones que hacían más probable que el ordenamiento jurídico de Kosovo se ajuste más en un futuro, a los estándares de Estado

41 Estudio 987/2020. CDL-PI (2020)003 de 16 de abril.

de Derecho fijados internacionalmente y realizó una serie de recomendaciones a este tenor, que pasaban, entre otras cuestiones, por garantizar una terminología clara y coherente sobre los distintos tipos de actos jurídicos, o armonizar con este proyecto de ley, todos los actos jurídicos relativos a la elaboración de la legislación, como la Ley 04/L-025 de Iniciativa Legislativa, el Reglamento de Normas y Procedimientos del Gobierno de Kosovo 09/2011 y la Instrucción Administrativa 03/2013 sobre Normas para la Redacción de Actos Normativos[42].

En el caso de Montenegro, en 2021 el Viceprimer Ministro de Montenegro, Dritan Abazović, solicitó un dictamen urgente de la Comisión de Venecia sobre el proyecto revisión de enmiendas a la Ley de la Fiscalía General del Estado. A este respecto, la Comisión concluyó que las autoridades montenegrinas estaban realizando un gran esfuerzo en aras de alcanzar los estándares europeos del Estado de Derecho, llevando a cabo las recomendaciones realizadas por la Comisión en informes anteriores y encomendó al país que, entre otras acciones, prosiguiera con procesos abiertos y transparentes de consulta pública, como el llevado en esta ocasión, amén de hacer todo lo posible para evitar la politización del órgano, de tal modo que se garantice su neutralidad, para evitar el surgimiento futuro de conflictos de intereses[43].

Asimismo, conviene señalar el Informe sobre el Estado de Derecho adoptado por la Comisión de Venecia en su 86.ª sesión plenaria, de 2011[44], donde se abordaron los orígenes históricos del Estado de Derecho, se identificaron algunos elementos comunes del *Estado de Derecho*, *Rule of Law*, *Rechstaat* y *Etat de Droit*, a la vez que se trató de buscar una definición clara, lo cual como hemos tratado de mostrar en este trabajo, no se presenta sencillo y de hecho así se recoge en las conclusiones del informe. El documento presentaba a modo de anexo, una primera versión de los criterios de verificación sobre el Estado de Derecho, en los países a los que se dirigía dicho informe. Las cuestiones se aglutinaban en torno a seis bloques: 1. Legalidad (supremacía de la ley); 2. Seguridad jurídica; 3. Prohibición de la arbitrariedad; 4. Acceso a la justicia ante tribunales independientes e imparciales; 5. Respeto de los Derechos Humanos; 6. No discriminación e igualdad ante la ley.

Este Informe es considerado el germen de la que sería la principal aportación de la Comisión de Venecia al Estado de Derecho, el Documento de *Criterios de Verificación del Estado de Derecho*, también conocido como *Rule*

42 CDL-AD (2019)025. Opinion No. 958/2019. Kosovo - Opinion on the draft law on legal acts, adopted by the Venice Commission at its 120th Plenary Session, Venice, 11-12 October 2019.

43 CDL-AD (2021)030. Opinion No. 1041 / 2021. Montenegro - Urgent Opinion on the revised draft amendments to the Law on the State Prosecution Service, issued pursuant to Article 14a of the Venice Commission's Rules of Procedure on 10 May 2021, endorsed by the Venice Commission at its 127th Plenary Session (Venice and online, 2-3 July 2021).

44 Estudio 512/2009. CDL-AD (2011)003rev de 4 de abril.

of Law Checklist[45]. El documento vino a perfeccionar la anterior versión de criterios de verificación, mediante una revisión y actualización de sus parámetros o principios esenciales, que quedarían estructurados de la siguiente forma: 1. Legalidad; 2. Seguridad jurídica; 3. Prohibición del abuso del derecho; 4. Acceso a un tribunal independiente e imparcial; 5. Prohibición de la discriminación; 6. Igualdad ante la ley. La consecución de todos y cada uno de estos principios, dan como resultado el alcance del valor primordial del Estado de Derecho.

Pero como ocurre en la mayoría de ámbitos, una cuestión es la teoría y otra muy distinta es la práctica. Y es que la aplicación del *check list* debe llevarse a cabo siempre de manera adaptada y flexible, teniendo en cuenta el contexto en el que nos encontramos y comprendiendo que las realidades de los países pueden ser muy distintas, incluso entre los Estados balcánicos entre sí y el claro ejemplo lo tenemos en Eslovenia y Croacia, que fueron capaces de prosperar como ningún otro de sus países vecinos ha sabido o ha podido hacer, pese a sus esfuerzos y a la ayuda brindada.

3. Perspectiva, desafíos y dificultades para la consecución del Estado de derecho en los Balcanes occidentales

Sirva este epígrafe como antesala de las conclusiones que vendrán a continuación, porque hablar de los retos a los que se enfrenta la Unión Europea y el Consejo de Europa en aras de colaborar y facilitar el alcance del valor del Estado de Derecho a los Estados balcánicos, se antoja una cuestión harto complicada.

Como se expuso en el apartado dedicado al Informe Especial del Tribunal de Cuentas Europeo de 2022, el apoyo de la UE contribuyó en reformas de tipo técnico, como la eficiencia del sistema judicial y el desarrollo de la legislación correspondiente. Aunque lo cierto es que la falta de voluntad detectada en algunos de los países balcánicos limitó considerablemente que se alcanzaran las reformas de calado, imperiosamente necesarias, en pos de alcanzar los estándares del Estado de Derecho en la región. Se destacaba en el Informe la labor desempeñada por Albania y Macedonia del Norte, si bien concurrían

45 CDL-AD (2016)007. Estudio 711/2013, de 18 de marzo de 2016. Adoptados por la Comisión de Venecia en su 106a Sesión Plenaria (Venecia, 11-12 de marzo de 2016). Aprobados por los Delegados de los Ministros en la 1263a Sesión (6-7 de septiembre de 2016). Aprobados por el Congreso de Autoridades Locales y Regionales del Consejo de Europa en su 31a Sesión (19-21 de octubre de 2016) por la Asamblea Parlamentaria del Consejo de Europa el 11 de octubre 2017 (Resolución2187(2017).
Documento traducido al español [del original en inglés] por el Dr. Sebastian Zarate, College of Journalism and Communications, University of Florida (Estados Unidos).

problemas que impedían el avance en las condiciones deseables, como la no independencia plena del sistema judicial, la concentración del poder, la interferencia política, la corrupción, amén de una necesaria mejora de los mecanismos de control y supervisión de los AEA. Por otro lado, el Consejo de Europa y principalmente la Comisión de Venecia, han venido detectando cómo asuntos como la corrupción política, los populismos y los partidos de corte radical o extremista, pueden dinamitar cualquier logro alcanzado en materia de Estado de Derecho, en la región balcánica, no exenta como la historia ha demostrado, al surgimiento de conflictos, fruto de cualquier nadería, como ya vaticinó Bismarck[46]. Y es que en la zona como ya adelantábamos al inicio del presente trabajo, siguen existiendo complicadas situaciones en torno a la integración, convergencia y convivencia étnicas.

4. Conclusiones

El pasado fratricida de los Balcanes occidentales hace indispensable la ayuda y el soporte de organismos como la Unión Europea y el Consejo de Europa, en aras de la consecución del Estado de Derecho en la región. Permanecer ajenos a todo cuanto allí acontezca no sería una solución a tener en cuenta, en absoluto. Ello supondría *de facto*, dejar brotar de nuevo cualquier resquicio de problemas enquistados o el resurgimiento de las circunstancias proclives que diesen lugar al resucitar de fantasmas del pasado, que nos llevarían a escenarios y recuerdos sanguinolentos, que aún permanecen en la memoria reciente de nuestro continente.

Resulta totalmente necesaria la estrecha colaboración de los países balcánicos con la Unión Europea y el Consejo de Europa, no sólo para alcanzar los estándares del Estado de Derecho, sino para lograr en el corto-medio plazo, la tan ansiada adhesión a la familia europea, como países miembros. Para ello resulta indispensable que los Estados balcánicos lleven a cabo cuantas acciones y recomendaciones se les indica, para el fortalecimiento y mejora de sus instituciones democráticas, así como la estabilización política y económica, también imprescindibles.

5. Bibliografía

Bermejo García, R. y Gutiérrez Espada, C.: (2007) «La disolución de Yugoslavia», 1.ª edición, Pamplona, Ediciones Universidad de Navarra (EUNSA). ISBN 978-84-313-2439-1.

46 El canciller prusiano Otto von Bismarck, pronunció en 1888 una de sus frases más célebres cuando afirmó que: *«Si llega a haber otra guerra en Europa, surgirá de alguna nadería en los Balcanes»*.

Bonamusa, F: (1998) «Pueblos y naciones en Los Balcanes. Siglos XIX-XX», 1.ª edición. Madrid: Editorial Síntesis. ISBN 84-7738-594-7

Cameron, I.: (2021) «The Role of the Venice Commission in Strengthening the Rule of Law», en Engelbrekt, A. B., Moberg, A. y Nergelius, J., *Rule of Law in EU. 30 years after the fall of the Berlin Wall*, Swedish Studies in European Law, Volume 15. Oxford: Hart, pp. 147-179. ISBN 978-1-50994-159-9.

De Diego García, E: (2001) «Los Balcanes ante el siglo XXI», 1.ª edición, Madrid. Arco libros. ISBN 84-7635-476-2

Ferrón, B: (1995) «Yugoslavia, orígenes de un conflicto», 1.ª edición, Barcelona: Salvat Editores. ISBN 84-345-5928-5.

Hernández Gómez, I.: (2002) «Sistemas Internacionales de Derechos Humanos», 1.ª edición, Madrid: Dykinson. ISBN 84-8155-899-0.

Hoxhaj, A.: (2021) «The EU Rule of Law Initiative Towards the Western Balkans. Hague Journal on the Rule of Law», n.º 13, pp. 145-152. Disponible en: https://doi.org/10.1007/s40803-020-00148-w

Lee, S. J: (2004) *Dictaduras Europeas 1918-1945*. 1.ª edición. Barcelona. ServiDoc. ISBN 84-932828-8-X.

Taibo, C: (2000) «La desintegración de Yugoslavia», 1.ª edición, Madrid: Los libros de la catarata. ISBN 84-8319-106-7.

López-Jurado Romero de la Cruz, C.: (2018) «El Estado de Derecho en la acción exterior de la Unión Europea en los Balcanes Occidentales», en Liñán Nogueras, D. J. y Martín Rodríguez, P. J., Dirs. *Estado de Derecho y Unión Europea*. 1.ª edición. Madrid: Editorial Tecnos, pp. 425-448. ISBN 978-84-309-7532-7.

Martín de la Guardia, Ricardo M. y Pérez Sánchez, Guillermo Á.: (1997) «La Europa Balcánica. Yugoslavia, desde la Segunda Guerra Mundial hasta nuestros días», 1.ª edición. Madrid. Editorial Síntesis. ISBN 84-7738-464-9.

Perego, A.: (2021) *The European Commission and the EU Rule of Law Policy*,en Engelbrekt, A. B., Moberg, A. y Nergelius, J., *Rule of Law in EU. 30 years after the fall of the Berlin Wall*, Swedish Studies in European Law, Volume 15. Oxford: Hart, pp. 291-312. ISBN 978-1-50994-159-9.

Rojo, A.: (1992) «Yugoslavia. Holocausto en los Balcanes. La Agonía de un Estado y por qué matan a sus habitantes», 1.ª edición. Barcelona. Editorial Planeta. ISBN 84-08-00125-6.

Rubio Llorente, F.: (2018) «Estado de Derecho y Estado de los Derechos», en Liñán Nogueras, D. J. y Martín Rodríguez, P. J., Dirs. *Estado de Derecho y Unión Europea*. 1.ª edición. Madrid: Editorial Tecnos, pp. 25-35. ISBN 978-84-309-7532-7.

Salinas De Frías, A.: (2018): «El Estado de Derecho o "Rule of Law": Valor de base y principio de acción del Consejo de Europa», en Liñán Nogueras, D. J. y Martín Rodríguez, P. J., Dirs. *Estado de Derecho y Unión Europea*. 1.ª edición. Madrid: Editorial Tecnos, pp. 89-125. ISBN 978-84-309-7532-7.

Tarschys, D.: (2021): *The Council of Europe as an Antechamber to the European Union*, en Engelbrekt, A. B., Moberg, A. y Nergelius, J., *Rule of Law in EU. 30 years after the fall of the Berlin Wall*, Swedish Studies in European Law, Volume 15. Oxford: Hart, pp. 143-146. ISBN 978-1-50994-159-9.

Uriarte Sánchez, C.: (2018): *La política de ampliación de la UE: La nueva estrategia para los Balcanes Occidentales*, en Nasarre, E., Aldecoa, F. y Benedicto, M. Á., *Europa como tarea. A los sesenta años de los Tratados de Roma y a los setenta del Congreso de Europa de La Haya*. 1.ª edición. Madrid: Marcial Pons, pp. 307-324. ISBN 978-84-9123-469-2.

Vučković, V.: (2023): «La política de ampliación de la Unión Europea hacia los Balcanes Occidentales: ¿movimiento sin objetivo o adhesión con una perspectiva de membresía creíble?», *Ayer. Revista De Historia Contemporánea, 129/2023(1)*, pp. 77-103. DOI: 10.55509/ayer/1175. Disponible en: http://www.revistasmarcialpons.es/revistaayer/article/view/la-politica-de-ampliacion-de-la_union-europea-hacia-los-balcanes/1585

LAS CIUDADES Y SUS REGULACIÓNES: REGULACIONES MUNICIPALES COMO FUENTE DE INVESTIGACIÓN PARA LA HISTORIA DEL DERECHO

Otávio Weinhardt
Universidade de São Paulo (USP)
otavioweinhardt@usp.br

1. Introducción

Las relaciones entre el derecho y las ciudades tienen una larga trayectoria, que se puede rastrear incluso en la Antigüedad. A medida que los grupos humanos se organizaron en aldeas que gradualmente crecieron en tamaño y complejidad, convirtiéndose en ciudades, surgió la necesidad de establecer normas para la convivencia colectiva. Esto no significa necesariamente hablar de derecho, ya que existen normas religiosas, morales, etc., que cumplen esta función de regulación social sin que se les pueda denominar «derecho». Como analiza la antropóloga jurídica Fernanda Pirie, ni todas las sociedades desean o necesitan el derecho para regular sus conflictos (PIRIE, 2013, p. 37), sino que pueden utilizar otras formas de normatividad en su lugar.

De todos modos, el derecho ha sido utilizado para establecer reglas para gobernar la vida urbana con frecuencia y desde hace mucho tiempo. Sería exagerado hablar de «derecho urbanístico» entre los babilonios, griegos o romanos antiguos. El historiador del derecho Ricardo Fonseca advierte sobre los riesgos de estos largos recorridos históricos, que buscan los orígenes más remotos de determinado instituto o campo del derecho. Se recorren milenios de manera superficial y acrítica hasta llegar a la contemporaneidad, como si hubiera una continuidad natural entre el pasado y el presente (Fonseca, 2009, pp. 61-66). En lugar de un análisis largo y superficial de las relaciones entre normas y ciudades, este trabajo ofrece una reflexión que abre posibilidades para estudios de recortes específicos.

El propósito de este texto es reflexionar sobre las posibilidades del uso de las normativas municipales para la Historia del Derecho. Como regla general, la historiografía jurídica se centra en los poderes centrales, en los grandes diplomas normativos (como los códigos y las constituciones) y en juristas de renombre. Lo que propongo es una historiografía a nivel local, centrada en las instancias locales de poder, en las normas que regulan la vida cotidiana y en los legisladores anónimos. Esta propuesta se inserta en una preocupación por la valoración de la espacialidad en la historiografía. Los fenómenos históricos, como las normativas, la producción de conocimientos, las prácticas judiciales, etc., deben comprenderse desde su temporalidad, pero también desde su espacialidad. Comprender realidades específicas desde una perspectiva más local contribuye a comprender los usos del derecho en la vida cotidiana de personas y lugares específicos. Al mismo tiempo, permite comparaciones con otros espacios, de modo que «local» y «global» se complementan (De Vito, 2020, p. 114).

Otro motivo es la importancia del debate sobre las fuentes en la historiografía jurídica. Otros campos del conocimiento histórico comprenden esta relevancia y desde hace mucho tiempo debaten las técnicas de utilización de tipos documentales específicos para la producción de investigaciones historiográficas. Se debate el uso de la literatura, la fotografía, las publicaciones periódicas e incluso documentos eminentemente jurídicos, como las leyes, los procesos judiciales y la doctrina jurídica. En el derecho, salvo algunas excepciones, este debate aún es incipiente.

A lo largo del texto, presento algunas consideraciones sobre la historia urbana y su relación con el derecho, la propuesta de utilizar las normativas municipales para pensar en la historiografía jurídica, las ventajas y limitaciones de este tipo de fuente. Desarrollo el debate a partir de las fuentes con las que trabajo, denominadas Códigos de Posturas. Por este motivo, trato de ejemplificar estos usos con las ordenanzas municipales de las ciudades brasileñas de São Paulo, Curitiba y Belém, producidas entre finales del siglo XIX y principios del siglo XX. A pesar de esto, busco demostrar que es posible realizar investigaciones con fuentes similares en diferentes espacios y temporalidades.

2. Las ciudades y las normas

Durante miles de años, la regulación de la vida urbana ha sido una preocupación constante en las sociedades. Normas sobre la distribución de alimentos, la recaudación de impuestos, la circulación de personas y mercancías, permisos y autorizaciones para el uso de determinadas áreas de las ciudades, entre otros, se pueden encontrar en diversos lugares y períodos históricos distintos. Sin embargo, es en la modernidad donde presenciamos un crecimiento explosivo de las ciudades y una complejidad sin precedentes en las relaciones sociales, políticas y económicas que se desarrollan en ellas. Es en este contexto que surge una nueva dimensión de la regulación de la vida urbana, centrada en la organización de la vida en las metrópolis modernas.

Varias ciudades europeas experimentaron un crecimiento desenfrenado a lo largo del siglo XIX. Con algunas décadas de diferencia, lo mismo ocurrió en las Américas, con ciudades como Nueva York, Buenos Aires y São Paulo. Este crecimiento iba de la mano con la necesidad de producir normas que ayudaran a mantener el orden y seguir el ritmo de las transformaciones urbanas y sociales. Por ello, como señala el historiador del derecho Giovanni Cazzetta, la «era de las máquinas» estuvo marcada por profundas incertidumbres jurídicas:

> «Silencios e incertidumbres clasificatorias caracterizan las páginas de los juristas frente a la era de las máquinas. Ciertamente, no faltan intervenciones legislativas dirigidas a regular las aplicaciones técnicas y los descubrimientos científicos, a establecer normas para las "invenciones industriales" y, en la segunda mitad del siglo, a buscar un precario punto de equilibrio entre el capitalismo industrial y la cuestión social. [...] un "proyecto de Código" que pretende acabar con las particularidades del pasado y proponer para el futuro un terreno uniforme, una superficie plana y lisa capaz de enterrar distinciones arraigadas y hacer germinar un nuevo orden» (Cazzetta, 2018, p. 44 – traducido por el autor).

Las ciudades modernas se han convertido en auténticos ecosistemas sociales, donde una infinidad de actividades e intereses se entrelazan de forma dinámica y, a veces, conflictiva. El rápido crecimiento urbano, impulsado por el desarrollo industrial y tecnológico, ha dado lugar a desafíos inéditos en términos de organización social, gobernanza y convivencia. Ante estas complejidades, el derecho asume un papel central en la construcción de un orden urbano que, al menos en teoría, garantice la armonía colectiva y promueva la justicia social.

El tipo normativo específico que utilizo como base para este trabajo es anterior a la modernidad urbana. Las llamadas posturas municipales, como veremos, ya formaban parte del mundo lusitano hace varios siglos. Sin embargo, adquirieron aún más relevancia con la modernidad. En el siguiente apartado, veremos qué son las posturas municipales, de qué trataban y qué papel desempeñaban.

2.1. Las posturas municipales en la vida cotidiana de las ciudades

La expresión «posturas» puede parecer extraña cuando se asocia con la idea de normas, sin embargo, los historiadores Magnus Pereira y Antônio César dos Santos explican que su uso se remonta a las ciudades portuguesas en la Edad Media. Etimológicamente en la lengua portuguesa, la palabra deriva del verbo «poner» y ya se utilizaba como sinónimo de ley en los siglos XIII y XIV. Con el tiempo, el término se volvió más restringido y pasó a designar las leyes municipales. Fue solo a partir de las Ordenaciones Afonsinas, promulgadas en el siglo XV, que los ayuntamientos fueron obligados a registrar sus posturas en libros específicos. Este fue el momento en que surgieron los códigos de posturas, como se conocen en la actualidad (Pereira y Santos, 2003, pp. 4-6).

Elaborados por los ayuntamientos, los códigos de posturas tenían como objetivo regular la vida urbana en diversos aspectos. Estos códigos abarcaban normas relacionadas con la planificación urbanística, como el trazado de calles, el pavimento y las reglas para las fachadas de las casas. También establecían directrices para el funcionamiento del comercio, hoteles, tabernas, así como normas para la cría de animales y el tratamiento de residuos y alcantarillado, entre otros temas relevantes para la vida en las ciudades.

Los códigos de posturas, por lo tanto, eran instrumentos legales que buscaban ordenar y controlar las actividades urbanas. Reflejaban la preocupación de las autoridades municipales por establecer pautas para el desarrollo de las ciudades, la convivencia entre los habitantes y la preservación del espacio urbano. A través de estos códigos, los ayuntamientos buscaban promover la organización, la higiene, la seguridad y el bienestar de los ciudadanos, garantizando el correcto funcionamiento de la vida urbana.

Al analizar los códigos de posturas, tenemos acceso a una visión detallada de las reglas y normas que regían la vida en las ciudades en un determinado período histórico. Ellos nos proporcionan informaciones valiosas sobre las prácticas sociales, las dinámicas comerciales, las preocupaciones sanitarias y los valores establecidos por la comunidad urbana de la época. Además, estos códigos revelan las transformaciones que han experimentado las ciudades a lo largo del tiempo, evidenciando los cambios en los patrones de comportamiento, las relaciones de poder y las demandas de la sociedad.

Este tipo normativo se extendió a los territorios ultramarinos de Portugal, llegando a la América Portuguesa y persistiendo incluso después de la Independencia de Brasil. En el Libro I de las Ordenaciones Filipinas, se establecía que los ayuntamientos debían proporcionar las posturas, asambleas y costumbres antiguas de la ciudad o villa, asegurándose de que las que consideraran buenas, de acuerdo con la época, se aplicaran y las demás se corrigieran.

Con la llegada del Imperio, la Ley del 1 de octubre de 1828 reestructuró el funcionamiento de las Cámaras Municipales, reafirmando su papel en la elaboración de posturas y determinando las áreas en las que debían actuar. En esta ley se estableció que los ayuntamientos debían elaborar sus posturas, es decir, sus leyes locales, teniendo en cuenta las necesidades y particularidades de cada localidad. La ley también determinaba las áreas específicas que debían ser abordadas por las posturas municipales, como la organización del comercio, la limpieza de las calles, la construcción y conservación de edificios públicos, el suministro de agua, la seguridad y el mantenimiento del orden público.

De esta manera, las posturas municipales adquirieron una base legal más sólida en el período imperial, con los ayuntamientos desempeñando un papel activo en la elaboración de las leyes locales. Estas posturas eran fundamentales para el funcionamiento de las ciudades, ya que establecían reglas que buscaban garantizar el buen funcionamiento de la vida urbana. Representaban la voz de las comunidades locales, que buscaban regular las actividades cotidianas, resolver conflictos y promover el desarrollo de las ciudades.

La diversidad de temas abordados en las posturas municipales sin duda llama la atención. En términos generales, podemos observar que su propósito es regular la vida cotidiana, desde la planificación urbana hasta el comportamiento de los ciudadanos. Existieron normas relacionadas con el urbanismo, como la determinación de que todas las calles abiertas en la ciudad o en otras localidades del municipio debían tener un ancho mínimo de dieciséis metros, y que las plazas y plazuelas debían ser cuadradas en la medida de lo posible (São Paulo, 1886). También hubo normas arquitectónicas, que exigían, por ejemplo, que ningún edificio pudiera ser construido sin el permiso de la autoridad local y sin la aprobación del proyecto, la fachada y el grosor de las paredes (Belém, 1891). Además, existieron normas relacionadas con el ámbito médico, como la obligatoriedad de vacunación para todas las personas no vacunadas, incluyendo padres, tutores, curadores y empleadores (São Paulo, 1886). También hubo normas sanitarias, por ejemplo, que establecían que solo los animales considerados aptos por los médicos de la autoridad local o por la inspección de higiene podían suministrar leche (Belém, 1891). También encontramos normas de carácter religioso, como la obligación del empleador de conceder al trabajador el tiempo necesario para asistir a misa los domingos y días santos, además de confesarse (São Paulo, 1886), y normas de carácter moral, prohibiendo conglomeraciones inconvenientes, bailes y palabras obscenas en las plazas (Curitiba, 1895). Estos ejemplos demuestran la variedad de temas y la diversidad de órdenes normativas abarcadas por las posturas municipales. La lista podría extenderse aún más, destacando la amplia gama de temas abordados por estas regulaciones.

Las posturas municipales son una expresión jurídica característica de Portugal y sus antiguas colonias. Sin embargo, es importante destacar que normas similares se pueden encontrar en diferentes partes del mundo y en diferentes momentos históricos. En varias sociedades alrededor del mundo, las autoridades locales han desarrollado regulaciones y códigos para gobernar la vida urbana y establecer pautas para la convivencia social. Estas normas varían en términos de contenido y alcance, reflejando las particularidades culturales, políticas y económicas de cada contexto histórico. En la siguiente sección, veremos algunas de las posibilidades que estas fuentes ofrecen para reflexionar sobre el pasado jurídico y algunos de los desafíos involucrados.

3. Las regulaciones municipales y sus posibilidades

Sin duda, existen muchas posibilidades para reflexionar sobre el pasado jurídico a partir de las ciudades y las normativas municipales producidas en diferentes lugares y épocas. A modo propositivo, enumeraré tres de ellas que me parecen las más relevantes para aquellos que deseen pensar la historiografía jurídica de manera crítica y fresca. Estas reflexiones también pueden ser aprovechadas por aquellos que se dedican al derecho contemporáneo, ya que pueden entenderse como posibilidades de interpretación del derecho también en el presente.

Un primer beneficio que la historiografía jurídica puede obtener al utilizar las regulaciones municipales como fuente de investigación es la posibilidad de desarrollar una mirada más aguda sobre la espacialidad del derecho. Como señala la antropóloga Fraya Frehse, la ciudad es una mediación de relaciones socioespaciales, de vínculos de los seres humanos simultáneamente con el espacio y entre sí mediante la mediación del espacio (FREHSE, 2011, p. 23). En este sentido, al observar normativas tan estrechamente vinculadas a los problemas del espacio urbano, se proporcionan elementos para reflexionar sobre la concreción de las normas jurídicas y su impacto en espacios concretos.

Un ejemplo que ilustra esta relación es el artículo 66 de la Ley del 1 de octubre de 1828, que estableció las directrices para las regulaciones municipales en Brasil. Este artículo estipulaba que, entre otros temas, las regulaciones debían abordar el alineamiento, la limpieza y la iluminación de calles y plazas, el control del funcionamiento de los cementerios, el establecimiento de reglas sobre comportamientos que perturbaran el orden y la moralidad urbana, regulaciones relacionadas con la cría y circulación de animales en el espacio de las ciudades, así como normas sobre ferias, mercados, espectáculos públicos y otros temas relevantes. Ante esto, nos encontramos con un material extremadamente rico para observar cómo se concebían las ciudades y qué problemas buscaban resolver los legisladores en ese período.

Al examinar estas regulaciones municipales, podemos sumergirnos en las percepciones y preocupaciones de los legisladores en relación con la organización y el funcionamiento de las ciudades. Las normas revelan cómo las autoridades municipales percibían las dinámicas urbanas, qué aspectos consideraban prioritarios y qué problemas específicos requerían intervención reguladora. Además, estas normativas nos permiten comprender cómo se regulaban las relaciones entre la ciudad, el espacio y sus habitantes, y cómo las normas jurídicas buscaban moldear la experiencia cotidiana y la convivencia social en los contextos urbanos.

Al considerar la espacialidad del derecho, es posible explorar los desafíos y tensiones que surgen en la intersección entre las normas jurídicas y la materialidad urbana. A través del análisis de las regulaciones municipales, podemos investigar cómo las leyes se traducían en acciones concretas, cómo se aplicaban y cómo moldeaban la experiencia urbana de los ciudadanos. Además, las regulaciones municipales proporcionan indicios sobre la relación entre el derecho, el poder y el espacio, revelando dinámicas de control, negociación y resistencia presentes en las relaciones entre la autoridad estatal, los habitantes de la ciudad y el entorno urbano.

Una segunda posibilidad es pensar en las normativas locales en relación con las costumbres y conocimientos que circulaban en el momento de su producción. De esta manera, podemos analizar las legislaciones como medios para consolidar las percepciones predominantes en cada momento o también como medios para modificarlas. Un ejemplo interesante está relacionado con las numerosas normas sanitarias expresadas en las regulaciones de la segunda mitad del siglo XIX, que involucraban el tratamiento de desagües, el funcionamiento de carnicerías y mataderos, cementerios, suministro de agua, tratamiento de enfermedades, etc. Esta variedad de normas puede (y debe) ser pensada en relación con la enorme influencia ejercida por médicos higienistas y otras autoridades que hablaban en nombre de la ciencia y aprovechaban el enorme prestigio que adquirieron para legislar sobre la vida urbana. Según el historiador Sidney Chalhoub, existía la idea de que una ciudad podría ser administrada según criterios únicamente técnicos o científicos. En la visión de la época, habría una racionalidad externa a las desigualdades sociales urbanas, de modo que las políticas públicas no tendrían inclinación política, sino simplemente técnicas (Chalhoub, 1996, pp. 19-20).

Así, ciertas normas solo tienen sentido cuando se analizan en relación al conocimiento dominante en su período de producción. En este sentido, hay una articulación entre los legisladores municipales y los cánones de cada época, ya sean juristas o no. En el contexto de la ciudad moderna, la historiadora Margareth Rago señala muy bien esta relación entre la producción de conocimiento y la normativización de la vida cotidiana:

> «La ciencia y la técnica deben indicar soluciones para superar los obstáculos que los hombres enfrentan en su relación con el entorno. Las innovaciones tecnológicas, los métodos de estandarización y mecanización de la industria deben aprovecharse en la remodelación de la ciudad, en línea con el pensamiento urbanístico "progresista", asegurando la salud e higiene de los habitantes: zonas verdes, espacios abiertos, mucho sol y luz. Los flujos de circulación dentro de la ciudad o dentro de la casa deben ser organizados de manera racional para facilitar el movimiento de los hombres-mercancía» (Rago, 2014, p. 252 — traducido por el autor).

Esta relación entre las normas municipales y las costumbres y saberes circulantes revela un aspecto importante de la regulación urbana. Al examinar las posturas municipales desde esta perspectiva, comprendemos que no solo reflejaban las prácticas y percepciones vigentes, sino que también desempeñaban un papel activo en su conformación. Por un lado, las normas municipales buscaban consolidar y reforzar ciertos valores y comportamientos que se consideraban apropiados para la vida urbana. Por otro lado, también se pueden ver como mecanismos de transformación social, buscando promover cambios en las costumbres y saberes que impregnaban la ciudad.

Al considerar la relación entre las posturas municipales y las dinámicas sociales, políticas y científicas, es posible comprender la complejidad y las tensiones que impregnan la regulación de la vida urbana. Las normas municipales no son meramente técnicas o neutrales, sino que reflejan los valores, visiones del mundo y relaciones de poder presentes en la sociedad. También evidencian las transformaciones ocurridas a lo largo del tiempo, tanto en las concepciones sobre la ciudad y el espacio urbano como en las estrategias utilizadas por las autoridades para regular la vida cotidiana.

La tercera y última posibilidad a destacar se refiere a las personas afectadas por estas normas urbanas. Como señala el pensador Michel de Certeau, la ley se escribe sobre los cuerpos de las personas, marcando la vida de individuos concretos, desde el nacimiento hasta la muerte (CERTEAU, 1998, p. 231). Con esto, surge una pregunta más que razonable: ¿qué personas eran las más interesadas en regular estas normas municipales? Veamos un artículo muy didáctico del Código de Posturas de la Cámara Municipal de Belém:

> **Art. 118. También está prohibido practicar lo siguiente en las calles y demás lugares públicos:**
>
> «1.° Limpiar recipientes.
> 2.° Separar o tamizar alimentos.
> 3.° Matar, desollar o chamuscar animales.
> 4.° Herrar, sangrar o realizar cualquier curativo a algún animal, excepto en caso de urgencia inmediata.
> 5.° Partir leña.
> 6.° Cocinar.
> 7.° Tostar café.
> 8.° Encender fuego.
> 9.° Prender fogón.
> 10.° Orinar fuera de los urinarios públicos.
> 11.° Sacudir alfombras, esteras o cosas similares.
> 12.° Arrojar escombros o cualquier cosa líquida o sólida que ensucie o moleste» (Belém, 1890 — traducido por el autor).

Al observar esta curiosa lista de prohibiciones establecidas por las autoridades municipales de Belém, queda evidente la intención civilizadora subyacente a las normas municipales. A través del derecho, se buscaba eliminar prácticas consideradas groseras e incompatibles con la moral burguesa de las ciudades modernas. Por este motivo, muchas de las reglas que podemos estudiar se dirigen principalmente a las personas más pobres, ya que a menudo se consideraba que sus formas de vida eran inadecuadas y requerían vigilancia y reforma.

Las normas municipales son expresiones del control social ejercido por la élite dominante sobre los estratos más bajos de la sociedad. Al establecer restricciones y prohibiciones, las autoridades municipales buscaban disciplinar y moldear los comportamientos considerados indeseables o «incivilizados». Estas reglas a menudo se dirigían a las prácticas cotidianas de las personas más pobres, quienes eran estigmatizadas como infractoras de las normas urbanas.

Al analizar las posturas municipales desde esta perspectiva, es posible identificar la dinámica de poder subyacente en su elaboración y aplicación. A través de estas normas, las autoridades buscaban imponer una visión específica del orden social y la moralidad, moldeando las prácticas y comportamientos de la población urbana de acuerdo con los valores burgueses y las expectativas de las élites dominantes. Este enfoque revela las desigualdades y tensiones presentes en las relaciones sociales y en el ejercicio del poder en las ciudades, evidenciando cómo las normas jurídicas se utilizaban como instrumentos de control social y exclusión.

En las palabras del historiador Clóvis Gruner:

> «Los intentos, ya sean exitosos o no, de regular prácticas desviadas, como el vagabundeo, la mendicidad y la prostitución, entre otras acciones que pretenden higienizar, modelar y civilizar el espacio urbano, revelan, más allá de sus intenciones manifiestas, otra faceta de una política que, en nombre del progreso y bajo el manto de la ciencia, segrega y excluye a los pobres y no deseados en los márgenes, estigmatizándolos. Se trata de un doble ejercicio de poder que incide tanto en el individuo, en un intento de disciplinarlo y domesticarlo, volviéndolo útil y productivo, como en la población, normatizando sus espacios, hábitos, costumbres, instituyendo códigos y normas de conducta. En ambos casos, el cuerpo es el objeto privilegiado: el cuerpo individualizado, medido e identificado; el cuerpo social, segmentado, vigilado y regulado» (Gruner, 2012, p. 203 – traducido por el autor).

Por lo tanto, las posturas municipales no eran neutrales o imparciales, sino que reflejaban las visiones de mundo y los intereses de las clases dominantes. Buscaban regular no solo el espacio físico de la ciudad, sino también las vidas y los cuerpos de los habitantes, reproduciendo relaciones de poder y jerarquías sociales. Al estudiar estas normas, nos enfrentamos a las dinámicas sociales, políticas y culturales que impregnaban las ciudades modernas y sus implicaciones en las vidas de las personas, especialmente aquellas que eran marginadas y sometidas a un mayor escrutinio y control.

3.1. Desafíos en el uso de las normas municipales como fuente

El uso de cualquier fuente histórica requiere atención debido a que ningún documento nos brinda un acceso directo al pasado. Con la superación del positivismo historiográfico[1] desde las primeras décadas del siglo XX, quedó claro que no es posible deducir del documento el pasado tal como «realmente se pasó». Por otro lado, esto tampoco implica considerar la historiografía como una forma de literatura que describe un pasado completamente incomprensible. Como señala el historiador Carlo Ginzburg, si las fuentes históricas no reflejan claramente el pasado, son como «espejos deformantes» cuyas distorsiones nos corresponde interpretar (GINZBURG, 2002, pp. 44-45).

En este sentido, las posturas municipales representan una fuente histórica rica y compleja que nos permite comprender aspectos de la vida urbana en el pasado. Sin embargo, es fundamental reconocer que estas normas no son una representación neutral y objetiva de la realidad. Al revés, son productos de una época determinada, influenciados por diferentes intereses y perspectivas. Como «espejos deformantes», las posturas municipales reflejan las relaciones de poder, las visiones de mundo y las jerarquías sociales presentes en la sociedad de esa época.

En el análisis de las normas municipales como fuente histórica, es necesario tener en cuenta las limitaciones y desafíos inherentes a la interpretación de estos documentos. Hay que ser consciente de que las normas pueden verse influenciadas por prejuicios, ideologías e intereses políticos y económicos. Además, las brechas, omisiones y ambigüedades en las disposiciones también deben ser objeto de reflexión, ya que revelan las tensiones y conflictos presentes en la sociedad urbana.

Al lidiar con las distorsiones presentes en las normas municipales, el historiador desempeña un papel fundamental en la interpretación y reconstrucción del pasado. Es a través de un enfoque crítico y contextualizado que podemos revelar los significados subyacentes en las normas, comprendiendo cómo reflejaban las relaciones sociales, las prácticas culturales y los cambios históricos. El análisis de las normas municipales requiere no solo una lectura cuidadosa del texto normativo, sino también una consideración atenta del contexto político, social y cultural en el que se produjeron.

Cuando nos encontramos con fuentes legislativas, es necesario tener en cuenta una preocupación ampliamente conocida por juristas y personas en general: el hecho de que una norma exista y afirme algo no implica necesariamente que esa norma se cumpla. Sería ingenuo presumir que algo sucede de cierta manera solo porque existe una norma que lo establece. Lo que las normas hacen es declarar cómo les gustaría que fueran las cosas, no necesariamente cómo son en realidad. Ante esta constatación, parte de la historiografía tiende a rechazar la legislación como fuente de investigación, al considerarla algo demasiado «oficial», proveniente de los poderes institucionales

1 Para una mejor comprensión del tema, consultar Fonseca, 2009, pp. 39-66.

y desconectada de la realidad[2]. Por este motivo, los conjuntos de normas del pasado pueden no ser vistos como confiables. De hecho, no podemos creer ciegamente en ninguna fuente histórica, y todas deben ser analizadas con cautela y desconfianza.

En la utilización de las normas municipales como fuente para la investigación histórica, es imprescindible adoptar una postura crítica y contextualizada. Debemos cuestionar no solo la intención detrás de la elaboración de estas normas, sino también la forma en que se implementaban y observaban en la práctica. Es fundamental comprender que las normas municipales pueden representar una visión idealizada o normativa de la ciudad y de la vida urbana, alejándose en ocasiones de la realidad vivida por las personas. Es necesario investigar las tensiones, contradicciones y omisiones presentes en las normas, considerando los conflictos sociales, las resistencias y las negociaciones que ocurrían en torno a su aplicación.

Al reconocer las limitaciones de las normas municipales como fuente histórica, no debemos descartarlas. Por el contrario, es importante explorar su potencial como registro de las aspiraciones, normas e ideales que moldeaban la vida urbana en un período determinado. Estas normas revelan los deseos e intereses de las autoridades municipales, así como los problemas sociales, culturales y políticos que impregnaban la sociedad de la época. Una alternativa satisfactoria es confrontar las normas municipales con otras fuentes, como relatos de viajeros, procesos judiciales y documentos administrativos, lo que permite obtener una visión más amplia y crítica de la realidad urbana.

Otro aspecto que debe ser observado con atención es cuánto tienen realmente que decir estas normas sobre un período o lugar específico. El análisis de ciertas fuentes en comparación indica que algunas reglas se renovaban prácticamente sin cambios a lo largo de décadas o incluso siglos. Es decir, mientras toda la sociedad a su alrededor se transformaba, las normas seguían siendo más o menos las mismas. También podemos observar que algunas normas eran muy similares entre lugares muy distantes y diferentes. Las ciudades brasileñas de Curitiba y Belém están a miles de kilómetros de distancia una de la otra y tenían algunas reglas muy similares, que a su vez copiaban reglas de decretos más antiguos de Río de Janeiro. Por lo tanto, es necesario analizar cuidadosamente cuánto de esas reglas se pensaban para temporalidades y espacialidades específicas y cuánto simplemente copiaban lo que ya existía. Los historiadores Magnus Pereira y Antônio César Santos señalan precisamente este error en numerosas investigaciones que interpretaron como «pruebas de una modernidad burguesa» reglas que se venían repitiendo desde la Edad Media (Pereira & Santos, 2003, pp. 2-3).

2 El historiador del derecho Ricardo Fonseca demuestra que dos de las corrientes historiográficas más influyentes hasta el día de hoy, la Escuela de los Annales y el Materialismo Histórico, manifiestan cierta aversión hacia el derecho precisamente por las razones enumeradas en el texto (Fonseca, 2009).

Esta percepción nos lleva a cuestionar la naturaleza de las normas municipales y la complejidad de su trayectoria histórica. Aunque las posturas municipales pueden proporcionar huellas valiosas sobre la vida urbana en un período determinado, es fundamental reconocer que no son una representación directa de la realidad vivida por las personas. Las normas son productos de un contexto social, político y cultural específico, y su perpetuación a lo largo del tiempo puede reflejar no solo la continuidad de prácticas y valores, sino también resistencias, inercia institucional y falta de actualización.

A pesar de los desafíos inherentes al uso de las normas municipales como fuente de investigación histórica, pueden ofrecer contribuciones valiosas para la historia del derecho en las ciudades. La conciencia y la atención a los límites y distorsiones presentes en estas normas pueden hacer que la investigación sea aún más desafiante y, al mismo tiempo, ofrecer resultados aún más interesantes. Al reconocer las complejidades involucradas en la producción y aplicación de las posturas municipales, los historiadores son alentados a adoptar un enfoque crítico y contextualizado, buscando cruzar información, triangular diferentes fuentes y analizar los efectos reales de las normas en la sociedad. Este análisis cuidadoso de los aspectos sociales, políticos y culturales que impregnan las normas municipales permite una comprensión más profunda de las relaciones de poder, las dinámicas sociales y las transformaciones históricas que han moldeado la vida urbana.

4. Conclusiones

A lo largo de este estudio, hemos explorado el papel de las posturas municipales como fuente de investigación para la historia del derecho urbano. Estas normas, elaboradas por los concejos municipales, tenían como objetivo regular la vida urbana en sus diversas esferas, abarcando desde cuestiones urbanísticas hasta comportamentales. Hemos reconocido las posibilidades de investigación que las posturas municipales ofrecen, como el análisis de la espacialidad del derecho, la comprensión de las transformaciones sociales, políticas y económicas a lo largo del tiempo y la observación de las costumbres y saberes presentes en las normas.

También destacamos las limitaciones y desafíos inherentes al uso de estas fuentes, como la distancia entre la norma y la práctica, la reproducción de normas a lo largo del tiempo y entre diferentes localidades, y la necesidad de un análisis crítico y contextualizado. Sin embargo, al confrontar estas limitaciones, no debemos descartar las posturas municipales, sino utilizarlas como punto de partida para una investigación más amplia e interdisciplinaria, cruzando diferentes fuentes y explorando la complejidad de las relaciones sociales, culturales y políticas que involucran la vida urbana.

A través de este enfoque, la investigación histórica puede revelar elementos relevantes sobre la dinámica de las ciudades, las transformaciones en las relaciones de poder y las experiencias de las personas que habitaron estos espacios a lo largo del tiempo. Así, al reconocer las limitaciones de las posturas municipales, nos desafiamos a interpretar y comprender estas normas como reflejos de las tensiones y negociaciones presentes en la sociedad, proporcionando una perspectiva enriquecedora para la historia del derecho urbano y ampliando nuestra comprensión de la vida en las ciudades.

5. Bibliografía

Código de Posturas da Intendência Municipal de Belém approvado pelo Decreto n.º 247 de 18 de Dezembro de 1890 (1891). Belém: Typ. D'A República.

Código de Posturas do Município de São Paulo — 06 de outubro de 1886 (1940). São Paulo: Departamento de Cultura de São Paulo.

Posturas da Câmara Municipal de Curitiba. In: Pereira, Magnus R. D. M (2003). Posturas municipais. Paraná, 1829 a 1895. Curitiba: Aos Quatro Ventos.

Cazzetta, G.: (2018) Na «Idade das Máquinas»: direito codificado e incertezas classificatórias dos juristas, em Wehling, A; Siqueira, G. y Barbosa, S.; *História do Direito: entre rupturas, crises e descontinuidades* (pp. 42-58). Belo Horizonte: Arraes.

Certeau, M. D.: (1998) *A Invenção do Cotidiano: artes de fazer.* Petrópolis: Vozes.

Chalhoub, S.: (1996) *Cidade Febril: cortiços e epidemias na Corte Imperial.* São Paulo: Companhia das Letras.

De Vito, C.: (2020) «Por uma micro-história translocal (micro-spatial history)», em Vendrame, M. y Karsburg, A.; *Micro-história, um método em transformação* (pp. 101-120). São Paulo: Letra e Voz.

Fonseca, R. M.: (2009) *Introdução teórica à História do Direito.* Curitiba: Juruá.

Frehse, F.: (2011) *Ô da rua: o transeunte e o advento da modernidade em São Paulo.* São Paulo: Editora da Universidade de São Paulo.

Ginzburg, C.: (2002) *Relações de força: história, retórica, prova.* São Paulo: Companhia das Letras.

Gruner, C.: (2012) *Paixões torpes, Ambições sórdidas: transgressão, controle social, cultura e sensibilidade moderna em Curitiba, fins do século XIX e início do XX. Tese (Doutorado em História).* Universidade Federal do Paraná: Curitiba.

Pereira, M., & Satos, A.: (2003) «Códigos de Posturas Municipais», em Pereira, M., *Posturas Municipais: Paraná, 1829 a 1895* (pp. 01-22). Curitiba: Aos Quatro Ventos.

Pirie, F.: (2013) *The Anthropology of Law.* Oxford: Oxford University Press.

Rago, M.: (2014) *Do Cabaré ao Lar: a utopia da cidade disciplinar. Brasil 1890-1930* (4.ª ed.). São Paulo: Paz e Terra.

LA TESIS DE LA RESPUESTA CORRECTA EN CASOS PARADIGMÁTICOS EN EL SUPREMO TRIBUNAL FEDERAL BRASILEÑO: ELLWANGER, GOMES LUND Y HERZOG

Felipe Rodrigues Xavier
Universidade de São Paulo (USP), Brasil

1. Introduction

The article investigates the controversial thesis of the correct answer as a fight against the various forms of legal positivism, as well as the philosophical theses that support them and their possibilities in the field of fundamental rights. It also researches its application and scope in some recent and paradigmatic cases judged by the Federal Supreme Court and the Inter-American Court of Human Rights. The article takes a long look at interconnected issues of contemporary law related especially to fundamental human rights. It aims to unite theory and practice as an activity of law. If the theory concerns the discretion inherent in the most varied types of legal positivism, the philosophical foundation of Dworkin's thesis of the correct answer and its possibility and presence in the Brazilian Federal Constitution of 1988 and in the American Convention on Human Rights, the practical part deals with some essential cases in the jurisprudence of the Federal Supreme Court and the Inter-American Court of Human Rights. It critically analyzes the Ellwanger case, the condemnation of the Brazilian State in the Herzog case and its antecedents in the declaration of constitutionality of the Amnesty Law (deeply related, since the constitutionality of the Amnesty Law and its binding force and *erga omnes* prevent, in fact, the fulfillment of the decisions of the Inter-American Court at the domestic level), answering the question whether, in such paradigmatic cases, we had the correct answer, or the best possible answer, within the four lines of the Brazilian Constitution.

2. On the right answer thesis

2.1 Philosophical foundations (what the right answer is not)

«Philosophers always have the method of science in mind and are irresistibly tempted to raise questions and answer them in the same way as science» (WITTGENSTEIN, 1992, p. 49, my emphasis). Philosophy logically differs from science. Science is about building theories and models that can be tested by experience and thus confirm their accuracy, that is, the «truth» of that theory or model, which means that there is a correspondence between science and reality. But there are no terms, because meaning precedes experience and is presupposed in it (HACKER, 2000, p. 12-13). If the objective of science is to explain phenomena through causal hypotheses and hypothetical-deductive inferences from «natural» laws and conditions, then the statute of philosophy has to be other than scientific, because in philosophy there is nothing hypothetical: it cannot be a hypothesis that a proposition we understand makes sense. There is no «theory» in philosophy, in the sense that theory serves science, and there is no «explanation» in philosophy, in the sense that science explains reality.

The requirement of objectivity imposed on law, the arts and the humanities in general simply does not make sense. Objectivity understood as things or facts existing in the world, observable and quantitatively measurable facts, whose existence and understanding are independent of any valuation, constituting, therefore, the need for correspondence or transformation of propositions into physical-natural things or facts, does not makes sense, because the conditions of truth in law, in the arts and in the human sciences in general are established by social rules (very sensitive to values and ends.) and not in a factual state of affairs. Physicalist objectivity, foundation of positivist theories, commits this serious philosophical error.

We have to abandon this concept of objectivity, derived in turn from the absolute conception of the world (completely neutral and independent, in which the subject freely takes over the objects and meanings of the world from a zero degree of understanding — or «archimedean point of view»), if we want to offer significant contributions in our interpretations of law or art. Although it is constantly required of us, no legal or artistic argumentation qualifies to have a «real» truth value, mirrored in the world, which transcends the practice itself.

> «I see no point in trying to find some general argument to the effect that interpretive moral, political, legal, or aesthetic judgments are objective. Those who ask for some such argument want something other than the sort of arguments they and I would produce in favor of particular instances or instances of such judgments. But I don't see how there could be such different arguments». (DWORKIN, 2005, p. 257).

Legal propositions are not ontologically independent meanings. Legal propositions are not only descriptive of objects, things existing in the world, whether they are pieces of the general context, in which the law manifests itself, or whether they are revelations of the mental state of those who express themselves about it (mainly legislators and judges: and here we have a very traditional theory of interpretation). On the other hand, legal propositions are not simply subjective, more or less selfish assessments about the correctness or beauty of other propositions, about what the law is or should be. The interpretation of law articulates description and valuation, but its result, because it is interpretive in itself, reveals itself to be very different from both. The same is true of our most complex social institutions, such as the state, religion, or marriage. The same happens, finally, with the artistic interpretation.

Law and other complex social practices do not have simple physical-natural, observable and quantifiable facts as their source (and if they do — which I disagree with — such facts will not constitute a direct source, nor will they be the source, much less will they be the determining source of the right). Back to the interpretability of law: we will never be able to demonstrate — if by «demonstrating» we mean the possibility of transforming the argument into a sensible thing in the world, into a quantifiable object — the veracity or quality of the argumentation. Of course, consensus proves nothing, after all, everyone can be wrong. We can never demonstrate that this or that interpretation fits and best serves practice. This is only possible argumentatively, within the practice itself, and any demand to demonstrate the indemonstrable — such as the definition of validation criteria, for example, and how such supposed criteria should work — only reinforces the persistent imposition of the scientific method on philosophy and in law: in which it proves to be, at first, impossible, and, in the following moments, a hindrance.

Thus, if law is internally argumentative and its propositions cannot be verified against the logic of science, this, of course, does not mean that all legal interpretations will be good or equally valuable. A competent interpretation of law must pass, according to Dworkin,

By a two-dimensional test: it must fit that practice and demonstrate its purpose or value. But purpose or value, here, cannot mean artistic value, because law, unlike literature, is not an artistic enterprise. Law is a political enterprise, the general purpose of which, if it has any, is to coordinate social and individual effort, or to resolve social and individual disputes, or to secure justice among citizens and between them and their government, or some combination of these. alternatives. (2005, p. 239).

A judicial decision has to adjust to the law and justify its factual, institutional and, especially, moral sources. I will analyze below whether the correct answer fits, and is justified, both the Federal Constitution of 1988 and the American Convention on Human Rights, as well as their application or non-application in some recent cases judged, respectively, by their main Courts.

2.2. Constitutional right

Interpreting the Constitution means its integration and implementation. These are deontologically intertwined tasks, essential for democracy and for the Democratic State of Law, and their results will be constitutionally adequate responses. Following Friedrich Muller's path, based on Gadamer's lessons, if the Constitution only happens as «concretization», then constitutional judgments are those of greater tension and risk, since the best constitutional response, in the eyes of skepticism and relativism inherent in currents of hegemonic positivists and post-positivists, is perhaps indistinguishable among other possibilities of application — possibilities that are perhaps much more politically or economically seductive.

Mainly in Dworkin, but equally in Gadamer and Habermas, we can distinguish between good and bad, better and worse decisions; finally, between correct and incorrect decisions. After all, don't we do this? Do we not qualify the decisions? Do we not defend that such a decision or such a vote than any other, even if there is no consensus or majority and even if we cannot convince our interlocutors and vice versa? Most legal professionals actually discuss significant and impactful standards about the law - its content: what the law is, and few are those who, because Chico can't convince Francisco and Francisco can't convince Chico, will say that anyone can to be right, hiding such a substantive position in an alleged autonomy of the external point7. Now, if one cannot prove or convince that Chico or Francisco is correct, this does not mean that the third position, the Archimedean, skeptical and relativist position — the position that there is no correct answer to the case — is in itself the correct one.

They say these supporters ignore the obvious truth that there is no «fact», «matter», no «right answer» to the issue at stake. They don't stop to consider whether they have substantive arguments for this equally substantive position and, if they do, whether these too might not be derided as vague or unpersuasive or as resting on instincts or even shallow assertions in the same way. Absolute clarity is the privilege of fools and fanatics. (DWORKIN, 1996, p. 134-135).

On the other hand, the opposite situation, that is, defending that two, three, four or however many decisions presented are reasonable — simply because they were presented and, therefore, possible — is also to settle comfortably in the Archimedean, neutral8 and austere point of view, because «outside», and simply refuse to argue substantively. It is not contributing to the law. This deep-rooted skepticism, which is even part of our way of being, is the most dangerous, because, in its apparent precaution, it does not take us anywhere9, at best, or, at worst, it helps in the deconstruction of the strength of the Constitution and, thus, of democracy and law.

It was even claimed that the Dworkinian thesis was nothing more than a reformulation of the hermeneutical canons of 20th century positivism. XIX, in which the decision of any concrete case would already be foreseen in the law, leaving the judge or interpreter only the mere subsumptive operation. Well then, if Dworkin is mistaken about the existence of the correct answer — and I am not saying that he is — this does not stem from «so clear and evident» errors generally attributed to him in this particular aspect of his theory, such as, mainly, the impossibility of demonstration of the correct answer or even consensus about it: «... there may be a correct answer [...] even if the answer cannot be demonstrated» (DWORKIN, 2005, p. 211). Criticisms like this, despite their popularity, only reveal the extreme misunderstanding of the Dworkinian project and the lack of knowledge of the new paradigms of objectivity and truth brought by the philosophy of language. The refutation of the correct answer thesis has to be philosophical and argumentative, not empirical, according to ordinary scientific means.

More importantly, the correct answer has nothing to do with the right technique or methodology. It is not a tool. It is not, either, another implantation of sophisticated foreign theory for our so confused theoretical-legal horizons. The correct answer at least deserves deeper attention, because, at first, it seems to offend our most ingrained legal common sense — which, in turn, is based on the classical Aristotelian-Thomist metaphysics or on the modern metaphysics of Descartes and Kant.

Being applicatio, the correct answer must necessarily: a) respect the autonomy of the law; b) conform to and justify the Constitution; be based on arguments of principle and not policy; c) be consistent. The Brazilian Supreme Court, respecting all these parameters, with the exception of coherence — since coherence is obeyed when similar cases receive the same incorrect answer — ruled out the incidence of Precedent n.° 400, according to which «a decision that gave a reasonable interpretation to the law, that is not the best, does not authorize an Extraordinary Appeal».

Subjects of a constitutional nature are not exposed, due to their very nature, to the incidence of statement 400 of the Precedent of the Federal Supreme Court. This summary formulation has no relevance or applicability to causes that convey, before the Federal Supreme Court, in an extraordinary appeal, questions of positive constitutional law. In a word: in constitutional matters, there is no need to consider a reasonable interpretation. The exegesis of a precept inscribed in the Constitution of the Republic, much more than simply reasonable, must be legally correct. (BRAZILIAN SUPREME COURT, 2023).

In short,

a. The correct answer is for one case — and not for all cases.

Different cases will have different correct answers which, in turn, will concern, in the Brazilian case, basically the Constitution and, mainly, the rights and guarantees expressed therein, those arising from the legal and moral principles adopted by it and those contained in international treaties. such as the American Convention on Human Rights, for example (Brazilian

Constitution, art. 5, §2). The correct answer does not bring universal justice, does not bring the definitive conclusion about good and evil, and does not aim to remedy the great moral and legal problems. Many cases, like the ones we'll see below, got the correct answer. Many others do not.

b. The correct answer is adequate to the Constitution and at the same time justifies its foundations and objectives (Brazilian Constitution, arts. 1st, 3rd and 4th).

c. The correct answer is adequate and justifies Brazilian law, including treaties to which Brazil is a party.

d. The correct answer does not assume consensus or majority.

e. The correct answer cannot be demonstrated according to ordinary scientific means.

f. The correct answer is argumentative.

g. The correct answer rests on arguments of principle rather than arguments of policy.

h. The correct answer occurs internally (not externally) to the theory and practice of law.

3. The ellwanger case

The Federal Supreme Court provided the correct answer in the Habeas Corpus judgment, on 09/17/2003 (published in the DJ on 03/19/2004). Siegfried Ellwanger was accused of falling under art. 20 of Law 7716/89 (still with the wording given by Law 8081/90 — the current wording is from Law 9459/97); Ellwanger, founder of Editora Revisão (Revision Publisher, in a free translation) edited, distributed and sold ostensibly anti-Semitic works such as, for example, «Holocaust: Jew or German? Backstage of the Lie of the Century», «Gas is over! The End of a Myth» and «Innocents at Nuremberg» (all these english titles are here in a free translation). Acquitted in the first instance and condemned by the Court of Justice of Rio Grande do Sul, Brazil's state, Ellwanger's defense claimed before the Supreme Court the extinction of punishment by prescription, since, according to her, anti-Semitism would not be achieved by the statutory temporal unlimitation (or imprescriptibility) of the crime of racism (Brazilian Constitution, art. 5th, XLII). In other words, prejudice against Jews would not be racial prejudice: constitutional temporal unlimitation, always according to Ellwanger's defense, would concern only discrimination by color.

Judge Rapporteur Moreira Alves accepted the defense's arguments and voted to defer the HC, claiming that Jews were not a race. He based his wrong answer on an intentional and originalist perspective: according him, the fact that the introduction of the imprescriptibility device in the National

Constituent Assembly of 1988 was made by Carlos Alberto Caó, a well-known activist of the black movements, would demonstrate the original intention of the constituents to signify the term «racism» as discrimination against blacks. As can be seen, in addition to the mistaken «methodology» used in the vote (such as intentionalism and originalism), the Judge begged the question, that is, he assumed as true something that he should prove, arguing. Furthermore, it sought the criterial concept of the use of the word «racism»: whether or not the facts committed by Ellwanger could be subsumed under the term. Moreira Alves also added that the term «racism» in Brazil is understood mostly, and in fact, by discrimination against black people.

It fell to Judge Maurício Corrêa inaugurate the latent, evident aspect of the case: the inspiring Nazism of Ellwanger's works was founded above all on racial superiority (Aryans over all others). Nazism, spread here by personalities such as Ellwanger, constitutes an essentially racist theory (and practice): Ellwanger reproduced in Brazil the pseudo-scientific and anti-humanitarian ideals of Hitler and company. The question returns to its proper place: does the Constitution protect some human existences more or less, with the constitutional limitation of attacaks? Does the Constitution permit splitting between races for such purposes? Can we justify such supposed constitutional discrimination in a quantitative option for the majority, after all in Brazil there are many more blacks than any other «race»? And so, what would be the solution, for example, in the case of a crime of racism against Jews, let alone blacks? Or against gypsies or black refugees?

Judge Maurício Corrêa, inaugurating in his vote the direction of the correct answer, even asserts the dignity of the human person (foundation of our Constitutional State, art. 1, III, of the Brazilian Constitution) and the fundamental objective of non-discrimination (art. 3, IV). The solution of the case, therefore, appears to be extremely simple.

But not before some other discussions, which, shall we say, were not even part of the question. The Brazilian Supreme Court, after the vote of Judge Corrêa, went on to discuss whether or not anti-Semitic works such as those by Ellwanger would be protected by the freedom of expression in art. 5, IV, of the Federal Constitution. Justices Carlos Ayres Britto and Marco Aurélio, basing themselves on Alexy's theory, entered into judgments of weighting between the principles of freedom of expression and the principle of non-discrimination. According to Judge Marco Aurélio, including, Jews would not be part of Brazil and the Brazilian Constitution, since, according to him, the Federal Constitution does not refer to this people, but to blacks — and the Brazilian Constitution, evidently, applies to the Brazilian people (sic). The first acquitted the patient — although this was not even the request, but the acknowledgment of the prescription — and the second granted the HC. Finally, Justices Celso de Mello and Gilmar Mendes reproduced the clarity of Karl Popper's Paradox of Tolerance: democracy cannot confer rights of expression and, therefore, legitimacy, to hate speech, because then it would be in obvious danger. This is a very reasonable right of self-preservation for contemporary democracies.

The Habeas Corpus was eventually denied, not recognizing the statute of limitations as expired for the crime imputed to Ellwanger: that is, anti-Semitism as racism, evidently, and therefore covered by the constitution unlimitation of art. 5th, XLII, of the Brazilian Constitution. In this case, the presumed mental intentions of the constituents, criterial-semantic searches about the range of expressions and weighting judgments ended up constitutionally and correctly defeated.

4. Brazilian Amnesty Law (Law 6.683/1979)

The Federal Supreme Court judged the Amnesty Law (Law n.° 6,683/1979) to be constitutional in 2010, with no expectation, for the time being, of reviewing the decision, either via motion for clarification with infringing effects, or via diffuse control or another via concentrated control. In this case, it is Arguição de Preceito Fundamental 153, a species of appeal directly interposed at and judged by the Supreme Court, proposed by the Brazilian Bar Association (OAB — «Ordem dos Advogados Brasileiros», in portuguese), on the constitutionality of art. 1st, §§1 and 2 of the Amnesty Law, in which the Federal Council of the Bar Association proposed that crimes committed by agents of repression during the military dictatorship (1964-1985) to be considered common crimes against human rights, and not political crimes. If this thesis should be successful, such crimes would not be subject to pardon or amnesty, with no retroactive temporal limitation occurring in relation to them[1].

Judge Rapporteur Eros Grau inaugurated the winning vote (7 to 2). In a sentence, he argued that it was not up to the Judiciary to review political agreements, which was supported by all those present with the exception of Justices Ricardo Lewandowski and Ayres Britto. For them, the Amnesty Law, in addition to not having a «broad, general and unrestricted» character, deals with crimes that are absolutely incompatible with the Federal Constitution of 1988, not being mere pure «political» criminality or by connection (in the more technical— dogmatic of the term, if possible), but crimes against humanity.

Maybe Min's vote. Peluso was the most complete among those for rejecting the ADPF. He highlighted six points that would justify his decision.

1 The Brazilian Bar Association «OAB» even brought the Rome Statute ratified by Brazil in 2002 to the case, especially its art. 7th - which defines crimes against humanity such as, for example, torture ('g'), persecution for political reasons ('h') and enforced disappearance ('i') - and its art. 29 which determines the statute of limitations for crimes within the competence of the International Criminal Court, to whose jurisdiction, in turn, Brazil submits itself according to art. 5, §4, of the Constitution.

First, the interpretation of amnesty would have to be broad and generous, not narrow. Second, the Amnesty Law would not offend equality because it covered crimes by both the regime's opponents and its official agents. Third, the object of APDF n.º 153 would not be the «right to the truth», since it would be possible to verify historical truths even without modifying the Amnesty Law. Fourth, the Law was the result of a political agreement at the time of its execution by the authorities that had the legitimacy to do so, including the author of the action, the OAB. Fifth, the bilateral nature of the Amnesty Law would remove the charge of «self-amnesty». Sixth, Judge Peluso classified the request as practically irrelevant, since, if the ADPF were upheld, the crimes would be time-barred after 31 years of enacting the Law[2].

A deeper consideration of the judgment of APDF n.º 153 would go beyond the objectives of this work; being the final word of the Brazilian State on its own recent history[3], it reappears next, directly conflicting with the convictions received by Brazil in the Inter-American Court of Human Rights related to crimes «annulled» precisely by the Amnesty Law. However, a few words are necessary. It becomes very clear, and coherent with all the arguments developed in this work, that the Federal Supreme Court did not make the correct decision in this case, but certainly the most comfortable one. This is not surprising, given that — excuse the expression — the Amnesty Law was a great general sweep, typical of the cordial Brazilian man at his most harmful. Is the Amnesty Law adequate to the Federal Constitution of 1988? Does it justify it? Does the acceptance of the Amnesty Law as enacted become, finally, a condition for the possibility or representation of the problems for the effectiveness of the Constitution and democracy? The judgment of ADPF 153 comfortably skipped over all these substantive issues. So Brazilian Supreme Court lost a valuable opportunity to reconstitute some ties between Brazilian society and the Constitution, and Brazil lost, in short, another chance to grow as a civilization.

2 Most crimes would be prescribed. Not all. Permanent crimes such as hiding a corpse and forced disappearance would be in full consummation and, therefore, not subject to prescription. This thesis used by the body equivalent to our Public Ministry in neighboring countries, such as Argentina and Uruguay won in many isolated cases, before the legislative definition by the respective Parliaments.

3 Unlike Argentina and Uruguay, the major responsibility for revising Amnesty Laws fell exclusively to the Supreme Court. Had the Legislative Power mainly manifested itself, the issue of legitimacy would have been better settled and would not have become such a major impediment to, let's say, more substantive decisions by the Judges. But if, as contemporary Brazil demonstrates, even Brazilian society is still unable to deal with its inherent past, how would those who are a mirror of this society do? Any definitive resolution by any of the Powers seems very distant today and in the years to come: it is difficult to imagine a more politically and emotionally onerous agenda. After many advances and setbacks, and annulments of annulments, the Argentine and Uruguayan Amnesty Laws were definitively removed by the respective Parliaments, making it possible to prosecute and punish those guilty of crimes against human rights.

5. Gomes Lund and Herzog cases

In november 2010, a few months after the judgment of APDF 153, the Inter-American Court of Human Rights unanimously condemned Brazil for crimes committed in the Araguaia Guerrilla (1972-1974)[4]. In the case of Gomes Lund *et al. v.* Brazil, the Court decided on the incompatibility between the Brazilian Amnesty Law and the Inter-American Convention on Human Rights, obliging the Brazilian State to investigate and bring civil and criminal responsibility to the civil or military agents of repression responsible for the disappearance of 62 people. Perhaps if the chronology of the trials were reversed, some of the winning majority votes in ADPF 153 would be different.

More recently, in 2018, Brazil was again condemned. The Herzog case reached the Inter-American Court of Human Rights in 2009. Here is a brief chronology of the facts: in 1975, the year of the journalist's death, the Military Justice confirmed the official version of the suicide. In 1992, already under the current Constitution, authorities began investigations that were shelved based on the Amnesty Law (Law n.° 6.683/79). The same happened in 2007 when investigations were reopened on the recommendation of the Commission for Political Deaths and Disappearances and again paralyzed by the Amnesty Law.

The Inter-American Court of Human Rights concluded that the State violated «the right to personal integrity, provided for in art. 5.1 of the American Convention on Human Rights, in relation to Article 1.1 of the same instrument» (Inter-American Court Of Human Rights, 2018, p. 90) to the detriment of Vlado's family members. The Brazilian State was condemned: a) to «investigation of the facts, trial and, if applicable, punishment of those responsible» (Iachr, 2018, p. 92), ruling out the applicability of the Amnesty Law, the statute of limitations for crimes against humanity and *ne bis in idem*; b) recognition of its international responsibility (Iachr, 2018, p. 94); c) payment of compensation in the amount of US$ 40,000 to each family member (for non-pecuniary damage) and a further US$ 20,000 (for material damage) (Iachr, 2018, p. 96-97). In all similar cases that occurred in Latin American dictatorships, the Court established that there was no amnesty for crimes against humanity or self-amnesty. As for the first statement, many argue that the decisions of international courts are only recommendations, not legally binding. It would then be appropriate to ask what is the point

4 «Given its manifest incompatibility with the American Convention, the provisions of the Brazilian Amnesty Law that prevent the investigation and sanction of serious human rights violations lack legal effects. Consequently, they cannot continue to represent an obstacle to the investigation of the facts of this case, nor to the identification and punishment of those responsible, nor can they have the same or similar impact on other cases of serious violations of human rights enshrined in the American Convention that occurred in the Brazil». (INTER-AMERICAN COURT OF HUMAN RIGHTS, 2018, p. 3).

of Brazil adhering to the American Convention on Human Rights (and the Statute of Rome, for example) and not adhering to the jurisdiction of the corresponding Court. What to do with Art. 68, 1, which says: «The States Parties to the Convention undertake to comply with the decision of the Court in every case to which they are parties»? Even semantically, there are no uncertainties. It does not seem to be a matter of choice or opinion — a political matter — but of law. As for the second statement, the defenders argue about the bilaterality of the great agreement of the Amnesty Law: there was no self-amnesty, they say, because, despite being enacted by the military group in power at the time, there was the participation of other legitimate entities and, finally, it is about forgiveness not dependent on which side those accused of crimes were on.

The constitutionality of the Amnesty Law and its binding and *erga omnes* force effectively prevent compliance with the decisions of the Inter-American Court at the domestic level. Article 68, 2, of the American Convention states that compensation can be executed according to the internal rules of the procedure for the execution of judgments against the State. In turn, the art. 11 of Law No. 6683, although it was not the specific object of ADPF 153, establishes that no other right (e.g. wages, indemnities, reimbursements) other than those expressly provided for is recognized. Brazil has not yet complied, and nothing indicates that it will comply, with the convictions in the Gomes Lund and Herzog cases.

6. Conclusions

The skepticism inherent in positivism never got us anywhere; on the contrary, ostensibly wrong or hateful decisions can be made and accepted in the supposedly neutral guise of relativism — which contradictorily claims that everything is relative. The very respect for listening and understanding other people and positions, which constitutes the practice of life and law — people have to agree on many things — very fundamental, perhaps invisible because they are too close to us, to disagree with others — does not stems from a cheap relativism in the sense that we must listen to others («duty») in order for them to listen to us («right»). It is a deeper and deontologically binding foundation: it simply matters. But this does not mean that reasonable adult people who share the same practice cannot discuss and show their arguments about what purpose this practice serves or should serve, and how. One proposed option may be better than another. One unproposed option may be better than all.

We do not accept anything, any justification: our deepest and most intricate problems, many of which take legal form sooner or later, matter and that is why we are constantly looking for the right answers to them.

7. Bibliography

Brasil.: Lei n.º 6.683, de 28 de agosto de 1979. Disponível em: http://www.planalto.gov.br/ccvil03leis/L6683.htm. Acesso em: 22 jun. 2023.

Comissão Interamericana De Direitos Humanos: Convenção Americana de Direitos Humanos. Disponível em: https://www.cidh.oas.org/basicos/portugues/c.convencao_americana. htm. Acesso em: 22 jun. 2023.

Dworkin, Ronald: Interpretação e objetividade. Uma questão de princípio. Trad. Luís Carlos Borges. Rev. téc. Gildo Sá Leitão Rios. Rev. da trad. Silvana Vieira. 2. ed. São Paulo: Martins Fontes, 2005. (Justiça e direito)

— Objectivity and truth: you'd better believe it. Philosophy and Public Affairs, vol. 25, n.º 2, 1996, p. 87-139. Available at: http://links. jstor.org/sici?sici=00483915%28199621%2925%3A2%3C87%3AOATYBB%3E2.0.CO%3B2-X. Acesso em: 21 jun. 2023.

Hacker, P. M. S. (Peter Michael Stephan). Wittgenstein: *Sobre a natureza humana*. Trad. João Vergílio Gallenari Cuter. São Paulo: UNESP, 2000. (Coleção Grandes Filósofos)

Inter-American Court Of Human Rights (Iachr): Corte Interamericana De Direitos Humanos. Caso Herzog e outros vs. Brasil. Sentença de 15 de março de 2018. Disponível em: http://ww.corteidh.or.cr.docs/casos/articulos/seriec_353_por.pdf. Acesso em: 22 jun. 2023.

Supremo Tribunal Federal (Brazilian Supreme Court): Aplicação das Súmulas no STF. Disponível em: http://www.stf.jus.br/portal/jurisprudencia/ menuSumarioSumulas.asp?sumula=1478. Acesso em: 21 jun. 2023.

Xavier, Felipe Rodrigues: Interpretação e aplicação do direito nos positivismos jurídicos. Rio de Janeiro: Lumen Juris, 2018.

Wittgenstein, Ludwig: Investigações filosóficas. Trad. José Carlos Bruni. São Paulo: Nova Cultural, 1999. (Os pensadores)

— O livro azul. Trad. Jorge Mendes. Lisboa: Edições 70, 1992.

JUSTICIA PREDICTIVA: ADR, DATOS Y ACCESO A JUSTICIA[1]

Paulo Ramón Suárez Xavier
Investigador Posdoctoral Margarita Salas
Universidad de Málaga

1. A modo de introducción: ADR y acceso a justicia

El problema del acceso a la justicia no afecta solamente al contexto jurídico, sino más bien a la propia noción de ciudadanía dentro de un régimen democrático, ya que se refleja en la exclusión de parte de los sujetos del proceso de conocimiento de las instancias en el marco del Estado de Derecho, que se refleja en todos los niveles, generando lo que Nancy Fraser denomina *misrepresentation*, considerando el grado de tridimensionalidad asumido por la autora al tratar de la justicia, incluyendo en su concepto las representaciones sociales, económicas y políticas de la justicia[2].

Ello no implica desacreditar las instituciones, pero más bien buscar el marco democrático para repensar la justicia en el marco de la vida democrática, adoptando la decisión sobre la mejor forma de lograr derribar las barreras que supone la deficiencia en la prestación de este servicio público y la cultura de conflicto que vivimos en las sociedades actuales.

Nancy Fraser defiende que el marco para garantizar el acceso a la justicia consiste en *considerar todos aquellos que están sujetos a una estructura de*

---

1 El presente trabajo de investigación se incardina dentro del marco investigador del Proyecto de investigación de I+D+I en el marco de la convocatoria de proyectos orientados a la transición ecológica y a la transición digital 2021 «Construcción de bases para una digitalización Eficiente, legal y garantista de los sistemas de resolución alternativa de litigios de consumo mediante Plataformas tecnológicas». (TED2021-131127B-I00), en el que el autor figura como miembro del equipo de investigación.

2 Fraser, Nancy. *Escalas de Justicia*. Ed. Herder, Barcelona, 2008, p. 41 y ss.

gobernación determinada están en posición moral de ser sujetos de justicia en relación con dicha estructura[3], postura que sigue evidenciando una postura conflictiva en el sentido de la justicia.

Este es realmente un problema que debe ser afrontado por la justicia transformada, que es aquella que incluye al ciudadano como centro de sus decisiones y se abre a la participación ciudadana. Hemos tratado de este tema en epígrafes anteriores y lo que un estudio de la conformación actual de nuestro sistema judicial deja claro es que no se ha llegado más allá de un proceso de digitalización, pero quedan pendientes las asignaturas de la gobernanza y de la inclusión ciudadana.

Para ello, es indispensable la adopción de medios que permitan al ciudadano conocer y deliberar sobre los métodos más adecuados para la solución de sus controversias, decisión que seguramente no será por la mediación si el sistema judicial sigue apostando en la cultura del conflicto y las promesas de justicia social del constitucionalismo y ahora de constitucionalismo cosmopolita[4].

En otras palabras, más que convencer a los justiciables de los beneficios de la adopción de las ARD y ODR, cabe al Estado la implementación de herramientas con capacidad de demostrar a las partes cuáles son realmente sus derechos y obligaciones y darles a conocer el contenido del derecho de los tribunales (la jurisprudencia) que es parte integrante del derecho de acceso a la información, para implantar primero una cultura de paz y la gestión no adversarial de los conflictos y, segundo establecer un sistema multipuertas que esté basado en esta información y cultura previos, de forma que permita al justiciable una elección del método de resolución que mejor se adapte a sus necesidades[5].

En sentido contrario, parte de la doctrina, representada especialmente por de la Oliva Santos, defiende que *la demanda de justicia es perfectamente legítima y no debe ser desoída o desdeñada. Y es desoída o desdeñada cuando en lugar de preocuparse por más y mejores recursos humanos y más medios materiales de Justicia estatal, el Estado reacciona principalmente con la promoción de alternativas*[6], dando a entender que la consolidación del modelo

---

3 *Idem*, p. 126.

4 El constitucionalismo cosmopolita es una corriente del constitucionalismo defendida especialmente por Luigi Ferrajoli, con rasgos de un proyecto normativo transformador. FERRAJOLI, Luigi. *Constitucionalismo más allá del Estado*. Madrid: Trotta, 2018.

5 Dicha tendencia se evidencia y se analiza desde una perspectiva histórica muy interesante por BARONA VILAR, Silvia. «Fomento de las ADR en España: hacia un modelo de tutela plural del ciudadano que permita la desconflictivización y la búsqueda de la paz social». *Revista Seqüência*, n.º 51, diciembre de 2005, pp. 169-201.

6 DE LA OLIVA SANTOS, Andrés. «Mediación y Justicia: síntomas patológicos». *Revista Otrosí*, N.8, octubre-diciembre 2011. Ilustre Colegio de Abogados de Madrid, p. 8. Asimismo FONTESTAD PORTALÉS, Leticia. «La reclamación extrajudicial de daños por conductas contrarias

jurisdiccional en detrimento al sistema multipuertas es la solución más viable para el desarrollo del servicio público de la justicia.

Nosotros no estamos de acuerdo con dicha postura, primero porque junto con el derecho a la tutela judicial efectiva coexiste la restricción impuesta por la limitación presupuestaria[7] y la necesidad de eficiencia y mejora en la gestión del servicio público de la justicia lo que impone comprender desde tres tipos de puntos de vista la necesidad de dotar el sistema de justicia como un todo de velocidad, eficiencia y seguridad.

Dichos puntos de vista son resumidos por, la ya mencionada, Nancy Fraser en tres perspectivas fundamentales de la justicia, constituyendo una teoría tridimensional, la primera de ellas es la posición económica, que tiene por consideración los reclames del mercado y la capacidad financiera del Estado; la segunda es la valoración social, ya que el servicio público de la justicia existe por y para el ciudadano y, por último, la dimensión política, en la cual se reclama la representatividad de las demandas de justicia y un modelo capaz de superar la crisis de los Estados Nacionales y las tensiones generadas por la mencionada *misrepresentation*[8].

2. ADR, ODR y nuevos paradigmas del derecho fundamental de acceso a la tutela judicial efectiva

También es verdad que los ODR y las ADR no son y no pueden ser considerados excusas a la real incapacidad del Estado de solventar todos los conflictos que se establecen en el seno de la sociedad, pero también es cierto que estos problemas han surgido cuando la justicia pasó a ser el escenario de solución de todo y cualquier problema social.

Por ello, más que invertir en ampliar la planta funcionarial del Poder Judicial, que ya es bastante grande, hay que reflexionar sobre las formas de asegurar el mismo acceso a la tutela judicial efectiva o el derecho fundamental a la justicia, sin pensar que la única opción viable es el litigio, lo que no implica en limitar el acceso a los tribunales en el ejercicio del derecho de acción.

Ya nos hemos referido a necesidad de implantación de criterios de gobernanza y empleo de la información disponible en ficheros públicos para la consecución de la llamada administración transformada, en este caso Admi-

a la libre competencia: ventajas e inconvenientes de la mediación». *Revista de Estudios Jurídicos y Criminológicos*, 2021, no 3, p. 141-170.

7 Rodríguez Bereijo, Álvaro. «Jurisprudencia constitucional y Derecho Presupuestario. Cuestiones resueltas y temas pendientes». *Revista Española de Derecho Constitucional*. N. 44, año 1995, p. 15 y ss.

8 Fraser, Nancy. *Escalas de Justicia*. Ed. Herder, Barcelona, 2008, p. 41 y ss.

nistración de Justicia Transformada y los elementos estadísticos para la evaluación de los escenarios de esta transformación residen en los referentes a los expedientes judiciales electrónicos y la documentación electrónica que los constituye.

Tales elementos pueden y deben ser la materia prima que dará sostenimiento a la construcción y a la consolidación de este sistema de justicia multipuertas, *donde las múltiples opciones que la ciudadanía encuentra en la gestión, solución y resolución de conflictos. Es por ello por lo que aparecen plurales fórmulas que han venido a dar paso a una Justicia con múltiples puertas, lo que se denominó como las multi-door-Justice System*[9].

Dicho sistema se compone de los distintos métodos de resolución de disputa, que pueden ser considerados en comparación entre si como más o menos adecuados a la resolución del conflicto de intereses planteado entre dos o más sujetos, o incluso en escenarios de confusión de intereses en una misma personalidad jurídica.

Torres Osorio enumera los medios de solución de conflictos en autocompositivos y heterocompositivos, incluyendo en el primer grupo la mediación, la conciliación y la negociación, mientras que las heterocompositivas serían el proceso judicial y el arbitraje[10], métodos que están evolucionando para permitir la resolución de disputas en línea, por medio de los ODR (*online dispute resolution*)[11], que surgen para atender a la demanda por métodos más ágiles y accesibles, lo que ha impuesto un modelo de alteración en las, ya mencionadas, ADR para adaptarse al nuevo entorno digital.

Un buen ejemplo de ello es la Plataforma de resolución de litigios en línea, que permite en el ámbito europeo la interposición de una reclamación, que da inicio a una disputa, exclusivamente en materia de compras virtuales por consumidores, en cualquier país de la Unión Europea (UE) y en cualquier idioma, regulado por el Reglamento 524/2013, del Parlamento Europeo y del Consejo de 21 de mayo de 2013[12], sobre resolución de litigios en línea en materia de consumo[13].

---

9 Barona Vilar, Silvia. *Nociones y principios de las ADR*. Ed. Tirant lo Blanch. Valencia, 2018, p. 27.

10 Torres Osorio, Edilsa. *La mediación a la luz de la tutela judicial efectiva*. Ed. Universidad de Salamanca. Salamanca, 2013, p. 52

11 En el ámbito europeo, cabe recordar que se encuentra vigente desde 2013 el Reglamento (UE) n. ° 524/2013 del Parlamento Europeo y del Consejo, de 21 de mayo de 2013, sobre resolución de litigios en línea para conflictos de consumo y que modifica el Reglamento (CE) no 2006/2004 y la Directiva 2009/22 / CE (Reglamento sobre consumidores ODR).

12 Sobre el tema, véase Varregoso Mesquita, Lourdes. «E-Justice, Consumo e Litígios Transfronteiriços — Procedimentos Europeus de Segunda Geração». Direito em día, 14/06/2019. Disponible en: https://cutt.ly/ngxo3MH.

13 La plataforma de resolución de litigios en línea puede ser consultada en: https://cutt.ly/Vgjnq6v.

Más recientemente, se han incorporado nuevas normas en la materia, con la Ley 7/2017[14], de 2 de noviembre, por la que se incorpora al ordenamiento jurídico español la Directiva 2013/11/UE, del Parlamento Europeo y del Consejo, de 21 de mayo de 2013, relativa a la resolución alternativa de litigios en materia de consumo, con la finalidad de regular la labora de las entidades de resolución alternativa de conflictos en materia de consumo establecidas en España.

Hay que tener claro que nuestra propuesta no es el empleo de estos datos por los conciliadores, árbitros y mediadores para imponer una solución del conflicto a las partes, sino más bien aprovecharla como forma previa y legitima para dar a las partes conocer sus expectativas y la carga de sus actuaciones, permitiendo una mayor información y una mejor elección en este sistema multipuertas.

Por otro lado, en relación con la Administración de Justicia se deben gestionar y aprovechar de forma más contundente los datos generados en dichos expedientes, sin que ello conlleve cualquier afronta a las normas relativas a la protección de datos de los justiciables, a la vista de los aspectos que antes hemos trabajado de la obligación de exclusión de los datos personales de las partes para la reutilización de las sentencias.

También los abogados y profesionales del entorno judicial pueden y de hecho ya vienen disfrutando de servicios que se basan en el procesamiento y tratamiento de las informaciones proveniente de las sentencias judiciales reutilizadas conforme autorización del CENDOJ empleando medios tecnológicos para ello.

Dichas informaciones, evidencian dos conclusiones que son esenciales para comprender en sentido de nuestra investigación, la primera de ellas es que la digitalización es el primer paso para lograr una estructura administrativa y procesal eficiente en nuestro sistema de justicia y, la segunda es que es imprescindible dar el siguiente paso en el proceso de modernización de la justicia, dotando los procesos desarrollados en este ámbito de la inteligencia necesaria para dar respuesta a la demanda de eficiencia y velocidad a la justicia.

En este sentido, Cepeda Espinosa apunta la inteligencia artificial como un medio necesario para lograr la eficiencia pretendida por la justicia, con aplicación en cuatro ejes estratégicos, la automatización de tareas y procesos, la gestión del conocimiento jurídico, la gestión de la información para políticas públicas y la gestión procesal[15].

---

14 Referencia: BOE-A-2017-12659.

15 Cepeda Espinosa, Manuel José. *Modernización de la administración de justicia a través de la inteligencia artificial*. Ed. Fedesarrollo, Bogotá, 2020, p. 27 y ss.

Otros, como Blacio Aguirre, entienden que la aplicación de los mecanismos de inteligencia artificial en la gestión procesal no constituye por ahora una posibilidad concreta, sino que apuntan posibilidades futuras adoptando la idea de que los sistemas expertos eventualmente vengan a sustituir al experto humano[16].

Nosotros entendemos que reducir la inteligencia artificial sin comprender sus reales incidencias en la gestión procesal y en el proceso jurisdiccional no resuelve la cuestión, ni tampoco permite llegar a las conclusiones necesarias para defender su aplicación en el ámbito judicial, por lo que cabe, antes de pasar a analizar este extreme, estudiar qué es y cómo se aplica la inteligencia artificial en el ámbito de la Administración de Justicia.

Dicho de otra forma, la utilización de la IA en el entorno de la Administración de Justicia, incluyendo las ADR, especialmente en la mediación, podría brindar un abanico de posibilidades a los profesionales que actúan en este ámbito en el sentido de (i) garantizar el acceso a la información de los justiciables sobre los medios de resolución alternativa de conflictos puestos a su disposición y (ii) permitir al mediador actuar con una idea más panorámica del conflicto y sobre las estadísticas en cuanto a sus posibles resultados en una disputa judicial, favoreciendo la adopción de estos mecanismos en detrimento a la que denominamos «cultura del conflicto».

3. *Legal tech, law tech* y sus impactos en la mediación

La discusión fundamental en nuestra humilde opinión, y que no se está trabajando en los estudios en la materia, se refiere, primero, a la competencia para el desarrollo e implantación de estos sistemas; segundo, también a la competencia para reglamentar los requisitos esenciales de estas TIC y los procedimientos administrativos que serán adoptados en su utilización; tercero, a la responsabilidad por su uso y las consecuencias administrativas de la no observancia de dichas obligaciones, lo que debería ser materia de ley y, por último, a la regulación de las normas procesales que prevean el empleo de la IA y de los robots en el ámbito judicial.

Pero tampoco esta simplificación es suficiente para comprender la complejidad del fenómeno de la inteligencia artificial en la Administración de Justicia, por lo que entendemos que lo mejor es partir de una comprensión sistémica del fenómeno, hasta llegar a una comprensión sectorial, que comporte el objeto exclusivo de nuestro trabajo que es la inteligencia artificial y su empleo para lograr un sistema de justicia transformado o 4.0.

16 Véase Blacio Aguirre, Galo Stalin. «Administrar Justicia con Inteligencia Artificial». *Revista Dilemas Contemporáneos*. n.º 01, Año VI, septiembre de 2018, p. 1-22. ISSN 2007-7890.

Para ello, entendemos que lo principal es comprender que la Administración de Justicia no funciona de forma aislada, sino que se integra de forma compleja con básicamente tres sectores principales, la ciudadanía, los profesionales de justicia, incluidos abogados, procuradores, trabajadores sociales y peritos, además del gobierno y autoridades administrativas.

En cada caso, el fenómeno de la digitalización ha alcanzado un grado de implantación más amplio o más restrictivo y, por ende, el proceso de implantación de la inteligencia artificial y robotización se regulará y desarrollará siguiendo una perspectiva distinta, que respecta el sector al cual se refiere, la actividad desarrollada y la finalidad pretendida.

Parece que se trata de la tarea explicativa más compleja para quienes deseen estudiar el fenómeno de la Smartificación de la Justicia libre de la fascinación que la inteligencia parcial viene despertando en la doctrina y que tiene como consecuencia el hecho de que la mayoría de los estudios prefieren adoptar una perspectiva genérica de inteligencia artificial, presentar conceptos, ejemplos de aplicación pero no centrarse en lo que realmente importa, que es comprender el valor que puede y debe agregar a las distintas manifestaciones del Derecho, sea material o procesal, siempre que se observe la necesidad de reglar su aplicación.

Por ello, trabajaremos con estas tres categorías principales para comprender, primero, el enfoque de la Administración de Justicia y las necesidades de regulación de cada uno de los aspectos.

En primer lugar, la robotización y el empleo de la inteligencia artificial aplicada a las relaciones de la Administración de Justicia con la Administración y autoridades debe atender a las necesidades de interoperabilidad, siempre respectando el marco de protección de datos, con la eficiencia necesaria para lograr una reducción en los tiempos de comunicación, actuación y respuesta de las actuaciones procesales y administrativas.

En este sentido, podríamos afirmar que la principal cuestión en lo que se refiere al empleo de la inteligencia artificial en la Administración de Justicia en sus relaciones con la Administración y las autoridades tiene por base la mejora de los sistemas de gestión administrativa y procesal.

En segundo lugar, las relaciones entre la Administración de Justicia y los profesionales del entorno judicial conllevan una serie de cuestiones que son a la vez administrativas, procesales y deontológicas.

Desde nuestro punto de vista, la principal de ellas es tratar de favorecer el desarrollo de nuevos servicios digitales para estos profesionales sin perder de vista primero, la protección de las garantías procesales, una conquista que es a la vez de los ciudadanos y de los profesionales del entorno judicial, sumada a la necesidad de modernización del colapsado sistema judicial.

En este punto, cabe destacar que los profesionales del entorno judicial hoy por hoy cuentan con una serie de servicios digitales que vienen siendo prestados por empresas que parten esencialmente de la idea de procesamiento y tratamiento de datos y la generación de valor agregado con ello.

El llamado sector del *Legaltech* en España tuvo movimiento en inversiones durante 2018, sesenta y cinco millones de euros, con el inicio de docenas de cursos de formación especializados en la materia y másteres que se van sumando a ello[17].

Entre dichas herramientas, se destacan las llamadas tecnologías de revisión asistida tecnológicamente (TAR) y los sistemas de predicción de sentencias judiciales, algunas incluyendo la elaboración de perfiles decisorios de las autoridades judiciales y administrativas que se basan en el tratamiento de información proveniente de sentencias judiciales y otros documentos para elaborar perfiles decisorios de dichas autoridades.

Otros sistemas emplean algoritmos para predecir las decisiones de los tribunales sobre una determinada materia, con un determinado grado de acierto, empleando la minería de datos y basándose en distintos modelos de análisis, como nos da noticia Santos Gruginskie[18].

No se trata de sistemas que cuenten con seguridad total, y esto lo afirman los propios desarrolladores, ya que dependen de dos variables fundamentales, la primera es la adaptación del modelo algorítmico empleado y, la segunda, el volumen de datos con los que se puede trabajar en los *inputs* y los *outputs*, que son factores determinantes del mayor o menor margen de acierto de las predicciones[19].

Llama la atención el hecho de que la base de dicho análisis sean las sentencias judiciales, que son tratadas por los algoritmos, tema que se conecta con el vacío legal dejado por la anulación del Reglamento 3/2010, que regulaba la reutilización de sentencias judiciales para facilitar a terceras personas el acceso a tales sentencias y resoluciones, o a productos con valor añadido elaborados a partir de las mismas, sea o no con fines comerciales.

El vacío legal en la materia hoy por hoy permite a las grandes editoriales y las empresas de Legaltech emplear dichas informaciones sin más limitaciones que las impuestas por el marco de la protección de datos personales, hecho que seguramente fue la razón por la cual en Francia se haya prohibido la realización de este tipo de actividad.

---

17 «Panorama actualizado del «Legaltech» en España al día de hoy». *Confilegal*, 08/09/2019. Disponible en: https://cutt.ly/CgjnnlJ.

18 Santos Gruginskie, Lucía Adriana. «Lawsuit lead time prediction: Comparison of data mining techniques based on categorical response variable». *PLoS ONE 13*(6): e0198122. https://cutt.ly/Jgjnmbj.

19 Bhilare, Priyanka. «Predicting Outcome of Judicial Cases and Analysis using Machine Learning». *International Research Journal of Engineering and Technology (IRJET)*. vol. 6, Mar-2019. ISSN 2395-0072, pp. 326-330.

Todos estos aspectos tienen influencia en la vida de los profesionales del entorno judicial, pero no se refieren a las actividades jurisdiccionales y administrativas, que todavía siguen siendo ejecutadas con el empleo de sistemas informáticos que no están dotados de inteligencia artificial desarrollada para las actividades de la oficina judicial, al menos en España[20].

Sin embargo, cuando nos referimos a herramientas de acceso abierto que estén diseñadas para incluir y facilitar el trabajo de mediadores, nos encontramos con un terreno mucho más árido, visto que la mayoría de las plataformas que emplean IA para la mediación son de propiedad de empresas y no abundan sistemas públicos o privados que permitan al mediador profundizar en el proceso de uso de estas tecnologías de forma autónoma.

En este sentido, sin embargo de no profundizar en conceptos por todos conocidos, recordemos que la resolución de conflictos surgidos entre los justiciables se desarrolla por distintos cauces, «a) Pueden sostener una posición de la pasividad o evasión del conflicto. b) Pueden tratar de evitar el planteamiento del conflicto mediante concesiones. c) Pueden tratar de emplear el «poder» e imponer sobre el otro o los otros su solución. d) Pueden tratar de solventar de forma conjunta las diferencias, o conflictos, ya sea directamente entre ellos o bien mediante diálogo asistido de terceros. e) Pueden acudir a un tercero ajeno al conflicto para que les ayude a alcanzar el acuerdo (autocomposición) o que les resuelva el conflicto (heterocomposición)»[21].

Entre los métodos de resolución de conflictos con intervención de terceros, la autora identifica los autocompositivos, que son la mediación y la conciliación, donde el tercero actúa inter partes, con la finalidad de permitir que finalmente lleguen a un acuerdo.

En este sentido la función del tercero es estar entre las partes, neutral y equidistante, si bien la manera en que desempeña su función, la intensidad con la que trabaja con las partes es lo que permite distinguir entre mediación o conciliación.

Por otro lado, en lo que respecta a los métodos heterocompositivos, la intervención del tercero ajeno al conflicto es absolutamente decisiva y decisoria. El tercero resuelve, imponiendo la decisión. Este tercero actúa supra partes. Los métodos heterocompositivos de resolución de conflictos tienen como vías el proceso judicial y el proceso arbitral, si bien en el caso del proceso judicial éste permite tanto la función declarativa como la de ejecución, en el supuesto del proceso arbitral existe una evidente exclusión respecto

20 Ello no implica que no se emplee la inteligencia artificial en las oficinas judiciales, ya que la mayoría de ellas emplea editores de texto como el Microsoft Word, que emplea recursos de IA, o los servidores de correo electrónico, que también la emplean para la prevención de los correos basura.

21 Barona Vilar, Silvia. *Nociones y Principios de las ADR. (Solución Extrajurisdiccional de Conflictos)*. Ed. Tirant lo Blanch. Madrid, 2018, p. 43-44.

de la función jurisdiccional de ejecución, que solo pue-de ser ejercida por quienes detentan potestad para ello, y son los jueces. Los árbitros poseen auctoritas; los jueces, auctoritas y potestas[22].

No buscamos en este breve estudio profundizar en la diferencias entre tales conceptos, más considerando los avances en los estudios de las ADR y el desarrollo de las metodologías mixtas, como el med-arb, arb-med, la e-mediación, entre otros, más nos interesa comprender que para resolver el problema del acceso a la justicia y la denominada falencia del proceso judicial, es imprescindible aceptar y entender los límites y extensiones de las relaciones que se desarrollan entre estos.

Parece, que el problema fundamental es poner de manifiesto en una sociedad extremadamente judicializada que la presentación de una demanda judicial debería ser el último y no el primer remedio en la resolución de diputas, que ello conlleva costes sociales, jurídicos y en algunos casos personales y, más, que el proceso no es y no puede ser el escenario de las venganzas personales de unos ciudadanos sobre otros, de vencedores contra perdedores.

Esta noción del conflicto como llaga social debe, necesariamente, ser superada si queremos una justicia que funcione y los métodos de resolución de conflictos en general juegan un papel fundamental en este objetivo, si apoyados por las nuevas tecnologías.

Dicho de otra forma, entendemos que en lo que denominamos de «justicia predictiva» como sistema jurídico, las nuevas tecnologías deben ser el hilo conductor, el pasillo entre las distintas opciones del sistema multipuertas, capaz de conducir el justiciable hacía el camino más adecuado para la resolución de sus conflictos por medio de estadística aplicada, denominada de jurimetría.

En principio, podríamos decir que la jurimetría se constituye en un estudio estadístico de las resoluciones jurisdiccionales, pero este estudio no necesariamente tiene el objetivo de realizar predicciones de sentencia futuras, incluso porque su desarrollo inicial tenía una finalidad distinta y una aplicación mucho más teórica, ya que Robertson había ideado su sistema para la realización de un análisis político[23].

Dicho análisis estadístico puede ser usado para elaborar un modelo de previsión de sentencias judiciales, pero ello no implica que el concepto de jurimetría se corresponda al de justicia predictiva, ya que se tratan de conceptos autónomos e independientes[24].

---

22 *Idem*.

23 Robertson, David. «Judicial Ideology in the House of Lords: A Jurimetric Analysis». *British Journal of Political Science*. vol. 12, No. 1, enero de 1982, p. 1.

24 Véase Degroot, Morris H. *Optimal statistical decisions*. Wiley: Ed. Interscience, 2005. Para una perspectiva histórica del concepto y objeto de estudio de la jurimetría véase De Mulder, Richards. «Jurimetrics please!». *European Journal of Law and Technology*. vol. 1, n. 01, 2010. Disponible en: https://ejlt.org/index.php/ejlt/article/view/13.

4. A modo de conclusión: justicia predictiva, ADR y tareas pendientes de la justicia del siglo XXI

Todos estos conceptos e ideas no pueden ni deben ser comprendidos de forma aislada, tampoco desplazados para el campo de la ciencia ficción o de la automatización. Pensar que invertir tiempo y recursos desarrollando robots mediadores y pensar que estos lograrán lo que hasta ahora las propias personas no han conseguido entre si, que es resolver el problema del acceso a la justicia y la integración de las ADR en nuestro sistema de justicia, en nuestra visión, es una idea absolutamente inocua.

En su lugar, nos parece más adecuado apostar por la unión de los datos explotados legalmente por las nuevas tecnologías y con máximo respeto a las garantías fundamentales de los ciudadanos para construir un sistema de acceso a información y de acceso a justicia en el que los datos sean el puente entre las diferentes soluciones ofrecidas por el sistema.

Y para atender verdaderamente a dicha finalidad, el sistema multipuertas no debe justificarse porque la jurisdicción sea ineficiente, sino porque es la más adecuada a la solución de un determinado conflicto, realidad que demanda el logro de unos objetivos hacía una gestión eficiente del servicio público justicia.

Para ello, hay que atender a cuatro condiciones fundamentales. La primera de ellas es aceptar y potenciar los cambios que la smartificación puede generar en la Administración de Justicia, la segunda es invertir en personal y tecnología propios, impidiendo que el sistema de justicia se privatice o sea vulnerable ante los grandes conglomerados de empresas, el tercero es la construcción de un sistema de gobernanza, transparencia y garantías a los ciudadanos que logren la fiabilidad de los sistemas empleados.

Entendemos que, para lograr dicho modelo, el modelo de justicia predictiva se impone como la fórmula que consigue garantizar a la vez estas cuatro condiciones y, por ello, la modernización del servicio publico de la justicia, la transparencia y fiabilidad del sistema, la responsabilidad y el derecho fundamental a la tutela judicial efectiva.

Todo ello con vistas a permitir una transición hacía la Justicia 4.0 o Justicia Transformada, que incorpora los distintos elementos de gobernanza, participación ciudadana, tecnología, eficiencia y se estructura dentro de la lógica de la convivencia entre los métodos alternativos/adecuados de resolución de conflictos y el sistema judicial, que ejerce la potestad jurisdiccional de la forma más accesible, eficiente y cercana a los ciudadanos.

En este sentido, cabe remarcar que para comprender el concepto de justicia predictiva y sus impactos en las ADR, lo primero que hay que tener claro es que se trata de un modelo de justicia. Por ello, debemos dejar fuera del concepto de justicia predictiva todas aquellas actividades que no se amoldan a la actividad jurisdiccional.

No se puede confundir la justicia predictiva con el empleo de la inteligencia artificial o la smartificación de las actividades del entorno judicial, como es la policía predictiva y la jurimetría empleada por los abogados y profesionales del entorno judicial, exclusive la elaboración de perfiles de jueces y magistrados, que ya hemos puesto de manifiesto que constituiría una violación de la independencia judicial y de la igualdad entre las partes.

Tampoco se puede confundir la justicia predictiva con justicia predecible, como. Ni es justicia del futuro, ni es justicia anticipada, porque la anticipación de la justicia en nuestro sistema judicial se encuentra en la Constitución y las Leyes, que vinculan a los ciudadanos, al Poder Público, conforme establece el artículo 9.1 de la Constitución Española y también a los jueces y magistrados, de acuerdo con lo que dispone el artículo 117.1 de la Constitución.

En nuestra tradición del *Civil Law*, la seguridad jurídica[25] emana de las leyes, de la sumisión al imperio de la ley reclamada por el Estado de Derecho y no en la jurisprudencia, contestable incluso como fuente del Derecho.

Por ello, se podría decir que la justicia predictiva se corresponde como un concepto amplio, que comporta herramientas de gestión del servicio público de la justicia y de asistencia judicial.

Comporta las herramientas predictivas de apoyo a la decisión por parte de los jueces y magistrados, sin indicar una solución al litigio, pero prediciendo escenarios para la actuación judicial, asistiendo en las actividades de gestión procesal y administrativa para optimizar procesos.

De este concepto, se excluyen los procesos de automatización de sentencias por robots, los procesos de predicción del riesgo en el entorno judicial y los procesos de jurimetría e estadística judicial.

Hecho distinto es que las herramientas de apoyo a la decisión judicial incorporen en su *data set* informaciones relativas a la estadística judicial para llevar a cabo sus rutinas de trabajo, pero la estadística en sí misma no es justicia predictiva.

Dicho de un modo más simple y menos preciso, la justicia predictiva es a la vez el recibidor del sistema multipuertas, cuando tratamos del servicio público de la justicia en relación con los justiciables y un conjunto de herramientas de gestión que auxilia la toma de decisión y la gestión de las actividades de gestión procesal y administrativa, sin que ello conlleve igualar dichas tareas de gestión con las actividades mismas de gestión, que seguramente pueden ser automatizadas, lo que nos permite incluir los sistemas inteligentes de apoyo a mediación, arbitraje, negociación y conciliación como partes de este sistema.

---

25 Véase Arcos Ramírez, Federico. *La seguridad jurídica: una teoría formal*. Tesis Doctoral dirigida por Virgilio Zapatero Gómez. Universidad de Almería, 1999.

En síntesis, ni el mediador robot, ni la jurimetría, ni la automatización de la justicia a secas van a solucionar el problema de acceso a la justicia en el Siglo XXI. Más que ello, la construcción de una justicia cercana, abierta, eficiente y conectada con la sociedad depende de la construcción de un ecosistema que privilegie el derecho de acceso a información de los justiciables de forma que estos sean quienes conozcan y puedan acceder a los medios adecuados para la solución de sus disputas.

5. Bibliografía

Arcos Ramírez, Federico: *La seguridad jurídica: una teoría formal*, Tesis Doctoral dirigida por Virgilio Zapatero Gómez. Universidad de Almería, 1999.

Barona Vilar, Silvia.: «Fomento de las ADR en España: hacía un modelo de tutela plural del ciudadano que permita la desconflictivización y la búsqueda de la paz social», *Revista Seqüência*, n.° 51, diciembre de 2005, pp. 169-201.

Barona Vilar, Silvia: *Nociones y Principios de las ADR. (Solución Extrajurisdiccional de Conflictos)*, Ed. Tirant lo Blanch, Madrid, 2018.

Bhilare, Priyanka.: «Predicting Outcome of Judicial Cases and Analysis using Machine Learning». *International Research Journal of Engineering and Technology (IRJET)*. vol. 6, Mar-2019, pp. 326-330.

Blacio Aguirre, Galo Stalin.: «Administrar Justicia con Inteligencia Artificial», *Revista Dilemas Contemporáneos*, n.° 01, Año VI, septiembre de 2018, p. 1-22.

Cepeda Espinosa, Manuel José: *Modernización de la administración de justicia a través de la inteligencia artificial*, Ed. FEDESARROLLO, Bogotá, 2020.

De La Oliva Santos, Andrés.: «Mediación y Justicia: síntomas patológicos», *Revista Otrosí*, n.° 8, octubre-diciembre 2011, Ilustre Colegio de Abogados de Madrid.

Degroot, Morris H.: *Optimal statistical decisions*. Wiley: Ed. Interscience, 2005. Para una perspectiva histórica del concepto y objeto de estudio de la jurimetría véase De Mulder, Richards.: «Jurimetrics please!», *European Journal of Law and Technology*, vol. 1, n.° 01, 2010. Disponible en: https://ejlt.org/index.php/ejlt/article/view/13.

Ferrajoli, Luigi: *Constitucionalismo más allá del Estado*. Madrid: Trotta, 2018.

Fontestad Portalés, Leticia.: «La reclamación extrajudicial de daños por conductas contrarias a la libre competencia: ventajas e inconvenientes de la mediación», *Revista de Estudios Jurídicos y Criminológicos*, 2021, n.º 3, p. 141-170.

Fraser, Nancy: *Escalas de Justicia*. Ed. Herder, Barcelona, 2008.

Robertson, David.: «Judicial Ideology in the House of Lords: A Jurimetric Analysis», *British Journal of Political Science*, vol. 12, n.º 1, enero de 1982.

Rodríguez Bereijo, Álvaro.: «Jurisprudencia constitucional y Derecho Presupuestario. Cuestiones resueltas y temas pendientes», *Revista Española de Derecho Constitucional*, n.º 44, año 1995, p. 15 y ss.

Santos Gruginskie, Lúcia Adriana.: «Lawsuit lead time prediction: Comparison of data mining techniques based on categorical response variable», *PLoS ONE 13*(6): e0198122. https://cutt.ly/Jgjnmbj.

Torres Osorio, Edilsa: *La mediación a la luz de la tutela judicial efectiva*, Ed. Universidad de Salamanca, Salamanca, 2013.

Varregoso Mesquita, Lourdes.: «E-Justice, Consumo e Litígios Transfronteiriços — Procedimentos Europeus de Segunda Geração», Direito em dia 14/06/2019. Disponible en: https://cutt.ly/ngxo3MH.

LA INVESTIGACIÓN PREVENTIVA Y LA TRANSFORMACIÓN DEL PROCESO PENAL

Juan Manuel Alcoceba Gil
Universidad Carlos III de Madrid
Jalcoceb@der-pu.uc3m.es
https://orcid.org/0000-0003-2225-0177

1. Introducción

El proceso penal es una parte constitutiva de la estructura social y, consecuentemente, se ve determinado por el lugar que ocupa dentro de la misma. Ese lugar, lejos de ser estático, varía en función de los reajustes sociales y políticos que se producen a nivel general, donde el *ius puniendi* participa, además, como un agente más del cambio. Existe, por ende, una relación de reciprocidad entre cambio social y justicia penal. Es comprensible, entonces, que, en periodos de gran incertidumbre y profunda inestabilidad, como el vivido desde finales del siglo XX, las alteraciones en el rol político del *proceso penal* sean especialmente pronunciadas.

El modelo procesal penal liberal está en crisis y no hay garantías de que pueda sobrevivir a las profundas transformaciones que caracterizan el tiempo presente. Los valores ilustrados en los que se inspira parecen diluirse en un contexto histórico cada vez más punitivista, donde planteamientos autoritarios aparentemente superados vuelven a cobrar vigencia alentados por la resignificación política del delito y de la pena.

Ante el progresivo debilitamiento de sus fundamentos clásicos, el proceso penal se reconfigura, mutando en su finalidad y presupuestos legitimadores. La intervención judicial ya no persigue, únicamente, reaccionar frente al delito cometido, sino también impedir su comisión, anudando al sistema de justicia criminal una función de carácter anticipativo. El foco de la investigación penal se traslada a la detección de amenazas y la administración del castigo pasa a guiarse por criterios estratégicos dirigidos a la neutralización de riesgos.

Estamos ante la emergencia de un nuevo modelo procesal. Un modelo donde la monitorización masiva de la población, la infiltración y la inteligencia se funden con los últimos adelantos tecnológicos en materia de Big Data y Machine Learning en el afán de predecir y evitar, antes de que se materialice, la comisión del delito. Estamos, en esencia, ante el nacimiento de un nuevo proceso penal caracterizado por la investigación preventiva.

Resulta difícil imaginar qué artefacto jurídico surgirá de la metamorfosis que experimenta hoy la investigación del delito. Lo que parece evidente, incluso en su etapa embrionaria, es la discontinuidad que supone para con el modelo clásico de base ilustrada que le precede. Si las diferencias residen, tal y como parece, en la raíz axiológica de ambas construcciones, no puede entenderse lo nuevo como una evolución o deformación de lo anterior, sino como un cambio cualitativo, como el surgimiento de un paradigma distinto de carácter autónomo. La presente contribución no persigue dar una fiel descripción del nuevo modelo de investigación criminal que se está conformando, sino evidenciar su existencia, ubicar su origen y destacar las principales contradicciones que tienen lugar cuando se pretende analizar desde la óptica del pensamiento jurídico penal clásico.

2. La transformación del proceso penal

2.1. El cambio social e histórico como punto de partida

El sistema penal en su conjunto es, al igual que toda institución jurídica, una entidad adaptativa en constante evolución[1]. La mutación de sus fundamentos y finalidades no debe sorprender, ni siquiera aun en aquellas ocasiones donde se produce de forma más dramática o radical, como parece ser el caso de las últimas décadas. De hecho, lejos de suponer una anomalía, tales alteraciones resultan, atendiendo a la mejor literatura existente sobre la materia, una constante a lo largo de la historia de la humanidad[2].

1 Autores clave para la comprensión del pensamiento contemporáneo como Michelle Foucault o David Garland han dedicado, desde el ámbito de la filosofía y la sociología respectivamente, buena parte de sus esfuerzos y (excepcionales) capacidades a analizar las profundas transformaciones que experimenta el sistema punitivo en función del paradigma social y político de referencia. Sus magnas obras: Foucault, M. *Vigilar y castigar Nacimiento de la prisión.* Buenos Aires: Siglo XXI Editores, 1976 y Garland, D. *Castigo y Sociedad Moderna*. Madrid: Siglo XXI Editores, 1999, donde, desde perspectivas diferentes, se analiza de forma clara y exhaustiva el devenir de la institución penal en el más amplio sentido del término, acreditan la naturaleza evolutiva del castigo como institución disciplinaria y medio de control social.

2 De hecho, dentro de la doctrina jurídica más autorizada resulta un lugar común el estudio de las transmutaciones teleológicas experimentadas por el Derecho Penal, de entre

La experiencia demuestra que aspirar a la permanencia axiológica, en lo que a la imposición del castigo se refiere, no parece sensato. Demasiados intereses, propósitos y fuerzas se encuentran implicados en su articulación como para que sea posible garantizar, ni tan siquiera a medio plazo, la invariabilidad de un determinado modelo o diseño procesal penal[3]. De hecho, el cambio constante al que se ve sometido el sistema punitivo es una consecuencia lógica y necesaria del lugar central que ocupa dentro de todo orden social. Ninguna institución disciplinaria resiste inalterable el paso de los siglos. Menos aún aquellas que, como la Justicia penal, se encuentran en permanente escrutinio por parte de la sociedad y los poderes públicos[4].

Pero, el fenómeno no puede reconducirse únicamente al ámbito penal. El momento histórico actual, en su conjunto, parece estar caracterizado por las intensas contradicciones que surgen entorno al modelo social, político y económico nacido a partir del triunfo de las revoluciones francesa y americana. Hoy, las tensiones internas y externas se multiplican en el seno occidente. Lo solido se vuelve líquido. Las verdades universales se relativizan. Los grandes relatos se cuestionan. Las identidades colectivas se fragmentan. Y, ante tal situación, no hay garantía alguna de que la estructura sobre la que descansa el constructo otrora denominado «mundo libre» resista el embate. Al menos no sin un replanteamiento en profundidad de sus fundamentos.

La interminable decadencia del pensamiento occidental entra, una vez más, en fase aguda y ello, indudablemente, afecta al modelo de justicia criminal[5]. La libertad como valor superior del ordenamiento, imprescindible hasta ahora

---

las que puede tomarse como referencia por cercanía con la materia aquí tratada; Silva Sanchez, J. M. *La expansión del Derecho penal. Aspectos de la política criminal en las sociedades postindustriales*. Madrid: Civitas Ediciones, 2001.; Jakobs, G. y Cancio Meliá, M. *Derecho Penal del Enemigo*, Madrid: Civitas Ediciones, 2003 y Roxin, C. *La evolución de la política criminal, el derecho penal y el proceso penal,* Tirant lo Blanch, 2000.

3 Vid. Rivera Beiras, I. *Política criminal y sistema penal: viejas y nuevas racionalidades punitivas.* Barcelona: Anthropos Editorial, 2005.

4 En este sentido, se coincide con Domínguez, D. J.; Domínguez Sánchez-Pinilla, M. «Génesis de la episteme de lo criminal: anotaciones en torno a Beccaria, Ferri y Foucault». *Isegoría,* [S. l.], n. 65, p. e13, 2021 en que «los productos de toda acción punitiva y sus transformaciones históricas no constituyen el producto de un mero capricho oportunista o de un golpe de genio humanista, sino que se insertan en una transformación profunda de las políticas penalistas y de las funciones sociales del castigo».

5 No debe perderse de vista que, tal y como indica Gonzalez Cussac, J. L. «Apuntes de un derecho penal híbrido», en Queralt Jiménez, J. J., *et al. Estudios de Derecho penal Homenaje al profesor Santiago Mir Puig*. Buenos Aires: Editorial B de F, 2017: «el derecho penal, como todo el derecho, es un constructo político, económico, social y cultural» y que, por tanto «es fruto de cada una de las formas de organización del poder político. Así, nuestro actual derecho penal está indisolublemente vinculado al Estado social y democrático de Derecho. Y como por todos es sabido es el resultado de la evolución durante los dos últimos siglos del pensamiento liberal y socialdemócrata. Pero ese pensamiento liberal, como su derecho y como el contexto en el que nació y se desarrolló, *se muere*».

para establecer la culpabilidad del individuo y legitimar la imposición de la pena, cede terreno ante postulados autoritarios que dicen perseguir la consecución de intereses colectivos como la seguridad o la indemnidad social[6]. La agencia del sujeto racional cartesiano, sobre el que se sostienen los planteamientos de los autores clásicos[7] es sustituida, en este nuevo marco, por perfiles de comportamiento creados a través del tratamiento masivo de datos y la aplicación de algoritmos predictivos. El delito deja de contemplarse como un mal inevitable ligado a la acción del ser humano y a los desequilibrios de la estructura social, para percibirse como el producto de un error de cálculo por parte del sistema represivo-anticipativo. Consecuentemente, la intervención penal se desliga cada vez más de la existencia de hechos lesivos. Una desvinculación que no solo se da entre la pena —que pasa a desempeñar una nueva finalidad dirigida a la evitación del daño— y el hecho, sino también en relación con la investigación y control de la ciudadanía; que pasa a orientarse hacia la predicción de riesgos, sin requerir de la existencia de delito alguno que lo justifique.

2.2. La expansión del *ius puniendi* como constante

En el momento presente la expansión de *ius puniendi* parece evidente. Cada vez son más las voces que, dentro del activismo cívico, la comunidad universitaria o el ámbito jurídico, muestran su preocupación por la actual deriva del Derecho penal. Fenómenos como el pujante ascenso del populismo punitivo[8], la creciente desafección social hacia la doctrina de los derechos humanos[9], la tendencia expansiva de lo que se ha venido a llamar «derecho

6 En poco coincide la realidad descrita a través de la presente obra (vid. Infra 3.2) con el espíritu de la Constitución del 78, donde, como destaca en VILAS NOGUEIRA, J. «Los valores superiores del ordenamiento jurídico»: *Revista Española de Derecho Constitucional,* Año 4. Núm. 12. 1984: «la seguridad y la promoción del bien de los españoles tienen una consagración meramente expositiva (reducida al preámbulo), mientras que, por el contrario, la igualdad y el pluralismo político, consagrados en la parte dispositiva como valores superiores del ordenamiento jurídico, no son aludidos, al menos *expresa verbis*, en el preámbulo.

7 Como Rosseau, Montesquieu o Beccaria y más tarde Kant o Weber.

8 Vid. CANCIO MELIA, M. «La reforma penal: frivolidad, desvarío y populismo punitivo». *El notario del siglo XXI: revista del Colegio Notarial de Madrid,* n.° 60, 2015, pp. 58-61; SILVA SANCHEZ, J. M. «El populismo punitivo». *Escritura pública*. n.° 55, 2009, p. 15; QUINTERO OLIVARES, G. «Populismo punitivo y ciencia penal». En: PEREZ MANZANO, M. (Coord.). *Estudios en homenaje a la profesora Susana Huerta Tocildo.* Madrid: Universidad Complutense de Madrid. (UCM), 2020, pp. 305-313; ANTON MELLÖN, J.; ANTÖN CARBONELL, E. «Populismo punitivo, opinión pública y leyes penales en España (1195-2016). *Revista Internacional de Pensamiento Político*. vol. 12, 2017, pp. 133-150.

9 Vid. Por todos: POSNER, E. «The Twilight of Human Rights Law», en *Oxford University Press*, Nueva York, 2014.

penal simbólico»[10], o la sistemática instrumentalización de la justicia criminal por parte de ciertos sectores políticos e institucionales[11], han hecho saltar todas las alarmas entre quienes, desde un lugar u otro, reflexionan sobre el sistema penal.

La situación no es nueva. Se trata de alarmas que llevan sonando décadas. Y que, pese a haber aumentado tanto en número como en intensidad durante los últimos años, no suelen encontrar respuesta por parte de las autoridades responsables del diseño de la política legislativa en la materia[12].

De hecho, existe un amplio consenso entre la doctrina especializada sobre el mal estado de salud democrática que atraviesa el *ius puniendi*[13]. Se provenga de una u otra disciplina o escuela jurídica, las coincidencias en el diagnostico son notables, al igual que también lo son los requerimientos a los poderes públicos para que acometan medidas encaminadas a revertir las inercias antes mencionadas[14]. Y no se trata de un fetiche académico o simple exceso de celo en el ejercicio del pensamiento crítico. Abundan las señales de peligro.

Esta, parece tratarse de una preocupación compartida por (la menor) parte del Tribunal Constitucional, que mediante el voto particular a la Sentencia 169/2021, de 6 de octubre de 2021 señala como: «la madurez y grandeza de

---

10 Vid. Díez Ripollés, J. L. «El derecho penal simbólico y los efectos de la pena», en Arroyo Zapatero, L. A.; Nieto Martin, A; Neuman, U (Coord.). *Crítica y justificación del derecho penal en el cambio de siglo: el análisis crítico de la Escuela de Frankfurt*. Cuenca: Ediciones de la Universidad de Castilla-La Mancha. 2003. pp. 147-172.

11 Vid. Gomez Colomer, J. L. «El proceso penal español a comienzos del siglo XXI», en *InDret,* n.º 1, 2017.

12 Pese a que la deriva populista, punitivista y simbólica de la más reciente regulación penal ha sido ampliamente criticada por los mayores exponentes del espectro político progresista, hasta la fecha, el gobierno de coalición que aglutina las principales fuerzas políticas de la izquierda ha sido incapaz de expulsar del ordenamiento figuras como la prisión permanente revisable, modificar los aspectos más lesivos para los derechos fundamentales de la *Ley Orgánica 4/2015, de 30 de marzo, de protección de la seguridad ciudadana*, acotar el ámbito de los delitos de expresión o revisar la actual configuración de los delitos contra el orden público y la Constitución. Todos ellos temas sobre los que existe un consenso general por parte de la doctrina (no solo progresista) en la necesidad de su reforma.

13 Por todos AAVV. *La insostenible situación del Derecho Penal*. Granada: Comares, 2000; Arroyo Zapatero, L. A.; Nieto Martín, A; Neuman, U (Coord.*). Crítica y justificación del derecho penal en el cambio de siglo: el análisis crítico de la Escuela de Frankfurt*. Cuenca: Ediciones de la Universidad de Castilla-La Mancha. 2003.
González Cussac, J. L. «El renacimiento del pensamiento totalitario en el seno del estado de Derecho: la doctrina del 'derecho penal del enemigo'». *Revista penal*, n.º 19, 2007, pp. 52-69

14 Sirvan como ejemplo de requerimientos al poder público las diferentes propuestas de reforma del Código Penal realizadas por el Grupo de Estudios de Política Crimina, disponibles todas ellas en su página web; https://www.politicacriminal.es/

un Estado social y democrático de Derecho se demuestra cuando es capaz de alzarse y mostrarse resistente con esas demandas [punitivistas] supuestamente mayoritarias si materialmente suponen una regresión en la racionalidad de su ordenamiento penal y en las cuotas de avance civilizador que implica la propia democracia». Así, en opinión de los magistrados disidentes, la democratización del Derecho penal a través de la humanización de las penas, «constituye en una narrativa histórica uno de los fines, junto con el gobierno por consenso y la libre comunicación, que presiden el desarrollo de las instituciones liberales».

De entre las múltiples variables que, según la más autorizada doctrina, permiten explicar la propagación del pensamiento autoritario dentro del Derecho penal actual, destaca la resignificación política experimentada durante las últimas décadas por esta institución represiva[15]. En este sentido, la doctrina coincide al subrayar la existencia de un proceso de reubicación estructural de la política criminal[16]. Un proceso que se habría iniciado hace más de 30 años y aun no habría culminado[17]. Destaca, como una de las principales señas de identidad del proceso en curso, la paulatina convergencia de los polos ideológicos clásicos (izquierda y derecha), en un mismo posicionamiento político-criminal neo-criminalizador y altamente punitivista[18]. Detrás de este fenómeno, a partir del cual tanto derecha como izquierda aspirarían a utilizar el ordenamiento sancionador como herramienta para la consecución de sus metas políticas, estarían distintos factores. Entre ellos, los más estudiados son: el surgimiento de nuevos riesgos e intereses vinculados a la globalización[19]; la aparición de nuevas posibilidades de control social ligadas a la revolución tecnológica[20]; la cada vez mayor, hipersensibilización de la opinión pública ante el delito, acompañada de una creciente sensación de inseguridad ciudadana[21]; la evolución (o involución) del paradigma socialdemócrata

15 Desde una perspectiva genealógica y sociológica respectivamente: Foucault, M. *Vigilar y castigar Nacimiento de la prisión.* Buenos Aires: Siglo XXI Editores, 1976 y Garland, D. *Castigo y Sociedad Moderna*. Madrid: Siglo XXI Editores, 1999.

16 Roxin, C. *La evolución de la política criminal, el derecho penal y el proceso penal,* Tirant lo Blanch, 2000.

17 Garland, D. *Punishinent and modern society.* Oxford university press. 1990.

18 Jakobs, G. y Cancio Meliá, M. *Derecho Penal del Enemigo, ob. cit.*, p. 71 y ss.; Muñoz Conde, F. «El nuevo derecho penal autoritario». *Nuevo Foro Penal*. n.° 66. 2003, p. 15 y ss.; Sánchez, J. M. *La expansión del Derecho penal, ob. cit.*, p. 69 y ss.

19 Sobre el nuevo escenario que se plantea a finales del Siglo XX y la percepción del riesgo que este comporta: Ulrich, B. *La sociedad del riesgo Hacia una nueva modernidad*. Barcelona: Paidós. 1998

20 Peirano, M. *El enemigo conoce el sistema*. Barcelona: Debate. 2019.

21 Medina, J. «Inseguridad Ciudadana, miedo al delito y policía en España. *Revista Electrónica de Ciencia Penal y Criminología.* n.° 05-03. 2003.

o *wellfare* en Europa y Norteamérica[22] o; la proliferación de grupos de interés políticamente organizados en el marco de la sociedad civil[23].

La creciente tensión entre autoritarismo punitivo y fundamentos liberales parece afectar a todos los mecanismos represivos previstos por el ordenamiento jurídico. De hecho, la evolución experimentada por el régimen administrativo sancionador aplicable en materia de seguridad ciudadana, refleja de forma especialmente intensa el terreno ganado por las lógicas autoritarias dentro del funcionamiento del Estado. La progresiva restricción por parte del ejecutivo de las libertades de expresión, reunión y manifestación[24] que se produjo durante la segunda década del presente siglo en base a políticas securitarias aplicadas con el objetivo garantizar la «paz pública»[25] —y que aún no se ha revertido—, es buen ejemplo de ello. Tal es el potencial lesivo de estas políticas para los derechos civiles, que parte de la doctrina ha pasado a hablar del «derecho sancionador del enemigo»[26], trasladando así al ámbito administrativo el termino hasta ahora aplicado al Derecho penal. La analogía responde, en gran medida, al tratamiento que las reformas articuladas durante 2015, tanto en el ámbito penal, como en la legislación administrativa, dan a la protesta social y política. Del régimen jurídico resultante, que es el actualmente vigente, destacan cuatro características principales: la restricción de los derechos políticos; el desaliento de las movilizaciones ciudadanas; la ampliación de las potestades policiales para reprimir esas movilizaciones y la tendencia a concentrar el poder sancionador en manos del ejecutivo[27].

22 Garland, D. *Punishment and Welfare - A History of Penal Strategies.* Florida: Gower. 1985.

23 A lo que Silva llama «los gestores atípicos de la moral» (atypische Moralunternehmer): Silva Sánchez, J. M. *La expansión del Derecho penal, ob. cit.*, p. 64 y ss.

24 Vives Antón, T. S. «Sentido y límites de la libertad de expresión». En: La libertad como pretexto. Valencia: Tirant lo Blanch. 1995, pp. 367 y ss.

25 La reforma penal de 2015 sobre los delitos contra el orden público desplaza el núcleo del injusto desde el «orden público» a la «paz pública». El cambio no es accidental, sino que lleva implícita una extensión del ámbito de aplicación de este delito. Según la STC 59/1990, de 29 de marzo, «los conceptos de paz pública y de orden público no son los mismos en un sistema autocrático que en un Estado social y democrático de derecho». Mientras el orden público consiste en asegurar las condiciones de normalidad para el ejercicio de derechos fundamentales, la finalidad de alterar la paz pública se identifica con la idea de «intranquilizar a las gentes, o a despertar en ellas inquietud, sobresalto o desasosiego, o a perturbar o impedir el funcionamiento de los servicios públicos, el pacífico y también normal desenvolvimiento de sus cotidianas tareas o de sus ordinarios quehaceres domésticos o comunitarios». STS de 5 de julio de 1984, 21 de abril de 1987, 24 de octubre de 1987, 18 de junio de 1990. Baucels Lladós, J. «El nuevo «Derecho sancionador autoritario». Acerca de la inconstitucionalidad del código penal y la Ley de protección de la seguridad ciudadana», *Revista General de Derecho Penal*, n.° 24, 2015, p. 10.

26 Presno, M. A. «El primer anteproyecto de Ley orgánica para la protección de la Seguridad ciudadana». *Teoría y realidad constitucional*. n.° 34. 2014, p. 280 y ss.

27 Baucels Lladós, J. «El nuevo «Derecho sancionador autoritario», *ob. cit.*, p. 5.

Estas características no solo revelan un endurecimiento en intensidad del régimen sancionador en materia de orden público, sino también la traslación del punto de gravedad a instancias ajenas al proceso judicial. El cambio de enfoque supone, ante todo, la diversificación consciente y coordinada de los recursos represivos del Estado en la búsqueda de una respuesta más rápida y efectiva, de la que el sistema tradicional permitía dar, frente a lo que se ha venido a denominar: las amenazas a la seguridad pública[28].

Pero, teniendo en cuenta las altas expectativas que, quizás de forma inconsciente, se proyectan hoy sobre el Derecho y el Estado contemporáneo, no debe sorprendernos su progresiva hipertrofia. Tampoco la adopción de políticas defensivas de corte autoritario dirigidas a garantizar a cualquier precio la indemnidad de los bienes jurídicos protegidos. Nos encontramos, en esencia, frente a una crisis de modelo.

Ante la gran incertidumbre que arroja el futuro del Derecho y el proceso penal, hay incluso quien ha llegado a identificar el tiempo presente con la célebre frase de Antonio Gramsci sobre los riesgos que entrañan las etapas de transición entre viejos y nuevos «mundos»[29], para acabar concluyendo que «el bueno y viejo derecho penal liberal se muere, y mientras no nace un nuevo derecho penal, asistimos perplejos al nacimiento de un monstruo»[30].

Lo cierto es que, tal y como señala Garland, «esta transformación rápida y de gran alcance» que estamos presenciando, «ha provocado disenso y no poco desconcierto entre los operadores y estudiosos del ámbito penal»[31]. En lugar del progreso esperado en torno a ciertas líneas de desarrollo, especialmente relevantes dentro del paradigma civilizatorio occidental, como puedan ser el respeto a los derechos humanos y las libertades públicas, el sistema punitivo parece adoptar, en un número creciente de ocasiones, dinámicas regresivas de difícil justificación.

Las escuelas penales contemporáneas, herederas de pensadores como Rosseau, Montesquieu o Beccaria, han visto a sus preciadas ortodoxias sufrir revisiones importantes; máximas y principios generales aún vigentes se han vuelto obsoletos; se han producido cambios en la distribución de los poderes y, finalidades que no tenían cabida en el viejo sistema, se vuelven más y más prominentes[32]. Como consecuencia, «ha emergido la sensación alarmante de

---

28 Véase el epígrafe 3.3. del presente trabajo.

29 La frase original completa es: «La crisis consiste appunto nel fatto che il vecchio muore e il nuovo non può nascere: in questo interregno si verificano i fenomeni morbosi piú svariati», QUADERNI DEL CARCERE. Volume primo Quaderni 1-5, Giulio Einaudi editore, 1977.

30 A este respecto GONZALEZ CUSSAC, J. L. «Apuntes de un derecho penal híbrido», en QUERALT JIMÉNEZ, J. J., *et al.* Estudios de Derecho penal Homenaje al profesor Santiago Mir Puig. Buenos Aires: Editorial B de F, 2017.

31 GARLAND, D. Castigo y Sociedad Moderna. Madrid: Siglo XXI Editores, 1999. p. 35.

32 *Ibidem*.

la desestructuración de una trama conceptual que, durante la mayor parte del siglo [pasado], había cohesionado a las instituciones de la justicia penal y les había dado sentido»[33].

3. Los nuevos objetivos de la justicia penal

3.1. La revalorización del castigo

El auge de las políticas penales maximalistas parece encontrar, a día de hoy, un gran respaldo tanto a derecha como a izquierda[34]. Existe una clara tendencia del legislador a recurrir al Código penal con el fin de alcanzar objetivos programáticos propios del partido o coalición con mayor número de representantes en las cámaras legislativas[35]. Y, ello, ha derivado en la asunción de visiones político criminales expansivistas por parte de la práctica totalidad del arco parlamentario[36]. Como consecuencia, la distancia entre bloques de pensamiento opuestos en lo social y lo económico, parece reducirse drásticamente cuando lo que se aborda es el lugar que debe ocupar la represión del delito en el sistema político[37].

Este acercamiento entre polos ideológicos ha sido ampliamente recogido y criticado por los estudiosos de la materia, que, en términos generales, coinciden en el diagnóstico: asistimos a un proceso de homogeneización en las posiciones legislativo-penales y a la progresiva desideologización de la política criminal[38]. Hay incluso quien ha llegado a decir que, «el descubrimiento

33 *Ibidem*.

34 SÁEZ VALCÁRCEL, R. «El nuevo código: maximalismo penal». *Jueces para la democracia*. n.° 26. 1996, pp. 3-7.

35 Parece obvio que, en un contexto donde todo colectivo cuenta con «sus» propias ambiciones punitivistas, indistintamente de las coordenadas políticas donde se ubique, las propuestas dirigidas a rebajar penas o adelgazar el elenco de conductas criminalizadas, aun cuando se encuentren de sobra justificadas, son poco o nada atractivas para el legislador penal.

36 SILVA SANCHEZ, J. M. *La expansión del Derecho penal, ob. cit.*, p. 69 y ss.

37 En este sentido, Garland señalará como, a finales del siglo XX, «el hecho (negativo) de criticar la rehabilitación unía a la izquierda, la derecha y el centro, a los liberales, radicales y conservadores», en torno a planteamientos punitivistas y expansivos del sistema penal. GARLAND, D. *La cultura del control. Crimen y orden social en la sociedad contemporánea*. Barcelona: Gedisa. 2005. p. 134.

38 SILVA SANCHEZ, J. M. *La expansión del Derecho penal, ob. cit.*, p. 69 y ss; SUN BEALE, S. «What's Law Got to Do with It? The Political, Social, Psychological and Other Non-legal Factors Influencing the Development of (Federal) Criminal Law» Buffalo Criminal Law Review. n.° 23. 1997, pp. 29-30; DIEZ RIPOLLES, J. L. *La política criminal en la encrucijada.* Buenos Aires: B de F. 2007. Ob. Cit; KARSTEDT, S. «Democracy, Values and Violence: Paradoxes, Tensions, and Comparative Advantages of Liberal Inclusion». *Annals of the American Academy of Political Social Science*. N. 605. 2006.

por los agentes políticos del enorme acopio de votos que pueden suministrar decisiones que transmitan una imagen de mano dura frente a la delincuencia y el delincuente ha difuminado prácticamente las diferencias entre la derecha y la izquierda en el abordaje del control del delito»[39].

Efectivamente, la evolución experimentada por la posición de las principales fuerzas políticas ante figuras altamente punitivistas, como la prisión permanente revisable, parece confirmar esta tesis. La *Ley Orgánica 10/2015, de 30 de marzo,* que modifica el Código Penal con el objeto de introducir en el ordenamiento jurídico la pena de cárcel a perpetuidad[40], fue aprobada en votación del pleno del Congreso de los Diputados el 26 de marzo de 2015 por 181 votos a favor, 134 en contra y 2 abstenciones. Solo obtuvo el apoyo del Partido Popular, que era el impulsor del texto y contaba con mayoría absoluta en la cámara. La oposición en bloque se posicionó en contra, siendo especialmente significativa la repulsa expresada por el Grupo parlamentario socialista hacia la nueva modalidad penológica[41]. El consenso concitado en torno al rechazo a la norma fue tal, que el secretario general del referido Grupo parlamentario, Miguel Ángel Heredia, llegaría a manifestar como: «no se va a aplicar nunca en nuestro país (...) en cuanto Mariano Rajoy salga del Gobierno, habrá una nueva mayoría» que la derogará[42].

Tras su aprobación, los detractores de la medida, liderados por el Partido Socialista, recurrieron la prisión permanente revisable ante el Tribunal Constitucional. Apoyaron su pretensión en la conculcación de los artículos 9, 15, 17 y 25 de la Carta Magna, dado el carácter «inhumano y degradante» que, según los recurrentes, presentaba la prisión permanente. No obstante, el supremo intérprete de la Constitución determinó, en su Sentencia 169/2021 de 6 de octubre, que la medida debía considerarse compatible con lo previsto en la norma fundamental, siempre que se efectuaran las revisiones de la pena en los términos establecidos por la propia reforma[43]. Cabe señalar que

---

39 Díez Ripollés, J. L. «La dimensión inclusión / exclusión social como guía de la política criminal comparada». *Revista Electrónica de Ciencia Penal y Criminología.* n.° 13-12. 2011.

40 Concretamente, para os casos contemplados por el articulo 140 en relación con el asesinato agravado; el articulo 485 sobre el regicidio; el articulo 605 relativo al magnicidio y; los artículos 607 y 607 bis relativos al genocidio y crímenes de lesa humanidad respectivamente.

41 Véase el Diario de sesiones del Congreso de los Diputados de 26 de marzo de 2015.

42 Declaraciones realizadas en la rueda de prensa posterior a la interposición del recurso de inconstitucionalidad. EuropaPress: https://www.europapress.es/nacional/noticia-oposicion-recurre-tc-prision-permanente-revisable-ser-inhumana-20150630143747.html

43 Concretamente, el Tribunal Constitucional estableció que la pena de prisión permanente revisable no es desproporcionada y no vulnera por ello el derecho a la libertad personal del art. 17.1 de la Constitución, ni el derecho a la legalidad penal del art. 25.1 de la Constitución, pues el cumplimiento en centro penitenciario mínimo de 25 años —y de 28, 30 y 35 años en casos especiales de pluralidad de condenas, terrorismo y organización criminal— constituye una respuesta penal que no excede de manera manifiesta la prevista en

la sentencia también contó con un voto particular formulado de manera conjunta por los magistrados Juan Antonio Xiol Ríos y Cándido Conde-Pumpido Tourón y la magistrada María Luisa Balaguer Callejón. En el mismo, se concluye que «la presencia de esta pena en la legislación penal es un elemento de objetivo empobrecimiento del sistema jurídico democrático español y un ejemplo de regresión civilizadora que lo convierte en una anomalía histórica que se aleja de los principios liberales en el cumplimiento de las penas».

Siete años después de su incorporación al ordenamiento jurídico y tras haber sido impuesta en más de una treintena de ocasiones, la prisión permanente revisable no solo sigue vigente, sino que ha duplicado sus apoyos entre los miembros del legislativo. El equilibrio de fuerzas parlamentarias ha cambiado. En el gobierno se encuentra una coalición de partidos progresistas. Y, sin embargo, la única proposición que se está tramitando sobre la materia, está dirigida a ampliar el ámbito de aplicación de esta pena. Pero, lo más significativo de todo es que la posibilidad de incrementar el elenco de casos donde pueda imponerse la prisión permanente revisable, ha contado con un apoyo abrumador entre las fuerzas políticas, incluyendo el de algunas de las que en 2015 rechazaron su incorporación al ordenamiento, como es el caso del Partido Socialista.

En la sesión parlamentaria del 29 de marzo de 2022, el mismo grupo que había recurrido la reforma por su carácter inhumano, dio su apoyo, junto a la extrema derecha, a la proposición de ley impulsada por los grupos parlamentarios del PP, Ciudadanos y parte del Mixto, para incorporar dos supuestos más a los ya sancionables con la prisión permanente revisable. La iniciativa, que fue finalmente aprobada por 277 votos a favor, 64 en contra y dos abstenciones, plantea la modificación del artículo 140 del Código penal con el fin de incluir dos nuevas circunstancias agravantes del delito de asesinato: la reincidencia del autor y la ocultación del cuerpo[44].

otros supuestos de delincuencia grave. No obstante, el Tribunal, exige una interpretación conforme a la Constitución en dos aspectos singulares: a) Una vez concedida la libertad provisional, sólo podrá revocarse si se vuelve a delinquir o infrinja las prohibiciones y reglas de conducta establecidas en el auto de libertad condicional. b) La revocación de la libertad condicional no puede impedir que el penado pueda obtener en un futuro una nueva revisión de la pena, pues denegarle definitivamente toda expectativa de libertad sería incompatible con la Constitución.

44 En relación con el agravante por ocultamiento del cadáver, debe señalarse que existen ya en el Código penal varios delitos que son susceptibles de aplicación para este supuesto. Se puede acudir a los delitos de lesiones psicológicas de los arts. 148 y 149 CP o, más claramente, al delito contra la integridad moral del art. 173.1 CP. La propia ILP recoge que la razón por la que pretende castigar penalmente la ocultación del cadáver es porque atenta contra la integridad moral de los familiares. Es precisamente este delito del art. 173.1 CP el que el Tribunal Supremo, en su Sentencia 62/2013, de 29 de enero, aplicó en el caso de Marta del Castillo cuando el autor confeso del asesinato decidió dar versiones diferentes acerca de lo que había hecho con el cadáver de la víctima. Por otra parte, desde el punto de vista técnico, la propuesta de la PLO resulta criticable por varias razones.

El drástico cambio de opinión mostrado por buena parte de miembros de la cámara, debe ponerse en relación con la percepción que la ciudadanía parece tener de la Prisión Permanente Revisable. En 2015, la reforma que la introdujo contaba, según la encuesta realizada previamente a su aprobación, con un apoyo del 67% de la ciudadanía[45]. En 2019 seguía sumando el 63% de apoyos entre las personas encuestadas sobre su posible derogación. En 2022, el porcentaje de encuestados a favor de incrementar el uso de esta medida era mayor aun que el de 2015. De entre las opiniones favorables a conservar la cadena perpetua dentro del ordenamiento, destaca la de los votantes de izquierda; espectro donde el apoyo ha llegado a superar la mayoría absoluta si se hace la media entre las diferentes formaciones progresistas[46].

En la misma línea, se encuentran los resultados arrojados por la encuesta realizada a estudiantes del Grado en Derecho entre los años 2015 y 2018 en

En primer lugar, porque se pretende presentar como circunstancia cualificadora del asesinato una conducta que no guarda relación con el bien jurídico protegido en este delito y que no aporta al hecho homicida ni un mayor contenido de injusto ni una mayor culpabilidad. La ocultación del cadáver puede dar lugar a la comisión de un nuevo delito contra un bien jurídico distinto, pero no aporta mayor gravedad al hecho homicida. Es un comportamiento postdelictivo o independiente del delito que no debe servir para fundamentar una mayor pena, pues ello iría en contra del principio de responsabilidad por el hecho. El comportamiento postdelictivo puede servir para excluir o atenuar la sanción penal, pero no para fundamentarla o agravarla.

En segundo lugar, porque la circunstancia cualificadora se introduce solo para el delito de asesinato y no para el delito de homicidio, cuando es evidente que el sufrimiento que para los familiares y allegados supone la ocultación del cadáver puede ser el mismo en uno y otro delito. En realidad, el reproche penal que puede merecer esta conducta no solo es independiente de la forma en la que se haya producido la muerte, sino de la propia responsabilidad penal que el sujeto llegue a tener por la misma.

En tercer lugar, porque al configurarlo como modalidad agravada del asesinato se impide su aplicación a otras personas que, sin haber participado en dicho delito, oculten el cadáver, causando igual sufrimiento a los familiares y allegados de la víctima.

La deficiente y limitada regulación que se propone en relación con el hecho de ocultar el cadáver parece confirmar la idea de que el objetivo último de la PLO no es tanto castigar penalmente el sufrimiento causado a los familiares y allegados de las víctimas, como extender la aplicación de la pena de prisión permanente revisable y recuperar un discurso político punitivista caracterizado por un incremento indiscriminado de las penas.

45 Según el estudio sobre la *Opinión pública en España y la reforma penal* realizado por Metroscopia los días 2y 4 de febrero de 2015 y publicado por El País, un 20% de los encuestados era rotundamente favorable a la introducción de esta pena en el ordenamiento jurídico español, mientras que el 47% daba su apoyo condicionado a que la condena fuera efectivamente revisable. Solo un 18% se mostraba en contra. Disponible (12/10/2022) en: https://elpais.com/politica/2015/02/08/actualidad/1423425189_291517.html

46 Concretamente, un 77,7 % de los votantes del PP estarían en contra de derogar la medida, un 75,8 % de los votantes de Ciudadanos, un 60,7% de los votantes del PSOE y un 49,6 % de los votantes de UP. A favor, únicamente, el 40,6 de los votantes de UP, el 30,2% de los votantes del PSOE, el 19,2% de los de Ciudadanos y el 17, 8% de los del PP. Disponible (12/10/2022) en: https://www.elmundo.es/espana/2019/01/04/5c2e6c2621efa0f92b8b45e0.html

la Universidad de Granada, donde hasta un 73,7 % de los alumnos consideraron el fenómeno de la delincuencia en España como «amenazante y peligroso»[47]. En el año 2021 el país alcanzó la tasa de criminalidad más baja de su historia[48]. Pese a ello, la alarma social no para de aumentar.

Parece obvio que, en este contexto, las propuestas dirigidas a rebajar penas o disminuir el elenco de conductas criminalizadas, aun cuando se encuentren de sobra justificadas técnicamente, son poco o nada atractivas en términos electorales. Como consecuencia directa de ello, durante las últimas dos décadas en España y gran parte de Europa, la despenalización de conductas y la rebaja en las penas resulta anecdótica en comparación con la introducción de nuevos delitos y con el incremento de las sanciones aparejadas a los mismos[49].

No puede ocultarse que el debate político-criminal entre fuerzas ideológicamente antagónicas se estrecha cada vez más. La tramitación legislativa de las últimas reformas normativas en materia penal da muestra de ello. La discusión orbita, cuando se produce, sobre qué fenómenos criminógenos deben ser castigados con más intensidad; qué bienes son merecedores de mejor tutela penal y; que colectivos deben ser protegidos (o criminalizados) con mayor profusión por las instituciones punitivas[50].

Pueden identificarse al menos dos vectores que están impulsando la convergencia punitivista de izquierda y derecha: i) Las fuertes demandas sociales de mayor represión del delito y ii) La creencia, compartida por todos los sectores, de que el castigo institucional es una herramienta válida para la consecución de sus fines políticos, ya sean estos reaccionarios, conservadores o emancipatorios[51].

---

47 Cano Paños, M. A; Calvo Alba, M. A. «Percepción de la delincuencia, miedo al delito y actitudes punitivas en España». *Revista para el Análisis del Derecho*. n.° 4. 2022.

48 https://www.lamoncloa.gob.es/serviciosdeprensa/notasprensa/interior/Paginas/2022/210222-tasacriminalidad.aspx

49 Del Moral García, A. «Reflexiones sobre la expansión del derecho penal». *Revista de derecho de Extremadura*. n.° 7. 2010, pp. 153-172; Tamarit Sumalla, J. M. «Sistema de sanciones y política criminal». Un estudio de Derecho comparado europeo. *Revista Electrónica de Ciencia Penal y Criminología.* n.° 09-06 .2007.

50 Orts Berenguer, «La deriva del Derecho Penal en España». *ReCrim. Revista del Instituto Universit. de Investigación en Criminología y Ciencias Penales de la UV*. 2009, p. 262.

51 Jakobs, G. y Cancio Meliá, M. *Derecho Penal del Enemigo, ob. cit.*, p. 71 y ss.; Muñoz Conde, F. «El nuevo derecho penal autoritario». *Nuevo Foro Penal*. n.° 66. 2003, p. 15 y ss; Tham, H. «Law and Order as a Leftist Project?». *Punishment and Society*. n.° 3. 2001.

3.2. La seguridad como finalidad de la intervención penal

La ampliación del ámbito de intervención penal también se ve favorecida por el descredito de los planteamientos criminológicos orientados a la reducación y reinserción del delincuente, que fueron dominantes en los años 70 y 80 del pasado siglo y entraron en crisis a partir de la década de los 90, con el desarrollo de una política criminal caracterizada por centrarse en el control objetivo de la población a partir del cálculo de riesgos. Lo más característico de la nueva política es que se renuncia a «identificar los motivos psicosociales de la delincuencia, a actuar sobre los mismos y a rehabilitar al delincuente»[52], en beneficio de políticas focalizadas en la seguridad[53]. Desde esta óptica criminológica post-educativa, que cristaliza con la llegada del nuevo siglo, «los delincuentes vuelven a concebirse como personas normales, bien integradas o integradas aceptablemente en la comunidad, que actúan de modo racional y que se limitarían a aprovechar las oportunidades de delinquir que se les ofrecen»[54], de tal modo que centrar la atención en sus condiciones económicas, sociales o culturales para explicar las causas de su conducta se convierte en un ejercicio inútil, pues su motivación, además de considerarse irrelevante, no tiene por qué distar mucho de la de cualquier otro individuo.

Con el retorno a esta concepción del comportamiento criminal basada en planteamientos cercanos al modelo teleológico de acción de Weber, a partir del cual la actuación de todo sujeto que persigue un determinado fin es guiada por decisiones enteramente racionales[55], adquiere un renovado interés la identificación de patrones comunes en la delincuencia que permitan la categorización de los individuos según niveles de peligrosidad[56]. La detección de estos patrones —cuya naturaleza responde hoy a la idea de regularidades estadísticas no exclusivamente vinculadas a la biología o psicología del delincuente, sino también a factores externos a este—, además de constituir una

52 Domínguez Figueirido, J. L. y Rodríguez Basanta, A. «Lógica actuarial, seguridad y sistema de justicia criminal» en, Da Agra, C. *La seguridad en la sociedad del riesgo: un debate abierto*, Barcelona: S. A. Atelier, 2003, p. 332.

53 Reichman, N. «Managing crime risks: toward and insurance based model of social control», *Research in Law, Deviance and Social Control.* vol., 8, 1986, pp. 151-172.

54 Diez Ripollés, J. L. «El nuevo modelo penal de la seguridad ciudadana», en *Revista Electrónica de Ciencia Penal y Criminología*. n.° 06-03, 2004, p. 20.

55 Para mayor ahondamiento sobre esta concepción de la acción puede consultarse López Moreno, A. «La teoría de la acción en Weber. Parsons y Habermas: algunas consideraciones críticas», *Foro, Nueva época*. n.° 1, 2005, pp. 179-201.

56 Vertiente de la criminología que, a excepción del ámbito penitenciario, había pasado a un plano secundario desde la caída en desgracia de las tesis sostenidas por la escuela positivista italiana de finales del XIX, de la que es exponente Lombroso, C. *L´uomo delinquente*. vol. 1. (5.ª Ed). Turín: Fratelli Bocca Editori, 1896.

opción que se ve especialmente favorecida por los avances tecnológicos en materia de procesamiento masivo y automatizado de la información, es una actividad dirigida no tanto a explicar las causas del comportamiento humano como a predecirlo, lo que aplicado a la política criminal conduce a posibilitar que al poder público intervenga antes de que el delito sea cometido. Esto explica que las instituciones penales progresivamente vayan dejando de incorporar a su dinámica de funcionamiento objetivos externos o de carácter educativo[57], a la par que los hechos delictivos pasan a ser concebidos como meros accidentes o errores en un sistema de salvaguarda de bienes, personas y derechos que el aparato represivo del Estado es llamado a articular mediante una serie de estrategias de gestión de riesgos sociales conocidas como *criminología actuarial.*

En esencia, existe una relación de retroalimentación entre la *lógica objetivadora* del delincuente —en renovado auge— y la *lógica anticipativa* propia del nuevo derecho penal en formación. Solo bajo una concepción objetiva del criminal, cuyo comportamiento obedece a planteamientos racionales en la consecución de unos fines ilícitos, puede entenderse posible la predictibilidad de sus actos en virtud de parámetros estadísticos. Correlativamente, la capacidad de anticipar acciones individuales a partir de regularidades estadísticas, indica que el individuo actúa en función de patrones vinculados a comportamientos tipo. En resumidas cuentas, los planteamientos anticipativos parten de una concepción determinista del comportamiento criminal vinculada a una serie de factores generales (no imputables a elementos puramente subjetivos) de muy diversa índole que permiten su detección antes de que se traduzca en hechos lo que, a su vez, evidencia el carácter predeterminado de dicho comportamiento.

Esta relación, que obtiene sustento material en la sofisticación tecnológica de los sistemas de vigilancia y en el desarrollo de un aparato de inteligencia global destinado a la obtención masiva de información, conecta con la noción del riesgo social no consistente en una mera contingencia del entorno, sino en un fenómeno complejo relacionado con las consecuencias no deseadas de las decisiones políticas y, sobre todo, con las incapacidades del propio funcionamiento del sistema social para neutralizar las amenazas internas[58]. Es esta idea del riesgo propia de las sociedades posindustriales, la que además de vincular ambas lógicas, define la nueva función de las

57 En general; Marcuello-Servós, C. y García-Martínez, J. «La cárcel como espacio de de-socialización ciudadana: ¿fracaso del sistema penitenciario español?», *Portularia.* n.º XI, 2011.

58 Así, la idea de las sociedades del riesgo acuñada por Ulrich, B. *La sociedad del riesgo Hacia una nueva modernidad*. Barcelona: Paidós. 1998; señala que la noción de riesgo social en nuestro tiempo ya no hace referencia a todo tipo de peligros, sino que alude directamente a las consecuencias derivadas de decisiones tomadas tras las pertinentes ponderaciones de los beneficios vinculados a las mismas.

instituciones penales, encomendándoles la administración eficaz del mismo como principal cometido[59]. Así, bajo la perspectiva de la gestión de riesgos la anticipación cobra especial relevancia como estrategia preventiva, llegando a situarse como uno de los principales objetivos de la intervención punitiva. Pueden considerarse expresiones del giro criminológico descrito la emergencia del denominado modelo penal de la seguridad ciudadana definido por Diez Ripollés[60] y la transformación experimentada por la función policial en las sociedades posmodernas expuestas por Ericson y Haggerty, cuya definición orbita en torno al desplazamiento del enfoque basado en la desviación, el control y el orden hacia el enfoque centrado en el riesgo, la vigilancia y la seguridad[61].

En cualquier caso, lo que resulta indudable es que situar los delitos en la dimensión de aquello que debió ser evitado, lleva invariablemente a un incremento en la demanda de seguridad por parte de la ciudadanía, que no solo espera del sistema de justicia penal un castigo al infractor de la norma, sino también la articulación de mecanismos de protección eficaces para la salvaguarda de su persona. Tales planteamientos, que sin duda se encuentran en alza, no solo juegan una importante baza en el diseño de la actual política criminal, sino que también han encontrado respaldo en un sector de la doctrina, que se ha pronunciado partidario de reconocer la existencia de «un *derecho fundamental a la seguridad* con nuevos perfiles. Un derecho fundamental de nuevo cuño, definido como aquel derecho del que goza toda persona a que los poderes públicos actúen con diligencia para prevenir graves riesgos»[62]. Los precursores de esta corriente parten de un concepto de lucha contra la criminalidad que «implica la responsabilidad de los poderes públicos (globalmente considerados) en la anticipación de las amenazas, de los riesgos, cualquiera que sea su naturaleza. Esta estrategia exige que todos aquellos que puedan ejercer funciones al respecto intervengan en la

---

59 Rodríguez Basanta, A y Domínguez Figueirido, J. L. «Lógica actuarial, seguridad y sistema de justicia criminal». *Seguridad en la sociedad de riesgo: un debate abierto*, 2003, p. 339.

60 Para mayor ahondamiento Diez Ripollés, J. L. «El nuevo modelo penal de la seguridad..., *ob. cit.* y Diez Ripollés, J. L. «De la sociedad del riesgo a la seguridad ciudadana», *en Revista Electrónica de Ciencia Penal y Criminología*. n.° 07-01 2005.

61 Más ampliamente en Ericson, R. V. y Haggerty, K. D. *Policing the risk society*. Oxford: Clarendon Press, 1997; Ericson, R. V. y Haggerty, K. D. «The policing of risk», en Baker, T. y Simon, J. (eds.), *Embracing Risk. The Changing Culture of Insurance and Responsibility*. Chicago: University of Chicago Press, 2002, pp. 238-272; Ericson, R. V. y Haggerty, K. D. «The surveillant assemblage». *British Journal of Sociology*. vol. 51. n.° 4, 2000, pp. 605-622.

62 Buen ejemplo de ello es el concepto de «seguridad integrada» manejado por Guillén López, E. «Inserción de las FAS en un sistema integral de intervención: Terrorismo, inmigración ilegal, crimen organizado, protección en el ámbito civil». *Revista ejército*. n.° 846, 2011, p. 54.

adopción de decisiones anticipatorias»[63]. Es decir, la asunción de una política criminal que vincula las competencias de defensa y seguridad contenidas en los artículos 8.1 y 104.1 de la CE, respectivamente, y las centraliza en un poder público genérico, al que se encomienda principalmente la actividad investigadora y operacional *ante-delictum*, capaz de neutralizar la criminalidad antes de que se manifieste.

Es en este contexto donde los planteamientos proactivos introducidos por la política desarrollada en torno al crimen organizado se extienden a otros tipos de delincuencia, como los delitos contra la libertad e indemnidad sexual o la violencia de género; al tiempo que se ultima —con la aquiescencia de la sociedad civil—, un sistema de vigilancia a gran escala basado en la obtención y procesamiento masivo de información cuyo fin es localizar individuos potencialmente peligrosos. La monitorización realizada por un compendio cada vez mayor de entidades públicas y privadas no encuentra a día de hoy más límites que los impuestos por los medios materiales y económicos destinados al efecto, puesto que en la mayoría de los casos la regulación es inexistente o muy permisiva. Paradójicamente, al tiempo que se amplía la capacidad invasiva de los medios de vigilancia sus presupuestos legitimadores se debilitan: progresivamente, tiende a diluirse la exigencia de una *sospecha previa*, al tiempo que se transforma la naturaleza de la intervención, basada en la aplicación de *medidas predelictuales*, dotándola de un carácter anticipatorio de evitación del delito.

La lucha contra el terrorismo es sin duda el mejor banco de pruebas para poner en funcionamiento este nuevo modelo de intervención, más difuso por la indefinición de sus presupuestos y por confiar su aplicación a las autoridades administrativas, sin apenas control judicial o con un control muy débil. La *Ley francesa de 30 de octubre de 2017, de refuerzo de la seguridad interior y de lucha contra el terrorismo*, constituye un buen ejemplo de esta nueva orientación de política criminal. Se refuerzan las medidas de vigilancia individual, contemplándose, entre otras, el confinamiento, la obligación de declarar el domicilio, de someterse a vigilancia electrónica o de no establecer relación con determinadas personas. Son, todas ellas, auténticas medidas pre-delictivas de carácter administrativo cuyo presupuesto de adopción es que existan razones serias para pensar que el comportamiento del afectado constituya una amenaza particularmente grave para la seguridad y el orden público y tenga relación con personas u organizaciones que inciten, faciliten o participen en actos de terrorismo, en apoyo de los mismos o en su difusión o cuando ésta vaya acompañada de una manifestación de adhesión a la ideología expresada o de adhesión a sus tesis incitando a la comisión de actos de terrorismo o haciendo apología de los mismos[64]. En suma, medidas

63 *Idem.*

64 Art. 3, *Loi n.° 2017-1510 du 30 octobre 2017 renforçant la sécurité intérieure et la lutte contre le terrorismo.*

que se traducen en importantes restricciones en los derechos individuales, impuestas unilateralmente por las autoridades administrativas, basándose en sospechas que a menudo solo provienen de las *notes blanches* elaboradas por los servicios de información[65].

4. La investigación preventiva

4.1. El surgimiento de la investigación preventiva

La investigación preventiva es, al igual que el resto de sistemas de intervención punitiva, producto de su tiempo. O lo que es lo mismo, el resultado de la confluencia de una serie de factores de muy diversa índole que, en un determinado momento, operan conjuntamente como una fuerza de transformación sistémica.

Estos factores representan, en conjunto, el presupuesto histórico y jurídico sobre el que se erige el nuevo modelo, que como se ha expuesto con anterioridad, trata de responder a las renovadas demandas que los agentes sociales y políticos vierten sobre el *ius puniendi*.

El desplazamiento que la justicia penal está experimentando hacia la anticipación tiene su origen en la emergencia del paradigma criminológico asociativo. Es decir: en la preocupación que Estados y organizaciones internacionales desarrollan, a finales del pasado siglo, por las formas de delincuencia basadas en la organización; muy especialmente el terrorismo. La influencia del 11S es clara en este aspecto, actuando como catalizador del proceso de transformación.

El giro político criminal que precede al surgimiento de la anticipación, dará lugar a una amplia producción normativa de carácter excepcional. Como consecuencia de esta normativa, se producen una serie de alteraciones en la función represiva del Estado que exceden el ámbito estrictamente penal. Y, que, acabaran por incorporar a la lucha contra la delincuencia, actores hasta entonces impropios de este campo, como los servicios de inteligencia y las fuerzas armadas. Junto con los nuevos actores, se importan también sus metodologías y recursos, que, además, resultan cada vez más intrusivos gracias a la revolución tecnológica.

Así, crimen organizado, servicios de inteligencia y revolución tecnológica, aparecen alineados en el eje cronológico y conceptual sobre el que discurre el nacimiento de la investigación preventiva.

---

65 Informe de la Ligue des droits de l'homme: https://www.ldh-france.org/wp-content/uploads/2017/10/avis-d%C3%A9taill%C3%A9-sur-le-projet-loi-s%C3%A9curit%C3%A9-int%C3%A9rieure-et-lutte-contre-terrorisme-juillet-2017-envoy%C3%A9-aux-d%C3%A9put%C3%A9s-et-s%C3%A9nateurs.pdf

4.2. La naturaleza de la investigación preventiva

La intervención penal preventiva se dirige a evitar que unos determinados hechos aun no sucedidos lleguen a producirse mediante la remoción de los presupuestos necesarios para que acontezcan. Responde, por tanto, a una lógica radicalmente diferente de aquella que rige el sistema de justicia criminal tradicional, de carácter reactivo, donde la materialidad del acto delictivo y la lesión del bien jurídico son condición previa a la intervención penal.

Pero, el modelo de investigación preventiva no solo dista de la concepción liberal clásica de Derecho y proceso penal, también se diferencia de otras modalidades de política criminal más recientes y agresivas, caracterizadas por adelantar la barrera punitiva al momento anterior al daño a través de la punición del peligro de que este se materialice. Ello es así, en la medida que la actividad preventiva no se limita a detectar y sancionar situaciones de riesgo como forma de prevenir el resultado lesivo, sino que pretende frustrar la misma aparición de ese riesgo actuando sobre las condiciones de posibilidad de que tal situación se dé.

Si castigar a quien mata persigue prevenir futuras muertes y, proceder contra quien pone en riesgo la vida pretende impedir que se llegue a matar; eliminar los presupuestos necesarios para que se dé la situación de peligro, permite evitar tanto el acto como la potencia misma de que este tenga lugar. Bajo tal razonamiento, en la actualidad no solo se actúa sobre quien ha puesto una bomba, sino también sobre quienes se asocian para hacerlo y, antes de eso, sobre quienes, en virtud de su predisposición o acciones, son susceptibles de asociarse o promover dicha asociación.

De este modo, en el momento presente parecen convivir tres modelos de política criminal distintos en virtud del sentido y finalidad de la intervención punitiva que proponen. En el primer modelo, el *reactivo*, identificable con el derecho penal decimonónico y el proceso penal acusatorio, el reproche parte de la producción de un resultado lesivo objetivable —como el que castigan delitos como el homicidio, el robo, etc.-. En el segundo modelo, el *proactivo o preventivo*, predominan los delitos de riesgo o preparatorios, como el terrorismo, la organización criminal, delitos contra la seguridad vial, etc. A través de la proliferación de estas figuras se pretende promover la actuación de la autoridad pública previamente a que el daño se concrete: por ejemplo, castigando con penas privativas de libertad la pertenencia a la organización criminal con el fin de impedir que la pluralidad de sujetos concitados para delinquir puedan llevar a cabo sus planes; deteniendo al conductor temerario o ebrio para evitar que provoque un accidente; persiguiendo la creación de sociedades instrumentales para impedir el fraude fiscal, etc. Sin embargo, el tercer modelo, el *anticipativo,* va más allá, en tanto pretende evitar que la situación de riesgo llegue a producirse nunca, actuando, por ejemplo —para el caso del peligro que supone el grupo terrorista—, sobre la conformación del discurso radical o de odio, la divulgación de determinados contenidos u opiniones en internet o el consumo de cierto material adoctrinante. La misma lógica puede aplicarse a otras muchas categorías penales como el compliance en relación con las personas jurídicas, etc.

En todos estos casos, se trata de impedir, mediante la acción de la justicia criminal, que dé comienzo el curso causal del que se pueda derivar un daño. No únicamente mediante la conjuración del riesgo o peligro de que el daño se produzca, sino a través de la supresión de los elementos que se requieren para que el propio riesgo o peligro llegue a existir. De esta manera, la finalidad del sistema penal no se limita a responder frente al resultado al que aboca una determinada acción humana, ni tan siquiera a interrumpir la secuencia de eventos iniciados por mano del autor. Lo que realmente se persigue es evitar que concurra la situación en que podría tener origen ese curso causal.

El nuevo adelantamiento en la barrera punitiva no resultaría posible si con carácter previo no se dispusiera de información sobre que combinación de factores es aquella que da lugar a situaciones de riesgo o peligro, así como cuando y donde estos van a concurrir. Y ese, es un conocimiento que solo resulta alcanzable a través de lo que debe categorizarse como un ejercicio predictivo de la criminalidad. Para poder anticiparse a la comisión del delito, es necesario saber de antemano que riesgos existen de que este se produzca y como, donde y cuando van a desplegarse tales riesgos.

Con el fin de producir tal conocimiento, Estados y organizaciones internacionales llevan años construyendo una compleja infraestructura normativa y tecnológica encaminada a la obtención y tratamiento masivo de datos con fines de «investigación penal»[66]. Una investigación cuyos resultados no permiten establecer la responsabilidad de un determinado sujeto sobre unos concretos hechos, sino identificar futuros riesgos, es decir: predecir el delito.

Así, la predicción de la criminalidad, lejos de ser concebida como una meta inalcanzable, opera en la actualidad como un elemento clave a la hora de desarrollar políticas públicas en materia de seguridad. Una clara muestra de esta tendencia la encontramos en la proliferación, durante los últimos años, de múltiples iniciativas en materia de desarrollo de software, dirigidas a proveer a los cuerpos policiales y autoridades encargadas de la investigación penal de sistemas avanzados de detección de amenazas basados en el *Big Data*. Ciudades repartidas por todo el mundo han decidido incorporarlos a sus servicios de orden público o, al menos, los han probado. Montevideo, Milán, Chicago, California, Manchester, Kent o Dubái son solo algunos ejemplos. Igualmente, en Kanagawa, región de Kantō, cerca de Tokio, la policía empleó mecanismos similares para mejorar la seguridad durante las Olimpiadas y Paraolimpiadas de 2020.

---

66 Alcoceba Gil, J. M. Nacimiento y expansión de un nuevo modelo de política criminal: El Derecho Penal Anticipativo. Valencia: Tirant lo Blanch. 2023.

La primera y más conocida de estas herramientas fue *Predpol*: un software desarrollado por el sector privado y probado por primera vez en la ciudad de Los Ángeles durante 2011, que actualmente se encuentra en uso por más de medio centenar de agencias de policía de todo el mundo. Sus diseñadores aseguran que el programa es capaz de reducir hasta un 29% la criminalidad de una ciudad utilizando solo tres factores para elaborar sus predicciones: el tipo de delito, la ubicación y la fecha y hora. Los resultados se plasman en una interfaz web a través de Google Maps, donde se representan en cuadrados de 150x150m las «áreas de mayor riesgo»[67]. En esencia el programa señala donde y cuando se producirá la mayor probabilidad de que los delitos se comentan: predice el delito identificando el riesgo o peligro previamente a que este se traduzca en una situación concreta, permitiendo que las fuerzas de seguridad intervengan para evitarla.

En España, la Policía Local de Castellón se encuentra aplicando una herramienta pionera —de filosofía similar a la anterior— en colaboración con la *Cátedra Eurocop* de la Universidad Jaume I. El programa también está en fase de implementación en la localidad de Rivas Vaciamadrid y la idea de ampliar su uso a todo el Estado está siendo estudiada por la Dirección General de la Policía Nacional. Este *software,* que presenta una complejidad superior a su predecesor, pondera valores demográficos, económicos (población por sectores, barrios o distritos, propiedades, nivel de vida, etc.) y medioambientales (cada minuto u hora se miden aspectos como la temperatura, la velocidad del viento, la humedad o la lluvia), para establecer la probabilidad de que se cometan actos criminales en un determinado segmento espacio-temporal. Sus desarrolladores han manifestado recientemente que el programa de predicción ha suscitado el interés de Colombia, México y Ecuador.

Pero, más allá de la detección de «zonas calientes» o «áreas peligrosas», la tecnología existente en tratamiento de datos también parece resultar útil para identificar futuros delincuentes. Los programas diseñados con el fin de calcular la probabilidad de que un determinado individuo cometa un delito o reincida en el mismo, suelen basarse en perfiles de riesgo trazados mediante *machine learning* a partir de la información disponible en bases de datos sobre la población general. Un ejemplo de este tipo de herramientas es COMPAS (Correctional Offender Management Profiling for Alternative Sanctions), programa comercializado por la empresa Northpointe, que ofrece una puntuación obtenida sobre 137 ítems, como indicativo de la probabilidad de reincidencia que presenta el sujeto sometido a escrutinio por el programa[68]. La

67 Sobre la aplicación del cálculo de riesgos a las políticas de seguridad publica puede consultarse: RODRÍGUEZ BASANTA, A y DOMÍNGUEZ FIGUEIRIDO, J. L. «Lógica actuarial, seguridad y sistema de justicia criminal». *Seguridad en la sociedad de riesgo: un debate abierto*, 2003.

68 Sobre el funcionamiento de COMPAS puede consultarse: LARSON, J; MATTU, S; KIRCHNER, L y ANGWIN, J., «How We Analyzed the COMPAS Recidivism Algorithm». *ProPublica*. 2016.

herramienta empezó a utilizarse en los juzgados de EE UU a principios del siglo XXI y en los últimos 18 años ha ido haciéndose cada vez más habitual en el país. Actualmente las puntuaciones de COMPAS se usan para decidir sobre la prisión provisional, pero no solo, ya que, en 2016, algunos estados —como Colorado, Virginia u Oklahoma— comenzaron a dar acceso a sus jueces a la evaluación realizada por el programa incluso durante la fase de enjuiciamiento[69].

En la misma línea, pero trasladada a Europa, puede encontrarse el proyecto *Key Crime*, de origen italiano, destinado a predecir la criminalidad en serie a través del análisis computacional de información sobre la comisión de delitos, donde tiene especial relevancia aquella que permite elaborar un perfil del delincuente; a partir del cual, se construye una base de datos sobre el caso, de la que se obtienen, tras un refinado cruce de información, claves para calcular y predecir la eventual comisión del próximo crimen por su parte. Según la cooperación municipal de Milán, primera ciudad donde se probó, una vez en funcionamiento, el programa logró esclarecer el 27 % de los delitos de robo, contando con una tasa de éxito del 45 % sobre el total de casos en los que se aplicó.

Un paso más allá puede considerarse que van los sistemas desarrollados en Emiratos Árabes, Rusia y sobre todo China. Los tres países señalados están trabajando en la creación de software predictivo que pueda combinar diferentes tecnologías como son el reconocimiento facial, la Inteligencia Artificial, los sistemas de seguimiento y la geolocalización. Estos, al igual que los anteriores, también funciona centrándose en elementos como los perfiles de riesgo y patrones de comportamiento, pero no solo, ya que combinan el análisis de información sociológica, antropológica y demográfica, con datos relativos al sujeto investigado obtenidos en tiempo real, como son su localización, el acceso a recursos económicos o sus comunicaciones electrónicas[70].

La investigación predictiva constituye, junto con la intervención penal anticipativa a la que da lugar, una revolución imparable en la política criminal y de seguridad pública. Cada vez más servicios de aduanas, extranjería, fuerzas policiales, autoridades dedicadas a la lucha contra la criminalidad grave e incluso miembros del poder judicial, se ven asistidos en sus funciones por programas de estas características. Sin embargo, no todo lo que rodea a la utilización de los sistemas descritos parecen ser ventajas. Debe tenerse en cuenta que, como se desarrolla mas adelante (Nota al pie: Véase el capítulo 4 de la presente obra), elementos nucleares del modelo penal liberal propio del Estado de Derecho, como la tipicidad, la culpabilidad o la presunción de inocencia,

69 Para mayor información: Larson, J; Mattu, S; Kirchner, L y Angwin, J. «Machine Bias. There's software used across the country to predict future criminals. And it's biased against blacks». *PorPublica*, 2016.

70 Sobre los sistemas predictivos en general: Wormith, S. J. «Thirty Years of Research on the Level of Service Scales: A Meta-Analytic Examination of Predictive Accuracy and Sources of Variability». Psychological Assessment, 2013.

pierden peso en el marco de la intervención punitiva que se promueve a través de la investigación anticipativa, pues con el objeto de neutralizar las posibles amenazas a la seguridad, suelen practicarse actuaciones lesivas para los derechos fundamentales sobre personas no declaradas responsables de ningún hecho ilícito. Además, al hacerlo se prescinde de la necesaria concurrencia de hechos lesivos para fundamentar la reacción penal, las penas se sustituyen por medidas pre-delictivas y la restricción de derechos se legitima en base a la peligrosidad —en vez de culpabilidad— del individuo, cuestiones todas ellas, difícilmente compaginables con los fundamentos del liberalismo jurídico.

Por todo ello, su utilización, aun siendo incipiente, no se ha visto exenta de polémica. En Estados Unidos, poco después de que naciera la denominada «policía predictiva», una coalición de grupos de derechos civiles, incluida la *American Civil Liberties Union* y la *Electronic Frontier Foundation*, emitió una declaración donde se criticaba la tendencia de las herramientas predictivas a recaer en discriminación por razón de clase y en estereotipos raciales[71]. Desde ese momento, han sido cada vez más académicos, juristas y defensores de las libertades civiles y derechos humanos, los que han alzado la voz contra la utilización de tales sistemas[72].

Podría decirse que las críticas hacia el uso de algoritmos predictivos por parte del sistema de justicia penal aluden, fundamentalmente, a dos factores: i) las dudas sobre su fiabilidad o eficacia y ii) la existencia de sesgos en los patrones estadísticos utilizados para señalar a los futuros delincuentes. Respecto a su fiabilidad y efectividad, los escasos estudios existentes son contradictorios, algunos, como el desarrollado por el Departamento de Policía de los Ángeles o los ayuntamientos de Atlanta y Memphis acreditan su eficacia, estableciendo tasas hasta un 29% más bajas de criminalidad desde que utilizan el dispositivo, mientras que otros investigadores independientes, como los Bisgaard Munk, Saunders, Hunt y Hollywood plantean que la importancia estadística de las predicciones es en la práctica casi insignificante, o que, según señalan Sarah L. Desmarais y Jay P. Singh, los únicos datos existentes sobre la materia están aportados por las propias empresas que comercializan este tipo de software, por lo que no pueden considerarse estudios fiables.

Por otra parte, sobre la existencia de sesgos, investigadores de centros tan prestigiosos como el MIT han subrayado que la IA que evalúa a delincuentes perpetúa la injusticia hacia las minorías, algo que muchos tecnólogos, expertos legales y activistas vienen respaldando a través numerosos foros y publicaciones recientes. Sobre este punto se realizó, de hecho, un experimento en la ciudad de Chicago durante los años 2013 y 2014, que según el informe

71 Sobre los sesgos implícitos en los sistemas de predicción de la delincuencia: SKEEM, J. L. y LOWENKAMP, C. «Risk, Race, & Recidivism: Predictive Bias and Disparate Impact». *SSRN*, 2016.

72 SULLIVAN, E. y GREENE, R. «States predict inmates' future crimes with secretive surveys». *AP*, 2015.

publicado por la Corporación RAND, puso en evidencia las deficiencias del sistema predictivo empleado y la tendencia a provocar en los agentes de la autoridad conductas discriminatorias[73].

En cualquier caso, pese a los riesgos asociados, la modificación que está generando en el sistema de justicia penal la incorporación de las tecnologías predictivas basadas en el procesamiento de datos, es de tal calado que sus consecuencias aún resultan desconocidas. Lo que parece seguro es que la acumulación y tratamiento automatizado de la información a través de algoritmos se postula como una pieza clave en el diseño del modelo de seguridad pública y política criminal del futuro. Por eso, los Estados demuestran un interés creciente por articular cauces para la obtención masiva de los datos personales de sus ciudadanos, aun incluso cuando estos no son sospechosos de haber cometido conducta ilícita alguna.

La lógica a la que responde este nuevo modelo es la lógica de la seguridad que se alza como un contravalor, al que se contraponen los principios inspiradores del derecho penal clásico, propiciando la emergencia de un nuevo modelo de intervención penal cuya regulación adopta naturaleza administrativa y sus consecuencias se muestran inciertas.

En este campo, como en otros muchos, la practica va por delante del Derecho, no existiendo actualmente apenas regulación sobre la aplicación de este tipo de técnicas en el ámbito penal, lo que redunda en una total inseguridad jurídica para aquellos que son objeto de escrutinio por los softwares predictivos. Y puesto que ya no se trata de una quimera o un riesgo potencial, sino de una realidad, el dilema no debe ser si debe abordarse o no la regulación de este nuevo fenómeno, sino cuáles son los márgenes en los que puede operar el nuevo modelo de intervención penal anticipativa, basado en la predicción. La no regulación ha dejado de ser una verdadera opción, porque como se ha demostrado la falta de regulación nunca ha sido capaz de proporcionar una garantía efectiva de los derechos.

5. Problemas jurídicos asociados al nuevo paradigma de investigación y proceso penal

5.1. La tipicidad y los elementos constitutivos del delito

La lógica anticipativa que se acaba de describir resulta imposible de conciliar con los principios de *lesividad, materialidad* y *responsabilidad perso-*

73 Tzanou, M, *The Fundamental Right to Data Protection: Normative Value in the Context of Counter-Terrorism Surveillance.* Oxford: Hart Publishing, 2017 y Skeem, J. L. y Lowenkamp, C. «Risk, Race, & Recidivism: Predictive Bias and Disparate Impact». *SSRN*, 2016.

nal, que respectivamente definen los tres elementos constitutivos del delito, según el derecho penal clásico: el *resultado*, la *acción* y la *culpabilidad*. La configuración de tales elementos como presupuestos necesarios de la pena, integra el núcleo del discurso punitivo mantenido por la tradición jurídica occidental desde el nacimiento del Estado moderno[74]. A pesar de ello, hoy parecen diluirse ante la tendencia a tratar de neutralizar la criminalidad interviniendo antes incluso de que se haya evidenciado su existencia.

Tanto desde el punto de vista sustantivo —referido a la prohibición y punición de las conductas—, como en lo atinente al ámbito procesal —donde la actividad probatoria se configura como herramienta principal para la construcción del juicio histórico—, el derecho penal moderno orbita en torno a la existencia de unos hechos cuya lesividad para los bienes protegidos por el ordenamiento les convierte en merecedores del reproche jurídico[75]. Por el contrario, la irrupción de la prevención anticipativa en el panorama de la política criminal contemporánea rompe con esta lógica. La pretensión misma de evitar el daño impide que, de tener éxito, haya una transformación de la realidad susceptible de afectar a bienes protegidos por el ordenamiento, o lo que es lo mismo, imposibilita que el hecho injusto llegue a producirse. Y, sin hechos: ¿Sobre qué pivota el castigo? ¿Qué medida hay que tener en cuenta para determinar la naturaleza o gravedad de las penas a imponer? Y en último lugar, aunque no por ello menos importante ¿sobre qué base se justifica el castigo?

Aunque bien puede afirmarse que la prevención de la actividad delictiva es desde la modernidad el fin último que persigue el derecho penal[76], de lo que no hay duda es de que el adelantamiento de la intervención penal a estadios cada vez más distantes de los bienes jurídicos que se tratan de preservar no tiene precedente, pues al fundamentarse la consecuencia punitiva en patrones coincidentes con perfiles de peligrosidad establecidos previamente e independientes de cualquier acción delictiva, la exigencia de responsabilidad se sitúa en estadios donde aún no se ha exteriorizado por parte del sujeto ni tan siquiera una conducta que ponga en riesgo los referidos bienes. A diferencia de otros momentos de la historia, esta vez la desvinculación entre hecho lesivo e intervención penal no solo estriba en un posible exceso de celo por parte del legislador, sino en la creencia social y política de que, a partir del desarrollo del tratamiento de datos recabados por las tecnologías de la información, la neurociencia y otros adelantos científico-técnicos, estamos en disposición de identificar, o más bien *calcular* cuáles son los factores previos a la externalización de la conducta criminal e interrumpir el curso causal

74 FERRAJOLI, L. *Derecho y razón..., ob. cit.* pp. 464 y ss.

75 WEZLZEL, H. *Derecho Penal Parte General*. Buenos Aires: Roque Depalma. 1956, pp. 55 y ss.

76 En los albores del iluminismo ya se señalaba que «es mejor evitar los delitos que castigarlos»: BECCARIA, C. *Tratado de los delitos y de las penas*. Madrid: Universidad Carlos III de Madrid, 2015, p. 87.

de los acontecimientos antes de que se hayan manifestado empíricamente. Es el poder de la estadística aplicado a la sociedad de la información lo que lleva a superar los límites del derecho penal liberal, que tal y como ahora se revela no solo habían sido establecidos en base a consideraciones éticas, sino también a imposibilidades fácticas.

Pero, la problemática derivada de los planteamientos anticipativos no acaba aquí. Junto con la existencia de un resultado lesivo que se concreta en el hecho típico y antijurídico, la teoría clásica del delito comprende el concepto de *imputación* y *culpabilidad* de su autor, que también opera como fundamento y límite de la pena. En este sentido, el principio de *materialidad*, como presupuesto previo a la culpabilidad, impone a través del axioma *nulla iniuria sine actione* que ningún daño, por grave que sea, puede estimarse penalmente relevante sino como efecto de una conducta humana. Es decir, para que una acción humana sea jurídicamente relevante, habrá de desprender efectos materiales, perceptibles en el mundo físico y empíricamente observables, pues de lo contrario resultará imposible probar la necesaria interrelación existente entre esta y los hechos, de tal modo que el paso siguiente a la constatación de la existencia de un hecho injusto en la determinación de la responsabilidad penal, consiste en vincular su producción [la del injusto] a la acción de una persona concreta en virtud de las leyes de la causalidad[77].

La concepción de la causalidad manejada por el Derecho penal como criterio de imputación adquiere, además, un sentido diferente al empleado en el ámbito de las ciencias naturales, ya que no se limita a describir la relación existente entre dos estados que se ordenan según las leyes naturales, sino que también abarca aspectos jurídico-sociales de carácter ontológico y psicológico[78]. A nivel psicológico, se encuentra interrelacionada con la idea de *culpabilidad*, que acontece cuando la persona que «incurre en la conducta típica, antijurídica, goza del sano uso de sus facultades mentales superiores, es decir, tiene pleno conocimiento de causa y libre capacidad de volición. En otras palabras, sabía a total conciencia porqué y para qué actuaba, era capaz de medir las consecuencias de sus actos, y dichos actos fueron determinados libremente, siendo, por consiguiente, también culpable»[79]. De esta

77 En este sentido, por todos; JAKOBS, G. *Derecho Penal. Parte General. Fundamentos y teoría de la imputación*. Madrid: Marcial Pons, 1997.

78 Así WEZLZEL, H. *Derecho Penal Parte General, ob. cit.* 48-49; señala como «El concepto causal no es un concepto jurídico, pero tampoco una categoría meramente lógica, del «ser». Por eso, el nexo causal no es una vinculación meramente lógica y menos aún una relación mental de varios acontecimientos, sino el nexo legal, por cierto no perceptible, pero susceptible de ser captado mental-mente a través de la sucesión del acontecer real y, por tanto, es como tal, tan real como el acontecer mismo. También el derecho debe partir de este concepto causal «ontológico»; no hay una causalidad jurídica especial, si bien no todos los acontecimientos causales son también jurídicamente relevantes».

79 MESA TABORDA T. *Psicología Jurídica. Un enfoque cognoscitivo*, Bogotá: Biblioteca Jurídica DIKE, 2007, p. 397

forma, el hecho o injusto ha de estar conectado a la persona de su autor mediante una relación causal que vincula recíprocamente decisión, acción y resultado lesivo[80].

Pues bien, frente a un hecho no acontecido sino evitado, la acción u omisión que permite imputar responsabilidad sobre el mismo, solo puede concebirse en el plano de la hipótesis o conjetura, ya que nunca llega a desplegar efectos en el mundo físico. El nexo entre el sujeto pasivo de la intervención anticipativa y los hechos injustos cuya comisión trata de evitarse a través de la propia intervención, queda fuera del orden de la causalidad, ya que tal y como señala la doctrina clásica «para establecer un nexo causal real, se debe partir siempre de las circunstancias concretas»[81], de modo que «las circunstancias solamente posibles o verosímiles, que no se han producido, no se deben agregar mentalmente»[82] al juicio de culpabilidad. Ante la mera hipótesis, por muy probable que pueda parecer el resultado lesivo, no hay causalidad posible, excepto la simulada. En tanto la intervención penal anticipativa tiene precisamente la finalidad de adelantarse a la acción que da inicio a la cadena por la que se habría llegado a producir el hecho, ésta solo puede ser contemplada como un supuesto más o menos probable, pero en ningún caso real. Y, no habiendo relación causal posible entre una acción imaginaria y un injusto evitado, resulta igualmente imposible plantearse siquiera la imputación del hecho.

De igual manera, la posibilidad de anticiparse a la acción acaba también con el concepto estricto de culpabilidad, tanto en su sentido metafísico —vinculado a la idea de «libertad de voluntad» que permite al delincuente actuar de un modo distinto al que lo hace[83]—, como en el garantista, donde opera a modo de límite del poder de intervención estatal[84]. Si, tal y como ya se ha mencionado, resultase posible acreditar la conducta futura de un individuo hasta el punto de considerar eficaz el intervenir previamente a que esta se evidencie, no cabría la espontaneidad humana[85], pues a mayor certeza sobre las

80 Sobre esta idea se asienta la teoría de la imputación objetiva; CANCIO MELIÁ, M. *Líneas Básicas de la Teoría de la Imputación Objetiva*. Madrid: Ediciones Jurídicas Cuyo. 2004; HIRSCH, H. *Derecho penal Obras completas (Tomo I)*. Buenos Aires: Rubinzal - Culzoni Editores, 2011.

81 WEZLZEL, H. *Derecho Penal Parte General...*, p. 50.

82 *Idem.*

83 ROXIN, C. *Culpabilidad y prevención en el derecho penal*. Madrid: Reus, S. A. 1981, p. 40.

84 En relación con ambos sentidos puede verse en general ROXIN, C. *Culpabilidad y prevención..., ob. cit.* p. 41 y ss.

85 Es relevante señalar que la culpabilidad entendida como fundamento de la retribución parte de la idea kantiana de libertad, en tanto «desencadenante de una serie causal, pero sin que ello sea suficiente para convertirla en algo efectivo, al no poder ser encuadrada bajo unas condiciones espacio-temporales definidas y al no poder ponerla, por definición,

previsiones realizadas, menor creencia en la libertad de decisión de los sujetos intervinientes[86]. Pero, lo que es más importante, anticipándose también se prescinde del concepto en su función protectora, que es la que obliga a que la extensión y gravedad de la pena en ningún caso pueda ser superior al grado de culpabilidad. Tal y como señala Roxin, esta segunda función del concepto de culpabilidad «no perjudica al delincuente, sino que lo protege, impidiendo que por razones puramente preventivas se limite su libertad personal más de lo que corresponda a su culpabilidad»[87]. Y en ausencia de culpabilidad como requisito necesario para la imposición de la pena, modular la gravedad de esta resulta un ejercicio abocado a la arbitrariedad, sobre todo cuando el referente coincide con una idea de peligrosidad social basada en unos hechos no acontecidos, es decir, en unas posibles (o probables) acciones e intenciones presupuestas.

No obstante, hay que reconocer que existen ciertas figuras, con largo recorrido en la tradición jurídica continental, las *medidas de seguridad* muy especialmente, capaces de provocar una intervención restrictiva de derechos sin requerir la culpabilidad del sujeto que las soporta. En estos casos, en lugar del juicio de reproche, se realiza un juicio de peligrosidad, que orbita en torno a la probabilidad de que el afectado reincida en la conducta criminal[88]. Así, desde un punto de vista formal, la culpabilidad actúa como estándar o conjunto de condiciones que justifican la imposición de una pena al autor de un delito, mientras que la peligrosidad, tal y como viene recogida en el Código Penal, es decir, entendida como probabilidad de reincidencia, se constituye como el elemento que justifica la imposición de una medida[89].

Aunque ciertamente no puede negarse la semejanza que existe entre la idea de intervención penal anticipativa y las medidas de seguridad, puesto que ambas suponen una respuesta jurídica de carácter preventivo que escapa al juicio de culpabilidad, entre ellas hay una importante diferencia, ya apuntada

en relación con una causa anterior que determinara su actuación»; Ferrer Santos, U. «De la libertad como espontaneidad causal en Kant a la libertad de la persona». *Studia Poliana*. n.° 16, 2014, pp. 83-97.

86 Lo que resulta especialmente revelador en relación al carácter autónomo e independiente que el Derecho penal anticipativo muestra respecto de los principios clásicos cuyo origen se remonta al paradigma liberal, que como su propio nombre indica, pivota sobre el concepto de libertad del individuo como máximo valor jurídico-político. Sobre este aspecto es interesante Zaffaroni, E. «El Derecho penal liberal y sus enemigos», en *Investidura como Doctor «Honoris Causa» por la Universidad de Castilla-La Mancha del Excmo. Sr D. Eugenio Raúl Zaffaroni*, Universidad Castilla-La Mancha, 29 de enero de 2004, pp. 19-46.

87 Roxin, C. *Culpabilidad y prevención..., ob. cit.* p. 43.

88 Para mayor detalle sobre la cuestión, Andres-Pueyo, A. «Peligrosidad criminal: análisis crítico de un concepto polisémico» en, Maroto Calatayud, M y Demetrio Crespo, E (dir). *Neurociencias y derecho penal: nuevas perspectivas en el ámbito de la culpabilidad y tratamiento jurídico-penal de la peligrosidad.* Madrid: Edifoser, 2013, p. 491.

89 Roxin, C. *Culpabilidad y prevención..., ob. cit.* p. 14.

con anterioridad: la concurrencia de unos hechos como punto de partida de las segundas que sirve para fundar el juicio de peligrosidad y permite su adopción[90], de tal modo que en su configuración actual la medida de seguridad trata de ajustarse en lo posible al principio de responsabilidad por el hecho cometido, quedando descartadas, por ello, no sólo las medidas pre-delictuales, esto es las que se fundamentan en una peligrosidad social que no criminal, sino también aquellas que conllevan consecuencias más gravosas para el que las soporta que la imposición de una pena por el mismo hecho[91]. En contrapartida, la intervención anticipativa se basa en la aplicación de medidas pre-delictivas contra quienes, ni tan siquiera han actuado poniendo en riesgo el bien jurídico, pero incurren en ciertos perfiles basados en la obtención de información y en su posterior análisis estadístico, al que se otorga una injustificada presunción de infalibilidad, absolutamente incompatible con la presunción de inocencia y los principios procesales que regulan la actividad probatoria[92].

5.2. Los principios de presunción de inocencia, prueba y defensa contradictoria

Al igual que ocurre con los elementos constitutivos de delito enunciados por la teoría penal clásica, los principios procesales que sustentan el modelo acusatorio de enjuiciamiento también se desvanecen ante la perspectiva de la intervención anticipativa. Tanto desde un punto de vista axiológico, a partir del cual el proceso opera como legitimador del ejercicio de la jurisdicción y en último término de la pena[93], como en relación con la función epistemológica del mismo dirigida a dotar al juzgador de un conocimiento cierto sobre la realidad material objeto de enjuiciamiento[94], los fundamentos del modelo procesal penal moderno chocan con la lógica pre-factual anteriormente descrita.

---

90 Sobre los elementos de juicio en la valoración de la peligrosidad, donde los hechos ya acontecidos juegan un importante papel, puede consultarse Martinez Garay, L. «La incertidumbre de los pronósticos de peligrosidad: consecuencias para la dogmática de las medidas de seguridad», *InDret*, n.º 2, 2014, pp. 1-77.

91 Rodriguez Gomez, C. «Las medidas de seguridad en el ordenamiento español», en: Diego Díaz-Santos, M. R. (Coord.). *Reflexiones sobre las consecuencias jurídicas del delito.* España: Tecnos, 1995, pp. 189-210.

92 De la misma lógica anticipativa participan los delitos de riesgo, que suponen un adelantamiento de la barrera penal al momento previo a la lesión del bien jurídico. También aquí la diferencia reside en los hechos, pues a través de estos delitos se incriminan conductas, comportamientos humanos peligrosos para el bien jurídico, a diferencia de las medidas pre-delictivas que se aplican sin necesidad de una actuación previa.

93 Véase Gimeno Sendra, J. V. *Fundamentos del Derecho Procesal*, Madrid: Civitas, 1981, p. 42 y ss.

94 Cosa que se consigue mediante el desenvolvimiento de la actividad probatoria; Taruffo, M. «Consideraciones sobre prueba y motivación», *Jueces para la Democracia,* 2007, n.º 59, p. 71-79; Taruffo, M. «Leyendo a Ferrajoli: Consideraciones sobre la jurisdicción».

Si los axiomas sobre los que se funda el garantismo penal en su vertiente sustantiva son la estricta legalidad, la lesividad-materialidad de los delitos y la responsabilidad personal[95], en lo procesal las bases del sistema reposan sobre la *actividad probatoria* regida por el principio de *presunción de inocencia* y sobre la *contradicción* entre partes, articulada a través del ejercicio de la *defensa contradictoria*. No es de extrañar que, al igual que los primeros, estas garantías procesales vayan perdiendo virtualidad a medida que nos introducimos en un nuevo escenario caracterizado por la *predictibilidad* de los actos criminales y la *neutralización del riesgo* mediante intervenciones *ante-delictum*. El giro epistemológico que supone situar la peligrosidad del sujeto pasivo del proceso en el lugar central de la valoración llevada a cabo por el juez, conlleva necesariamente la modificación radical de la función desempeñada por la actividad probatoria y, con ello, la evaporación de la presunción de inocencia como principio rector de esta. Del mismo modo, obliga al replanteamiento de la contradicción como eje del debate, ya sea entendida como garantía instrumental del derecho de defensa o herramienta epistémica.

La función que la actividad probatoria desarrolla en el proceso es doble. Por una parte, opera como un derecho fundamental, permitiendo que aquel contra quien se dirige la acusación pueda ejercer su defensa; por otra, como vía de acceso al conocimiento por parte del juez, que forma su convicción apreciando libremente las pruebas. La valoración racional de la prueba es, en este sentido, el método a través del que se forma la convicción judicial sobre los hechos, obviamente hechos del pasado, pues cuando la decisión versa sobre hechos futuribles, la prueba penal deja de desempeñar función alguna, o al menos no la desempeña en los mismos términos que hasta ahora.

Desde la primera perspectiva, la consideración de la prueba como derecho, si tiene por objeto demostrar que un sujeto no es peligroso o que se abstendrá de cometer actos reprobables, por lógica, verá reducido su contenido al de un acto de persuasión totalmente infundado, lo que la hace indistinguible de la mera alegación de parte[96]. Ante las presunciones sobre lo que hará o dejará de hacer un determinado individuo, solamente cabe especular de la forma más convincente posible, de modo que, bajo el paradigma de la anticipación, el derecho a la prueba solo podría subsistir transformado en un pseudo-derecho de carácter retórico, «que se plantea únicamente en la vertiente

Ensayos. 2010, p. 72.

95 Ferrajoli, L. *Derecho y razón…, ob. cit.* p. 465 y ss.

96 La escasa virtualidad del derecho de prueba, cuando es ejercido sobre conjeturas relativas a la peligrosidad o probabilidad futura de comisión delictiva, coincide a nuestro parecer con la concepción persuasiva de la misma enunciada por Taruffo, M. «Algunas consideraciones sobre la relación entre prueba y verdad». *Discusiones: Prueba y conocimiento*. n.° 3, 2003.

de los hechos psicológicos y desatiende completamente la racionalidad de los argumentos que respaldan o chocan con la creencia de un sujeto»[97].

Y en cuanto a la función epistemológica que cumple la actividad probatoria, como medio de formación de la convicción judicial sobre los hechos, difícilmente puede sostenerse la existencia de pruebas que no versen sobre unos hechos ya acontecidos. Solo prescindiendo del concepto de proceso judicial como instrumento destinado al descubrimiento de la verdad y limitando, por tanto, su función a la de simple método de resolución de conflictos, es posible desligar el objeto de prueba del elemento factico. Ello es así, porque al prescindir de la verdad como referente de la actividad probatoria, se asume tácitamente la irrelevancia de los hechos acaecidos a cuyo conocimiento se renuncia y, siendo estos considerados como irrelevantes, se abre la puerta a su posible sustitución por otros elementos de juicio[98].

Parece lógico, por tanto, que negar la capacidad del juez para conocer los hechos, sea la vía para prescindir de ellos, sustituyendo el elemento factico del juicio histórico por probabilidades de riesgo y valoraciones estadísticas. Téngase en cuenta que por muy probables que resulten, los juicios de peligrosidad o posibilidad no son susceptibles de verificación o falsación y, por ende, son ajenos al concepto mismo de verdad[99]. Por ello, la forma de articular la prueba, cuando esta no versa sobre los hechos, sino sobre los riesgos, pasa por abandonar previamente la aspiración de alcanzar un conocimiento cierto por parte del órgano judicial, cosa que parece justificarse en pos de la consecución de objetivos y finalidades socialmente útiles, de entre los que puede destacarse para el caso de la justicia criminal la prevención de la actividad delictiva y la neutralización del peligro inherente a ciertos individuos[100].

---

97 TARUFFO, M. «Consideraciones porque sobre prueba..., *ob. cit.* pp. 71-79.

98 A este respecto, tal y como señala TARUFFO, M. «Consideraciones sobre prueba y motivación». En: *Ponencia expuesta por el autor en el 9.° Seminario sobre derecho y jurisprudencia, organizado por la Fundación Coloquio Jurídico Europeo, del Colegio de Registradores de España* (21-22 de junio de 2007) en estas últimas décadas, existe una preferencia, más o menos marcada, por alguna forma de irracionalismo en muchos sectores de la cultura post-moderna, que se manifiestan con especial claridad cuando se desestima, o se niega sentido, al problema de la verdad, en general y en sus manifestaciones procesales; y cada vez que el sistema político se desentiende simplemente de las maneras y de los criterios con los que se administra justicia

99 Entendida esta como la correspondencia entre la proposición enunciada por el juez en la resolución judicial y un determinado hecho, fenómeno o realidad externos al proceso. En este sentido puede consultarse: BOUZAT, A Y CANTARO, A. S. «Verdad y prueba en el proceso acusatorio». *Discusiones: Prueba y conocimiento*. 2003, n.° 3; GASCÓN ABELLÁN, M. *La prueba de los hechos. Bases argumentales de la prueba.* Madrid: Marcial Pons, 2004.

100 Posición ideológica subyacente a nuestro entender a los planteamientos defendidos por LAUDAN, L. *Verdad, error y proceso penal Un ensayo sobre epistemología jurídica*. Madrid: Marcial Pons, 2013; El estándar de prueba y las garantías en el proceso penal. Talcahuano: Hammurabi, 2011.

Ante tal perspectiva, la función epistemológica de la actividad probatoria muta. De ser un método de conocimiento del pasado inspirado en la experiencia, la lógica y la corroboración empírica, pasa a ser un sistema predictivo basado en la estadística y encauzado a nutrir de elementos de convicción el juicio de posibilidad[101].

La incompatibilidad entre las bases del proceso penal acusatorio y los planteamientos anticipativos se agudiza aún más si se confrontan con el principio de *presunción de inocencia* como elemento nuclear de la actividad probatoria. Este principio, que define estructuralmente el modelo de enjuiciamiento ilustrado[102], supone uno de los más claros límites del poder estatal en el ejercicio de la potestad punitiva, a la par que expresa la conciencia jurídica universal sobre el valor que se atribuye a la persona en el proceso penal liberal. Es, por tanto, el liberal, un modelo de proceso penal que, como ya advirtiera Carrara, guiado por tal presunción habrá de poner la regulación de cada una de sus actividades al servicio de la idea de inocencia[103]. Sin embargo, del mismo modo en que no cabe hablar de culpabilidad, la propia idea de inocencia se relativiza cuando el juicio o valoración es de prognosis. Desde el momento en que se busca impedir la comisión de futuros delitos por parte de un sujeto, el que se haya acreditado o no su culpabilidad, más que a modo de garantía, opera como elemento de convicción sobre su peligrosidad.

Igualmente resulta claro que si la presunción de inocencia desempeña una función transcendental al hacer recaer en la acusación la obligación de probar los hechos constitutivos de delito exigiendo probar la culpabilidad del acusado *beyond and reasoanble doubt*[104], el desenvolvimiento de este estándar es incompatible con la posibilidad de intervenir preventivamente, antes de que ocurran los hechos penalmente relevantes, pues en este caso las evidencias utilizadas para probar eventos futuros solo permiten alcanzar conclusiones

101 A este respecto, no puede obviarse que, tal y como señala Taruffo, M. «Algunas consideraciones sobre la relación entre prueba..., *ob. cit.* p. 32; respecto de la concepción persuasiva de la prueba; «en el marco de una concepción de este tipo es extremadamente difícil (y, de todas maneras, totalmente inútil) analizar las características y la estructura de la prueba: de hecho, ella es compatible con (más aún, implica) una concepción irracional de la prueba judicial y, en todo caso, no exige que se dé una definición específica de la prueba».

102 Véase López Ortega, J. J. y Rodríguez Fernández, I. «El proceso penal como sistema de garantías (IV). La presunción de inocencia como elemento estructurador del proceso penal acusatorio». *La Ley*. n.° 8121, 2013.

103 Carrara, F. «Derecho penal y procedimiento penal». *Opúsculos de Derecho Criminal* vol. V. Bogotá: TEMIS, 1978, pp. 14 y 15. al elevarlo a postulado esencial de la ciencia procesal y presupuesto de las demás garantías del proceso.

104 Sobre la evolución del principio: Whitman, J. Q., «The Origins of «Reasonable Doubt». *Yale Faculty Scholarship Series*. Paper 1, 2005; Diesen, C. Beyond Reasonable Doubt Standard of Proof and Evaluation of Evidence in Criminal Cases. *Stockholm Institute for Scandianvian Law*. n.° 1957, 2009.

probabilísticas construidas sobre presuposiciones, cuyo valor lógico es por fuerza especulativo. La pretensión de *probar* aquello que aún no ha ocurrido, no solo es contraria a la lógica, sino que lleva necesariamente a sustituir el juicio categórico —sobre el que parece apoyarse el principio de presunción de inocencia cuando impone el estándar de la duda—, por el juicio hipotético, sostenido sobre fundamentos no vinculados a la realidad empírica. En este sentido, resulta difícil de imaginar, al menos en términos racionales y no meramente psicologicistas, de qué manera pueden superarse las dudas sobre si, aquello que se piensa puede ocurrir, efectivamente ocurrirá.

No mejor suerte corre el *principio de contradicción* bajo la lógica enunciada. Al igual que en el caso de la prueba, la contradicción viene desempeñando desde su inclusión en el sistema procesal por el legislador decimonónico dos funciones complementarias: sirve como garantía de defensa de quien soporta la actividad investigadora y recae la acusación, al tiempo que constituye un medio concreto de conocimiento para el órgano juzgador, que verá forjada su convicción a través de la confrontación de hipótesis que tiene lugar en el acto del juicio[105]. Para que el primero de los fines pueda llevarse a cabo, además de su presencia durante el enjuiciamiento, es necesaria la participación del investigado en las fases previas al juicio oral. La contradicción característica de la fase indagatoria del proceso penal tiene una dimensión estructural, por lo que no se trata de que esté presente en la práctica de todas y cada una de las diligencias investigadoras, sino de que, como punto de partida, se le dé conocimiento de que existe un proceso que se dirige contra él y pueda acceder y participar en las actuaciones que se estén llevando a cabo.

Se trata, igualmente, de asegurar que la defensa pueda someter los cargos penales que se formulan en su contra a la decisión de un tercero ajeno a la contienda[106]. Por ello, la segunda función, de carácter epistemológico, hace pivotar la decisión del órgano enjuiciador única y exclusivamente en lo acontecido durante el juicio oral, en el que el acusado deberá estar presente y en el que operan los principios de publicidad, oralidad, inmediación y contradicción, así como la libre valoración de la prueba por parte del juez. Todos ellos son principios que operan a modo de cautelas para ayudar a expulsar del proceso aquellas conjeturas e ideas preconcebidas anteriores a la celebración del juicio[107], de tal modo que solo a través de actos que cuenten con la presencia y participación del acusado, pueda entenderse demostrada su culpabilidad.

Pues bien, este modelo procesal supone, de entrada, un esquema radicalmente incompatible con las prácticas habituales de los servicios de inte-

---

105 Gimeno Sendra, J. V. *Fundamentos del Derecho Procesal…*, *ob. cit.*

106 López Ortega, J. J. y Rodríguez Fernández, I. «El proceso penal como sistema de garantías (III): la contradicción previa al juicio en el anteproyecto de Ley de Enjuiciamiento Criminal y en la propuesta de Código Procesal Penal». *La Ley*. n.° 8111, 2013.

107 Alcoceba Gil, J. M. «Contraterrorismo del Siglo XXI…, *ob. cit.* p. 121.

ligencia adscritos a los cuerpos de seguridad o las fuerzas armadas, cuyo trabajo está centrado en la obtención y análisis de información con fines estratégicos que, por su propia naturaleza, resulta opaco. Por esta razón, tal y como se ha desarrollado con anterioridad, la colonización del proceso penal por parte de la inteligencia, está dando lugar a una profunda transformación de sus estructuras. El secreto y la infiltración ocupan un espacio cada vez mayor en la investigación criminal, hasta el punto de existir ordenamientos, como el de Estados Unidos de América[108] o Reino Unido[109], donde se regulan procedimientos sustanciados íntegramente bajo el desconocimiento de aquel contra el que se procede, de forma que el secreto opera sobre la existencia del propio proceso, la composición del tribunal y sus resoluciones[110]. En la ignorancia de que se está siendo procesado, no solo la defensa resulta imposible de articular, sino que la decisión, obtenida a través de un juicio que prescinde del sujeto pasivo, habrá de adoptarse sin tener en cuenta la información que este pueda aportar sobre el objeto de enjuiciamiento. Cercenando de este modo las posibilidades de defensa, también se modifica el instrumento epistemológico que supone la contradicción.

Aunque tal situación puede considerarse extraordinaria, no debe obviarse que países de nuestro entorno, en las últimas décadas, han promovido un gran número de reformas tendentes a ampliar el papel de los servicios y agencias de inteligencia en materia de investigación criminal; promover la obtención masiva de información; autorizar la investigación encubierta o subrepticia y permitir la introducción en el proceso de pruebas cuya fuente es secreta[111]. Así, el relajamiento del elemento estructural que supone en el proceso penal

---

108 Ya en 1978 los EE.UU. de América introdujeron la vigilancia FISA, que permite interceptar y grabar sin autorización judicial a las potencias extranjeras y sus agentes, redes extranjeras o personas o actividades terroristas. Para la grabación o la escucha de los ciudadanos de los EE.UU. de América o los residentes en este país debe existir una orden dictada por un tribunal secreto FISA. Los actos de investigación realizados son siempre secretos y las personas afectadas no son informadas, ni antes ni después de que tales actuaciones se lleven a cabo. Para mayor detalle VERVAELE, J. A. «Secreto de estado y «privilegios probatorios». En: BACHMAIER WINTER, L. (coord.). *Terrorismo, Proceso penal y derechos fundamentales*. Madrid: Marcial Pons, 2012, p. 229-262.

109 Que cuenta con un procedimiento secreto en casos de expulsión de los inmigrantes ilegales

110 VERVAELE, J. A. E. «Medidas procesales especiales y protección de los derechos humanos..., *ob. cit.* p. 148.

111 Más allá de lo expuesto en el primer epígrafe de la presente contribución, resulta especialmente significativas las medidas introducidas en el ordenamiento de Países Bajos en materia de terrorismo, a partir de las cuales se abre la puerta a que miembros de los servicios de inteligencia declaren en la fase oral del procedimiento bajo identidad secreta, cuando así sea necesario para garantizar su seguridad o la de las investigaciones que se encuentren en marcha: VERVAELE, J. A. «Terrorismo e intercambio de información entre los servicios de inteligencia y las autoridades de investigación judicial en los Estados Unidos y en los Países Bajos: ¿Derecho Penal de emergencia?», en CALLE CALDERON, A. L. *El Estado actual de las ciencias penales*». Bogotá: Grupo Editorial Ibáñez, 2009, pp. 319-359.

moderno la defensa contradictoria, se ve claramente motivado por el uso cada vez mayor de las denominadas *técnicas especiales de investigación*, de entre las que sobresalen los medios de vigilancia tecnológicos y la infiltración policial, pues en ambos casos el presupuesto para que resulten eficaces es la ocultación de su existencia al investigado[112]. Precisamente, por ello, la proliferación de estas técnicas afecta al diseño del proceso en las etapas anteriores al enjuiciamiento: o bien la investigación se ve desplazada a fases previas a la incoación formal de la causa, es decir, a momentos anteriores a la existencia de partes activa y pasiva —a partir de las que se produce la contradicción—, o bien obliga a que dicha fase se desenvuelva total o parcialmente en secreto, en cuyo caso se sustancia únicamente con la participación de la acusación.

La realidad descrita, además de ser cada vez más común, ha sido interiorizada por la jurisprudencia de los más altos tribunales encargados de garantizar la vigencia de los derechos humanos, como es el caso del TEDH que, ya en la sentencia *Edwards y Lewis contra Reino Unido*, de 22 de julio de 2003, estableció que el principio de contradicción no llega a ser un derecho absoluto, puesto que pueden concurrir circunstancias que, atendiendo a intereses más importantes, conlleven una limitación del mismo durante la fase de investigación[113]. El propio tribunal de Estrasburgo alude expresamente en su STEDH Van Wesenbeeck c Bélgica de 23 de mayo de 2017 a la merma que el uso de *observation and infiltration methods* ocasiona en la contradicción, supeditando su uso a la previa ponderación entre la necesidad de recurrir a los mismos y el ejercicio de una defensa efectiva. Pero, el debilitamiento del principio de contradicción generado por el auge de las mencionadas técnicas de investigación no acaba aquí, pues cuando la información obtenida de forma subrepticia se introduce en juicio oral como prueba de cargo, suele hacerse en régimen de secreto sobre sus fuentes. Tal posibilidad, que vacía de contenido el principio de contradicción aplicado a la prueba, lejos de ser descartada, fue aceptada por el TEDH en la sentencia *Jaspers v. United Kingdom*, de 16 de febrero de 2000, a condición de que resulte necesario para la consecución de ciertos intereses superiores, como pueden ser la protección de testigos o la seguridad nacional[114]. Es por ello que, ante la emergencia de las técnicas de investiga-

---

112 En este sentido véase: Vervaele, J. A. «Medidas de investigación de carácter proactivo y uso de información de inteligencia en el proceso penal», En: Pérez Gil J. (coor.). *El proceso penal en la sociedad de la información*. Madrid: Dikinson, 2012.

113 En el mismo sentido, aunque reconociendo un núcleo esencial irreductible del derecho de defensa: Stedh Othman (Abou Qatada) c. Reino Unido de 17 enero de 2012. En general véase: Agudo Zamora, M. y Millone, C. «El derecho a ser informado de la acusación en la jurisprudencia del tribunal europeo de derechos humanos y del tribunal constitucional español» UNED. *Teoría y Realidad Constitucional*, n.° 23, 2009, pp. 189-221.

114 Así el TEDH en la citada sentencia señala que «en cualquier proceso penal pueden existir intereses en conflicto como la seguridad nacional o la necesidad de proteger a testigos de posibles represalias o de mantener reservados ciertos métodos policiales de investigación criminal, intereses que han de ser ponderados en relación con los derechos del imputado». Y admitir a continuación que «En algunos casos será preciso no desvelar las fuentes de prueba

ción anticipativas, la estructura clásica del proceso se relativiza, dando lugar al fenómeno bien conocido de *huida generalizada del juicio oral*, al que subyace la tendencia común a alejar de él las fuentes de información que pretenden hacerse valer como prueba, todo lo cual, conduce a la generalización de la prueba referencial y, en última instancia, al final de la defensa contradictoria tal y como hasta ahora ha venido siendo entendida.

6. Conclusiones

El Derecho y el proceso penal se están transformando a un ritmo vertiginoso buscando encontrar una respuesta eficaz frente a la gran criminalidad, fundamentalmente la delincuencia organizada de carácter trasnacional, de la que el terrorismo solo es la muestra más visible. Con la generalización de los delitos de base asociativa se ha producido un *cambio de paradigma* en relación con el fin que persigue la intervención penal. A la tradicional función reactiva ante el delito, se añade hoy la pretensión de evitar el resultado lesivo actuando con carácter previo a que los hechos tengan lugar. Se redefinen los objetivos que persigue el sistema de justicia penal y, para conseguirlo, se le dota de nuevas herramientas, de nuevos instrumentos de investigación más invasivos, hasta ahora reservados a los servicios de inteligencia que tradicionalmente han operado al margen del sistema de justicia criminal.

Es un cambio de gran calado, propiciado por la *transformación del sistema de investigación criminal* basado en la generalización del uso masivo de los sistemas de vigilancia, el acopio y el tratamiento de la información, que afecta a la estructura de la investigación (*investigación pro activa*), a sus *fines* (*preventivos o anticipativos*) y a sus *presupuestos legitimadores* (*grado de sospecha*). También a la naturaleza misma de la intervención penal basada en la aplicación de *medidas pre-delictuales* dirigidas a neutralizar un riesgo que todavía no se ha evidenciado por la comisión de un hecho delictivo, pues de lo que se trata, precisamente, es de evitar que llegue a producirse.

La lógica a la que responde este nuevo modelo es la lógica de la seguridad que se alza como un contravalor, al que se contraponen los principios inspiradores del derecho penal clásico, propiciando la emergencia de un nuevo modelo de intervención penal cuyas consecuencias son impredecibles. Y puesto que ya no se trata de una quimera o un riesgo potencial, sino de una realidad, el dilema no debe ser si debe abordarse o no la regulación de este nuevo fenómeno, sino cuáles son los márgenes en los que puede operar esta nueva realidad. La no regulación ha dejado de ser una verdadera opción, porque como se ha demostrado la falta de regulación nunca ha sido capaz de proporcionar una garantía efectiva de los derechos.

---

a la defensa, con el fin de preservar los derechos fundamentales de otro individuo o de proteger otro interés público importante. Sin embargo, conforme al art. 6.1 CEDH, estas restricciones del derecho de defensa solo son admisibles si resultan estrictamente necesarias».

7. Bibliografía

Agudo Zamora, M. y Millone, C.: «El derecho a ser informado de la acusación en la jurisprudencia del tribunal europeo de derechos humanos y del tribunal constitucional español», *UNED. Teoría y Realidad Constitucional*. n.º 23, 2009.

AAVV.: *La insostenible situación del Derecho Penal*. Granada: Comares, 2000; Arroyo Zapatero, L. A.; Nieto Martin, A; Neuman, U (Coord.). *Crítica y justificación del derecho penal en el cambio de siglo: el análisis crítico de la Escuela de Frankfurt*, Cuenca, Ediciones de la Universidad de Castilla-La Mancha. 2003.

Bachmaier Winter, L.: (coord.). *Terrorismo, Proceso penal y derechos fundamentales*, Madrid, Marcial Pons, 2012.

Baucels Lladós, J.: «El nuevo «Derecho sancionador autoritario». Acerca de la inconstitucionalidad del código penal y la Ley de protección de la seguridad ciudadana»,*Revista General de Derecho Penal*. n.º 24. 2015.

Bouzat, A y Cantaro, A. S.: «Verdad y prueba en el proceso acusatorio». *Discusiones: Prueba y conocimiento*, n.º 3, 2003.

Cancio Melia, M.: «La reforma penal: frivolidad, desvarío y populismo punitivo», *El notario del siglo XXI: revista del Colegio Notarial de Madrid*, n.º 60, 2015.

Diesen, C.: Beyond Reasonable Doubt Standard of Proof and Evaluation of Evidence in Criminal Cases, *Stockholm Institute for Scandianvian Law*, n.º 1957, 2009.

Díez Ripollés, J. L.: «El derecho penal simbólico y los efectos de la pena», en Arroyo Zapatero, L. A.; Nieto Martin, A; Neuman, U (Coord.). *Crítica y justificación.*

Díez Ripollés, J. L.: «La dimensión inclusión / exclusión social como guía de la política criminal comparada», *Revista Electrónica de Ciencia Penal y Criminología*, n.º 13-12, 2011.

Díez Ripolles, J. L.: *La política criminal en la encrucijada.* Buenos Aires: B de F. 2007. Ob. Cit; Karstedt, S.: «Democracy, Values and Violence: Paradoxes, Tensions, and Comparative Advantages of Liberal Inclusion», *Annals of the American Academy of Political Social Science*, n.º 605, 2006.

Domínguez, D. J.; Domínguez Sánchez-Pinilla, M.: «Génesis de la episteme de lo criminal: anotaciones en torno a Beccaria, Ferri y Foucault», *Isegoría*, 2021.

Ferrer Santos, U.: «De la libertad como espontaneidad causal en Kant a la libertad de la persona», *Studia Poliana,* n.º 16, 2014.

Foucault, M.: *Vigilar y castigar Nacimiento de la prisión,* Buenos Aires, Siglo XXI Editores, 1976.

Garland, D.: *Castigo y Sociedad Moderna*, Madrid: Siglo XXI Editores, 1999.

Garland, D.: *Punishinent and modern society,* Oxford university press, 1990.

Gascón Abellán, M.: *La prueba de los hechos. Bases argumentales de la prueba,* Madrid, Marcial Pons, 2004.

Gimeno Sendra, J. V.: *Fundamentos del Derecho Procesal*, Madrid, Civitas, 1981.

Gómez Colomer, J. L.: «El proceso penal español a comienzos del siglo XXI», en *InDret,* n.º 1, 2017.

González Cussac, J. L.: «Apuntes de un derecho penal híbrido», en Queralt Jiménez, J. J., *et al. Estudios de Derecho penal Homenaje al profesor Santiago Mir Puig*, Buenos Aires, Editorial B de F, 2017.

González Cussac, J. L.: «El renacimiento del pensamiento totalitario en el seno del estado de Derecho: la doctrina del "derecho penal del enemigo"», *Revista penal*, n.º 19, 2007.

Jakobs, G. y Cancio Meliá, M.: *Derecho Penal del Enemigo*, Madrid: Civitas Ediciones, 2003.

López Ortega, J. J. y Rodríguez Fernández, I.: «El proceso penal como sistema de garantías (III): la contradicción previa al juicio en el anteproyecto de Ley de Enjuiciamiento Criminal y en la propuesta de Código Procesal Penal», *La Ley*, n.º 8111, 2013.

Marcuello-Servós, C. y García-Martínez, J.: «La cárcel como espacio de de-socialización ciudadana: ¿fracaso del sistema penitenciario español?», *Portularia,* n.º XI, 2011.

Medina, J.: «Inseguridad Ciudadana, miedo al delito y policía en España», *Revista Electrónica de Ciencia Penal y Criminología,* n.º 05-03, 2003.

Muñoz Conde, F.: «El nuevo derecho penal autoritario», *Nuevo Foro Penal*. n.º 66, 2003

Posner, E.: «The Twilight of Human Rights Law», en *Oxford University Press*, Nueva York, 2014.

PEIRANO, M.: *El enemigo conoce el sistema*, Barcelona, Debate, 2019.

PRESNO, M. A.: «El primer anteproyecto de Ley orgánica para la protección de la Seguridad ciudadana», *Teoría y realidad constitucional*, n.º 34, 2014.

QUADERNI DEL CARCERE: *Volume primo Quaderni 1-5*, Giulio Einaudi editore, 1977.

QUINTERO OLIVARES, G.: «Populismo punitivo y ciencia penal»: en PÉREZ MANZANO, M. (Coord.), *Estudios en homenaje a la profesora Susana Huerta Tocildo,* Madrid, Universidad Complutense de Madrid (UCM), 2020, pp. 305-313; ANTON MELLÖN, J.; ANTÖN CARBONELL, E.: «Populismo punitivo, opinión pública y leyes penales en España (1195-2016), *Revista Internacional de Pensamiento Político*. vol. 12, 2017, pp. 133-150.

REICHMAN, N.: «Managing crime risks: toward and insurance based model of social control», *Research in Law, Deviance and Social Control,* vol., 8, 1986.

RIVERA BEIRAS, I.: *Política criminal y sistema penal: viejas y nuevas racionalidades punitivas,* Barcelona: Anthropos Editorial, 2005.

ROXIN, C.: *La evolución de la política criminal, el derecho penal y el proceso penal,* Tirant lo Blanch, 2000.

SÁEZ VALCÁRCEL, R.: «El nuevo código: maximalismo penal», *Jueces para la democracia*, n.º 26, 1996.

SILVA SANCHEZ, J. M.: «El populismo punitivo», *Escritura pública*, n.º 55, 2009, p. 15.

SILVA SANCHEZ, J. M.: *La expansión del Derecho penal. Aspectos de la política criminal en las sociedades postindustriales*, Madrid, Civitas Ediciones, 2001.

TARUFFO, M.: «Consideraciones sobre prueba y motivación», *Jueces para la Democracia,* 2007, n.º 59.

TARUFFO, M.: «Leyendo a Ferrajoli: Consideraciones sobre la jurisdicción», *Ensayos,* 2010.

ULRICH, B.: *La sociedad del riesgo Hacia una nueva modernidad*, Barcelona: Paidós, 1998.

VEREVAELE, J. A.: «Medidas de investigación de carácter proactivo y uso de información de inteligencia en el proceso penal», en PÉREZ GIL J. (coor.), *El proceso penal en la sociedad de la información*, Madrid: Dikinson, 2012.

Vives Antón, T. S.: «Sentido y límites de la libertad de expresión» en *La libertad como pretexto*, Valencia: Tirant lo Blanch, 1995.

Vilas Nogueira, J.: «Los valores superiores del ordenamiento jurídico», *Revista Española de Derecho Constitucional,* Año 4, n.º 12, 1984.

Whitman, J. Q.: «The Origins of «Reasonable Doubt», *Yale Faculty Scholarship Series*. Paper 1, 2005.

LA PROTECCIÓN JURÍDICA DEL MENOR EN EL CONTEXTO DE LA SOCIEDAD DIGITAL[1]

Serena Cacciatore
Investigadora postdoctoral en el Área de Derecho Procesal de la Universidad de Burgos sscacciatore@ubu.es

RESUMEN

La protección jurídica del menor de edad constituye una preocupación por parte de los poderes públicos y de la sociedad que muestra su interés ante situaciones de maltrato o violencia sobre niños, niñas y adolescentes. La alarma social provocada en parte por los medios de comunicación informando sobre determinadas conductas violentas ejercidas sobre menores exigen la adopción de medidas que acaben con esta lacra social. En la era digital, los menores se ven expuestos a diversas formas de contenido y experiencias en línea que pueden tener un impacto significativo en su bienestar. Es por estas razones que la protección jurídica del menor en el contexto de la sociedad digital es un tema de gran importancia y relevancia en la actualidad.

El presente trabajo pretende analizar tanto los instrumentos de protección jurídica del menor desde una perspectiva europea como desde una perspectiva española. En particular analizaremos la mediación, como instrumento extrajudicial de conflictos, que desempeña un papel crucial en la esfera de los menores.

1. Introducción

La sociedad digital ha transformado profundamente la forma en que los menores interactúan con el mundo, brindándoles innumerables oportunidades, pero también planteando nuevos desafíos en términos de protección y

1 Trabajo realizado en el marco del proyecto de investigación del plan estatal «El Derecho Procesal civil y penal desde la perspectiva de la Unión Europea: la consolidación del Espacio de Libertad, Seguridad y Justicia (Ref. PID2021-124027NB-I00)», financiado por MCIN/AEI/10.13039/501100011033 / FEDER, UE.

seguridad[2]. A medida que la tecnología avanza, los menores están cada vez más expuestos a diferentes riesgos y desafíos en línea, desde la interacción en redes sociales hasta el acceso a información potencialmente perjudicial. Es fundamental contar con un marco jurídico sólido que garantice la protección adecuada de los menores[3].

A partir de la Carta de los Derechos Fundamentales de la Unión Europea (en adelante CDFUE)[4] que consagra derechos de especial relevancia en relación con los derechos de los niños y niñas en los procedimientos judiciales. Piénsese en el derecho a la dignidad humana (artículo 1), la prohibición de tortura y penas o tratos inhumanos o degradantes, (artículo 4), el derecho a la libertad y a la seguridad (artículo 6), el derecho a la tutela judicial efectiva y a un juez imparcial (artículo 47), etc.

Todos los Estados miembros de la Unión Europea (en adelante UE) están obligados a garantizar que el interés del niño y de la niña prevalezca sobre cualquier otra consideración en cualquier acción que le afecte. Esto, como veremos en la parte dedicada a la perspectiva europea, así como su protección, reviste especial importancia cuando los niños participan en procedimientos judiciales civiles y penales[5].

Por lo que respecta a la perspectiva española, la Ley Orgánica 8/2021, de 4 de junio, de protección integral de la infancia y adolescencia frente a la violencia[6], establece en su Preámbulo los objetivos[7]. Por una parte, trata de

2 *Cf.* Marta Morillas Fernández, «La protección jurídica del menor ante las redes sociales», en *La protección jurídica de la intimidad*, obra colectiva, coordinador Ángeles Jareño Leal, director Francisco Javier Boix Reig, Iustel, 2010, pp. 361-380, con carácter general véase Mercè Berengueras Pont y José María Vera Mur, «Los derechos de la infancia y la protección jurídica del menor», en *Supervisión 21: revista de educación e inspección*, núm. 43, 2017.

3 Sobre el tema María Paz Pous de la Flor y Lourdes Tejedor Muñoz, *Protección jurídica del menor,* 2 ed., Tirant lo Blanch, Valencia, 2022, así como Carlos Lasarte Álvarez y María Paz Pous de la Flor Lourdes Tejedor Muñoz, *Protección jurídica del menor,* Colex, A Coruña, 4 ed., 2016.

4 DOUE de 18 de diciembre de 2000 n. C 364, pp. 1-22. Véase al respecto Andrés de la Oliva Santos, *La Justicia y la Carta de Derechos Fundamentales de la Unión Europea*, Colex, Madrid, 2008, así como Romualdo Bermejo García y Roberto Fernández Fernández, «Los derechos sociales en la Carta de Derechos Fundamentales», *La Carta de Derechos Fundamentales de la Unión Europea: una perspectiva pluridisciplinar*, obra colectiva coordinada por Alberto A. Herrero de la Fuente, Fundación Rei Afonso Henriques, Zamora, 2003, pp. 93-111.

5 Agenzia dell'Unione europea per i diritti fondamentali, *Giustizia a misura di minore: prospettive ed esperienze di professionisti*, 2015, pp.1-20, esp. p. 1, (traducción propia).

6 BOE del 5 de junio de 2021. núm. 134, pp. 8657 a 68730.

7 En su primer artículo, la Ley Orgánica específica el objetivo con carácter general, literalmente: «*garantizar los derechos fundamentales de los niños, niñas y adolescentes a su integridad física, psicológica y moral frente a cualquier forma de violencia, asegurando el libre*

dar cumplimiento a los compromisos internacionales asumidos por España y, por otra, «trata de combatir la violencia sobre la infancia y adolescencia desde una aproximación integral, en una respuesta extensa a la naturaleza multidimensional de sus factores de riesgo y consecuencias».

En este sentido, tenemos que destacar que la citada Ley Orgánica 8/2021, de 4 de junio[8], se relaciona con los compromisos y metas del Pacto de Estado contra la violencia de género[9], así como con la Agenda 2030 para el Desarrollo sostenible de la Asamblea General de Naciones Unidas, suscrita en 2015[10]. La Agenda 2030, plantea 17 objetivos con 169 metas: específicamente, la meta núm. 16.2 fijó como objetivo prioritario «poner fin al maltrato, la explotación, la trata y todas las formas de violencia y tortura contra los niños»[11].

A mayor abundamiento analizaremos todo lo que conlleva la violencia digital empezando por el concepto de violencia contemplado en el artículo 1.2: «*(…) toda acción, omisión o trato negligente que priva a las personas menores de edad de sus derechos y bienestar, que amenaza o interfiere su ordenado desarrollo físico, psíquico o social, con independencia de su forma o medio de comisión, incluida la realizada a través de las tecnologías de la información la comunicación, especialmente la violencia digital*» (artículo 1.2, Ley Orgánica 8/2021).

2. La protección jurídica del menor

Actualmente no existe un concepto de carácter general, o quizás claro, del interés superior del menor, ya que se han avanzado posturas diferentes en el plano jurídico y en la concepción jurídica de todo lo que puede comprender el concepto de «menor», los aspectos que llevan a evaluar la capacidad de

desarrollo de su personalidad y estableciendo medidas de protección integral, que incluyan la sensibilización, la prevención, la detección precoz, la protección y la reparación del daño en todos los ámbitos en que se desarrolla su vida».

8 «La audiencia del menor en los procesos de familia: un trámite a examen» en *Diario Jurídico,* información disponible en https://www.diariojuridico.com/la-audiencia-del-menor-en-los-procesos-de-familia-un-tramite-a-examen/ (fecha de consulta: 30 de junio de 2023).

9 Pacto de Estado contra la violencia de género, disponible en http://www.violenciagenero.igualdad.mpr.gob.es/pactoEstado/docs/Documento_refundi-do_PEVG_.pdf (fecha de consulta: 30 de junio de 2023).

10 La Asamblea General adopta la Agenda 2030 para el Desarrollo Sostenible https://www.un.org/sustainabledevelopment/es/2015/09/la-asamblea-general-adopta-la-agenda-2030-para-el-desarrollo-sostenible/# (fecha de consulta: 30 de junio de 2023).

11 M.ª Ángeles Cano Linares «Poner fin al maltrato, la explotación, la trata y todas las formas de violencia y tortura contra los niños: La trata de niños», *Objetivos de desarrollo sostenible y Derechos Humanos: paz, justicia e instituciones sólidas. Derechos Humanos y empresas,* obra colectiva, coordinada por Diana Marcela Verdiales López; directores Cástor M. Díaz Barrado y Carlos R. Fernández Liesa, Universidad Carlos III de Madrid, Instituto Universitario de Estudios Internacionales y Europeos "Francisco de Vitoria", Madrid, 2018, pp. 123-132.

actuar en su persona, y el significado de «interés superior del menor», desde el punto de vista de principio, derecho o una conexión jurídica de ambos[12].

Se supone que la falta de definición se debe a una imprecisa elaboración del concepto de «menor», y que esta confusión implica en la valoración de la capacidad de actuar del menor, hasta el punto de equipararla a veces a la de un incapaz. A tal efecto, como bien afirman SÁNCHEZ y FERNÁNDEZ, la capacidad jurídica puede analizarse bajo dos aspectos: la capacidad de derecho, adquisición o goce, y la capacidad de ejercicio, de hecho, o de acción. Estos elementos representan el *eje cardinal* del protagonismo del menor dentro de las relaciones jurídicas como titular de un derecho, o destinatario de un deber o de una obligación[13].

Siguiendo a GARCÍA PÉREZ, a nivel internacional existe el consenso y la necesidad de introducir en las legislaciones penales de menores «mecanismos desjudicializadores». Se trata de una sucesión de técnicas destinadas a concluir el procedimiento penal formal en fases anteriores a la comprobación de la culpabilidad del menor, renunciando a la acusación o suspendiendo el procedimiento, o incluso impidiendo su incoación, no comunicando la policía la *notitia criminis* a los órganos de la administración de justicia[14]. Continua el autor: «(...) *dentro de los mecanismos desjudicializadores se puede distinguir entre aquellos que implican sin más la renuncia a la intervención penal sin poner en marcha medios alternativos y aquellos otros en los que la evitación del proceso penal va acompañada de la adopción de otras medidas».*

A pesar de los avances normativos, la protección jurídica del menor en el contexto de la sociedad digital enfrenta desafíos significativos. El rápido avance de la tecnología, la globalización y la necesidad de adaptarse constantemente a nuevas amenazas plantean retos en la protección de los derechos

12 Arnulfo SÁNCHEZ y Yulisán FERNÁNDEZ, «El interés superior del menor en el marco de la utilización de los métodos alternos de solución de conflictos en el ámbito penal», en *Actualidad Jurídica Iberoamericana*, núm.13, 2020, pp. 794-819, esp. p. 798. Así como, Rebeca Elizabeth CONTRERAS LÓPEZ, y Miguel Ángel HERNÁNDEZ HERNÁNDEZ, «El interés superior del menor desde la perspectiva de los derechos humanos» en *Revista Letras Jurídicas*, núm. 40, 2019, pp. 179-187.

13 Arnulfo SÁNCHEZ y Yulisán FERNÁNDEZ, «El interés superior del menor en el marco de la utilización de los métodos alternos de solución de conflictos en el ámbito penal», *op. cit.* p. 798. Al respecto y para profundizar la temática, María Susana QUICIOS MOLINA, «Filiación e interés superior del menor», *Aproximación interdisciplinar a los retos actuales de protección de la infancia dentro y fuera de la familia»*, coordinada por Abigail Quesada Páez y Gisela Moreno Cordero; directores María del Carmen García Garnica y Nuria Marchal Escalona, Aranzadi, Pamplona, 2019, pp. 43-66.

14 Octavio GARCÍA PÉREZ, «La mediación en el sistema español de justicia penal de menores», en *Revista Criminalidad,* núm. 2, 2011, bajo otro aspecto léase Sonia GARCÍA-VÁZQUEZ, «La protección jurídica del menor inmigrante», *La inmigración en España: contextos y alternativas*, coordinado por Francisco Javier García Castaño y Carolina Muriel López, Universidad de Granada, Laboratorio de Estudios Interculturales, Granada, 2002 (Comunicaciones, 2.ª parte), pp. 301-313.

de los menores. En conexión con el estudio abordado, se necesita fomentar la alfabetización digital y la concienciación sobre los riesgos en línea. Por un lado, con la primera, se entiende la necesidad de adquirir conocimientos y habilidades relacionadas con el uso de dispositivos electrónicos, así como el acceso a la información en línea y la seguridad cibernética[15]. Por el otro lado, por concienciación sobre los riesgos en línea se entiende la comprensión y la percepción de los posibles peligros y amenazas asociados con el uso de internet y las tecnologías digitales, como el acoso cibernético[16], el acceso no autorizado a datos personales, la exposición a contenidos inapropiados, entre otros[17].

2.1. Perspectiva europea

Antes de centrarnos en la perspectiva europea, tenemos que subrayar los referentes normativos internacionales de protección infantil. El compromiso de preservar a los menores de edad ante la violencia se identifica en los textos internacionales que constituyen el fundamento sobre el cual se estructura el sistema de protección previsto en la legislación española. La Convención sobre los derechos del Niño[18], desarrollado a través de tres protocolos

15 *Cf.* Luigi MARTINO y Fernando TOMÉ BERMEJO, «La inteligencia al servicio de la seguridad cibernética. Continuidad de negocio en el marco de las infraestructuras críticas», *La inteligencia y su actual relación con la seguridad*, obra colectiva, coordinada por Fernando Tomé Bermejo y Gracia Abad Quintanal, directores Claudio Payá Santos y Giacomo Sillari, Wolters Kluwer, Madrid, 2018, pp. 301-317; así como Luigi MARTINO, «Seguridad cibernética por las infraestructuras críticas: análisis europeo e internacional», *Inteligencia aplicada a la seguridad del siglo XXI*, obra colectiva coordinada por Juan Jose Delgado Morán, director Claudio Payá Santos, Praxis, Ciudad de Mexico, 2017, pp. 355-360.

16 Al respecto, Alan Freddy CARRASCO DÁVILA, «Acoso cibernético», *Crisis analógica, futuro digital*, actas del IV Congreso Online del Observatorio para la Cibersociedad, celebrado del 12 al 29 de noviembre de 2009, 2010, disponible en https://www.cibersociedad.net/ (fecha de consulta: 30 de junio de 2023). Véase también Benedetta Emanuela PALLADINO, Annalaura NOCENTINI, Ersilia MENESINI, «Online and offline peer led models against bullying and cyberbullying», en *Psicothema,* núm. 4, 2012, pp. 634-639.

17 Para desarrollar la alfabetización digital y promover la concienciación sobre los riesgos en línea se podrían a modo de ejemplo, desarrollar programas educativos con instituciones académicas y organizaciones especializadas enseñando a los jóvenes a reconocer los riesgos en línea y tomar medidas para evitarlos; las campañas de sensibilización públicas para informar y concienciar a la sociedad. Véase al respecto, Cristina RODRIGUES, «Alfabetización digital en educación infantil», *Las TIC como plataforma de teleformación e innovación educativa en las aulas*, obra colectiva, coordinada por Alfonso Chaves-Montero, Egregius, Badalona, 2018, pp. 211-232.

18 Adoptada por la Asamblea General de Naciones Unidas mediante Resolución 44/25, el 20 de noviembre de 1989, (ratificado por España en diciembre de 1990). Aparecen los primeros pasos en el ámbito de justicia de menores en España situados en Cataluña en mayo de 1990, con el programa de mediación y reparación en el ámbito de la justicia de menores, al amparo de la Ley de Tribunales Tutelares de Menores de 1948. Más informa-

facultativos: el Protocolo facultativo de la Convención sobre los Derechos del Niño relativo a la participación de niños en conflictos armados[19]; Protocolo facultativo sobre la venta de niños, la prostitución infantil y la utilización de los niños en la pornografía[20] y el Protocolo de la Convención sobre los Derechos del Niño relativo a un procedimiento de comunicaciones[21].

La Convención de los Derechos del Niño, por una parte, en su artículo 12.2 ampara el derecho del niño a ser oído: «(...) *se dará al niño la oportunidad de ser escuchado en todo procedimiento judicial o administrativo que afecte al niño*». En los antecedentes de la misma afirma: «*los niños deben recibir la protección y asistencia necesaria para poder asumir plenamente sus responsabilidades dentro de la comunidad*»[22] más adelante, «*el niño debe estar plenamente preparado para la vida independiente en la comunidad*». Por otra parte, en su artículo 40.3.b impone a los Estados que vinculen los mecanismos indispensables para que, cuando se estime apropiado, se puedan adoptar medidas contra los menores infractores sin acudir a procesos judiciales[23], siempre bajo el respeto de los derechos humanos y las garantías legales de los menores[24].

---

ción en María Saavedra Gutiérrez, «Análisis del proceso de mediación penal con menores en España» en *Revista Paradigma, Ribeirão Preto-SP*, núm. 3, 2018, pp. 2-15. A mayor abundamiento véase la página web https://www.ohchr.org/es/instruments-mechanisms/instruments/convention-rights-child (fecha de consulta: 30 de junio de 2023).

19 *Cf.* Felipe Gómez Isa, «El protocolo facultativo a la convención sobre los derechos del niño relativo a la participación de los niños en los conflictos armados», en *Los derechos de la infancia y de la adolescencia,* obra colectiva, coordinadores Manuel Calvo García, Natividad Fernández Sola, Mira Editores, Zaragoza, pp. 208-218.

20 *Cf.* Jacinto Escudero Vidal y Manuel Mendoza Prario, «Protocolo facultativo de la Convención sobre los Derechos del Niño relativo a la venta de niños, la prostitución infantil y la utilización de niños en la pornografía», *Derechos del niño*, Maristas, Madrid, pp. 356-369.

21 Isaac Ravetllat Ballesté, «El Protocolo Facultativo de la Convención sobre los Derechos del Niño relativo a un procedimiento de comunicaciones. El interés superior del niño como epicentro de su tramitación» en *Revista Electrónica del Instituto de Investigaciones Jurídicas y Sociales Ambrosio Lucas Gioja,* núm. 23, 2019, pp. 225-264.

22 Julio Díaz-Maroto y Villarejo, «La responsabilidad penal del menor en el Derecho español» en *Revista penal México,* núm. 9, 2016, pp. 19-36.

23 El concepto que se ha citado anteriormente de «mecanismos desjudicializadores», véase otra vez, Octavio García Pérez, «La mediación en el sistema español de justicia penal de menores», *op. cit.*

24 Otro avance significativo en ámbito internacional se produjo con las «*Reglas Mínimas de las Naciones Unidas para la administración de la Justicia de menores, conocidas como las Reglas de Beijing, integradas en la Resolución de la Asamblea General de las Naciones Unidas 40/33, de 29 de noviembre de 1985. Así, el art. 11 de las Reglas de Beijing reivindica que se contemple la posibilidad de ocuparse de los jóvenes infractores sin recurrir a los órganos encargados de su enjuiciamiento formal. Para ello se faculta a la Policía, al Ministerio Fiscal y a cualquier otra institución que tenga que ver con la delincuencia juvenil para la resolución discrecional de estos casos».* María Saavedra Gutiérrez, «Análisis del proceso de mediación penal con menores en España», *op. cit.*, esp. p. 6.

Este marco normativo internacional, por otra parte, debe ser complementado con diferentes instrumentos europeos[25], recordamos por primero:

- el Tratado de Lisboa de 2007[26];
- el Convenio del Consejo de Europa para la protección de los niños contra la explotación y el abuso sexual, hecho en Lanzarote el 25 de octubre de 2007[27];
- el Convenio del Consejo de Europa sobre prevención y lucha contra la violencia, contra la mujer y la violencia doméstica hecho en Estambul en el 2011[28];
- el Convenio núm. 197 del Consejo de Europa sobre la lucha contra la trata de seres humanos hecho en Varsovia el 16 de mayo de 2005[29];
- el Convenio sobre Ciberdelincuencia de 2001[30];
- la Estrategia del Consejo de Europa para los derechos de la infancia y la adolescencia (2016-2021) en la que se establece como esferas prioritarias para garantizar los derechos de los niños «una vida libre de violencia para todos los niños»[31].

---

25 María Dolores Blázquez Peinado, «Víctimas vulnerables y menores en el proceso penal en el ámbito de la Unión Europea», en *Revista General de Derecho Europeo*, núm. 52, 2020.

26 No aborda específicamente la protección de los menores, sin embargo, existen disposiciones que respaldan indirectamente la protección de los menores en el contexto de la UE. A modo de ejemplo, el Tratado de Lisboa incorporó la Carta de los Derechos Fundamentales en el marco jurídico de la UE. La Carta contiene disposiciones relacionadas con los derechos de los menores de edad, véase el art. 24 de la Carta establece el derecho de los niños a la protección y el cuidado necesarios para su bienestar. Para profundizar véase Isabel Rodríguez-Uría Suárez, «Secuestro intracomunitario de menores: ilicitud del desplazamiento y Carta de Derechos Fundamentales de la Unión Europea: Comentario a la STUE de 5 de octubre de 2010», en *Diario La Ley*, núm. 7538, 2010.

27 BOE del 12 de noviembre de 2010, núm. 274, pp. 94858 a 94879. Sobre este mismo Convenio, María Teresa Marcos Martín, «Un nuevo paso en la lucha contra la explotación sexual infantil: el Convenio del Consejo de Europa para la protección de los niños contra la explotación y el abuso sexual», *Revista sobre la infancia y la adolescencia,* núm. 1, 2011, pp. 100-111.

28 Convenio de Europa de 11 de mayo de 2011, sobre prevención y lucha contra la violencia contra la mujer y la violencia de género, núm. 210, disponible en https://rm.ConsejodeEuropa.int/1680462543 (fecha de consulta: 30 de junio de 2023).

29 Instrumento de Ratificación del Convenio del Consejo de Europa sobre la lucha contra la trata de seres humanos (Convenio núm. 197 del Consejo de Europa), hecho en Varsovia el 16 de mayo de 2005. BOE del 10 de septiembre de 2009, núm. 219, pp. 76453 a 76471.

30 Instrumento de Ratificación del Convenio sobre la Ciberdelincuencia, hecho en Budapest el 23 de noviembre de 2001. BOE del 17 de septiembre de 2010, núm. 226, pp. 78847 a 78896.

31 La Estrategia de la UE sobre los Derechos del Niño y la Garantía Infantil Europea, disponible en https://commission.europa.eu/strategy-and-policy/policies/justice-and-fundamental-rights/rights-child/eu-strategy-rights-child-and-european-child-guarantee_es (fecha de consulta: 30 de junio de 2023).

A nivel europeo, el Reglamento (UE) 2016/679 del Parlamento Europeo y del Consejo de 27 de abril de 2016 relativo a la protección de las personas físicas en lo que respecta al tratamiento de datos personales y a la libre circulación de estos datos[32] y la Directiva 2000/31/CE, del Parlamento Europeo y del Consejo, de 8 de junio, relativa a determinados aspectos de los servicios de la sociedad de la información[33] (conocida mejor como la *Directiva sobre el comercio electrónico*), establecen obligaciones para los proveedores de servicios en línea y garantizan el tratamiento adecuado de los datos personales de los menores. Los proveedores de servicios en línea, también conocidos como intermediarios en línea, son entidades o personas que facilitan servicios relacionados con el uso de Internet y la sociedad digital. Estos servicios pueden incluir plataformas de redes sociales, motores de búsqueda, proveedores de alojamiento web, proveedores de servicios de correo electrónico, entre otros[34].

En concreto, por una parte, el Reglamento en cuestión conocido también como el Reglamento General de Protección de Datos, en su artículo 8 regula las «Condiciones aplicables al consentimiento del niño en relación con los servicios de la sociedad de la información», estableciendo que *«el tratamiento de los datos personales de un niño se considerará lícito cuando tenga como mínimo 16 años. Si el niño es menor de 16 años, tal tratamiento únicamente se considerará lícito si el consentimiento lo dio o autorizó el titular de la patria potestad o tutela sobre el niño, y solo en la medida en que se dio o autorizó»*.

Por otra parte, la *Directiva sobre el comercio electrónico*, en su artículo 3 prevé que los Estados miembros podrán tomar medidas dirigidas a restringir la libertad de prestación de servicios de la sociedad de la información de otro Estado miembro para proteger los menores. Se señala el artículo 15 de la Directiva en cuestión, que establece las disposiciones relacionadas con la retirada de contenidos ilícitos (a modo de ejemplo de páginas webs) y la interrupción de los servicios que ofrezcan tales conte-

---

32 Reglamento (UE) 2016/679 del Parlamento Europeo y del Consejo de 27 de abril de 2016 relativo a la protección de las personas físicas en lo que respecta al tratamiento de datos personales y a la libre circulación de estos datos y por el que se deroga la Directiva 95/46/CE. DOUE del 4 de mayo de 2016, núm. L 119/1, pp.1-8.

33 DOUE del 17 de julio de 2000, núm. 178, pp. 1-16. Sobre la Directiva, Pablo Salvador Coderch, Juan Antonio Ruiz García, «Directiva sobre comercio electrónico: control de contenidos» *Indret: Revista para el Análisis del Derecho,* núm. 1, 2001.

34 Los proveedores de servicios en línea manejan grandes cantidades de datos personales de los usuarios, como nombres, direcciones de correo electrónico, información de transacciones, etc. Desde un punto de vista jurídico, es fundamental que estos proveedores cumplan con las normativas de protección de datos, como el Reglamento (UE) 2016/679 del Parlamento Europeo y del Consejo de 27 de abril de 2016 relativo a la protección de las personas físicas en lo que respecta al tratamiento de datos personales y a la libre circulación de estos datos.

nidos. Además, en el artículo 16.1 e) se establece por parte de los Estados miembros y por parte de la Comisión Europea el fomento por lo que respecta: «*la elaboración de códigos de conducta en materia de protección de los menores...*».

Por último, señalar la Recomendación (99) 19 del Comité de Ministros del Consejo de Europa[35] que define la mediación en el ámbito penal y que trataremos más adelante, como cualquier proceso que permita a la víctima y al delincuente participar activamente, si así lo desean libremente, en la resolución de las dificultades derivadas del delito, con la ayuda de un tercero independiente llamado mediador. Así como la Recomendación (2008) 11, de 5 de noviembre, del Comité de Ministros del Consejo de Europa sobre las «Reglas europeas para infractores menores de edad sometidos a sanciones o medidas», proclama la estimulación de la mediación y otras medidas restaurativas en todas las fase del tratamiento con menores.

2.2. Perspectiva española

Como hemos adelantado en la introducción, la Ley Orgánica 8/2021, de 4 de junio en su artículo 1.2, prevé la incorporación de la denominada *violencia digital*[36]. Se entiende por *violencia digital* aquella ejercida a «través de las tecnologías de la información y de la comunicación». La referencia a la misma demuestra la especial atención que el legislador penal español otorga al ámbito de las TIC (tecnologías de la información y la comunicación), lo que queda reflejado en la inclusión de tipos penales cuyo fundamento de injusto es el medio comisivo empleado para lesionar o poner en peligro bienes jurídicos como la vida o la integridad de los menores. A tal efecto, se han

35 La Recomendación núm. R (99) 19 del Comité de Ministros del Consejo de Europa relativa a la mediación en materia penal establece unos principios que deben tener en cuenta los Estados miembros al desarrollar la mediación en materia penal. *Cf.* María Belén Sánchez Domingo, «La víctima menor de edad en la mediación penal», *La víctima menor de edad: un estudio comparando Europa/América*, obra colectiva coordinada por Teresa Armenta Deu y Susana Oromí i Vall-Llovera, Constitución y Leyes, COLEX, A Coruña, 2010, pp. 317-323.

36 Begoña Pérez Calle y Pilar Arranz Martínez, *Vulnerabilidad, violencia y sabiduría digital*, obra colectiva coordinada por Elena Bandrés Goldáraz, Egregius, Badalona, 2021; desde otro punto de vista Solange Rodriguez Soifer, «De la violencia de masas a la violencia digital en Twitter», *Cuadernos del Centro de Estudios en Diseño y Comunicación. Ensayos*, núm. 165, 2022, pp. 147-170.

introducido delitos como el de promover al suicidio[37], la autolesión[38] o los trastornos alimenticios entre menores de edad[39], y cuyas conductas deben ser realizadas a través de medios tecnológicos y de la comunicación[40].

En España, la protección jurídica del menor en el ámbito digital se aborda principalmente mediante: la Ley Orgánica 3/2018 de 5 de diciembre, de Protección de Datos Personales y garantía de los derechos digitales[41] y la Ley 34/2002, de 11 de julio, de servicios de la sociedad de la información y de comercio electrónico[42]. Esta última, implementa la *Directiva sobre el Comercio Electrónico* mencionada anteriormente.

La Ley Orgánica 3/2018 de 5 de diciembre y la Ley 34/2002, de 11 de julio, establecen las obligaciones de los proveedores de servicios digitales y los derechos de los menores en relación con la privacidad y la seguridad en línea. En este caso específico, por proveedores de servicios digitales se puede entender también juegos en línea, servicios de mensajería, etc., que recopilan y procesan una gran cantidad de datos personales de los usuarios, en este caso hablamos de menores. Las Políticas de privacidad y consentimiento a través de los proveedores tendrán que ser claras además de solicitar el consentimiento informado de los padres o tutores legales para recopilar

---

37 Juego de la ballena azul: artículo 143 bis del código penal: fomentar o incitar al suicidio. No es necesario que el suicidio llegue a realizarse. El tipo se refiere tan solo «a incitar» a la acusación de la muerte propia. Si el suicidio, no obstante, llega a producirse se resolverá por la vía del concurso de delitos –probablemente ideal- (el de inducción tecnológica con o sin actos ejecutivos de suicidio y el del propio suicidio, punible para el inductor). Más información sobre el Juego de la ballena azul Aixa GÁLVEZ JIMÉNEZ, Manuel RODRÍGUEZ MONSERRAT, «Consecuencias jurídico-penales del juego online la "ballena azul", *Aproximación interdisciplinar a los retos actuales de protección de la infancia dentro y fuera de la familia*, obra colectiva coordinada por Abigail Quesada Páez y Gisela Moreno Cordero; directores María del Carmen García Garnica, Nuria Marchal Escalona, Aranzadi, Pamplona, 2019, pp. 453-471.

38 Al respecto, Rolando GRANADOS MUÑOZ «Desarrollo de una escala para medir actitud hacia la autolesión de menores», *Archivos de Criminología, Seguridad Privada y Criminalística,* núm. 23, 2019, pp. 40-48.

39 Fátima RAMÍREZ SÁNCHEZ, Sonia JAIMEZ PÉREZ, Mercedes GIL CAMPOS, Katherine Ubina FLORES ROJAS, «La experiencia en pacientes pediátricos con desórdenes alimenticios durante 10 años», *Actualidad médica*, núm. 811, 2020, pp. 182-189.

40 María Sonsoles VIDAL HERRERO-VIOR, «Proyección criminológica y jurídico-penal de las promoción del suicidio, la autolesión y los trastornos alimentarios de menores de edad», *Protección integral a la infancia y la adolescencia frente a la violencia: análisis jurídico, criminológico y de ámbito publicitario de las disposiciones finales de la Ley Orgánica 8/2021, de 4 de junio, de protección integral a la infancia y la adolescencia frente a la violencia*, coordinada por María Sonsoles Vidal Herrero-Vior, 2022, Tirant lo Blanch, Valencia, pp. 171-214.

41 BOE del 6 de diciembre de 2018, núm. 294, pp.119788 a 119857.

42 BOE del 12 de julio de 2002, núm. 166, pp. 25388 a 25403.

y procesar los datos personales (especialmente cuando se trata de datos sensibles o se brindan servicios dirigidos específicamente a ellos).

En particular, los proveedores de servicios digitales deben establecer mecanismos efectivos para que los usuarios, incluidos los menores, puedan denunciar contenidos inapropiados, acosos o cualquier otra actividad ilícita en línea. Asimismo, deben responder de manera oportuna y adecuada a estas denuncias, tomando medidas como la eliminación de contenidos, la suspensión de cuentas o la colaboración con las autoridades competentes en casos de delitos[43].

Cuando se habla de las «herramientas de control parental», se hace referencia a *softwares* que permiten a los progenitores administrar el uso que hacen los menores de uno o varios dispositivos electrónicos. Estas «herramientas de control parental», deberían incluir restricciones de edad, filtros de contenido, configuraciones de privacidad, límites de tiempo de uso, entre otros. En España, alrededor del 70 % de los menores de entre 10 y 15 años tienen un móvil y depende del caso, lo utilizan sin supervisión[44].

Por último, se han creado organismos especializados, como la Agencia Española de Protección de Datos[45], un organismo público de carácter administrativo independiente, encargado de supervisar el cumplimiento de estas normativas. Las responsabilidades y competencias de la mencionada Agencia están contenidas en la Ley Orgánica 3/2018, de Protección de Datos Personales. Entre las principales funciones, tiene la competencia para resolver reclamaciones y denuncias presentadas por los afectados en relación con el tratamiento de sus datos personales; promueve el desarrollo de buenas prácticas en el ámbito de la protección de datos personales, a través de la difusión de pautas, códigos de conducta. La Agencia participa activamente en la cooperación internacional en materia de protección de datos, colaborando con otras autoridades de protección de datos de la UE y terceros países. Además, desempeña un papel relevante en la aplicación y supervisión del Reglamento General de Protección de Datos, mencionado anteriormente, a nivel europeo.

43 Véase el Informe de 2019 sobre seguridad de los niños en línea, realizado por parte de *Broadband Commission for Sustainable Development, International Telecommunication Union, UNESCO, Child online safety: minimizing the risk of violence, abuse and exploitation online,* 2019, https://unesdoc.unesco.org/ark:/48223/pf0000374365 (fecha de consulta: 30 de junio de 2023).

44 Mas información, «Herramientas de control parental: qué son y sus características» disponible en https://www.eldiario.es/consumoclaro/herramientas-control-parental-son-caracteristicas_1_8201814.html#:~:text=Las%20herramientas%20de%20control%20parental%20son%20softwares%20que%20permiten%20a,YouTube%20o%20Amazon%20Prime%20Video (fecha de consulta: 30 de junio de 2023).

45 Jesús Rubí Navarrete, «La Agencia Española de Protección de Datos», *Tratado de protección de datos: actualizado con la Ley Orgánica 3/2018, de 5 de diciembre, de Protección de Datos Personales y Garantía de los Derechos Digitales*, obra colectiva coordinada por Artemi Rallo Lombarte, Tirant lo Blanch, Valencia, 2019, pp. 491-520.

3. La mediación penal y los menores

La utilización de los Métodos Alternos de Solución de Conflictos con respecto al proceso penal, y por lo que nos respecta la mediación, como afirman SÁNCHEZ GARCÍA y FERNÁNDEZ SILVA «*ha contribuido a reacondicionar el rol de la víctima y el infractor, convirtiéndose en los protagonistas de la gestión, y solución—a través de la suscripción del acuerdo reparatorio—de conflicto penal*»[46]. La mediación penal es uno de los mecanismos utilizados en la resolución de conflictos penales que ampara la denominada justicia restaurativa[47].

Cuando se habla de mediación penal con referencia a los menores[48], CAMPELL define la mediación «una opción para que los niños puedan ser escuchados sobre aquello que los concierne», es decir, su idea coincidía con la posibilidad de incluir los niños «buscando la defensa del mejor interés sacándolo del contexto del adulto»[49].

La mediación penal se recoge en la Ley Orgánica 5/2000, de 12 de enero, reguladora de la responsabilidad de los menores[50]. Se prevé las fórmulas de solución extrajudicial y, en consecuencia, los procesos de mediación como respuestas educativas y complementarias al proceso judicial, en efecto esta Ley se centra en la protección y el tratamiento de los menores que han come-

---

46 Arnulfo SÁNCHEZ y Yulisán FERNÁNDEZ, «El interés superior del menor en el marco de la utilización de los métodos alternos de solución de conflictos en el ámbito penal», *op. cit* p. 796.

47 Para mayor información véase el trabajo fin de master de Irantzu RUIZ CERMEÑO, titulado «La mediación en el ámbito de la justicia penal de menores», Facultad de Ciencias Sociales, Jurídicas y de la Comunicación. Universidad de Valladolid. Campus María Zambrano, Segovia, pp. 1-52, esp. p. 6. Además de Helena SOLETO MUÑOZ y Ana CARRASCOSA MIGUEL, *Justicia restaurativa: una justicia para las víctimas*, Tirant lo Blanch, Valencia, 2019.

48 *«(...) están atribuidas, según dispone el apartado 3 del artículo 19 de la Ley Orgánica a los equipos técnicos adscritos a las Fiscalías y Juzgados de Menores. No obstante, y de conformidad con el apartado 7 del artículo 8 del Reglamento que desarrolla dicha Ley, dichos equipos podrán ser apoyados en estas funciones por las Administraciones Públicas».* Para una visión esquemática de las funciones véase https://www.juntadeandalucia.es/organismos/justiciaadministracionlocalyfuncionpublica/areas/justicia/mediacion/paginas/mediacion-penal-menores.html (fecha de consulta: 30 de junio de 2023).

49 Jesús A. VALERO MATAS, «La inclusión de los niños en el proceso de mediación familiar: reflexiones desde el caso neozelandés» en *Revista de Investigaciones Políticas y Sociológicas,* núm. 1, 2010, pp. 89-100, esp. p. 91.

50 BOE del 13 de enero del 2000, núm. 11, pp. 1422 a 1441. Véase al respecto el artículo de Beatriz CRUZ MÁRQUEZ, «La mediación en la Ley Orgánica 5/2000, reguladora de la responsabilidad penal de los menores: conciliación y reparación del daño», en *Revista Electrónica de Ciencia Penal y Criminología,* 2005, disponible en http://criminet.ugr.es/recpc/ (fecha de consulta: 30 de junio de 2023).

tido algún delito. Además, se hace mención a la mediación penal en el Reglamento de desarrollo del año 2004 (en materia de violencia de género) para prohibirla[51].

La Ley Orgánica de Responsabilidad Penal de los menores, se aplicará para exigir la responsabilidad de las personas entre 14 y 18 años (artículo 1.1) por la comisión de hechos tipificados como delitos o faltas en el Código Penal o en las leyes penales especiales. Tanto los menores de 14 años como los de 18 a 21 años quedan fuera del ámbito de aplicación[52]. En España, a diferencia de lo que ocurre con la mediación penal entre adultos (que no contempla la posibilidad de mediación), sólo se encuentra regulada actualmente de forma expresa la mediación en el ámbito de la responsabilidad penal de menores en la Ley Orgánica 5/2000, objeto de estudio. En efecto, los artículos que hacen referencia a la mediación son los artículos 19, 27 y 51.

Empezando por el primer artículo mencionado, «Sobreseimiento del expediente por conciliación o reparación entre el menor y la víctima», en el apartado 3, menciona expresamente la «mediación» y es el único el artículo (19) que lo hace de forma expresa, en efecto establece que será el equipo técnico[53] el que realizará las funciones de mediación entre el menor y la víctima o perjudicado.

El Ministerio fiscal le corresponde la iniciativa del procedimiento de oficio o a instancia del equipo técnico (artículo 27). Además, el Ministerio fiscal podrá desistir de la continuación del expediente «*atendiendo a la gravedad y circunstancias de los hechos y del menor, valorando positivamente la falta de*

51 María SAAVEDRA GUTIÉRREZ, «Análisis del proceso de mediación penal con menores en España» *op. cit.*, esp. p. 3.

52 Se entiende por niños menores de 14 años, lo que no están sujetos a responsabilidad penal, pero si a las normas previstas en el Código Civil; los menores de edad compresa entre los 14 y 18 se exigirá la responsabilidad penal conforme a la Ley Orgánica de Responsabilidad Penal y con la finalidad de establecer para cada uno, diferencias en la duración de las medidas, la Ley distingue entre mayores de 14 y menores de 16 años, de un lado, y mayores de 16 y menores de 18 años, de otro. Por último, se identifican lo jóvenes, entre 18 y 21 y adultos, responsables penales en los términos establecidos por el Código Penal.

53 «*La función mediadora del equipo técnico se encuentra detallada en los arts. 4 y 5 del RD 1774/200412, de 30 de julio, por el que se aprueba el Reglamento de desarrollo de la LORPM, (RRPM) donde se determina que aquél estará compuesto por trabajadores sociales, educadores y psicólogos, y que deberán asistir tanto a los menores como a los jueces y el Ministerio Fiscal. El equipo técnico deberá redactar informes y elaborar propuestas, tanto al ministerio Fiscal como al Juez de menores; sin embargo su función en lo que al menor respecta estará más encaminada a prestar asistencia profesional al menor desde el momento de su detención (art. 4 del Reglamento 1774/2004)*». María SAAVEDRA GUTIÉRREZ, «Análisis del proceso de mediación penal con menores en España» *op. cit.*, esp. pág 11.

intimidación o Atendiendo también a que se hay conciliado o asumido el compromiso de reparar el daño causado a la víctima o perjudicado por el delito, o se haya a cumplir la actividad educativa propuesta por el equipo técnico en su informe»[54]. Estas últimas medidas podrán tenerse presentes cuando el hecho imputado al menor constituya delito menos grave o faltas[55].

Por otra parte, el artículo 19 continúa indicando que la conciliación[56] se considera realizada cuando el menor ha reconocido el daño y se han presentado las disculpas. Adicionalmente, la reparación se considera efectuada cuando el menor se ha comprometido con la víctima (o perjudicado) a realizar alguna actividad en beneficio de esta o de la comunidad, sin perjuicio del posible acuerdo referente a la responsabilidad civil. Concluido el procedimiento de conciliación y la consiguiente reparación efectiva, la Ministerio Fiscal considerará concluido la fase de instrucción y solicitará el sobreseimiento y archivo del caso. El proceso continuará si los pasos anteriores no se han dado (artículo 19.4).

En cuanto al artículo 51, prevé que la mediación tenga lugar durante la ejecución, procediendo a una sustitución de las medidas. Se trata de dejarlas sin efecto o sustituirlas por otras que el juez considere más adecuadas. Las medidas se solicitarán a instancia del Ministerio Fiscal o del letrado del menor, y previa audiencia de las partes, lo mismo que equipo técnico y de la representación del organismo público, si procede.

De acuerdo con este precepto, la conciliación del menor con la víctima, en cualquier momento en que se alcance el acuerdo entre las dos partes previsto en el artículo 19 de la presente Ley, podrá dejar sin efecto la medida impuesta por el Juez, a propuesta del fiscal o del letrado del menor y previa consulta al equipo técnico y a la representación del organismo público de tutela o reforma de menores, siempre que el acto y la duración de la medida ya descontada expresen suficientemente la reprobación merecida por los hechos cometidos por el menor.

Por último, señalar que desde la aprobación de la LO 5/2000, de 12 de enero, ha estado sujeta a un constante proceso de revisión, empezado quizás antes de su entrada en vigor, y llevado a cabo con la última reforma iniciado

54 María SAAVEDRA GUTIÉRREZ, «Análisis del proceso de mediación penal con menores en España» *op. cit.*, esp. p. 9.

55 Con respecto a las faltas, desde el 1 de julio de 2015, han desaparecido del Código Penal español con la entrada en vigor de La Ley Orgánica 1/2015, de 30 de marzo (BOE del 31 de marzo del 2015, núm. 77, pp. 27061- 27176).

56 Sobre la temática interesante punto de vista de Arancha GARCÍA GOMIS, *Riesgo, reincidencia delictiva y medida extrajudicial de conciliación en menores infractores*, Tesis doctoral dirigida por Pilar Jara Jiménez (dir. tes.), Lidón Villanueva Badenes (dir. tes.), Universitat Jaume I, 2016.

por la LO 8/2006, de 4 de diciembre[57], que continúa en la misma medida de endurecimiento punitivo que caracterizó las reformas anteriores[58].

4. Reflexión final

La sociedad digital proporciona un amplio abanico de oportunidades y beneficios para el desarrollo de los menores, pero también presenta riesgos significativos. La legislación debe enfocarse en la promoción de la educación digital: elemento «clave» para llegar a una colaboración entre los actores involucrados y la investigación continua para mantener actualizado el marco jurídico y garantizar una protección efectiva de los menores. A este propósito, es fundamental promover la cooperación entre los Estados miembros y garantizar la coherencia en la aplicación de las normativas. En el caso de España, se han realizado esfuerzos para alinear su legislación con los estándares europeos.

A través la mediación penal con referencia a los menores, que se orienta hacia la reparación del daño causado, hemos visto como la misma es una forma posible y eficaz de resolver los conflictos que existen en nuestros jóvenes ofrece ventajas y beneficios en comparación con el método tradicional de resolución de conflictos. De hecho, la mediación provoca en el menor una serie de efectos positivos para no reincidir. Incluso cuando saben que han actuado mal, a través de esta herramienta son capaces de aprender a responsabilizarse de sus actos y consecuencias. A pesar de los avances en la mediación en el ámbito de la sociedad digital, persisten desafíos y limitaciones significativas.

En conclusión, la protección jurídica del menor en la sociedad digital debe ser vista como un imperativo moral y legal. Es responsabilidad de los Estados, las instituciones y la sociedad en su conjunto garantizar que los menores puedan disfrutar plenamente de los beneficios de la tecnología digital de manera segura y protegida, preservando su dignidad, integridad y desarrollo integral.

57 Ley Orgánica 8/2006, de 4 de diciembre, por la que se modifica la Ley Orgánica 5/2000, de 12 de enero, reguladora de la responsabilidad penal de los menores, BOE del 5 de diciembre de 2006, núm. 290, pp. 42700 a 42712.

58 Ágata María SANZ HERMIDA, «Artículo 19: sobreseimiento del expediente por conciliación o reparación entre el menor y la víctima», *Comentarios a la Ley penal del menor: (conforme a las reformas introducidas por la LO 8/2006)*, obra colectiva coordinada por María del Carmen Gómez Rivero, Iustel, 2007, pp. 210-219.

5. Bibliografía

Berengueras Pont, M. y Vera Mur, J. M.: «Los derechos de la infancia y la protección jurídica del menor», en *Supervisión 21: revista de educación e inspección*, núm. 43, 2017.

Bermejo García, R. y Fernández Fernández, R.: «Los derechos sociales en la Carta de Derechos Fundamentales», *La Carta de Derechos Fundamentales de la Unión Europea: una perspectiva pluridisciplinar*, obra colectiva coordinada por Alberto A. Herrero de la Fuente, Fundación Rei Afonso Henriques, Zamora, 2003, pp. 93-111.

Blázquez Peinado, M.ª D.: «Víctimas vulnerables y menores en el proceso penal en el ámbito de la Unión Europea», en *Revista General de Derecho Europeo*, núm. 52, 2020.

Cano Linares, M.ª Á.: «Poner fin al maltrato, la explotación, la trata y todas las formas de violencia y tortura contra los niños: La trata de niños», *Objetivos de desarrollo sostenible y Derechos Humanos: paz, justicia e instituciones sólidas. Derechos Humanos y empresas,* obra colectiva, coordinada por Diana Marcela Verdiales López; directores Cástor M. Díaz Barrado y Carlos R. Fernández Liesa, 2018, Universidad Carlos III de Madrid, Instituto Universitario de Estudios Internacionales y Europeos «Francisco de Vitoria», Madrid, pp. 123-132.

Coderch, P. S. y Ruiz G.: Juan Antonio «Directiva sobre comercio electrónico: control de contenidos» *Indret: Revista para el Análisis del Derecho,* núm. 1, 2001.

Contreras López, R. E. y Hernández Hernández, M. Á.: «El interés superior del menor desde la perspectiva de los derechos humanos» en *Revista Letras Jurídicas*, núm. 40, 2019, pp. 179-187.

Cruz Márquez, B.: «La mediación en la Ley Orgánica 5/2000, reguladora de la responsabilidad penal de los menores: conciliación y reparación del daño», en *Revista Electrónica de Ciencia Penal y Criminología,* 2005, http://criminet.ugr.es/recpc/

De la Oliva Santos, A.: *La Justicia y la Carta de Derechos Fundamentales de la Unión Europea,* Colex, Madrid, 2008.

Díaz-Maroto, J. y Villarejo: «La responsabilidad penal del menor en el Derecho español» en *Revista penal México,* núm. 9, 2016, pp. 19-36.

Escudero Vidal, J. y Mendoza Prario, M.: «Protocolo facultativo de la Convención sobre los Derechos del Niño relativo a la venta de niños, la prostitución infantil y la utilización de niños en la pornografía», *Derechos del niño*, Maristas, Madrid, pp. 356-369.

García Gomis, A.: *Riesgo, reincidencia delictiva y medida extrajudicial de conciliación en menores infractores*, Tesis doctoral dirigida por Pilar Jara Jiménez (dir. tes.), Lidón Villanueva Badenes (dir. tes.). Universitat Jaume I, 2016.

García Pérez, O.: «La mediación en el sistema español de justicia penal de menores», en *Revista Criminalidad,* núm. 2, 2011.

García-Vázquez, S.: «La protección jurídica del menor inmigrante», *La inmigración en España: contextos y alternativas*, coordinado por Francisco Javier García Castaño y Carolina Muriel López, Universidad de Granada, Laboratorio de Estudios Interculturales, Granada, 2002 (Comunicaciones, 2.ª parte), pp. 301-313.

Gómez Isa, F.: «El protocolo facultativo a la convención sobre los derechos del niño relativo a la participación de los niños en los conflictos armados», en *Los derechos de la infancia y de la adolescencia,* obra colectiva, coordinadores Manuel Calvo García, Natividad Fernández Sola, Mira Editores, Zaragoza, pp. 208-218.

Granados Muñoz, R.: «Desarrollo de una escala para medir actitud hacia la autolesión de menores», *Archivos de Criminología, Seguridad Privada y Criminalística,* núm. 23, 2019, pp. 40-48.

Lasarte Álvarez, C.; Pous de la Flor, P. y Tejedor Muñoz, M.ª: *Protección jurídica del menor*, Colex, A Coruña, 4 ed., 2016.

Marcos Martín, M.ª T.: «Un nuevo paso en la lucha contra la explotación sexual infantil: el Convenio del Consejo de Europa para la protección de los niños contra la explotación y el abuso sexual», Revista sobre la infancia y la adolescencia, núm. 1, 2011, pp. 100-111.

Martino, L.: «Seguridad cibernética por las infraestructuras críticas: análisis europeo e internacional», *Inteligencia aplicada a la seguridad del siglo XXI*, obra colectiva coordinada por Juan Jose Delgado Morán, director Claudio Payá Santos, Praxis, Ciudad de Mexico, 2017, pp. 355-360.

Martino, L. y Tomé Bermejo, F.: «La inteligencia al servicio de la seguridad cibernética. Continuidad de negocio en el marco de las infraestructuras críticas», *La inteligencia y su actual relación con la seguridad*, obra colectiva, coordinada por Fernando Tomé Bermejo, Gracia Abad Quintanal; directores Claudio Payá Santos, Giacomo Sillari, Wolters Kluwer, Madrid, 2018, pp. 301-317.

Morillas Fernández, M.: «La protección jurídica del menor ante las redes sociales», en *La protección jurídica de la intimidad*, obra colectiva, coordinador Ángeles Jareño Leal, director Francisco Javier Boix Reig, Iustel, 2010, pp. 361-380.

Palladino, B. E.; Nocentini, A. y Menesini, E.: «Online and offline peer led models against bullying and cyberbullying», en *Psicothema,* núm. 4, 2012, pp. 634-639.

Paz Pous de la Flor, M. y Tejedor Muñoz, L.: *Protección jurídica del menor*, 2 ed., Tirant lo Blanch, Valencia, 2022.

Pérez Calle, B. y Arranz Martínez, P.: *Vulnerabilidad, violencia y sabiduría digital*, obra colectiva coordinada por Elena Bandrés Goldáraz, Egregius, Badalona, 2021;

Quicios Molina, María Susana: «Filiación e interés superior del menor», *Aproximación interdisciplinar a los retos actuales de protección de la infancia dentro y fuera de la familia*, coordinada por Abigail Quesada Páez y Gisela Moreno Cordero; directores María del Carmen García Garnica y Nuria Marchal Escalona, Aranzadi, Pamplona, 2019, pp. 43-66.

Ramírez Sánchez, F.; Jaimez Pérez, S.; Gil Campos, M. y Flores Rojas, K. U.: «La experiencia en pacientes pediátricos con desórdenes alimenticios durante 10 años», *Actualidad médica*, núm. 811, 2020, pp. 182-189.

Ravetllat Ballesté, I.: «El Protocolo Facultativo de la Convención sobre los Derechos del Niño relativo a un procedimiento de comunicaciones. El interés superior del niño como epicentro de su tramitación» en *Revista Electrónica del Instituto de Investigaciones Jurídicas y Sociales Ambrosio Lucas Gioja,* núm. 23, 2019, pp. 225-264.

Rodrigues, C.: «Alfabetización digital en educación infantil», *Las TIC como plataforma de teleformación e innovación educativa en las aulas*, obra colectiva, coordinada por Alfonso Chaves-Montero, Egregius, Badalona, 2018, pp. 211-232.

Rodriguez Soifer, S.: «De la violencia de masas a la violencia digital en Twitter», *Cuadernos del Centro de Estudios en Diseño y Comunicación. Ensayos*, núm. 165, 2022, pp. 147-170.

Rodríguez-Uría Suárez, I.: «Secuestro intracomunitario de menores: ilicitud del desplazamiento y Carta de Derechos Fundamentales de la Unión Europea: Comentario a la STUE de 5 de octubre de 2010», en *Diario La Ley*, núm. 7538, 2010.

Rubí Navarrete, J.: «La Agencia Española de Protección de Datos», *Tratado de protección de datos: actualizado con la Ley Orgánica 3/2018, de 5 de diciembre, de Protección de Datos Personales y Garantía de los Derechos Digitales*, obra colectiva coordinada por Artemi Rallo Lombarte, Tirant lo Blanch, Valencia, 2019, pp. 491-520.

Sánchez Domingo, M.ª B.: «La víctima menor de edad en la mediación penal», *La víctima menor de edad: un estudio comparando Europa/ América*, obra colectiva coordinada por Teresa Armenta Deu y Susana Oromí i Vall-Llovera, Constitución y Leyes, COLEX, A Coruña, 2010, pp. 317-323.

Sánchez, A. y Fernández, Y.: «El interés superior del menor en el marco de la utilización de los métodos alternos de solución de conflictos en el ámbito penal», en *Actualidad Jurídica Iberoamericana*, núm.13, 2020, pp. 794-819.

Sanz Hermida, Á. M.: «Artículo 19: sobreseimiento del expediente por conciliación o reparación entre el menor y la víctima», *Comentarios a la Ley penal del menor: (conforme a las reformas introducidas por la LO 8/2006),* obra colectiva coordinada por María del Carmen Gómez Rivero, Iustel, 2007, pp. 210-219.

Saavedra Gutiérrez, M.: «Análisis del proceso de mediación penal con menores en España» en *Revista Paradigma, Ribeirão Preto-SP*, núm. 3, pp. 2-15, 2018.

Sanz Hermida, Á. M.: «Artículo 19: sobreseimiento del expediente por conciliación o reparación entre el menor y la víctima», *Comentarios a la Ley penal del menor: (conforme a las reformas introducidas por la LO 8/2006),* obra colectiva coordinada por María del Carmen Gómez Rivero, Iustel, 2007, pp. 210-219.

Soleto Muñoz, H. y Carrascosa Miguel, A.: *Justicia restaurativa: una justicia para las víctimas*, Tirant lo Blanch, Valencia, 2019.

Valero Matas, J. A.: «La inclusión de los niños en el proceso de mediación familiar: reflexiones desde el caso neozelandés» en *Revista de Investigaciones Políticas y Sociológicas,* núm. 1, 2010, pp. 89-100.

Vidal Herrero-Vior, M.ª S.: «Proyección criminológica y jurídico-penal de las promoción del suicidio, la autolesión y los trastornos alimentarios de menores de edad», *Protección integral a la infancia y la adolescencia frente a la violencia: análisis jurídico, criminológico y de ámbito publicitario de las disposiciones finales de la Ley Orgánica 8/2021, de 4 de junio, de protección integral a la infancia y la adolescencia frente a la violencia*, coordinada por María Sonsoles Vidal Herrero-Vior, 2022, Tirant lo Blanch, Valencia, pp. 171-214.

Made in United States
Orlando, FL
04 November 2026

90200712R00171